뇌 신경법학

뇌 신경과학의 공법학·공법학의 뇌 신경과학

엄주희

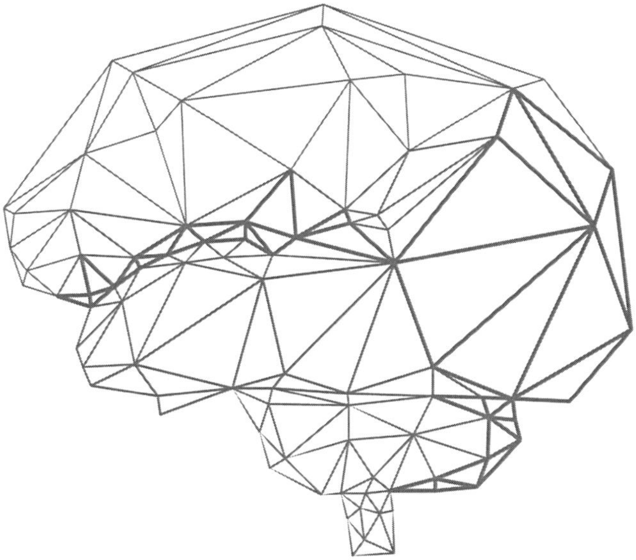

박영사

서문

‘뇌 신경과학의 공법학·공법학의 뇌 신경과학’이라는 부제는 “신경과학의 윤리학, 윤리학의 신경과학”이라는 용어에서 따온 것으로, 신경윤리학의 전설적인 문헌인 호주 멜버른 대학교와 영국 옥스퍼드 대학교 Neil Levy 교수의 Neuroethics(한국어판 「신경윤리학이란 무엇인가」, 신경인문학 연구회 번역, 2011)에서 차용한 것이다. 신경윤리학을 설명할 때 ‘신경과학의 윤리학’과 ‘윤리학의 신경과학’이라는 두 분과로 나눌 수 있다고 설명한다. 이 용어를 Neil Levy 교수가 처음 사용한 것은 아니지만, 그의 저서 덕분에 융합학문을 설명하는 용례로 많이 알려지게 된 것 같다. ‘신경과학의 윤리학’은 신경과학적 탐구와 지식이 인간에게 적용될 때 이를 규제하기 위한 윤리적 틀을 개발하는 학문이고, ‘윤리학의 신경과학’은 윤리 자체의 이해에 대한 신경과학 지식의 영향을 연구하는 학문 분야다. 필자는 신경과학의 윤리학을 지나서 신경과학과 법학의 접점과 상관관계에 대해서 연구해 왔고, 이를 ‘뇌 신경법학’으로 명명하였다. 필자의 전공이자 평생의 연구 과제로 여기고 있는 공법을 가지고 뇌 신경법학의 이론을 정립하고자 하였다, 이 책은 이로부터 나온 첫 열매로서 공법학적 관점에서 조명한 뇌 신경법학의 연구 결과물이다.

신경윤리학의 두 분과와 마찬가지로, 뇌 신경법학에도 ‘신경과학의 공법학’과 ‘공법학의 신경과학’의 두 분과가 존재한다. 첫 번째로 ‘신경과학의 공법학'은 신경과학의 기술개발과 더불어 대두되는 공법학의 쟁점, 신경과학 기술을 규제하기 위한 규범적 틀을 개발하는 학문에 관한 것이다. 신경과학 기술을 어떻게 규율할 것인지, 그리고 신경과학 기술로 발견된 인간의 인지, 행동, 마음과 관련된 사항을 어떻게 규율할 것인지에 대한 연구이다. 신경과학 연구와 사회 적용에 관한 가이드라인–신경윤리 가이드라인–을 비롯하여, tDCS, TMS, fMRI, DBS, BCI 등의 신경 향상 효과를 지닌 약물과 기기를 통한 뇌도핑, 뇌 개입 기술에 대한 공법적 규율에 대한 연구와 인간의 통증, 중독, 신경 향상, 청소년의 뇌 성장발달, 뇌 수술, 뇌 손상 등 신경과학에서 발견된 문제에 대한 공법학적 연구가 이에 해당된다. 두 번째로, '공법학의 신경과학'은 공법학에 대한 이해를 더할 수 있는 연구로서, 기본권, 인권, 국가의 기본권 보호 의무, 행정 규제, 입법, 입헌주의, 법치주의, 법률유보 원칙, 사회보장, 법익 형량 등 공법적 법률관계에서 발생하는 이념, 원리와 이론들에 신경과학 기술의 발전으로 영향을 미치는 지점을 연구하는 분야이다. 정신적 자유권의 내용 중 하나로서 인지적 자유권, 정신적 프라이버시, 정신적 완전성(온전성), 기억에 관한 권리 등을 헌법상 기본권으로 명시해야 할 것인가의 문제가 이에 해당된다. 칠레에서 헌법과 법률에 정신적 온전성, 뇌신경과 뇌 데이터의 보호에 대한 조항을 신설한 것을 필두로 하여, 프랑스, 스페인, 멕시코, 아르헨티나, 브라질, 에콰도르 등 많은 나라에서 신경과학기술의 윤리적 적용과 뇌신경 및 뇌 데이터를 보호하기 위한 법률 조항들, 이른바 신경권(neurorights)을 규율하는 법률을 입안하고, 민·형사사건 절차에서 뇌 영상기술과 신경과학 기술을 통해 나온 뇌 데이터를 법정 증거로 채택하는 내용의 법안이 의회에 제출되는 등 신경법학을 실정법에 담기 위해 박차를 가하고 있는 것으로 보인다. 머지않아 뇌신경과학 기술과 관련한 권리와 의무를 명시한 규정이 국내외 각국의 실정법에 등장하게 되리라 전망한다.

이 책은 뇌 신경법학이 탄생하게 된 배경과 역사를 서술하는 데서부터 시작하여, '신경과학의 공법학'과 '공법학의 신경과학'의 내용을 제2장부터 제5장까지 구성하였다. 제1장 뇌 신경법학의 태동과 전개 그리고 신경과학 기술과 그에 관한 연구개발을 규율하기 위한 국가적인 거버넌스를 다루었고, 제2장 신경과학과 헌법에서는 헌법적 권리로서의 기억에 관한 의무와 권리, 인지적 자유권 등 신경과학이 헌법, 기본권과 만나는 지점에 대해서 살펴보았다. 제3장 신경과학 연구에서 연구대상자 보호를 위한 가이드라인은 신경법학이 법률로 제정되기 전에 임상과 실험 단계에서 연구대상자에게 줄 수 있는 규범적인 지침을 다루었다. 제4장 신경 향상, 인간 향상과 법의 장은 신경과학 기술이 발전하면서 포스트휴먼·트랜스휴먼의 모양으로 인간의 정체성을 바꿀 수 있는 윤리적 이슈이자 인권에 연결이 되는 인간 향상의 주제를 규범적으로 설명하였고, 미성년자 개인의 헌법적 권리, 국가의 개입, 부모의 자녀교육권 상호 간의 충돌과 긴장 관계, 각국의 국가위원회에서 정의하는 인간 향상·신경 향상과 인권으로서의 인간 향상의 권리에 대해서 다루었다. 제5장은 뇌 신경법학의 미래 주제로서 뇌-기계 인터페이스에 관한 인권과 스포츠 뇌도핑에 관한 규범적 문제를 다루었다.

다른 일들에 밀려서 마무리를 짓지 못하는 바람에 2022년에 급한 대로 우선 납본을 하고 나서 마무리 작업을 하고 몇 장을 더 추가함으로써, 이번에 시중에서도 볼 수 있는 책으로 출간을 하게 되었다. 신경과학이 계속 발전하고 있는 것과 발맞추어, 뇌 신경법학의 연구 주제들도 새로 발굴됨으로써 뇌 신경법학의 영역은 지속적으로 확장될 것이다. 과학이 들어가는 분야의 특성상 그림과 삽화 같은 것이 있으면, 과학을 어려워하는 독자의 이해를 도울 수 있을 거라는 생각이 들지만, 법학 분야의 학술서인지라 시각적인 효과는 자제하기로 했다. 차후에 좀 더 편안하게 읽히는 책을 내게 된다면 그림과 삽화를 넣어보리라 생각한다.

책이 나오기까지 많은 분들의 격려, 지원과 도움이 있었다. 이 소중한 분들 덕분에 또 한 권의 책이 세상에 나오게 되었다. 뇌 신경법학에 관한 연구에서 모범을 보여주시고 귀한 옥고를 번역해서 이 책에 싣는 데 함께 기뻐한 독일 함부르크 법과대학의 Christoph Bublitz 교수님과 미국에서 신경윤리와 신경법학을 연구하는 자랑스러운 재미한인학자 스탠포드대 심리학과 좌정원 박사님, 신경과학기술이 구현되는 실제 공간을 보여주시며 본 연구에 많은 영감을 주셨고 법학자인 저자가 생소해 하는 신경과학에 가까워지도록 격려해주시는 UNIST 울산과학기술원의 세 기둥 김성필 교수님, 정동일 교수님, 권오상 교수님, 학술지의 논문 심사에서 좋은 평가를 해주신 익명의 심사위원님들, 연구와 발표에 항상 힘을 실어주시는 부산대 조소영 교수님, 한국교원대 정필운 교수님, 경북대 신봉기 교수님 등 공법학계의 거목 교수님들, 새벽을 깨우는 조찬모임과 다학제적 연구의 즐거움을 함께 하면서 평생의 연구 동반자가 된 동국대 철학과 심지원 교수님, 이화여대 김수진 교수님, 이하나 박사님, 수업에 몰입하면서 열심히 참여하는 모습으로 연구에 영감을 주는 우리 학생들, 후학들, 처음 접하는 어려운 연구사업의 연구보조원으로 참여하면서 논문을 만드느라 수고한 연세대 행정학 석사 신희건 군, 번거로운 교정 작업을 흔쾌히 도와준 연세대 법학연구원 정영석 박사님과 부산대 철학과 최백산 군, 작년부터 저자가 마무리를 못하는 바람에 오랫동안 부족한 원고를 붙들고 계시느라 고생하시면서도 멋진 표지 디자인을 비롯해 여러모로 세심하게 신경을 써주시고 좋은 책을 만들기 위해 애쓰신 박영사 양수정 선생님, 장규식 팀장님께 감사드린다. 이 책은 2023년의 시작과 함께 하늘나라로 부르심을 받은 모친 우순옥 집사님 앞에 드린다. 마침 생신일인 1월에 발간이 되니 생일선물로 드릴 수 있어서, 땅에서도 그러셨듯 하늘에서도 활짝 웃으실 거라 믿는다. 하나님의 선물인 사랑하는 가족들에게도 항상 고맙고, 처음과 끝이 되시는 생명의 근원 하나님께 영광과 감사를 드린다.

2023년 깊어가는 가을

연구실에서

엄주희

목차

제 1 장 뇌 신경법학의 태동과 전개

제 2 장 신경과학과 헌법

제1절 인지적 자유권 / 65

제2절 기억할 의무, 잊을 권리 / 82

제 3 장 신경과학 연구에서 연구대상자 보호를 위한 가이드라인

제 4 장 신경 향상, 인간 향상과 법

제 5 장 뇌 신경법학의 미래

1

뇌 신경법학의 태동과 전개

제1절

뇌 신경윤리에서부터 뇌 신경법학까지*

Ⅰ. 서론

뇌 신경과학 분야의 발전은 인간의 삶에 큰 지각변동을 가져오게 될 기술적 진보들을 보여준다. 장애인들의 신체활동을 보조해 주고 삶의 질을 향상시켜 줄 희망을 제시하는 데서부터 사람과 기계의 결합으로 새로운 인종의 탄생까지 현재 상상하지 못하는 미래를 그려보게 만드는 것이다. 예컨대, 인공 달팽이관으로 청각 장애인의 청력을 정상 수준으로 회복시켜 주고, 팔다리 마비 환자 또는 전신마비 환자가 로봇 팔을 움직이도록 해주며, 게임에서 헤드셋을 통해 게임 캐릭터를 조작해서 엔터테인먼트 툴로 활용할 수 있고, 인공지능 기술과 결합하여 생각으로 멀리 있는 기계를 원격으로 조정할 수도 있다. 기계를 이용해서 사람의 마음을 조작할 수 있는 가능성도 열려있으며, 신체의

* 원문은 "뇌 신경윤리에 관한 법제 연구, 「법제」 통권 제683호, 44-73면, 2018년 12월"으로서 이 책의 발간에 맞춰 다듬은 것이다.

장애나 신체 기능 중 부족한 부분을 기계로 보완해서 사람과 기계가 결합하는 사이보그가 등장하는 것도 먼 미래의 일만은 아니다. 이와 같은 일들이 가능해지는 것이 뇌 신경과학 발전의 힘이다.[1)]

뇌 신경과학 중에도 최근 활발한 연구가 이루어지는 기술이 BMI(brain－machine interface, 뇌－기계 인터페이스)인데, BMI는 BCI(brain－computer interface)라고도 불린다. 이것은 전신마비 장애를 가진 사람들의 독립성과 통제력을 복원시켜 줄 수 있는 기술이다. 일반적으로 BMI는 다양한 양상의 신체 마비를 가진 사람에게 작은 규모의 임상시험을 통해 시범적으로 시행되어 왔던 기술로서, 몸의 움직임과 동작 없이도 생각만으로 의사소통을 가능하게 하는 기구이다. BMI는 외부의 기구와 우리 생각 속의 명령을 연결하는 기구를 연결하여 신경 활동 패턴을 감지하고 해독한다. 핸즈프리 기구와 사용자의 상태 모니터링을 통해서 이 기술의 구현이 가능하므로, 자동차 운전자, 파일럿, 우주비행사와 같이 집중을 요구하는 업무를 수행하는 사람에게 유용하다. BCI 내지 BMI의 특기할 만한 유용성으로는 신체마비 환자의 이동능력을 회복할 수 있을 것이라는 점이다.[2)]

최근 뇌 신경과학에서 눈에 띄는 사례는 '헤븐 프로젝트'라 불리는 연구로서, 척수마비 환자의 머리를 뇌사자의 몸에 접합하여, 이식하려는 시도가 이탈리아 과학자인 세르지오 카나벨로에 의해 추진되고 있는 점이다. 척수성 근위축증으로 사지가 마비된 러시아의 컴퓨터 프로그래머 발레리 스피리도노프가 이 수술에 지원했다는 소식이 언론에 알려졌다.[3)] 이 '헤븐 프로젝트'는 머리와 몸통을 연결하는 신경 접합술로서, 뇌의 역할과 사람의 정체성에 대한 윤리적 논점과 더불어 법적 수용 가능성에 있어서도 위에서 예시한 뇌 신경과학 기술의 적용에서의 패턴과 유사하게 나타날 수 있다.

뇌 신경과학 연구는 인간의 양심, 마음, 영혼, 지력, 감정에 관한 논쟁에 대한 해결책을 보여줄 수 있기 때문에 흥미로운 분야이다. 이에 관한 철학과 윤리적 측면에서의 연구 논의는 그 범위나 방법이 높은 수준에 이른[4] 반면, 법적 논의는 뇌 신경과학 기술이 인간의 자유의지에 대해 새로운 시각을 밝혀주면서 형법과 형사절차법의 체계와 결과에 어떤 영향을 미치는지에 집중되어 왔다.[5] 사법의 영역에서는 연구 진행에 따라 우연히 발견된 문제(incidental findings)와 관련된 근로계약의 파기 문제, 보험 관련 법령에서 불법행위에 대한 손해배상 책임 등이 다루어졌다. 헌법 영역에서는 아직 논의가 많이 진행되지 않았기 때문에 앞으로 연구가 더 필요한 부분이다. 그래서 본고에서는 뇌 신경과학 기술의 윤리적, 사회적 검토를 바탕으로 국제 협약을 비롯하여 우리 최고규범인 헌법부터 개별 실정법에 이르기까지 법적 수용 가능성을 평가하고 뇌 신경과학 발전에 따른 법적 함의를 살펴보고자 한다. 뇌 신경윤리에 관한 규범적 토대를 총론적·포괄적으로 점검하여 향후 관련 법제구성의 방향을 제시하는 것을 목적으로 한다. 그러므로 우선 국제 협약으로 세계에 보편적으로 적용될 수 있는 쟁점을 살펴보는 의미에서 2005년 UNESCO의 '생명윤리와 인권 보편선언'과 헬싱키선언의 원칙들이 적용될 수 있는 포인트를 살펴본다.(Ⅱ) 그리고, 헌법과의 관계성을 지적하고 특히 기본권과 관련된 문제를 평가하고자 한다.(Ⅲ) 실정법적으로 어떤 법률에 관련 있는지의 문제와 향후 개선점을 살펴보는 것도 필요하다.(Ⅳ) 지금 검토하는 쟁점들이 먼 미래의 시나리오로 보일지라도, 더 상세히 살펴보면 관련된 주요 부분은 현재 시점에서 법적 논의가 필요한 것들이라는 것을 알 수 있다.

Ⅱ. UNESCO 생명윤리와 인권 보편선언

2005년 10월 19일 프랑스 파리에서 개최된 제33차 UNESCO 총회에서 191개 회원국은 "생명윤리와 인권에 관한 보편선언"(Universal Declaration on Bioethics and Human Rights)을 만장일치로 채택했다. 이 보편선언은 세계인권선언 이후로 국제사회가 채택한 모든 생명윤리 및 인권에 관한 문헌들을 총괄하여, 인류가 지켜나가야 할 생명윤리의 기본원칙을 천명한 것으로 전 세계의 모든 국가들이 이를 따르기로 인정했다는 데 그 의의가 있다. 회원국의 비준 또는 수락을 목표로 규칙을 규정하는 협약과는 달리, 회원국이 따라야 할 규칙을 정하지만 회원국의 비준을 요구하지는 않는 선언의 형식을 취하고 있다. 따라서 국제협약, 조약, 의정서 등과 같이 국제규범으로서의 구속력을 지니고 있지는 않지만, 회원국에 가능한 범위 내에서 그 내용을 지켜야 하는 도덕적 의무를 부과하고 있다.[6)]

전문에서 연구의 심리사회적 관점과 요인, 인간의 정체성을 다루고 있고[7)], 제1조 적용범위에서 "이 선언은 인간에게 적용되는 의학, 생명과학 및 관련 기술과 관련된 윤리적 문제들을 그 사회적, 법적, 환경적 측면에서 다룬다"고 규정하기 때문에, 뇌 신경과학에 관한 신경윤리도 이 선언의 적용범위에 포함될 수 있다.[8)] 이 보편선언에서 신경과학 기술에 적용될 수 있는 조항으로는 다음과 같다.

제3조 인간의 존엄과 인권, 제4조 이득과 해악: 선행의 원칙과 해악금지의 원칙, 제5조 자율성과 개인의 책임: 개인의 자율성을 존중 받을 권리와 자율성을 존중할 책임, 특히 자율성을 행사할 수 없는 사람들의 권익 보호, 제6조 동의, 제7조 동의 능력이 없는 사람들에 관한 규정: 어떤 사회집단도 개인의 결정을 대신할 수 없으며 개인의 고유한 권리라는 점, 제8조 인간의 취약성과 개인의 완전성에 대한 고려:

인간의 취약성이 고려되어야 하며, 특별히 취약한 개인과 집단 보호와 동시에 그러한 개인의 인격은 존중되어야 한다는 것, 제9조 프라이버시와 기밀성: 국제인권법에 따라 수집된 목적과 합의된 목적 이외로 이용하거나 유출해서는 안 된다는 점, 제10조 평등, 정의와 형평, 제11조 차별금지, 낙인찍기 금지, 제12조 문화적 다양성에 대한 존중과 다원주의, 제13조 연대와 협력, 제14조 사회적 책임과 보건: 보건의 개선이 사회 전반의 조건을 개선하는 정책과 병행되어야 한다는 점, 제15조 이익의 분배: 국가적 차원에서 과학적 연구로부터의 혜택이 사회 전적으로 공유되어야 하고, 국제적 차원에서 선진국과 개발도상국 간의 불평등을 개선하기 위해 이익이 공유되어야 함, 제16조 미래세대 보호, 제17조 환경, 생물권 및 생물다양성 보호, 제22조 국가의 역할로서 입법적, 행정적 혹은 기타 모든 적절한 조치를 취해야 함을 선언하고 있다. 또한 국회 윤리위원회 역할에 대한 기준으로서 인간대상 연구의 윤리적 법적 사회적 문제를 평가하고, 임상의료의 윤리적 문제를 조언하고, 과학기술발전을 평가하고 권고안을 작성하며, 지침 개발 과정에 기여하고, 생명윤리에 관한 논쟁, 교육과 대중의 인식과 참여를 권장할 것을 제시한다.[9]

뇌 신경과학 기술을 연구하고 인간에게 적용할 때, 위 조항 중 인간의 존엄, 동의 능력 없는 사람들에 대한 주의, 프라이버시와 기밀성, 평등과 정의의 면에서 다른 생명윤리에 관련된 기술보다 더 높은 차원의 주의와 고려가 필요하다.

이 밖에도 1964년 세계의사회가 채택한 헬싱키선언은 임상시험에 있어서 연구 대상자를 보호하기 위해 준수해야 할 규준을 제시한다. 설명 동의(Informed Consent) 원칙은 의료윤리와 임상윤리의 토대를 이루며, 법적으로도 환자의 자기결정권의 요소가 된다. 대상자가 정확하고 충분한 정보를 제공받고 충분한 숙고의 시간을 거친 후에 자발적이고 자유로운 의사에 기초하여 동의에 의해서만 치료나 임상시험이 이루어져야 한다는 것으로서 헬싱키 선언에서 'Informed Consent'라는 제목하에 제25조부터 제33조에 기술되어 있다.[10] 뇌 신경과학의 연구와 이 기술의 적용을 위해서도 연구 또는 적용 대상자에게 설명 동의를 필요로 한다. 뇌 신경과학이 치료를 위해 추진되는 경우, 그 대상은 대체로 설명 동의를 수행할 의사능력이 결여된 장애인이나 취약한 환자가 되므로 대리인의 동의와 그에 관한 윤리를 규정한 제27조부터 제29조를 참조할 수 있다. 그 구체적인 내용은 의사능력이 결여된 연구대상자에 대한 연구는 반드시 적법한 대리인으로부터 설명 동의를 획득해야 하고, 그럴 경우에도 연구 대상자에게 최소한의 위험과 최소한의 부담만을 수반해야 하며, 대상자에게 혜택을 줄 가능성이 없는 연구는 허용되지 않는다(제27조). 또한 동의권이 없는 대상자가 연구에 찬성(assent)하는 경우도 이를 존중하여 대리인의 동의를 얻어 연구가 수행될 수 있다(제28조). 식물상태 환자와 같이 동의권이 없는 대상자의 특성을 연구하려고 하면 대리인의 설명 동의를 구해야 하는데, 대리인의 동의 없이 연구가 진행되어야 한다면 임상시험계획서에 연구를 해야 하는 구체적인 이유를 명시하여 연구윤리위원회에서 승인을 득함으로써 설명 동의 없이 연구가 진행될 수 있다(제29조).

Ⅲ. 헌법적 고찰

헌법은 한 국가의 최고규범이며 실정법 질서를 세우는 근본 가치규범이다. 국가 행정과 통치권의 근간이 되는 규범으로서 행정 집행의 근거가 되는 법률의 기초가 되고, 사법 판단의 기준인 법률을 헌법 질서로 묶는 역할을 한다는 의미에서 헌법은 중요한 역할을 하고 있다.

특히 첨단 과학기술 발전에 대한 법적 평가와 법적 수용에 관련하여 판단의 근거가 되는 근본 규범이 되고, 이러한 기술들이 헌법상 기본권 질서에 어떠한 영향을 미치게 될지 검토가 필요하다. 헤븐 프로젝트나 뇌 신경과학 기술의 발전을 기본권 질서 내에서 검토하자면, 국가로부터 부당한 침해와 제한을 배제할 수 있는 자유권, 국가에게 적극적인 지원을 요구할 수 있는 청구권, 개인의 기본권을 보호해야 할 국가의 의무, 그리고 제3자적 효력으로서 대사인적 효력의 네 가지 차원으로 볼 수 있다. 현재 뇌 신경과학 기술에 관한 법령이 별도로 존재하지 않기 때문에 향후 입법화할 때 헌법 질서 내에서 고려해야 할 측면에서 차례로 살펴보기로 한다. 우선 인간의 존엄성과 자유권적 측면에서, 인간의 존엄과 가치, 인격권(헌법 제10조), 신체의 자유(제12조), 평등권(제11조), 사생활의 자유와 비밀(제13조)과 개인정보 보호 내지 개인정보자기결정권을 살펴본다. 그리고 뇌 신경과학 기술 연구와 관련하여 학문 연구의 자유(제22조)를 검토한다. 현재 기술 수준으로는 관련성이 적어 보일지라도 장기적인 관점에서 논의되어야 하는 선거권(제24조), 양심의 자유(제19조)도 살펴본다. 그리고 뇌 신경과학 기술과 관련하여 국가에 요구할 수 있는 청구권으로서 보건에 관한 권리를 고찰한다. 마지막으로 여러 기본권의 상충이 일어나지 않도록 국가가 대사인적 효력을 고려하면서 상반된 헌법적 가치들을 조화롭게 해결해야 할 입법권의 한계와 입법자에게 제시되는 과제들을 살펴보기로 한다.

1. 인간의 존엄과 가치

헌법 제10조 인간의 존엄과 가치는 기본권 질서의 시작점이자 지향점으로 평가된다.[11] 뇌 신경윤리를 헌법적으로 고찰할 때, 가장 먼저 인간의 존엄성을 검토해야 하는 이유는 뇌 신경과학 기술이 인간의 형상을 변화시킬지, 아니면 완전히 탈바꿈해 놓을지에 대해서 본질적인 의문을 제기한다는 점에 있다. 신경과학적 도구들에 의해서 인간의 존엄성에 대한 새로운 이해를 가져야 되는 것인지, 신경과학의 새로운 기술들이 다소 위험요소를 가지고 있다고 하더라도 이러한 기술적 향상이 존엄성을 가진 인간의 삶에 있어서 단지 하나의 수단일 뿐이라고 치부해도 되는지를 결정하여야 한다. 현재까지 헌법이 이해하는 인간상은 '윤리적 가치에 의해 징표 되는 자주적 인간상'이다. 우리 헌법재판소는 헌법상의 인간상을 '자기결정권을 지닌 창의적이고 성숙한 개체로서의 국민이다'라고 판시하였다.[12] 그리고 헌법 제10조 인간의 존엄성으로부터 인격권이라는 구체적인 권리를 이끌어내었다.[13]

뇌를 가진 사람이 뇌사자의 몸을 이식받는 것인지, 뇌사자가 머리를 이식받는 것인지, 뇌와 몸이 각각 다른 사람으로부터 나와서 하나의 신체를 구성하는 경우 어느 사람의 신체라고 해야 하는지를 결정하려면, 머리와 머리를 제외한 신체 중에 어느 것을 인격의 중심 즉 인간의 존엄성의 주체로 봐야 할 것인지가 논점이 된다. 뇌 중심주의에 따르면 심성과 마음 그리고 인지적 과정을 두뇌의 과정으로만 이해하기 때문에 기본권의 주체로서 인간은 몸을 이식받을 수 있는 뇌의 주인에 따라가게 된다. 몸을 기증하는 사람은 사후에 물화된 객체로서 몸이 남는 것이기 때문에 인격권의 주체는 되지 못하고, 생전에만 사후에 시체의 처분에 관한 자기결정권을 가질 뿐이다.[14] 반면 반두뇌 중심주의나 칸트의 심신 상호작용론의 입장에서는 뇌가 몸의 주인이 아니라 뇌와 신체가 상호작용하며 결합하여 통일을 이루는 한에서 사유하는 존재가 된다.[15]

머리를 포함한 사람의 몸 전체가 한 인간으로서의 정체성을 가지고 있으며, 뇌와 신체가 상호작용하여 뇌와 신체가 결합하여 통일을 이루도록 하는 것이 인간의 존엄성을 존중하는 것이라 할 수 있고, 인간의 인격권을 구성하는 핵심이 신체의 어느 한 부분이 아니라 두뇌를 포함한 신체 전체라고 한다면, 헤븐 프로젝트와 뇌 신경과학 기술은 인간의 존엄성과 인격권에 대한 새로운 이해에 대한 요구 혹은 인간의 존엄성에 대한 도전으로 평가될 수 있다.

2. 신체의 자유

신경과학에서 발견된 성과와 신경과학적 방법은 다양한 방법으로 인간의 존엄성의 원칙에 영향을 준다. 또한 신체적 완전성의 보호와 같이 신체의 자유의 방어권의 보장이 뇌 신경과학 연구의 발전과 관련하여 논의되어야 한다.

(1) 신체의 완전성 보호

헌법 12조 신체의 자유는 "모든 국민은 신체의 자유를 가진다. 누구든지 법률에 의하지 아니하고는 체포·구속·압수·수색 또는 심문을 받지 아니하며, 법률과 적법한 절차에 의하지 아니하고는 처벌·보안처분 또는 강제노역을 받지 아니한다"고 하여 신체적 완전성과 신체활동의 임의성을 인신에 관한 실체적 권리로 보장하고 있다.[16] 신체의 생리적 기능과 외형적 형상이 물리적인 힘이나 심리적인 압박에 의해 침해 당하지 아니할 자유이며, 자기 뜻대로 임의로 신체 활동을 할 수 있는 자유를 의미한다. 적법절차에 의하지 않은 무단의 신체에 대한 침해를 배제하는 것뿐 아니라 신체와 심리사회적 정신적 완전성이 훼손되지 않아야 한다는 의미를 포함하고 있다.[17] 뇌 신경과학 기술로 인해 일어날 수 있는 이른바 "생각 조작"에 대해 논의를 지적해야 한다. 생각이 조작되거나 해로운 방식으로 그 상태가 삭제될 수 있다면 그것은 분명 개인의 완전성의 침해를 의미하는 것이다. 만약 뇌 신경기술이 정신질환의 치료와 같이 치료의 목적으로 치료의 과정으로 상대방의 자발적인 동의하에 나쁜 생각을 삭제할 목표를 가지고 행해진다면, 이러한 치료는 의료적 치료로 볼 수 있을 것이다.

(2) 기본권 보호 의무

신체의 자유라는 기본권은 현재 침해를 배제하는 것은 물론이고, 미래에 잠재적으로 침해당하지 않도록 국가가 일반적인 보호 의무를 설정한다. 이것은 신경과학적 수단들이 신체의 자유를 침해할 수 있는 잠재성이 있다고 예측될 때 더욱 유효하다. 폭력에 맞서 국민들을 보호하는 것은 본질적인 행정 영역 중의 하나일 뿐 아니라, 신체의 자유라고 하는 기본권에 대한 국가의 보호 의무 때문에 요구되는 사항이기도 하다. 국가는 국민에게 최고 가능한 수준으로 안전을 제공해야 하고, 개인의 생명과 신체의 완전성과 인격적 완전성(인격권)에 대항하는 공격을 방어하기 위해 모든 존재하는 방법들을 이용해야 할 권한이 있다. 그래서 사회를 위협하고 국민에 대해서 공격성을 표출하는 범죄로부터 국민을 보호하기 위한 예방책으로서 신경과학적 방법이 사용된다면 잠재적으로 신체의 자유의 제한이나 침해를 고려하여야 한다. 공공의 안전에 위협 요소가 될 수 있다고 판단하여 정신 장애인에 대해 신경과학 기술을 이용한 강제 치료나 강제 입원 구속을 행할 수 있도록 제도화하는 경우가 신체의 자유의 침해에 해당한다고 볼 수 있다.[18] 예컨대, SF 영화 "마이너리티 리포트"와 그 영화가 기초하고 있는 원작 소설로 1965년 미국 작가 Philip K. Dick이 쓴 작품에서 그려진 것처럼, 범죄 발생을 예측하여 범죄자를 단죄하는 최첨단 치안 시스템으로 시민들을 보호하고자 한다면[19], 미래의 범죄자를 체포하고 처벌함으로써 행위에 따른 책임을 지우는 형법 체계에 큰 도전이 되고, 신체의 자유라는 기본권과 적법절차 원리에도 반하게 될 수 있다.

3. 평등권, 평등의 원칙

헌법 제11조는 모든 국민이 법 앞에 평등하고, 정치적·경제적·사회적·문화적 생활의 모든 영역에 있어서 차별받지 아니하고 생활의 모든 영역에 균등하게 참여할 기회를 보장한다. 이 평등의 원리는 장애를 이유로 차별을 받지 않도록 한다는 면에서 뇌 신경과학 기술이 장애인들에게 적용되었을 때, 의사무능력을 이유로 누리지 못하던 법률행위를 실행할 수 있다는 점에서 의미를 가진다. 현재 민사 거래와 유언 등 법률행위에서 의사무능력자인 장애인은 후견인의 대리행위가 없으면 유효한 법률행위를 할 수 없고, 신체 장애인의 경우 이동 능력이 제한되어 각종 법률행위를 하는 데 제한이 있다. 그러나 신체이식이나 뇌 신경과학 기술로 신체적 정신적 장애를 극복할 수 있다면 이들에게 새로운 기회의 평등을 누리게 하는 것이다.[20] 청각, 시각 장애인의 의사소통 기능을 향상시켜 자기결정권과 개인의 자율성을 온전히 발휘할 수 있게 된다면, 예컨대 관련법 상 자필로 작성해야 하는 사전연명의료의향서를 장애인도 이용할 수 있게 됨으로써 장애인의 임종기의 자기결정권을 실현하는 데 도움을 줄 수 있다.[21]

반면, 뇌 신경과학 기술은 뇌 영상 등으로 모니터링하는 면과 교정술의 두 가지 면에서 차별의 문제를 발생시킬 수 있다. 유전자 차별[22]과 마찬가지로 원리로, 뇌 영상 모니터링 기술로 인해 예측기술이 발달하면 신경생리학적 편견이나 낙인찍기가 발생할 수 있고, 인지기능 증강을 위한 약물이나 신체기능의 증강 목적의 BCI 기술과 같이 증강(enhancement) 기술로서 뇌 신경과학 교정기술이 발달하면 이에 접근할 수 있는 계층과 그렇지 못한 계층의 차이가 발생할 수 있다.[23] 뇌 신경과학 기술에 투여된 막대한 개발비 등 때문에 의료보험의 대상에서 제외된다면 높은 가격으로 시장에서 거래가 될 수 있고, 이를 필요로 하지만 저소득, 빈곤층의 장애인은 사용할 수 없게 되므로 이들에게는 기회의 평등이 아니라 다시 불리한 사회적 처우에 놓이게 된다는 점이다. 뇌 신경기술이 장애인을 대상으로 치료 목적으로 사용되는 것이 아니라 인지적 증강으로 사용된다면, 경제적인 어려움으로 사용하지 못하는 사람들은 불리한 경쟁을 할 수밖에 없어 교육의 불평등, 기회의 불평등으로 이어지게 된다. 이는 배분적 정의의 관점에서도 사회적 불평등을 심화시키며 평등권의 실현이라는 헌법의 가치에도 위배될 수 있다.

4. 사생활의 자유와 비밀, 개인정보의 보호

헌법 제17조는 사생활의 자유와 비밀을 보장하고 헌법재판소 판결을 근거로 개인정보자기결정권[24]을 인정한다. 외부의 간섭 없이 나만의 영역을 형성하고 간직될 수 있도록 하는 것이며, 나만의 영역이 타인에 의해 외부에 공표되었을 때 인간의 존엄성에 대한 침해 내지 인격적 수모를 느끼게 되므로 사생활의 자유는 인간의 존엄성과 불가분의 관계가 있다.

뇌 신경과학 기술 중에서 BMI, BCI의 경우 뇌 활동과 컴퓨터의 상호 작용 속에서 대상자와 컴퓨터에 담긴 정보의 수집, 저장, 전송에 있어서 외부 유출의 문제가 발생할 수 있다. 머리에 외과적 수술 방법으로 이식된 뇌 이식물이라면, 뇌 이식물이 검출될 경우에 그로 인해 그 사람의 생각을 읽어 내거나 정보가 무단으로 유출된다면 개인정보자기결정권의 침해가 된다. 개인의 생각이 몸에 이식된 이식물이 해킹으로 외부로 전송되거나 외부에 저장될 수 있는 가능성이 높아 개인 정보 침해 문제 발생하고 개인정보가 악용될 수 있는 위험이 있다. 결과적으로, 외부에 의한 개인 정보 침해에 대비한 특별한 규제가 고려되어야 한다. 특히 개인정보의 수집, 사용, 저장이 국가 권력에 의해 수행될 경우에는 엄격하게 고려되어야 한다.[25] 이러한 맥락에서 뇌 신경기술을 이용하여 개인 정보를 수집하고 이용하려는 사적 조직이나 사기업에 대해서는 규제를 더 엄격하게 감안하여, 입법적으로 고려되어야 할 필요도 있을 것이다.

5. 학문, 연구의 자유

헌법 제22조는 학문, 예술의 자유를 보장한다. 학문, 예술의 자유는 정신, 문화 생활영역에서의 개선 신장의 수단이 되는 주관적 공권임과 동시에, 학문의 자유와 사회 전체의 지적인 수준을 향상시켜주는 사회적 기능으로서 객관적 가치질서로서의 성격도 함께 가지고 있다.

학문연구의 자유가 공공의 안녕질서나 타인의 기본권과 갈등을 일으킬 수 있지만, 이에 대한 제약은 학문 내적인 자율통제의 관점에서 이해되어야 한다. 연구방법, 장소, 시행 등이 학문적으로 논증될 수 있다면, 공권력의 간섭은 원칙적으로 학문 내적 자기통제 과정을 감시하는 선에서 이루어져야 한다.[26] 뇌 신경과학 기술의 연구도 학문 내적인 자율통제의 측면에서 원칙적으로 이루어지되 위에서 살펴본 타인의 기본권과 상충될 위험이 있는 지점에서는 제3자적 효력을 감안하여 규제와 조정이 이루어져야 한다.[27]

6. 선거권

헌법 제24조는 모든 국민에게 법률이 정하는 바에 따라 선거권을 보장하고 있다. 선거권은 국정의 담당자를 결정하는 국민의 주권행사로서 보통, 평등, 직접, 비밀, 자유선거의 원칙으로 실현된다. 선거법 제15조에서는 모든 국민이 만 19세가 되면 선거권 행사가 가능하다고 법적 근거를 설정해 놓았지만, 이동이 자유롭지 않은 신체 장애인이나 의사소통이 자유롭지 않은 정신 장애인에게는 선거권을 행사할 수 있으려면 특별한 조력이 필요하다. 뇌 신경기술로서 신체 및 정신 장애인들의 선거 참여에 활용해 본다면, 현행 공직선거법과 장애인 차별금지 및 권리구제 등에 관한 법률[28]에서 규정하고 있는 선거용 보조기구로 사용됨으로써 이들의 선거권 실현에 도움을 줄 수 있을 것이다.[29]

7. 양심의 자유

헌법 제19조 양심의 자유에서 보장하는 자유는 사람이 누구에 의해서 대체될 수 없는 본인의 양심에 따라 행동함으로써 인격적인 자기표현을 하는 것으로서 인간으로서의 존엄과 가치를 가지는 것이므로, 인간존엄성의 기초이자 뿌리라고 평가된다. 양심은 어떤 상황에서 어떻게 행동하는 것이 옳은가 하는 것을 말해주는 인간의 '내면적인 법관'을 보호하려는 것으로 '윤리적 자동성'을 본질로 한다. 그 내용으로는 양심의 형성, 결정 과정에서 어떠한 외부적인 간섭이나 압력, 강제를 받지 않고 내면적인 소리에 따를 수 있는 자유(양심형성 및 결정의 자유)와 인간 내면세계에 형성, 결정된 양심의 표명을 직·간접으로 강요당하지 않을 자유(양심을 지키는 자유), 그리고 양심의 결정을 행동으로 옮겨서 실현할 수 있는 자유(양심 실현의 자유)로 나눌 수 있다. 헌법재판소는 양심의 자유 중 내심의 자유(양심형성 및 결정, 양심을 지키는 자유)는 절대적 자유이지만 양심 실현의 자유는 타인의 기본권과 다른 헌법적 질서와 저촉되는 경우 제37조 제2항(과잉금지의 원칙)에 따라 법률에 의해 제한될 수 있는 상대적 자유라고 하였다.[30]

뇌 신경기술이 적용될 때 가장 큰 위험요소 중 하나가 사람의 마음과 생각을 조정할 수 있게 됨으로 말미암아 양심의 자유에 침해를 가져올 수 있다는 것이다. 내심의 의사와 결정이 어떠한 외부적인 간섭이나 강제를 받지 않을 권리이므로, 뇌 신경기술로 마음에 간섭하고 조정하는 것이 대상자의 의사와 무관하게 공권력에 의해 이루어지는 것이 양심의 자유의 침해가 될 수 있다는 논쟁이 있다. 공공의 이익을 목적으로 뇌 신경기술로 강제적으로 개입하는 것이 정당화될 수 있는지, 환자의 선 또는 최선의 이익을 목적으로 국가가 가부장적 지위에서 뇌 신경기술을 강제할 수 있는지에 있어서 환자 본인의 양심의 자유에 침해가 될 수 있는지 문제 될 수 있다.[31] 뇌 신경기술을 적용할 때에는 대상자에게 이득과 해악의 위험성에 관한 충분한 설명을 바탕으로 대상자의 자발적인 동의를 얻어 실행되어야 하고, 오작동이나 외부의 침해를 방지할 안전장치가 마련되어야 한다.[32]

8. 보건에 관한 권리

보건에 관한 권리는 국가에게 요구할 수 있는 적극적 성격의 권리로서, 보건의료 제도로서 돌봄을 받을 수 있는 권리이다. 국민은 인간의 존엄과 가치로부터 도출되는 건강 보호의 이익을 가지고 있으므로, 사회적으로 보건의료 체계에 뇌 신경과학 기술을 도입함으로써 국민의 건강 수준의 향상을 도모할 수 있어야 한다. 신체이식의 실행이나 뇌 신경과학 기술이 의료적으로 사용될 때 환자 입장에서 알 권리와 모를 권리 두 가지 측면이 모두 고려하여야 한다. 먼저 환자 본인이 가지는 알 권리는 설명 동의(informed consent)로서, 의료진이나 연구자가 의사결정 능력이 있는 환자에게 치료, 시술에 관한 정확한 정보를 고지·제공하여 환자의 자발적인 의사에 기한 동의를 획득해야 하는 것이다. 다만 뇌 신경과학 기술의 적용 대상자가 동의능력이 없는 경우에 대리인의 동의로 갈음하는 데 필요한 법적 안전장치나, 장애인으로서 뇌 신경기술이 장애를 치료할 수 있는 유일한 치료 방법일 경우 등 취약한 상황에 있는 대상자의 동의에 대해서 어떻게 보건의료적으로 보완하고 대상자의 최선의 이익을 위한 시스템을 구축해야 하는지도 국민의 보건에 관한 권리로부터 나올 수 있는 고려 사항이다. 그리고 모를 권리라 함은 치료나 연구 중에 우연히 획득한 부산물(incidental findings)로 인해 보험 혜택 등에서 환자가 불이익을 보지 않도록 조치되어야 한다는 것이다.[33] 무지 상태를 유지한 채 평온한 삶을 이어갈 수 있도록 보호되어야 할 법익이 권리의 개념으로 논의되고 있다. UNESCO, 세계보건기구의 선언, 네덜란드 민법, 프랑스 보건법전, 독일 민법 등에서 채택되어 법제화되어 있다. 이에 대하여 환자에게 진실을 알리지 않는 것을 허용하는 것으로 의사와 환자 사이의 관계 측면의 진화에 반하며, 의사의 위험을 알릴 의무에 반하는 것이며 또한 환자의 자율성(Autonomy) 관념에 반한다는 반대론도 있다.[34]

이와 같이 뇌 신경과학 기술의 새로운 영역은 기존의 법령으로는 포섭하기 어려우므로 이에 대응할 수 있는 제도적 장치를 법적으로 고려해야 할 필요가 있다.

9. 기본권의 제3자적 효력과 입법적 과제

뇌 신경기술로 사람의 생각 읽기가 가능해지는 면에서 기본권의 상충과 기본권의 제3자적 효력을 고려해 볼 수 있는 다양한 시나리오가 있다. 예컨대 공항에서 뇌 스캐닝 기계를 적용해서 테러 예방에 사용한다던가, 홍보 회사들에 의해서 소비자들의 생각을 읽어내고 조정하여 마케팅에 사용하는 뉴로마케팅에서의 문제가 있을 수 있다. 또한 근로 영역에서 신경과학 방법은 근로자의 동기와 특성에 대해 더 알고자 하는 사용자들에게 활용될 수 있고, 부정적으로는 이를 이용하여 근로자들에게 조정하고 불이익을 주는 데 사용될 수 있다.[35]

신경과학 기술이 조직 이식(organic implant-transplantation), 기계 보철물(mechanical implant), 웨어러블 디바이스(wearable device) 등의 종류로 개발될 수 있고, 그에 따른 윤리적 영향과 위험성과 이득의 정도를 평가하여 규제가 이루어져야 할 것이다.[36] 또한 위에서 언급한 바와 같이 뇌 프라이버시 보호와 뉴로마케팅에서 발생하는 개인정보를 비롯한 기본권 침해를 예방할 수 있는 안전망을 구축하는 법제도를 구축할 수 있을 것이다. 또한 뇌 신경과학 기술의 임상 연구나 치료에서의 적용에서 예측하지 못하고, 의도하지 않은 부당한 피해에 대한 보상을 보험 등으로 제도화하는 방법이 있다. 이러한 기본권의 주체들 간 충돌이 발생하지 않기 위해서, 앞서 언급한 기본권들이 추구하는 상반된 가치들을 조정하는 입법적인 기술이 필요하고 그 범위 내에서 입법재량권의 한계가 발생한다.[37]

Ⅳ. 실정법적 고찰

1. 윤리적 · 사회적 · 규범적 기반 조성을 위한 기본법: 「생명윤리 및 안전에 관한 법률」

「생명윤리 및 안전에 관한 법률」(약칭: 생명윤리법)은 생명윤리에 관하여 기본권으로서의 성격과 개별법으로서의 성격을 모두 가지고 있다. 생명윤리의 영역이 제한적으로 기술되어 있어 신경윤리까지 모두 포괄하기 어려운데, 기본원칙과 기준을 개괄적으로만 규정하고 있다.[38] 이 법에서 다루는 구체적인 영역도 인간대상연구, 인체 유래물

연구, 배아 및 줄기세포 연구, 유전자 검사와 연구 등 일부만 규율하고[39] 있기 때문에 신경윤리 관련한 담론 형성이나 이에 관한 공공 교육에 관한 구체적인 규정은 미흡하다.[40] 뇌 신경윤리 연구에서 적용되어야 하는 설명 동의와 취약한 대상자에 대한 조항은 제3조 기본원칙과 제16조 인간대상연구의 동의에서 준수해야 할 사항들, 제17조 연구대상자에 대한 안전대책 등에서 원론적인 원칙들을 참고할 뿐이고, 연구의 진행 여부는 제10조 기관생명윤리위원회의 자율적인 심의에 맡겨져 있다.[41]

생명윤리법 제5조 제3항에 의하면 '국가와 지방자치단체는 각급 교육기관 등에서 생명윤리 및 안전에 대한 교육을 할 수 있도록 하여야 하고, 교육 프로그램을 개발하는 등 교육 여건이 조성되도록 지원하여야 한다'고 한다. 이 조항이 선언적인 의미에서 그치지 않고 실행력을 가지기 위해서는 구체적인 실행 조항이나 다른 특별법의 규정 신설로 뒷받침이 되어야 할 필요가 있다.

2. 기본 정책적 측면의 공법: 보건의료기본권, 「국민건강증진법」

뇌 신경과학 기술 중 특히 BCI, BMI의 경우 부작용은 정신 작용에 직접 영향을 미치기 때문에 다른 의료적인 개입보다도 더 엄격하고 철저하게 검증하고, 그 안전성을 법제도로 규제할 필요가 있다. 개발 단계에서는 주로 치료 목적으로 사용되었을 때의 부작용에 대해 검토하고, 정상인에게 향상을 목적으로 사용할 때 부작용에 대해서는 거의 검토하지 않을 가능성이 높고, 치료와 향상의 구분 모호한 부분이 있으므로, 초기 개발 단계부터 치료와 향상의 모든 경우에 예상되는 문제도 함께 파악하고 대비해서 입법적으로 제도적으로 규제할 필요가 있다.

3. 신체 이식과 신경과학적 기술의 임상 적용에 관한 공법: 의료법 등

(1) 「의료법」

「의료법」 제53조(신의료기술의 평가)에서는 이득과 해악의 평가를 요구하는데, 뇌 신경과학 기술에 적용해 보자면, 신경과학 기술의 연구에서 임상 의료로 나아갈 때는 이에 대한 안전성, 유효성에 관한 평가가 필요하다. 제19조(정보 누설 금지)로서 환자의 프라이버시와 기밀성을 요구한다. 뇌 신경과학 기술에서의 해킹 금지, 데이터 보호를 위한 기술적 보안 체계를 갖출 수 있도록 법 조항에 반영되어야 할 필요가 있다. 제20조(태아 성 감별 행위 등 금지)에서 차별금지와 낙인찍기 금지를 규정하고 있는데, 신체이식과 뇌 신경과학 기술에서도 이 조항이 적용되려면 성 정체성에 혼란을 주거나 남녀 특정 성별에 의한 차별이나 장애에 대한 낙인찍기가 발생하지 않도록 하기 위해서 법 조항의 반영이 필요할 것이다. 예컨대, 신체이식을 고려할 때 남녀 이성을 함께 이식하지 않도록 해야 하고, 정신장애인에게 강제 이식 시술이 이루어지지 않도록 해야 할 것이다.

(2) 「장기등 이식에 관한 법률」(장기이식법)

「장기등 이식에 관한 법률」(약창: 장기이식법)에서는 장기 적출과 이식이 인도적 정신에 따라, 기증자의 기증에 관한 의사를 존중하며 자발적 의사에 의해 이루어지도록 하고, 이식받을 기회가 공평하게 주어져야 하며, 윤리적으로 타당하고 의학적으로 인정된 방법을 사용하도록 하는 등 기본이념이(제2조) 제시되어 있다. 장기 이식이 가능한 장기를 법으로 한정하고 있어 현재로서는 '헤븐 프로젝트'가 추구하는 신체이식은 법적으로 허용되지 않는다.[42] 기본권 보호의 측면에서 인간의 존엄성과 인간의 취약성과 신체의 완전성에 대한 존중 및 실질적 평등의 차원도 고려되어야 하고 신체이식으로 인해 얻을 수 있는 이득과 해악을 비교형량하며, 신체 기증이나 뇌 신경과학 기술의 적용이 순수한 자발성과 자율성으로 이루어질 수 있는지 사회경제적 곤경과 부담 때문에 사실상 사회적 강요가 되고 있지 않은지를 종합적으로 살펴서, 신체이식이나 뇌 신경과학 기술을 허용한다면 장기이식에 관한 법률 개정에 반영되어야 한다.

(3) 「정신건강증진 및 정신질환자 복지서비스 지원에 관한 법률」 (정신건강복지법)

「정신건강증진 및 정신질환자 복지서비스 지원에 관한 법률」(약칭: 정신건강복지법) 제73조(특수치료의 제한) 제2항에서는 '정신질환자에 대한 전기충격요법, 인슐린혼수요법, 마취하최면요법, 정신외과요법 기타 대통령령이 정하는 특수치료행위는 당해 정신의료기관이 구성하는 협의체에서 결정하되 본인 또는 보호의무자에게 특수치료에 대한 필요한 정보를 제공하고 그 동의를 얻어야 한다.'고 규정하고 있다. 첨단 뇌 신경과학 기술은 현재 정신질환자의 치료에 임상적으로 사용될 수 있게 개발되고 있으므로, 치료에 적합한 기술로서 실체적·절차적 정당성을 검토하여 이를 반영하는 규정을 둘 필요가 있겠다. 뇌 신경과학 기술을 치료로 적용받는 정신질환자 본인과 보호의무자에게 설명 동의(informed consent)가 있어야 하므로, 본인의 정신감정을 통해 자기결정권을 우선 실행하도록 하고 강제 치료가 이루어지지 않도록 하며 보호의무자에 의한 대리권이 남용되지 않도록 보완하는 장치가 필요하다.[43]

(4) 「개인정보 보호법」

「개인정보 보호법」은 사상·신념, 노동조합·정당의 가입·탈퇴, 정치적 견해, 건강, 성생활 등에 관한 정보, 그 밖에 정보주체의 사생활을 현저히 침해할 우려가 있는 개인정보로서 대통령령으로 정하는 정보를 민감정보라고 하여 특별히 보호한다(제23조 민감정보의 처리 제한). 유전자검사 등의 결과로 얻어진 유전정보와 범죄경력자료에 해당하는 정보도 민감정보에 포함되는데(시행령 제18조) 뇌 신경과학 기술이 적용되어 획득된 개인의 생각과 정보도 개인의 사생활일 뿐 아니라 개인정보보호법상 민감정보에 해당한다. 따라서 민감정보의 분실, 도난, 유출, 위조, 변조, 훼손되지 않도록 안전성 확보에 필요한 조치가 충분히 있어야 한다(제23조 제2항). 뇌 신경과학 기술의 적용을 받은 사람의 정보도 민감정보의 범위에 포함된다는 것을 대통령령에 반영할 필요가 있겠다.

(5) 「의료기기법」

「의료기기법」은 사람의 질병이나 상해, 장애를 진단, 치료, 경감, 처치 또는 보정할 목적으로 사용되는 제품을 의료기기라고(제2조 제1항 제1호) 정의하고 이에 대한 효율적 관리와 국민보건에 관한 사항을 규율한다. 신경과학 기술에서 사용하는 기구를 의료기기법상의 의료기기라고 할 수 있고, 이 질병, 상해와 장애를 극복하는 데 사용되기 위하여 임상시험이 필요하다. 그래서 의료기기법에서 규율하는 임상시험 시 준수해야 할 조건과 위반 시 제재 사항을 살펴볼 필요가 있다. 임상시험을 하려면 임상시험계획서를 식품의약품안전처장의 승인을 받도록 하고, 이를 변경할 때에도 승인이 필요하다(제10조 제1항). 임상시험 대상자에 대한 보호를 제10조 제4항에서 규정하는데, 임상시험은 식품의약품안전처에서 지정한 임상시험기관에서만 할 수 있고(제10조 제4항 제1호), 집단시설에 수용 중인 자는 임상시험 대상자로 선정해서는 안 되며[44](제10조 제4항 제2호), 임상시험 대상자에게 설명 동의를 받도록 하고 있다. 설명 동의의 구체적 내용으로 대상자에게 발생할 수 있는 건강상의 피해와 그에 대한 보상 내용 및 절차 등을 설명하고, 그 대상자에게 직접 동의를 받도록 하고 있다(제10조 제4항 제3호). 그리고 이를 위반했을 경우 벌칙이 부과된다.[45]

설명 동의(informed consent)는 생명윤리법에서 기본원칙(생명윤리법 제3조 제2항)으로도 선언하는 것으로서, 신경과학 기술의 적용에서도 중요한 요건이 된다. 설명 동의는 의사소통이 가능한 의사능력을 가진 대상자에게 적절한 정보를 줌으로써 부적절한 영향력이나 압박 없는 상태에서 의사결정이 이루어져야 한다는 것인데, 의료 행위를 정당화시켜주는 근본적인 원리이다.[46] 연구대상자의 자발성 확인 의무와 의사능력 결여 시 대리인의 동의 방법과 절차 등을 의료기기법 시행규칙 [별표3](의료기기 임상시험 관리기준[47]－7.시험자－아. 피험자의 동의)에서 규정하고 있다. 이 규정에서 피험자 또는 피험자의 대리인에게 이해하기 쉬운 용어를 사용하도록 하고, 질의응답을 하도록 하고, 이들에게 제공되어야 하는 정보 사항의 내용 등 모든 절차에 있어서 피험자와 피험자의 대리인을 병렬적으로 나열하고 있어서 피험자 본인의 동의와 대리인의 동의를 구분하지 않고 있다. “동의를 얻는 과정이 피험자나 피험자의 대리인의 자유의사에 따라 진행되었는지 여부를 확인해야 한다”(아.피험자의 동의)고 규정한다. 피험자의 자발적인 동의인지 대리인의 자발적인 동의인지가 혼동될 수 있는 조항이다. 모법인 의료기기법의 위임을 받아 설명 동의를 상세히 규정한 시행규칙인데 모법의 위임 취지와 범위를 충실히 살리지 못하고 있다. 설명 동의의 근본 취지에 맞도록 하여야 하고, 신경과학 기술의 잠재적 불확실성과 위험성 그리고 다른 치료법이 거의 없는 상태에서 선택의 여지 없이 연구를 대해야 하는 연구대상자의 취약성을 감안할 때 피험자 본인의 자발적인 동의가 가능하도록 조항이 개정될 필요가 있다.

4. 민 · 형사상 책임 문제

(1) 형법, 형사절차법

자유의지와 형사 책임의 문제는 대표적으로 Libet 연구가 있고 후속 연구들이 많이 나와 있어[48] 뇌 신경과학 기술과 관련된 법학의 연구에서는 형법 분야가 가장 많은 연구가 진행되었다. 형사 사건에서 증거능력과 같은 실체적인 의미뿐 아니라, 절차적인 모양으로 fMRI 뇌영상, PET scan[49]과 같은 뇌 신경과학 기술은 많이 활용되고 있다.[50] 법정에서나 수사 단계에서 거짓말 탐지를 위해 뇌영상을 사용하는 것이 현재의 상태에서는 신뢰도와 타당성에 문제가 많다고 하는 비판도 있지만, 신경과학 기술의 발전이 앞으로 뻗어가 여정과 전망을 볼 때 법정에서 활용 범위가 넓어질 가능성이 충분하다. 실체적 진실을 밝히기 위하여 증인의 기억력을 증강시키는 신경과학 기술을 사용하도록 법원이 명령하는 일도 발생할 수 있다.[51] 미국, 호주 등 해외에서는 법정에서 뇌 신경과학이 증거로 많이 활용되고 있고, 형법을 뿌리로 하여 뇌 신경과학을 법학을 접목시켜 신경법학이라는 학문의 한 분야를 이루고 있다.[52]

(2) 민법, 민사절차법

뇌 신경기술의 적용으로 인해 기술 적용의 대상자에게 원치 않은 생각의 변화 내지 정체성의 변화가 발생한다면, 생각의 '조정 내지 조작'이라는 용어를 사용하여 부정적인 함축성이 있지만, 생각의 조정에 자발적인 요소가 있는지 여부가 궁극적으로 중요한 역할을 한다. 만약 생각이 나쁜 의도로 삭제되거나 조작될 때, 이것은 범죄의 구성요건에 해당하는 것이고 민사적으로도 불법행위로 인한 손해배상 청구가 가능할 수 있다.[53] 반면 궁극적으로 병적인 상태로 이끌 수 있는 나쁜 생각을 삭제하는 것은 의학적 치료로 분류될 수도 있다. 정당한 의료계약에 의해서 치료가 이루어진 결과로서 생각의 변화와 조정은 법령상 의한 행위이거나 정당 행위가 되어 불법책임의 문제를 배제할 수 있게 된다.

또한 민사 책임에 관한 문제는 뇌 신경과학 기술로 장애인에게 유언 능력, 증인 능력, 동의 능력을 보조할 수 있다는 점에서 장애인의 의사능력 제도와 후견인 제도에 변화를 가져올 수 있다.[54] BMI 내지 BCI가 신체 외부에 부착되어 있을 때나 웨어러블 디바이스 형태로 된 뇌 신경기술이 있을 때[55], 그 기구를 신체의 일부로 간주할 수 있는지 여부에 따라 이에 대한 침해 시 물건에 대한 손괴인지 신체에 대한 상해인지가 결정될 것이다. 이에 따라 형사책임의 범위나 민사상 또는 산업재해보상 등 공법상의 배상범위가 달라질 수 있다.[56] 또한 뇌 신경과학 기술의 예측 불가능하고 예기치 않은 오작동에 대해서는 제조물 책임으로서 무과실 책임주의를 검토할 필요가 있다.[57]

5. 뇌 신경기술 연구에 관한 법률: 「뇌연구 촉진법」, 시체해부법

(1) 「뇌연구 촉진법」

「뇌연구 촉진법」은 뇌연구를 효율적으로 육성, 발전시키고 산업화를 촉진하기 위한 목적으로 제정되어, 현재 뇌 신경과학 기술의 연구에 관해 규율하는 법령이다. 뇌연구자원의 확보와 관리를 위해 2018년 3월 30일 주호영 의원이 대표발의한 개정안에서는 뇌은행의 신설과 운영, 뇌 신경윤리위원회의 신설과 뇌윤리정책센터의 지정을 규정하고 있다.[58] 뇌은행의 지정과 뇌은행의 법무 및 지정 취소에 관한 사항을 2022년 1월 11일 개정·신설하여 시행하고 있으나 뇌 신경윤리위원회와 뇌윤리정책센터에 대한 규율은 아직 도입되지 않고 있다.신체이식이나 뇌 신경과학 기술의 연구개발을 위해 「뇌연구 촉진법」 개정으로 연구 인프라를 확충하고, 기술의 발전보다 한 발 더 앞서 윤리·사회적 영향력과 법제도적 대응점을 검토하여 국민 대중들과 소통할 필요가 있다.

(2) 「시체 해부 및 보존 등에 관한 법률」 (시체해부법)

「시체 해부 및 보존 등에 관한 법률」(약칭: 시체해부법)에서는 인체의 구조를 연구하기 위한 시체 해부는 의과대학에서 하도록 하고(제9조) 시체의 전부 또는 일부를 타인에게 양도하지 못하도록 하고 있다(제10조 제2항). 위의 「뇌연구 촉진법」 개정안과 연계하여 뇌 신경과학 연구를 위해 뇌연구 자원을 확보하고 분양, 관리하기 위해서는 이 조항들에 대한 검토가 함께 이루어져야 한다.

V. 결론

뇌 신경과학의 발전은 법률 시스템 내에서 이루어져야 하고, 이에 관한 연구는 임상 시험의 실행 기준에 따라야 한다. 뇌 신경과학 기술은 이 연구에서 살펴본 바와 같이 헌법 체계부터 실정법에 이르기까지 매우 다양한 법적 쟁점과 문제를 야기할 수밖에 없고, 과학의 발전으로 시작된 윤리적·사회적 논의는 인간의 존엄, 연구 참여자의 생명과 안전에 대한 보호, 학문의 자유 등 궁극적으로 추구하는 법질서의 가치의 범주에 들어와서 법의 제정으로 최종 결정되고 제도화된다.[59] 그렇기 때문에 뇌 신경과학 기술의 발전에 따라오는 윤리적 문제들을 연구자들의 부족한 책임감에만 탓을 돌리는 것은 충분하지 않다. 이미

개발된 것이나 미래에 나타날 것으로 예측되는 신경과학 기술들은 규범적 틀에 대한 사전 대책을 강구하면서 선제적인 논의에 시작점이 있어야 한다. 그렇기 때문에 신경법학의 이름으로 후속 연구가 활발하게 일어나기를 기대하며, 뇌 신경윤리에 관한 법제적 문제와 방향을 제시하는 본절의 뒤를 이어, 뇌 신경윤리 법체계에 관한 심층적 분석과 더불어 실천적 입법론에 대해서 탐색할 것이다.

신체 이식과 뇌 신경과학 기술의 발전에는 인간의 존엄성을 기반으로 국민의 기본권의 보호와 제3자적 효력을 고려하여 각종 규범적 장치와 제도가 뒷받침 되어야 한다. 생명윤리적 지침과 신경윤리에 적용될 수 있는 원칙들을 바탕으로 연구개발과 동시에 윤리적 고려와 검토가 이루어질 수 있도록 해야 하고, 이를 바탕으로 적절한 거버넌스 모델을 개발하여 궁극적으로는 특별법의 제정이나 실정법의 개정을 실현하는 것이 바람직하다.

제2절

국가윤리위원회의 법적 지위와 뇌 신경윤리 거버넌스*

Ⅰ. 서론

뇌과학 내지 뇌 신경과학이 발달하면서, 뇌 신경과학 기술이 신체적 정신적 장애를 극복할 수 있는 수단이 될 뿐 아니라, 본래 가지고 있던 신체 기능보다 훨씬 증강된 기능까지 갖출 수 있게 해주는 이제까지 인류가 경험해보지 못한 미래가 그려지고 있다. 뇌 신경과학이 신체에 적용되는 경우를 보자면, 비침습적인 형태로서 뇌 신경에 영향을 주는 약물이 있고, 머리에 낮은 전기 자극을 주는 신경 자극 방법으로 tDCS(Transcranial Direct-Current Stimulation)이나 TMS(Transcranial Magnetic Stimulation) 등과 같은 뇌신경 자극술, fMRI(functional Magnetic Resonance Imaging), PET(Positron Emission Tomography), CT(Computer Tomography)

* 원문은 "국가윤리위원회의 법적 지위와 뇌 신경윤리 활동 고찰: 뇌 신경윤리 거버넌스에 주는 시사점, 법과 정책 제25권 제1호 173-213면, 2019년 3월" 이다.

와 같은 뇌 영상(Neuro－imaging) 등이 있다. 침습적인 시술로는 뇌에 칩을 이식하고 외부의 기계와 연결되는 형태의 뇌－기계 인터페이스, 뇌에 이식된 전극에 전기를 가해 뇌 활동을 자극하는 시술인 DBS(뇌심부자극술, Deep brain stimulation), 손상된 뇌 부위를 인공물로 대체하는 뇌보철 기술(Brain prosthesis), 단순한 의족, 의수에서 발전된 형태로서 뇌 신경과 연결하여 신체 외부에 장착하는 로봇 형태인 외골격 로봇, 유도만능줄기세포(iPS)로 만든 신경세포를 뇌에 이식하는 뇌 줄기세포 이식술[1] 등이 있다. 뇌－기계 인터페이스는 BMI(Brain－Machine Interface) 내지 BCI(Brain－Computer Interface)라고 불린다.[2]

뇌 신경과학에 따른 사회적·윤리적·법적 영향을 대비하는 데 대하여 세계적인 추세를 살펴보면, 미국의 경우 오바마 대통령 재임 시절 2014년부터 2025년까지 12년간 매년 5억 불가량 투자하는 대규모의 뇌 신경과학의 민관협력 연구 프로젝트인 브레인 이니셔티브(Brain Initiative)의 출범을 발표한 동시에, 대통령의 주문에 따라 국가 윤리위원회가 뇌 신경과학의 연구에 대한 윤리적 검토에 착수하였다.[3] 과학기술의 발전이 법 정책, 행정 작용에 반영되기 위한 준비로서 전통적인 행정기관이 주도하거나 민간의 의견을 받는 정도가 아니라 국가 윤리위원회라는 합의제 기관을 활용하고 있는 것이다. 미국뿐 아니라 브레인 이니셔티브를 설립한 나라들, 즉 영국, 독일, 프랑스, 호주 등의 나라에서는 국가 수준의 윤리위원회를 통해 윤리적 법적 검토를 실행하여 왔다. 뇌 신경과학이 발전하면 인류가 어떻게 바뀌게 될지에 대한 전망은 이제는 SF영화에서 즐겨 사용되는 소재가 되는 것을 넘어서, 기술의 발전이 몰고 올 사회적 영향을 다학제적으로 검토 연구하고 법제도의 변화도 준비해 나가야 하는 시점이 된 것이다.

따라서 본고에서는 국가 윤리위원회의 위상, 공법적 지위와 역할을 검토하면서 국가 윤리위원회에서 뇌 신경윤리에 관해 다루는 것이 어떠한 공법적 의미를 가지는지에 대해서 살펴본 후(Ⅱ), UN, OECD 등 국제기구부터 미국, 독일, 프랑스, 호주의 국가 윤리위원회에서의 뇌 신경윤리 논의 활동(Ⅲ, Ⅳ)들을 고찰하고자 한다. 이를 통해 우리나라의 뇌 신경윤리 거버넌스에 주는 시사점(Ⅴ)을 도출하기로 한다.

Ⅱ. 국가윤리위원회의 공법적 의의와 뇌 신경윤리 거버넌스의 특징

1. 행정기관으로서의 의미

국가 위원회는 행정기관 소관 사무에 관한 자문, 조정, 협의, 심의 또는 의결 등을 하기 위해 복수의 구성원으로 이루어진 합의제 기관이다.[4] 뇌 신경과학과 같이 의생명과학과 과학기술에 관한 윤리적인 이슈를 국가 위원회에서 자문·논의하는 중요한 이유는, 연구자에게 있어서 학문 연구의 자유라는 헌법상 기본권을 절차적으로 보장하는 기능을 하고[5], 기술의 발전이 사회 전반과 법제도에 미치는 파급력을 고려하여 이 기술의 발굴 지원, 적용, 규제, 위험 관리를 수행하기 위하여, 이에 관한 국가 정책을 결정함에 있어 방향을 설정하고, 국민의 신뢰와 합의를 이끌어내기 위한 의사결정 구조로 활용하기 위한 것이다. 국가의 정책결정 과정에 전문가와 시민참여의 중요성이 강조되는 기술시민권 내지 디지털 시티즌쉽(Digital citizenship)이라는 개념이 등장하면서[6] 과학기술과 생명윤리에 관한 정부정책 수립과 결정에 있어 시민참여는 1980년대 이후 미국과 유럽에서부터 활발하게 전개되어 왔다.[7] 국가 윤리위원회는 과학기술의 연구개발과 관련하여 민주주의의 전제로서 시민참여를 증진하는 통로가 될 수 있다. 다원화된 사회에서 사회문제에 대해 다룰 때 많은 다양한 집단들이 대표성을 가지고 참여하여야 사회적 문제가 형평성 있게 다루어질 수 있다. 따라서 의사결정 기관은 다양한 집단들로 구성함으로써 공평타당한 의사결정을 추구하고 과정 및 절차상 민주주의도 발전시킬 수 있다는 장점이 있기 때문에, 국가는 정부의 의사결정을 뒷받침할 수 있는 조직의 운영에서도 합의제 행정기관인 위원회를 활용하고, 그 구성에 있어서도 다양한 사회집단을 대표하는 전문가들로 구성하는 대표성과 다양성을 추구할 수 있다.[8] 기존 독임제적 관료조직이 갖고 있는 구조적 한계를 극복하고[9] 의사결정의 공정성, 균형성, 독립성, 전문성을 보완하기 위해 합의제적 조직 체계를 두는 것이다.[10]

2. 뇌 신경윤리 거버넌스의 특징

뇌 신경과학 기술에 관한 연구도 학문의 자유의 영역에서 보호되므로 기본적으로 자율통제에 맡겨져 있지만, 공공의 생명과 안전과 위해될 수 있는 사안들에 대해서는 적절한 거버넌스 체계가 필요하고, 경우에 따라 국가적 규제도 필요할 수 있다.[11] 뇌 신경과학 기술은 나날이 발전하고 있지만 그 발전 방향과 결과에는 위험성과 불확실성이 존재하고, 기술의 규제가 기술의 혁신과 발전을 저해할 수 있다는 점 등을 고려할 때 규제 거버넌스는 정교하게 구성되어야 한다.[12] 국가 윤리위원회가 기술의 개발에 관해 윤리적으로 타당한가를 결정할 때, 개인 연구자가 혼자 부담하는 윤리적 책임을 경감하고 연구의 자유 실현을 도울 수 있고, 대중적 논의를 촉발하여 기술의 사회적 수용성을 증진할 뿐 아니라 관련된 이해관계의 충돌 문제를 해결하는 통로가 되며[13], 윤리적 문제를 내포한 연구의 실체적 절차적 정당성을 제공하는 기능을 한다.[14] 특히 뇌 신경과학 기술은 기존의 인간의 자유의지와 정체성에 대해 회의론을 제기하고,[15] 인간의 마음과 정신, 자유의지를 이론적 토대로 삼고 있는 기존의 법체계에 딜레마를 발생시키고 있어[16] 이에 대한 다학제적 논의·검토와 사회적 대응을 필요로 한다.[17] 뇌 신경과학 기술은 생명윤리와 관련이 있기도 하지만 인간의 본성과 정체성에 대한 근본적 성찰과 인간과 기계의 결합으로 인한 법체계의 변화 등 기존의 생명윤리 영역과는 다른 독자적인 영역으로서 논의가 필요한 이슈가 많다.[18] 보건의료 제도와도 밀접하게 연결되어 있어 공공재로서의 성격을 가지기도 한다.[19] 정책결정자와 일반대중에게 뇌 신경과학 기술에 관한 윤리적·사회적·법적 검토를 중심으로 하는 뇌 신경윤리의 교육, 훈련, 정보가 제공되고, 누구든지 참여 가능한 공개된 대중 토론의 장이 마련될 필요가 있다. 국가 차원의 윤리위원회에 시민을 대표할 수 있는 사람이 위원으로 참여하거나, 위원 구성 시 추천권을 가지게 된다면 시민들의 입장을 행정기관에 공식적인 제도를 통하여 직접 전달할 기회가 될 수도 있다.[20] 뇌 신경윤리에 관한 위원회의 논의가 단순히 정부에 자문 기능을 제공하는 것을 넘어 실질적으로 정책에 반영되고, 국민의 실생활에 큰 영향을 미치며 준입법적, 준사법적 기능도 수행할 수 있다는 점에서 국민의 기본권과 밀접한 관계를 맺고 있기 때문에, 위원회의 활동은 대의민주주의의 한계와 다른 행정기관의 권한과 충돌되지 않는 범위로 정해지고, 정부의 독단이나 권한 남용을 관리·감독할 수 있도록 기능하여야 한다.[21] 이는 행정조직법정주의[22]에 근거하여 위원회의 설립과 운영이 국민의 대표로 구성된 의회에서 제정된 법률에 근거를 두는 형태로 나타나야 한다.[23]

III. 국제기구의 뇌 신경윤리 논의 활동

1. UN

UNESCO는 교육, 과학, 문화 등 지적 활동 분야에서의 국제협력을 촉진함으로써 세계평화와 인류 발전을 증진시키기 위해 만들어진 UN 전문기구로서, 그 이름은 '국제연합 교육적, 과학적, 문화적 기구'(United Nations Educational, Scientific and Cultural Organization)의 앞 글자에서 가져온 것이다.[24] 설립 당시부터 교육, 문화, 과학, 의사소통 4가지 영역에서 활동을 해왔다. UNESCO의 뇌 신경윤리에 관한 연구 활동의 시초는, 1995년 국제 생명윤리 위원회(IBC: International Bioethics Committee) 특별조사관의 조사를 통해 '윤리와 신경과학'이라는 보고서를 발간한 것이다.[25] 신경과학과 관련된 개념들, 신경과학의 발전 현황, 신경기술, 유전자 조작, 인지 증강에 개입하는 도구들 등 신경과학의 영향들, 이에 따른 사회적 영향 등을 기술하고 있다. 이 보고서의 목적은 현대사회에서 신경과학으로 간주되는 것에 대한 광범위한 범위와 영역을 보여주는 것으로서, 기술의 발전 수준을 나열하는 상태에 만족하지 않고 미래의 희망사항과 위험을 조사하고 윤리적 본성과 관련 쟁점이 사회에 던지는 몇 가지 경고를 제시하였다. 신경 과학은 특별히 정신 건강 분야에서 희망을 가져다주는 반면, 유전자 조작이나 행동학적 목적을 위한 약리학과 컴퓨터 과학의 사용에 있어서 특별히 위험한 지형을 보여준다고 경고하였다. 인간의 자유와 존엄성을 침해할 수 있는 도구로서, 신경 과학은 최악의 형태의 이념이 번성할 수 있는 독배[26]가 될 수 있다고 지적하였다.

2005년 10월 19일 프랑스 파리에서 개최된 제33차 UNESCO 총회에서는 191개 회원국은 "생명윤리와 인권에 관한 보편선언"(Universal

Decrlaration on Bioethics and Human Rights)을 만장일치로 채택했다. 이 보편선언은 세계인권선언 이후로 국제사회가 채택한 모든 생명윤리 및 인권에 관한 문헌들을 총괄하여, 인류가 지켜나가야 할 생명윤리의 기본원칙을 천명한 것으로 전 세계의 모든 국가들이 이를 따르기로 인정했다는 데 그 의의가 있다. 회원국의 비준 또는 수락을 목표로 규칙을 규정하는 협약과는 달리, 회원국이 따라야 할 규칙을 정하지만 회원국의 비준을 요구하지는 않는 선언의 형식을 취하고 있다. 따라서 국제협약, 조약, 의정서 등과 같이 국제규범으로서의 구속력을 지니고 있지는 않지만, 회원국에 가능한 범위 내에서 그 내용을 지켜야 하는 도덕적 의무를 부과하고 있다.[27)]

전문에서 연구의 심리사회적 관점과 요인, 인간의 정체성을 다루고 있고[28)], 제1조 적용 범위에서 "이 선언은 인간에게 적용되는 의학, 생명과학 및 관련 기술과 관련된 윤리적 문제들을 그 사회적, 법적, 환경적 측면에서 다룬다"고 함으로 이 선언에는 신경과학, 신경윤리가 포함된다.[29)] 이 보편선언에서 신경과학 기술에 적용될 수 있는 조항으로는 다음과 같다. 인간의 존엄과 인권(제3조), 이득과 해악: 선행의 원칙과 해악금지의 원칙(제4조), 자율성(제5조), 동의와 동의 능력 없는 사람들에 관한 보호(제6조, 제7조), 프라이버시(제9조), 평등과 정의(제10조), 사회적 책임과 이익의 분배(제14조, 제15조) 등이다.

또한 생명윤리와 인권에 관한 보편선언은 국가 윤리위원회의 역할에 대해 주요한 지침을 제공한다. 인간대상 연구의 윤리적 법적 사회적 문제를 평가하고, 임상의료의 윤리적 문제를 조언하며, 과학기술발전을 평가하고 권고안을 작성하고, 지침개발과정에 기여하고, 생명윤리에 관한 논쟁의 장을 마련하고 교육과 대중의 참여를 증진하는 것이다. 또한 의사결정시에 충분한 정보에 근거한 다원적인 대중 토론의 기회를 촉진하여야 한다고 권고한다. 그래서 정책결정자 및 일반 대중에게 교육, 훈련과 정보 제공 및 토론의 장을 마련하는 것이 국가 윤리위원회의 주요 기능이 될 수 있다.[30)]

2016년 9월 16일에 UN에서는 기본적인 뇌과학 연구의 글로벌 협력을 향상시키고 원활하게 촉진시키기 위한 국제적 브레인 이니셔티브(International Brain Initiative) 출범을 위한 미팅을 가졌다.[31)] 71차 UN 총회 개회식에서 글로벌 뇌과학 프로젝트 선언을 위한 UN 부속 회의로서, 35명의 글로벌 전문가들이 모여서 뇌과학을 해외 정책 우선순위로 정립하고 국제적 뇌 연구 플랫폼의 출범을 위해 공조할 것에 관하여 고도의 협의가 이루어졌다.[32)] 질병 극복과 인공지능 시대를 대비하기 위하여 국제사회의 노력이 필수적임을 인식하고 지속 가능한 뇌 연구를 위해 법률, 정치, 사회 그리고 신경윤리와 관련한 국제공조의 필요성에 대하여 공감대를 형성하였다. 그리고 2017년 2월 27일 UN 본부에서 국제적 브레인 이니셔티브(IBI: International Brain Initiative) 미팅이 이루어졌다. 신경윤리 얼라이언스를 구축함으로써 신경윤리 대응을 위한 실제적 방안을 마련하고 국제기구, 각국 정부, 민간 단체와 기관의 구체적인 역할과 투자 등을 포함하여 정책적인 전략을 모색하는 자리였다. 2017년 12월 7일, 호주 캔버라에서 호주 과학 아카데미(Australia Academy of Science)가 주최한 미팅 Brain the Dome 워크샵에서 세계 주요 뇌 연구 프로젝트 대표들이 모여 국제적 브레인 이니셔티브의 설립을 공식적으로 선언하였다.[33)] 캔버라 선언(Canberra Declaration)으로도 불린다. 이 국제적 브레인 이니셔티브의 창단 회원국은 호주 브레인 얼라이언스, 일본 브레인 프로젝트, 유럽 브레인 프로젝트 그리고 미국 브레인 이니셔티브 그리고 한국 브레인 프로젝트 등이다.[34)]

2. OECD

2016년 9월 15일, 워싱턴 DC의 미국 국립과학원(NAS) 워크숍에서는 경제협력개발기구(OECD)가 주관하고 국립과학재단과 애리조나 주립대학교에서 지원하여, 뇌과학기술의 윤리를 논의하는 전문가 모임이 열렸다.[35] 각국의 뇌 연구 프로젝트 추진에 따른 신경윤리 관련 이슈의 글로벌 협력 체계의 필요성을 인식하고 관련 인력을 양성하는 방안을 마련하는 데 대하여 협의하였다. 그리고 2017년 9월 14일, 워싱턴 DC의 미국 국립과학원에서 "신경과학 기술의 투명하고 책임 있는 연구 혁신(Open and Responsible Innovation in Neurotechnology)에 관한 국제 가이드라인"의 초안 작성을 논의하였다. 그 후속 작업으로서 2018년 OECD 과학, 기술, 산업 조사보고서로서 "신경과학 기술의 거버넌스 이슈"(Issues in neurotechnology governance)가 발간되었다.[36] 우선 일반적인 지침을 살펴보자면, 1) fMRI, 신경 보철(neuroprosthesis), 침습적·비침습적 모듈레이션, BMI·BCI와 같은 신생 신경과학 기술들은 치료적 영역이나 비치료적 영역에서 다양한 잠재적인 응용기술로 발전하고 있다. 이러한 강력한 기술들은 책임 있는 개발과 적절한 관리·감독 아래에서 주요한 사회적 이익을 제공해야 한다. 2) 인간 정체성, 자아 이해와 인지의 자연적인 경계선에 대한 의문을 제기하는 신경과학 기술의 독특한 힘이 많은 나라에서 윤리적 연구와 조사를 하도록 권장하고 있다. 3) 신경과학 기술의 혁신은 빠르게 발달하면서 다양한 사회문화적 맥락에서 일어나고 있다. 신경과학 기술이 특정한 공동체적 맥락을 위해서 충분히 폭넓은 비전과 활용성의 균형을 맞출 수 있도록 국제적이고 포용적이며 지속적인 고려가 필요하다. 4) 윤리적 법적 사회적 경제적 문화적 도전들을 고려하기 위해 국제적인 권고를 하는 것은 신생 신경과학 기술의 책임 있는 진보를 보장하는 데 유익하다. 이러한 권고들이 실험실로, 임상으로, 산업계로도 확장되어야 한다. 5) 뇌 과학에 대한 지식 격차를 고집하는 것은 신경과학 기술이 임상으로 전환될 수 있는 가능성과 의무에 영향을 준다. 6) 인간 증강(human enhancement)과 이중 사용(dual use)[37]에 대하여 공통적인 개념정의를 개발하는 것이 이해도 증진과 부문 간 토론을 촉진하는 데 중요하다. 7) DIY 신경과학 기술, 인가되지 않은 제품의 사용과 "의료관광"(medical tourism), 이러한 모든 것이 국제적 관심에 대한 조언과 거버넌스에 도전을 제기하고 있다.

거버넌스의 측면에서의 지침은 1) 신경과학 기술적 혁신은 적절한 제도적 관리감독과 균형을 이루어야 한다. 폭넓은 참여가 보장된 투명한 거버넌스의 개발을 포함하여 신뢰와 신뢰 가치가 과학과 기술의 새로운 접근에 대한 대중의 지지를 보장하는 데 중요한 요인이고, 그것이 전문가 사회와 대중적 수용에 영향을 미치게 될 것이다. 2) 검증되지 않은 주장이 만연해 있는 신경과학 기술들을 활용하는 문제에서 거버넌스의 도전이 지속적으로 제기되고 있는 영역이므로, 일반 시민과 정책입안자가 주의 깊은 고려를 해야 한다. 3) 질병 자체를 다루는 치료의 목적이 아니라 잠재적으로 인정된 이익 또는 혜택을 주장하는 신경과학 기술은 일부 국가 또는 지역의 규제 당국에 의해 감독이 될 수 없기 때문에, 치료 목적의 제품과 동일한 수준의 면밀한 조사를 보증해야 한다. 4) 인간의 두뇌에 대한 개입으로 인해 특정한 도전 과제가 제기될 수 있지만, 다른 신기술에 대한 경험이 새로운 신경 기술의 책임 있는 개발 및 사용에 필요한 관리 메커니즘을 개발하는 데 유용할 수 있다. 5) 건강과 행동 예측에 신경과학 기술을 사용하면 법률, 보험 및 고용에서 권리에 중요한 영향을 미친다. 6) 뇌 과학에서 데이터 공유 플랫폼에 대한 다양한 요청들을 감안할 때, 국가 경계를 넘을 수 있는 결과 데이터와 신경기술 사용의 적합성에 대하여 교차 문화적 관점의 전망을 예측하는 것은 거버넌스와 윤리적 평가를 고려하는 데 중요할 수 있다. 7) 안전과 효능에 관한, 소비자 보호에 대한 추가 원칙이 혁신을 위한 적절한 상황을 조성하는 데 도움이 될 수 있다. 8) 이중 사용과 오용에 대한 폭넓은 통찰력과 관련 관점들을 제공하기 위해서 이해 관계자들을 함께 모으는 것이 중요하다.

이해당사자의 개입에 대한 지침으로는 1) 점차적으로 강력한 신경과학 기술들이 등장하는 것은 인간됨이 무엇인지에 대한 이해를 증진하는 함의가 있다. 신경과학 기술에는 공공의 가치가 진정성 있게 포용됨으로써, 정책에 대한 폭넓은 정보가 제공되는 것이 특히 중요하다. 2) 공공 및 정책 결정자 참여는 체계화되고 단방향이 아닌 양방향 의사소통에 중점을 두어야 한다. 신경과학 기술의 모든 이해 관계자들이 연구, 개발, 상용화 및 사용의 모든 단계에서 구조적으로 참여할 수 있는 좋은 실례들이 이미 존재하며, 이러한 활동들이 잘 정립되어야 하고 더 발전될 수 있다. 3) 새로운 신경 기술을 개발하고 활용하는 데 관련된 모든 사람들의 훈련에 사회적, 윤리적 문제의 중요성을 인식하는 것이 중요하다. 따라서 책임 혁신과 공공 참여의 원칙을 교육 커리큘럼에 통합하여, 신경과학 기술의 혜택과 위험에 대한 이해를 증진해야 한다. 환자 그룹, 실무자 및 변호사·법률가들을 포함한 광범위한 대중의 '신경과학 기술에 관한 문해력'(neuro-literacy)을 강화하는 것이 책임 있는 사용에 도움을 줄 것이다. 4) 비즈니스, 개인 투자자 및 재단은 신경 기술 혁신 및 이용에 있어 중요한 실천 공동체이다. 그들도 현장에서 책임 있는 혁신을 위한 권고안을 개발하고 이행해야 한다.

3. EU

(1) Human Brain Project의 신경윤리와 철학 작업반

EU의 미래 신생 기술 프로그램(Future and Emerging Technologies: FET 프로그램)이 선정한 Flagship 프로젝트[38] 중 하나로 시작된 Human Brain Project(HBP)에서는 '윤리와 사회' 분과(Ethics and Society) 중 하나로 뇌 신경윤리와 철학에 대한 논의와 연구를 수행하였다. Human Brain Project는 2013년에 출발하여 EU에 의해 지원을 받고 있는데, 신경과학, 의학, 컴퓨팅의 미래를 혁신적으로 발전시킬 수 있는 잠재가능성을 가지고 있다. 유럽 대부분의 국가로부터 미국, 일본, 중국에 이르기까지 112개의 파트너 기관들로 구성된 대규모 콘소시엄이다. 컴퓨터 사이언스, 신경과학, 로보틱스, 마이크로 일렉트로닉스 등 과학 분야뿐 아니라 혁신과 개발, 윤리, 교육, 프로그램 관리와 커뮤니케이션의 전문가들을 포함한 다학제적인 콘소시엄으로 구성되어 있다. Human Brain Project의 '신경윤리와 철학 작업반'(Neuroethics and Philosophy Work Package)은 신경과학 연구와 신생 신경과학 기술들이 개념적으로나 사회적, 윤리적, 규범적 이슈들에 미치는 영향들에 대해서 탐구한다. 잠재적인 프라이버시 침해부터 의식과 인간의 자아정체성의 의미에 대한 이해까지 신경윤리적 이슈들을 연구한다. 실증적인 뇌과학과 마음의 철학, 도덕 철학, 윤리학, 심리학과 사회과학 사이의 접점으로 이해될 수 있는 연구이다. 과학적 증거와 철학적 개념 사이에 규범적 연결성을 부여하기 위하여 과학적 증거를 개념적으로 해석하는 데 기여하고, 비평적 거리를 유지하면서, 신경과학적 진보에 대해 비현실적 기대감을 억제할 수 있도록 하는 데 중요한 역할을 한다.

신경윤리와 철학 작업반의 주요 연구 영역은 1) 의식 장애, 2) 의식 불명: Resignation syndrome(RS), 3) 인간 정체성, 4) 신경세포 후생

(Neuronal Epigenesis) 5) 이중 사용(Dual Use)이다.[39] 1) 의식 장애에 관한 연구 영역은 의식에 대한 과학적 설명과 의식의 개념들에서의 최근 개발된 것을 검토하고 분석하는 것을 목표로 한다. 특히 의식 장애(DOCs: disorders of consciousness)에 초점을 맞추고 DOCs의 진단과 평가를 위한 신경 기술의 잠재성과 실제 임상 적용을 탐구한다. 2) 의식불명: Resignation syndrome(RS)에 관한 연구 영역은 이주를 경험하면서 심리정신적인 트라우마를 입은 어린이와 임상적 상태로는 외적으로 의식불명 상태여서 고통스러운 자극에도 반응하지 않는 환자를 대상으로 한다. 이 연구는 이 장애의 기저에 있는 사회 문화적 요인과 신경 생리학적 요인에 초점을 맞추고 있다. 연구 목표는 문화적으로 결합된 증후군의 두뇌 모델에서 맥락적인 그리고 신경생물학적인 측면을 통합하는 분석을 제공하는 것이다. 3) 인간 정체성 연구 영역은 신경과학 기술과 인간의 본성과 관련된 연구이다. 신경 과학은 신경계의 구조와 기능에 대한 더 많은 지식을 제공하기 때문에 인간됨에 대한 이해를 더욱 증진시키고, 뇌를 변형시키는 신경 기술의 개발과 응용을 촉진할 것으로 기대되고 있다. 그래서 인간과 자아정체성에 중대한 영향을 미칠 수 있다. 이 연구 프로젝트는 인간의 정체성, 그 의미와 가치, 그리고 인간 본성에 대한 논쟁과의 관계로 시작하여, 관련 이슈에 대한 분석을 제공하고 관련 이론적·실질적인 관심사를 조사한다. 4) 신경세포 후생(Neuronal Epigenesis) 연구 영역은 사회적 환경과 뇌 신경의 관계에 대한 연구이다. 두뇌는 기능적 아키텍처에 중대한 영향을 미치는 자연적 및 문화적 맥락 속에서 발전한다. 살아있는 발달 궤도, 상호 작용 및 사회적 환경은 시냅스 연결성에 영향을 미치고 신경 활동의 패턴 형성에 기여한다. 우리의 뇌 구조에 문화적, 사회적으로 각인(imprint)된 시냅스 후성 유전 이론은, 문화적으로 우리의 신경학적 소인에 영향을 미칠 수 있음을 시사한다. 이 연구 프로

젝트는 유전형(genotype)과 뇌 표현형(phenotype) 사이의 관계를 연구한다: 그 내용으로는 게놈과 뇌의 복잡성 사이의 비선형 진화의 역설, 발달하는 동안에 뇌의 문화 회로 선택, 문화적 각인(imprint)의 기원과 후성적 전이 등이 있다. 5) 이중 사용의 연구 영역은 Human Brain Project 내에서의 a) 두뇌 과학의 이중 사용에 대한 정의와, b) 보다 광범위하게는 그러한 연구 내에서 또는 연구 때문에 발생하는 신경학적, 법적 및 사회적 쟁점에 대한 연구, 이 양쪽 측면에 중점을 둔다. 신경 과학 연구의 군사적, 국가 안보 및 복지 운영의 사용과 동시에, 공공 안전에 위험이 될 수 있는 라이프 스타일 최적화를 위한 직접 소비자 사용(DTC)과 자발적 응용 사용(DIY applications)의 이중 사용에 특히 주목하고 있다.

(2) 유럽의회(Council of Europe)의 신경윤리 관련 규범

유럽의회는 인권을 보호하고, 다원적 민주주의를 강화하기 위한 목표로 1949년에 설립된 국제적 조직이다. 유럽의회도 국제적인 생의학(Biomedicine) 관련 규범의 발전에 중요한 기여를 해왔다는 점은 생의학과 관련된 구속력 있는 국제 조약을 체결한 데서 볼 수 있다. '인권과 생의학에 관한 유럽의회 조약'(ECHRB)[40]은 1997년에 서명되고, 26개 국가가 현재까지 비준하고 있다. 2005년도에는 '생의학 연구와 관련한 추가의정서'를 체결하였는데,[41] 이 새로운 추가 의정서의 목표는 연구자의 이익과 연구참여자의 보호 사이에서의 균형점을 설립, 구성하는 것이다. 과학연구에 이익이 있어야 하지만 연구 참여자의 권리를 존중하는 면도 고려되어야 한다. 이러한 목적에서 '인권과 생의학에 관한 유럽의회 조약'(ECHRB)과 생의료 연구에서의 추가 의정서는 첨단 과학기술의 연구에 있어서 가이드라인으로서 작용하고, 신경과학기술 연구에서의 윤리 문제에도 적절히 사용될 수 있다. 추가의정서는 동의를 할 수 없거나 자발적인 동의를 할 수 없는 상태에 놓인 취약층을 대상으로 하는 신경과학 연구에서도 참고해야 하는 가이드라인을 제공하고 있다.[42]

이 조약과 추가의정서를 바탕으로 각국의 상황에 맞는 신경과학 기술에 특화된 관점으로 적용되어야 하기 때문에, 추가의정서는 신경 영상 연구에서의 부수적인 결과물들의 발견 문제, 구두나 서면으로 이루어지는 설명 동의(informed consent), 첨단 신경과학 연구에 대한 사회적 재정적 부담, 연구 참여자의 전제조건으로서 모를 권리의 재확인, 연구참여자의 데이터 보호와 연구 과정과 결과에 따라 발생한 부당한 피해에 대한 보상을 보장하기 위한 내용들, 동의 철회를 위한 요구사항 등의 자세한 요구사항들이 유럽 각국에 지침으로 규율될 필요가 있다는 점을 지적하고 있다.

Ⅳ. 각국 국가윤리위원회의 뇌 신경윤리 논의 활동

1. 미국

미국의 경우 생명윤리관련 국가위원회의 시초는 1974년 국가 연구법(National Research Act)에 근거하여 설치된 '생의학과 행동과학연구의 인간 연구대상자 보호를 위한 국가 위원회'(The National Commission for the Protection of Human Subjects of Biomedical and Behavioral Research, 1974-1978년)로 볼 수 있다. 1974년 국가 위원회는 흑인을 대상으로 한 매독 연구 조사의 의료윤리적 문제를 다룬 벨몬트 보고서(The Belmont Report), 연명의료 중단과 건강 돌봄의 접근성(foregoing life-sustaining treatment and access to health care)에 관한 보고서를

발간하였고, 1978년부터 1983년도에는 대통령 위원회(The Presidential Commission for the Study of Ethical Problems in Medicine and Biomedical and Behavioral Research)가 구성되어 뇌사에 관한 검토로서, 죽음의 정의(Defining Death) 보고서를 내놓았다. 그 후에도 1994년 빌 클린턴 대통령이 인간 대상 방사선 실험에 관한 자문위원회(The Advisory Committee on Human Radiation Experiments 1994－1995년), 줄기세포, 복제, 인간대상 연구에 관해 다룬 국가 생명윤리 자문위원회(The National Bioethics Advisory Commission, 1996－2001년)를 운영하였다. 조지 부시 대통령이 구성한 대통령 생명윤리 위원회(The President's Council on Bioethics 2001－2009년)는 보조생식술의 문제 등을 다루었고, 그 후 오바마 대통령이 대통령령에 의해서 구성한 대통령 생명윤리 연구 위원회(The Presidential Commission for the Study of Bioethical Issues, 2009－2017)로 이어졌다.[43)]

이 위원회의 위원은 대통령이 임명하는 13인 이하의 전문가 위원으로 구성된다. 생명윤리, 과학, 의학, 기술, 공학, 법학, 철학, 신학, 기타 인문학 또는 사회과학 분야의 전문가로 골고루 임명하되, 행정부에 소속된 생명윤리학자나 과학자는 3인 이하로 포함할 수 있다.[44)] 2017년까지 위원장으로서 펜실베니아 대학 총장인 Amy Gutmann 교수를 비롯하여 10인의 위원이 활동하였다.[45)]

오바마 대통령은 2013년 4월에 대통령 생명윤리위원회에 브레인 이니셔티브(Brain Initiative)에 대한 윤리적 문제를 검토해달라고 요청하였고,[46)] 대통령 생명윤리 위원회(이하, 위원회)는 이에 응답하여 2014년 5월에 그레이 매터스(Gray Matters) 1권을 발간하였다.[47)] "Gray Matters 1권: 신경과학, 윤리와 사회의 통합적 접근"은 생명과학 연구의 실행과 결과에 관련된 윤리적 이슈를 검토해달라고 하는 오바마 대통령의 요청에 응답하여 위원회가 내놓은 첫 번째 권고 보고서이다.

특히 오바마 대통령은 위원회에 신경과학 연구를 지도할 수 있고, 동시에 신경과학 연구 결과를 적용했을 때 야기될 수 있는 윤리적 딜레마를 검토해 달라고 하는 두 가지 주문 사항을 포함하여 일련의 사전 예방적인 핵심 윤리 기준을 명확히 해달라고 주문했다. 이 보고서는 대통령의 요청에 대해 두 부분으로 구성된 보고서 중에 첫 번째 저술로서, 연구의 대상이 되는 생애 전체에 걸쳐 신경과학 연구에 윤리를 통합하는 데 초점을 맞추고 있다. 비교적 새로운 분야인 현대적 신경과학에 윤리를 명시적으로 그리고 조직적으로 통합함으로써 우리는 과학적 과정에 윤리적 통찰력을 통합하고 신경과학 연구의 사회적 함의를 시작 단계부터 고려할 수 있다.[48] 연구 초기에 명확하게, 연구 전 과정에 걸쳐 윤리적 통합을 이루는 것이, 과학에 대한 대중의 신뢰를 침식하는 윤리적 문제들로 인해 발생하는 교정적 개입이 이루어지는 것을 예방할 수 있다.[49] 개입 아닌 통합에 강조점이 있는 것이 모두에게 바람직하다. 과학에서의 윤리는 어떤 문제나 오류가 발생한 다음에 처음으로 검토되어서는 안 된다고 지적한다.

두 번째 발간물은 2015년 3월에 발간된 Gray Matters 2권: 신경과학, 윤리 그리고 사회의 교차 지점에 대한 주제들"[50]이었다. 오바마 대통령의 브레인 이니셔티브와 관련된 윤리적 검토 요청에 대한 마지막 응답이었다. 위원회는 신경과학이 진전되고 윤리적으로 적용될 때 검토되어야 하는 세 가지 논쟁적인 이슈에 초점을 맞추었다. 그것은 인지적 증강(cognitive enhancement), 동의 능력 그리고, 신경 과학과 법 체계이다.[51]

Gray Matters 2권은 과학적 조망을 명확히 하고, 공통의 기반을 찾아내며, 앞으로 윤리적인 길을 제안하고자 하는 것이다. 위원회의 권고는 신경과학이 윤리적으로 진보하도록 하고 신경과학이 적용되는 길을 안내하는 역할을 한다. 위원회는 정보에 입각한 대화를 유도하기 위하여 다음을 포함하도록 권장한다. 1) 신경 건강을 개선하기 위한 기존의 재래식 일반 기술 전략에 대한 연구 수행과 신경계 질환의 치료에 대한 연구에 우선순위를 부여해야 한다, 2) 연구에 있어서 윤리적 보호를 제공하면서 동의능력에 장애가 있는 참가자를 책임감 있게 포함해야 한다, 3) 법적인 결론을 도출하는 신경과학적 증거에 대한 과장 표시 또는 과도한 의존을 피해야 한다.

보고서 전반에 걸쳐 다수의 중요한 주제에 대한 연구가 필요하며, 연구를 위해서는 적절한 지원과 기타 자원들이 필요하다는 점을 제시하고 있다. 위원회는 BRAIN Initiative가 신경 과학 및 윤리 연구와 교육을 지원하기 위한 조직적이고 독립적인 다학제적인 노력을 기울이고 자금을 지원할 책임이 있다고 권고했다. Gray Matters 2권은 위원회의 9번째 발간 프로젝트이며 신경 과학에 관한 두 번째 저술이다. 위원회는 과학적 연구, 건강 관리 체계와 기술적 혁신이, 정부에 의해 사회적으로 도덕적으로 책임 있는 방식으로 수행될 수 있도록 보장하는 정책과 실행을 확인하고 그러한 정책과 실행을 촉진하는 것을 목적으로 한다. 위원회는 대통령과 행정부에 자문하는 숙련된 전문가로 구성된 독립적인 심의위원회로서, 생명윤리 문제에 관해 국가에 교육적 기능을 제공한다. 신경과학의 전망에 대해 토론할 때 과장과 잘못된 정보에 주의를 환기시키며, 이 보고서는 생산 담론에 대한 길을 밝히는 데 도움이 되는 14가지 권고안을 제시한다. 14가지 권고안은 다음과 같다.

인지적 증강에 대한 권고안으로서 1) 신경 건강을 유지하고 향상시키기 위한 기존 전략의 우선순위 결정: 신약 및 기구들을 개발하는 것 외에도, 자금 제공자는 건강식, 적절한 운동 및 수면, 납 페인트(등 오염물질)의 감소, 고품질의 교육적 기회들, 독소가 없는 작업장 및 주택과 같은 기존의 재래식 일반 기술 전략에 대한 연구에 우선순위를 부여하고 지원해야 한다.[52] 2) 신경계 질환 치료 우선순위 결정: 자금 제공자는 건강을 개선하고 고통을 덜어주기 위해 신경 장애를 치료하기 위한 연구의 우선순위를 정해야 한다. 이러한 연구에 있어서 개인, 가족 및 공중 보건 문제뿐만 아니라 특정 중재 방식의 잠재적인 위험, 혜택 및 장기적인 영향을 고려해야 한다. 3) 신경 기능을 증강시키거나 향상시키는 새로운 신경 조절 인자(neural modifier) 연구: 자금 제공자는 신경 기능을 증강시키거나 향상시키는 개입의 윤리적인 사용을 가이드하기 위하여 새로운 신경 변조의 유병률, 이익 및 위험성에 대한 연구를 지원해야 한다.[53] 4) 신경 기능을 증강시키거나 향상시키는 새로운 신경 조절 인자에 대한 균등한 접근권 보장: 정책 입안자 및 기타 이해 관계자는 신경 기능 증강 내지 향상을 위한 새로운 신경 조절 인자에 대해서 안전하고 효과적이며 도덕적으로 수용 가능한 접근을 취해야 한다. 이러한 접근이 사회 경제적 불평등을 악화시키거나 악화시키지 않도록 공평하도록 보장해야 한다. 5) 신경 조절인자 사용에 관한 지침서(Guidance) 발간 : 전문 기관 및 기타 전문가 그룹은 신경 조절인자의 사용과 그에 대한 잠재적 위험 및 이익에 대해 임상의사, 고용주, 부모, 교육자 및 환자를 위한 지침을 개발해야 한다. 의료 전문 기관은 신경 기능을 보강하거나 향상시키기 위한 개입을 처방해달라는 요청에 응할 때 임상의사가 참고할 수 있는 지침을 개발해야 한다. 임상의사는 신경행동 장애가 없는 어린이와 청소년에게 신경 기능을 증강시키려고 할 때 불확실성과 입증되지 않은 이익과 위험을 가진 처방을 하지 말아야 한다.[54]

의사능력과 동의 절차에 대한 권고안으로서 6) 신경 과학 연구에서 동의능력에 장애를 가진 참가자를 책임감 있게(윤리적 보호수단을 갖추어) 포함시키는 것: 연구자는 신경 과학 연구의 혜택을 받는 장애인을 책임감 있게 포함해야 한다. 윤리적 보호 수단을 갖춘 참여가 이루어질 때, 신경 장애와 정신의학적 상태에 대한 이해와 정신의학적 문제 상태의 개선을 보장할 수 있다. 7) 동의능력과 윤리적 보호에 관한 연구 지원: 자금 제공자는 의사능력의 개념, 뇌 기능과 의사결정능력, 현행 정책과 실행, 평가 도구에 대한 지식의 격차를 검토하기 위한 연구를 지원해야 한다.[55] 8) 동의능력의 장애와 관련된 낙인을 검토하기 위한 이해 관계자의 참여: 자금 제공자와 연구자는 동의능력에 대한 이해와 낙인이나 차별의 잠재가능성을 완화시키기 위하여, 관련 정보의 이해를 향상시킬 수 있도록 관계 집단의 구성원을 포함하여 이해당사자들을 포함시켜야 한다. 9) 연구 참여를 위해 법적 권한을 부여받은 대리권을 확인하기 위한 명확한 기준 마련: 주 의회와 연방 규제기관은 연구에 책임 있는 참여를 지원하기 위해 동의능력의 장애를 가진 사람들을 위한 법적으로 권한 있는 대리권을 실행할 수 있는 사람의 자격과 요건에 대해 명확한 필수요건을 마련하여 제시해야 한다.[56]

신경과학과 법체계에 관한 권고안 내용은 10) 법률 시스템에서 신경 과학의 이해와 사용을 보조하기 위한 교육적 도구를 확장하고 증진시킬 것: 법조인·법률가 사회와 비영리 단체를 포함한 정부 기관 및 전문가 단체는 관련 구성원들에게 신경 과학의 적용을 설명하는 훈련 자료들, 기본 지침서, 기타 교육 도구를 개발하고, 확장하고 증진해야 한다.[57] 11) 신경 과학과 법률 시스템의 교차점에 관한 연구에 자금 지원: 미국 국립 과학원 (National Academies of Science), 법무부, 사회보장국과 같은 관련 기관들은 법적 의사결정과 정책 개발에서 신경과학의 사용에 대한 포괄적인 연구를 지원해야 한다. 12) 과장된 선전, 과도한 의존 및 근거 없는 결론을 피하기: 신경 과학자, 변호사, 판사 및 언론인은 행동, 동기, 의도 또는 법적 추론에 대한 결론을 도출하기 위해 애매모호하게 신경 과학적 증거를 과장하거나 과도하게 의존하지 않아야 한다. 13) 법적 의사결정 과정 및 정책 개발에 참여: 신경과학자는 신경 과학 정보의 정확한 해석과 의사소통을 보장하기 위해 법적 의사결정 과정 및 정책 개발에 참여해야 한다.[58]

결론적으로 Gray Matters 2권에서 위원회는 관련된 중요한 주제들을 연구할 것을 요청하고, 그러한 연구가 인적 물적 자원 등 필요한 자원이 적절하게 지원될 수 있도록 브레인 이니셔티브가 역할을 해 줄 것을 권고하고 있다. 마지막 권고안으로 14) 신경 과학 및 윤리 연구 및 교육을 지원하기 위한 다학제적인 노력을 기울이고 자금을 지원할 것: BRAIN Initiative는 이 보고서에서 권장하는 활동을 포함하여 신경 과학 및 윤리 연구 및 교육을 지원하기 위해 조직적, 독립적, 다학제적인 노력을 기울이고 자금을 지원해야 한다고 권고한다.[59]

2. 독일

2007년 제정된 윤리위원회법(Gesetz zur Einrichtung des Deutschen Ethikrats(Ethikratgesetz – EthRG 2007.07.16.)에 근거하여, 독일 윤리위원회(Deutscher Ethikrat 이하, 윤리위원회)가 설치되었다. 법률에 의한 독립적인 기구로 윤리위원회법 제6조 제2항에 의해 절차에 관한 규칙(Geschäftsordnung)을 마련하고 그에 따라 윤리위원회를 운영하고 있다. 연구개발과 특히 생명과학과 관련하여 개인 또는 사회에 미치는 윤리적 · 사회적 · 과학적 · 의학적 · 법적 영향 및 문제와 그로 인해 발생할 수 있는 결과들에 대하여 논의하는 것으로 목적으로 한다. 윤리위원회의 책무는 대중들에게 관련 정보를 알리고, 사회적으로 논의를 활성화하고, 다양한 사회적 집단을 참여시키는 것이라고 밝히고 있다. 그래서 정치적 · 법적 조치를 위한 의견서나 권고안을 마련하고, 유관기관이나 국제적인 기구들과 협력하고 도모하는 역할을 한다.[60] 윤리위원회의 위원은 독일 하원 의장이 임명하는데, 위원의 절반은 독일

하원이 추천하고, 나머지 절반은 연방정부가 추천한다. 과학, 의학, 철학, 윤리, 사회, 경제 및 법률 분야의 전문가 26명으로 위원을 구성되도록 하여, 정부 공무원은 포함되지 않는다.

윤리위원회는 뇌 연구가 신경과학의 분야로 요약될 수 있는 다양한 분야, 예컨대 신경 생물학, 신경 생리학, 신경 면역학, 신경 심리학, 신경 마케팅, 신경 교육학과 신경 윤리 등을 포함한다는 것을 인정한다. 신경 과학은 항상 통찰력과 행동을 위한 새로운 기회를 개발하고 있어 낙관적인 전망이 있으나 그 범위가 계속 확장하고 있다. 윤리위원회는 신경과학에 특별한 확장성 때문에 신경윤리 안에 존재하는 의문점뿐 아니라 윤리의 근본 기초와 전제 조건, 즉 인간 존재의 의미와 관계에 대해서도 재검토와 연구를 요구한다고 평가한다. 신경과학은 파킨슨병이나 우울증에 대한 심층 뇌 시뮬레이션, 영상 기술의 중요성, 정신병 약물 복용을 통한 건강한 사람의 소위 '증강'(enhancement) 및 자유 의지 등 신경과 관련된 지식과 윤리를 다루면서 인간의 책무성에도 의문을 제기하는 것이다.[61)]

윤리위원회가 공식적으로 신경윤리 주제를 연구하고 대중적으로 다룬 행사는 2009년 뇌의 통찰력과 개입에 관한 논의와 2013년 11월에 신경 영상(Neuroimaging)에 관한 논의이다. 즉 2009년 5월 베를린에서 '통제 가능한 인간?－뇌의 통찰력과 개입에 대하여'라는 주제로 공개 포럼[62)] 과 2013년 11월에 뒤셀도르프에서 '신경 영상－뇌의 영상과 인간의 이미지'라는 주제로 공개 포럼[63)]을 열어 이에 관해 논의하였다.

2018년 6월 27, 28일 양일간 베를린에서 열린 연례 미팅에서는 '우리 손안에 있는 인간의 존엄성－새로운 기술의 도전'이라는 대주제로 신기술과 관련된 신경윤리 문제들을 논의하였다. 특히 27일 첫날, '뇌의 개입으로부터 오는 인간의 존엄성에 대한 도전'이라는 세션에서는 독일 윤리위원회의 Kartin Amunt 위원이 발제하고 뮌스터 대학의

Bettina 교수가 윤리적 평가를 발표하였으며, 독일 윤리위원회의 Reinhard Merkel이 논평하였다.64)

3. 프랑스

프랑스는 1983년, 생명윤리 관련하여 국가 수준의 위원회를 대통령 직속으로 구성한 이후 현재까지 운영하고 있다. 프랑스 생명윤리법65) n° 2011-814 dated July 7th 2011(LOI no 2011-814 du 7 juillet 2011 relative a la bioethique)을 근거로 하고 있으며 그 명칭은 '건강과 생명과학에 관한 국가자문윤리위원회'(약칭: 국가 윤리위원회 CCNE, 이하 윤리위원회)66)이다. 윤리위원회는 독립적으로 운영되며 자문 위원회의 성격을 가지고 있으면서, 심의 권한을 가지고 있다. 대통령, 국회의장, 정부 각료, 대학이나 그 밖의 고등교육기관, 공공기관, 공공재단, 위원회 민간위원 등이 의제를 제시할 수 있고, 생물학, 의학 및 보건 분야의 발달에 의하여 새로이 제기되는 윤리적 문제 및 사회적 이슈에 대하여 논의하고 의견을 제시하는 것이 주요 활동이다. 프랑스 국가윤리위원회는 위원장과 39명의 위원과 명예위원장들로 구성된다. 39명의 위원은 철학과 종교 분야의 전문가 5명, 윤리적 이슈에 자격과 관심이 있는 사람 19명, 연구 분야에 있는 사람 15명으로 구성된다.67)

프랑스 국가 윤리위원회(CCNE)에서의 신경윤리 연구와 논의 활동을 보자면, 2012년 2월 23일에 기능적인 신경 영상(Neuroimaging)으로부터 발생하는 윤리적 이슈에 관한 의견서를 발간한 것이다.68) 이 의견서는 fMRI의 개념, fMRI 기반의 연구로부터 발생하는 윤리적 이슈들, fMRI의 비의학적 사용으로부터 발생하는 윤리적 이슈들, 기밀성과 데이터 보호의 문제와 몇 가지 권고안으로 이루어져 있다.

2013년 12월 12일에는 '건강한 개인의 신경 증강에 관한 생의학 기

술의 사용에 있어서의 윤리적 이슈들'을 주제로 의견서를 발간하였다.[69]

4. 영국

영국의 경우 다른 유럽 국가들과는 다르게 정부가 지원하는 단일한 국가 생명윤리위원회를 가지고 있지 않다. 그 대신 많은 조직과 위원회가 과학과 의학 분야에서 발생하는 윤리적 이슈들에 대해 숙고하고 대중과 정부기관 등에 조언하는 역할을 수행한다. 2003년에 설립된 과학자문위원회(HOSAC: Home Office Science Advisory Council)는 8명의 위원으로 구성되어 과학과 연구에 있어서 정책 개발의 질을 향상시키도록 독립적인 자문을 제공하는 역할을 한다.[70] 그 밖에도 생명과학기술과 관련된 위원회로는 인간유전체위원회(HGC: Human Genetics Commission)가 1999년 5월에 설립되어 유전학, 윤리학, 법학 등 관련 민간 전문가 24인 위원들이 신생 보건의료 기술들의 법적, 윤리적, 사회적, 경제적 함의에 대한 자문 활동을 2012년 5월까지 12년 동안 수행하였고, 그 후 신생과학과 바이오윤리 자문 위원회(ESBAC: Emerging Science and Bioethics Advisory Committee)가 역할을 이어받아서 2014년 5월까지 활동하였다. 즉 ESBAC 위원회의 위원 임기가 2014년 5월로 만료되었다.[71]

민간에서 활동하는 가장 권위 있고 유명한 조직으로 너필드 생명윤리 위원회(Nuffield Council on Bioethics, 이하 '위원회'라 칭함)가 있다. 위원회는 런던을 기반으로 하여 1991년에 비영리재단인 너필드 재단에 의해 설립되었다. 1994년 이후로 의학연구위원회(Medical Research Council)와 웰콤 신탁(Wellcome Trust)이 5년 순환 시스템으로 공동으로 재정 지원을 해왔다. 이 재정 지원을 하는 기구들은 위원회가 하는 주제 선정이나 정책이나 권고 내용에 영향을 미치지 않는다.

위원회의 권한은 1) 생리학, 의학 연구 분야에서 공공의 이익과 관련되거나 관련될 가능성이 있으면서 최신 발전 과정에서 제기되는 윤리적 쟁점들을 확인하고 정리한다. 2) 대중적 이해와 토론을 촉진하는 관점에서 문제의식을 가지고 검토·보고하기 위한 제반 업무를 수행하는데, 필요시에는 적절한 규제나 새로운 지침을 마련한다. 3) 이러한 작업의 결과로서, 보고서를 발간하고 위원회가 적절하다고 판단할 때에는 성명서 발표나 정부에 의견서를 건의하는 등의 방법으로 입장을 표명한다.[72] 현재 위원은 철학, 유전학, 의료윤리, 생물학, 의학, 법학, 과학철학, 사회학, 정신의학, 정치학 분야의 15인의 전문가로 구성되어 활동하고 있다.[73]

위원회는 신경윤리 관련 연구와 논의로서, 뇌에 개입하는 네 가지 범주의 기술 개발 및 사용으로 인해 발생할 수 있는 잠재적 이점 및 위험을 조사한 보고서를 2013년 6월 24일 출간하였다. 4가지 범주의 뇌 개입술은 DBS(심층 뇌신경 자극술, Deep Brain Stimulation), BCI(뇌-기계 인터페이스, Brain-Computer Interface), 신경 줄기세포 치료(neural stem cell therapy), 경두개 자기 자극술(Transcranial Magnetic Stimulation)이다. 요크대 철학과 교수인 Thomas Baldwin 의장을 중심으로 10인의 신경과학, 신경생물학, 신경생리학, 윤리학, 사회학, 미디어 커뮤니케이션 등 분야의 학자로 구성된 워킹 그룹을 통해 작성된 "새로운 신경과학 기술: 뇌에 개입하기"라는 보고서를 발간하였다.[74]

뇌에 개입하는 기술은 파킨슨병, 중풍, 만성 통증, 중증의 우울증과 같이 뇌에 영향을 미치는 질환 증상을 가진 사람들을 도울 수 있는 잠재가능성을 제공한다. 이 보고서는 뇌에 개입했을 때 발생할 이익의 가능성과 의도치 않은 결과를 살펴보고, 새로운 신경과학 기술이 개발, 규율, 사용, 증진에 종사자들의 실행에 대해서 가이드 할 수 있는 윤리적 틀을 마련하는 것이다.

이 보고서는 두 가지 근본적인 고려 사항을 토대로 윤리적 틀을 제시한다. 다른 치료방법이 없는 중대한 장애를 치료하기 위해서는 새로운 접근법인 뇌에 개입하는 신경과학 기술 치료법을 필요로 한다. 그러나 뇌에 개입하는 효과에 대한 이해의 한계성 때문에 새로운 신경기술의 이점과 위험에 대한 불확실성의 양면이 존재한다. 그래서 이 뇌 신경과학 분야의 비례적인 규제가 이루어져야 하는데, 즉 안전하고 효과적인 신경 기술의 전달을 최우선으로 하면서도 혁신을 촉진해야 한다고 결론 내렸다. 이 목표를 달성하기 위해서는 연구와 규제 및 임상 진료에서 얻은 기존 정보가 투명성, 접근성 및 연결성을 가져야 하는 것이 필수요건이라고 하였다.

뇌의 기능을 손상시키는 질병이나 부상은 기억, 인지, 운동 또는 의식에 영향을 미치거나 만성 통증과 같은 상태를 유발하는 심각한 장애를 유발할 수 있다. 뇌는 손상된 조직을 치료할 수 있는 능력이 제한되어 있지만 새로운 기능적 연결이 형성될 수 있다. 이 보고서에서 논의된 새로운 신경 기술은 모든 경우에 있어 아직 완전히 검증되지 않은 잠재성을 가지고 있다. 개발은 주로 치료의 목적에서 이루어지지만, 이러한 기술의 개발 및 사용의 윤리적 차원은 임상 연구와 환자 치료의 맥락을 넘어서고 있다. 그러므로 새로운 신경 기술의 개발 경로와 상용 가능성을 형성하고 도전하는 경제적 압력과 규제 관리, 그리고 연구자와 비전문가 미디어가 대표하는 사회적 영향에 대해 고려하였다. 그리고 이 기술의 비치료적 응용 가능성을 고려하였다.

위원회는 다음과 같은 사항을 권고하였다. 보건의료와 보건 관련 연구에서의 새로운 신경과학 기술의 사용에서 권고사항으로, 1) 새로운 신경과학 기술의 사용에 관한 공개적으로 접근 가능한 데이터 기록부는 영국 신경 학회 연합회, 영국 신경외과 학회 및 로얄 정신과 의사협회와 같은 전문 단체의 공동 노력을 통해 설립되어야 한다. 2) 침습적인 신경 기술을 이용한 치료를 제공하는 NHS 서비스(National Health Service: 영국 국민건강보험, 공공의료 서비스)는 독립적인 카운슬링을 제공하고, 환자와 그 환자가 이들 치료법을 선택하기 전에 불확실성과 개인적 함의를 탐색할 수 있는 기회를 제공해야 한다. 3) 실험적인 치료에서 책임 있는 행위에 대한 지침은 의회, 보건의료 연구 기관 및 의학 연구 협의회에 의해 마련되어야 한다. 4) 건강 연구 기관(Health Research Authority)은 신경 줄기 세포 치료제의 임상 시험에서 대조군으로서 '위약대조군' 신경외과 수술의 사용에 관한 윤리적 지침을 개발해야 한다. 5) 신경기술을 이용한 NHS 서비스는 새로운 중재적 절차의 사용에 관한 기존의 NICE 지침[75]을 준수해야 한다.

새로운 신경과학 기술의 비의료적 사용상 권고사항은 1) 유럽 집행위원회는 신경 자극 장치를 판매 목적에 상관없이 규제하기 위하여 의료 장치로 분류하는 것을 고려해야 한다. 2) 신경 '증강'을 위한 신경 장치의 효과에 대한 현재 기술의 한계 등에 대해 교사와 학부모에게 조언할 수 있도록 관련 자료를 영국 교육부와 소아과 및 보건 대학에서 마련·발간해야 한다.

5. 호주

호주는 뇌 연구와 뇌 신경윤리 연구를 위해서 호주 연구위원회(ARC: Australian Research Council) 산하의 '통합적 뇌 기능을 위한 최고기관'(Center of Excellence for Integrative Function)이 2014년 설립되어 호주 연구위원회가 재정을 지원하고 있다.[76] 이 기관에서 호주 신경윤리 네트워크(Australian Neuroethics Network)를 조직하여 운영하면서 호주의 신경윤리 연구와 실행을 이끌고 있다.[77]

호주 신경윤리 네트워크는 뇌 신경윤리(또는 신경윤리, neuroethics)에 대해서 소개하면서, 뇌 신경윤리가 국제적으로 인정받은 학문 분야로서, 뇌 연구가 피해를 최소화하면서 사회적 이익을 극대화하는 방식으로 성공적으로 수행될 수 있도록 연구하는 것을 목표로 한다고 소개한다. 신경윤리의 중요성에 대해서도 다음과 같이 설명한다. 신경과학이 행동과 인지의 기초가 되는 신경 메커니즘에 대한 우리의 이해를 혁명적으로 변화시키고 있고, 이로 인해 자유 의지, 책임 및 정의에 관한 우리의 기존 신념을 뒤집을 수 있는 잠재력을 가지고 있기 때문에 이에 대한 윤리적·사회적·법적 영향력을 연구하는 것이 중요하다. 또한 정신 질환에 대한 신경 생물학적 설명이 정신 장애와 관련된 오명과 차별에 상당한 영향을 줄 수 있다. 이러한 발전은 개인 정보 보호 및 기밀 유지를 위한 새로운 과제도 제기하고 있다. 정교한 신경영상 기술과 첨단 기계 학습 알고리즘은 고용주, 교육자, 보험사 및 법원과 같은 이해관계 있는 제3자가 개인 또는 어떤 행동을 차별하는 데 사용할 수 있도록 개인 정보에 대한 액세스를 가능하게 한다. 뇌 기능을 미묘하게 조작하는 신경과학 기술은 우리의 사고, 행동 및 자기 감각에 강력한 영향을 줄 수도 있다. 신경 과학의 급속한 진보는 인간의 인지와 행동에 대한 우리의 이해를 변화시키고 있고, 뇌 연구로 인한 많은 발견들이 우리 사회에 대한 윤리적 도전을 제시하고 있다. 정교한 영상 기법, 뇌 기반 기술 및 약물 개발은 인지적 증강, 범죄 행동 및 인권에 관한 질문을 유발한다. 신경 생리학 프로파일링은 의도하지 않은 결과를 초래할 수 있는 위험을 동반하고 있기는 하지만, 인지 쇠퇴를 개선하고 뇌 질병을 치료하는 방법을 연구한다. 그래서 신경윤리 프로그램은 뇌에 대한 지식의 증가를 통해 제기된 사회적, 윤리적, 법적 및 정책적 함의를 탐구한다. 뇌 연구를 효과적이고 윤리적인 개입, 치료 및 정책으로 전환하는 것을 목적으로 하고 있다.[78] 호주 신경윤리 네트워크는 신경 과학, 법률, 윤리, 철학, 정책 결정, 임상 실습 등 분야의 전문가들뿐 아니라, 환자 집단, 대중 및 기타 최종 사용자들과 함께 신경 과학 연구의 윤리적 및 사회적 영향을 조사하는 다학제적 협력 플랫폼이다. 호주 신경윤리 네트워크의 목표는 다음과 같다. 1) 신경 과학 연구 및 기술 발전으로 인해 제기된 윤리적·법적 및 사회적 과제를 검토하는 새로운 학제 간 협력을 지원한다. 2) 호주에서 신경윤리 장학금을 육성하고 교육과 대학원생 지도를 통해 연구 기초 단계에서 역량을 구축한다. 3) 국제 신경 윤리 이니셔티브에 대한 연결점을 제공하다. 4) 신경과학, 윤리, 철학, 법률 및 정책 간의 연계에 관심 있는 연구원 및 실무자를 모으는 플랫폼을 제공한다.

구체적인 실행으로는 정부, 규제 기관 그리고 산업체를 위하여 가이던스(권장 사항), 지침 및 정책 개발과 같은 성과를 창출할 수 있는 학제 간 워크샵과 포럼 행사를 개최하고 있다. 콘퍼런스 발표, 미디어 및 온라인 커뮤니케이션을 통해 최근 뇌 연구의 발전과 관련된 신경 윤리적 문제에 대한 인식을 개선한다. 대표적인 활용으로 매년 연례 콘퍼런스(콘퍼런스명: Neuroscience and Society)를 개최함으로써, 신경 과학의 영향에 관하여 정책 입안자 및 기타 주요 의사 결정권자에게 권고 및 지침을 제공하고 관련자들과 연구자, 실무자 모두가 네트워킹할 수 있는 장을 마련하고 있다. 2017년 제1회 콘퍼런스에서 다루는 주제들은 다음과 같다.[79] 노화와 치매(Ageing and dementia), 두뇌의 발달(The developing brain), 장애와 정신건강(Disability and mental health), 자아 통제의 장애(Disorders of self control), 도덕적 인지와 도덕적 기술(nudges[80], sensor society), 인공지능과 기계 학습(Artificial intelligence and machine learning).

2018년 8월, 시드니에서 2회 콘퍼런스를 개최하였고 여기서 다룬 주제는 다음과 같다.[81] 법적 증거(Evidence), 치매와 범죄(Dementia and

Crime), 인공지능, 데이터, 알고리즘(Artificial Intelligence, Data, and Algorithms), 신생 첨단 과학과 미래의 법(Emerging Technologies and Future Law), 뇌의 개입(BMI, BCI, DBS 등), 정체성과 책임, 뇌의 개입, 법과 규범(Brain Interventions, Law, and Regulation), 보건의료, 이해당사자와 법(Health, Stakeholders, and Law), 자아 · 유전자와 기술(Selves, Genes, and Technology), 증강(Enhancement), 신경법학(Neurolaw).

V. 우리나라의 뇌 신경윤리 거버넌스에 주는 시사점

거버넌스는 정부와 시민사회와 각종 공적 조직 간의 네트워크로서의 국정관리체계라고 정의한다.[82]), 뇌 신경윤리에 대한 국가 전반의 관리체계를 뇌 신경윤리 거버넌스라고 칭할 수 있다. 위에서 살펴본 바, 해외의 경우 뇌 신경윤리 거버넌스는 국가윤리위원회를 중심으로 관련 분야 전문가 그룹, 정부 정책입안자들, 시민사회를 아우르는 통합적 성격으로 형성되어 있음을 볼 수 있었고 우리나라의 뇌 신경윤리 거버넌스에도 다음과 같은 시사점을 도출할 수 있다.

1. 위원회 구성의 전문성과 시민사회의 통로로서 기능 강화

UN, OECD 등의 국제기구를 비롯하여, 브레인 이니셔티브(Brain Initiative)를 설립한 미국, 독일, 프랑스, 호주 등은 법정기구인 국가 윤리위원회에서 뇌 신경과학 기술의 윤리와 철학에 대해 논의하여 왔다. 뇌 신경윤리를 공식적인 의제로 삼아 의견서나 보고서를 발간하고 자문함으로써 첨단 기술에 관한 정책에 반영하고, 포럼 등의 집담회를 열어 교육적 역할과 시민참여를 유도함으로써 사회적 대응을 준비하고 있다. 국가 차원의 윤리위원회는 대부분 민간 전문가들 위주로 구성되어 있고 정부 관료는 최소화한다. 민간 전문가 위주로 구성하는 이유는 국가의 정책 방향을 관료주의에서 벗어나 다양한 국민들의 참여를 대신하고 대표할 수 있는 전문가를 참여시켜 정책 결정 과정에서 다양성과 전문성 그리고 민주성을 보완하기 위함이다.[83] 또한 미국, 독일, 프랑스 등의 국가 윤리위원회는 그 목적과 기능 면에서 국민들에게 생명, 과학 및 인류에의 적용과 관련된 정보와 의견을 제공하고, 공론화하며 다양한 사회 집단에서의 논의를 촉발한다는 분명한 지향점을 가지고 있다.[84] 국가 차원의 윤리위원회는 정부, 전문가그룹과 시민사회를 연결하는 구심점 역할을 할 수 있어야 하고, 뇌 신경윤리에 대하여 시민 사회를 일깨우고 소통하며 국민들이 뇌 신경윤리 리터러시(nuero-literacy)를 강화할 수 있도록 지속적인 교육 역할을 담당할 수 있는 창구로서 기능하여야 한다. 또한 국가 차원의 윤리위원회가 다루는 주제는 뇌 신경과학 기술의 파급력을 감안할 때 국가 내에서 지엽적으로 대응하고 준비하는 것으로 부족하고, 국제적 공조가 필수적이고 국제적인 대응 체계에 발맞추어 정책을 수립해야 할 필요가 있다.

2. 뇌 신경윤리 논의 기구의 독자성과 독립성

우리나라에서 생명공학과 관련한 연구개발에 있어서 자문위원회로 생명공학종합정책심의회와 유전자 검사, 배아줄기세포주 등과 같은 생명윤리와 관련된 내용의 심의를 담당하는 국가생명윤리심의위원회가 있다.

우선 생명공학육성법을 근거로 과학기술정보통신부 장관 소속의 생명공학종합정책심의회(생명공학육성법 제6조)는 생명공학의 기초연구와 산업적 응용연구의 육성, 뇌 연구기본계획의 수립과 변경, 뇌 연구 투자 확대 방안, 뇌 연구 분야 인력 활용 지침 수립, 뇌 연구 결과의 이용과 보전을 위한 계획 수립, 그 밖에 뇌 연구 촉진에 관해 장관이 필요하다고 인정하는 사항(생명공학육성법 제6조 제2항)을 심의하고 있다. 단순히 뇌 연구나 생명공학의 연구 육성뿐 아니라 종합적인 법적·사회적 영향력까지 다루어야 하는 뇌 신경윤리에 관해 이 심의회가 다루기에는 적합하지는 않다.

국가생명윤리심의위원회의 경우에도 "생명윤리 및 안전에 관하여 사회적으로 심각한 영향을 미칠 수 있다고 판단하여 국가위원회의 위원장이 회의에 부치는 사항"(생명윤리 및 안전에 관한 법률, 약칭 생명윤리법 제7조 제1항 제10호)을 규정하고 있어 연명의료중단 제도화 논의를 심의한 적은 있으나[85]. 법률에서 정한 심의사항들, 즉 인간대상연구심의, 배아줄기세포주, 인체유래물연구, 유전자검사 등(생명윤리법 제7조 제1항)에 치중할 수밖에 없다. 특정하고 구체적인 심의 안건을 상정하여야 하며, 그것도 법적 구속력이 없는 단순한 심의가 가능할 뿐이다. 뇌 신경윤리와 같이 기존의 생명윤리, 철학, 윤리학, 법학 등 전통적인 학제로는 설명하거나 판단할 수 없는 신생 첨단 영역의 문제들에 대해서 선제적이고 포괄적인 논의는 어려운 구조와 기반을 가지고 있다. 또한 심의 내용이 정책에 반영될 의무나 법적 구속력을 지니지 못한다. 장기적으로는 국가 차원의 뇌 신경윤리위원회가 별도로 설립되어 더 전문적이고 선제적으로 연구 논의되고 정책에 실질적 영향을 미치도록 할 필요가 있다.[86] 뇌 신경윤리는 앞서 해외의 논의 활동에서 보여주듯이 생명윤리의 하위 분야가 아니라 인간 본성에 대한 관점과 그 영향을 다루는 인류의 미래에 관한 영역으로 독자적으로 다루어질 필요가 있고, 정치적· 사회적 이해집단의 영향으로부터 독립성과 중립성을 유지할 수 있는 위원회에서 논의되어야 한다.[87] 그렇기 때문에 뇌 신경윤리를 다룰 수 있는 국가 차원의 전문적인 위원회가 필요하다.

3. 거버넌스 형성과 실행력 제고

우리나라 정부 조직에는 국가과학기술자문회의(헌법 제127조 제3항, 국가과학기술자문회의법 제2조 기능), 4차산업혁명위원회(4차산업혁명위원회의 설치 및 운영에 관한 규정 제2조 설치 및 기능) 등의 자문기구들이 있지만 이들은 과학기술 발전전략과 과학기술 연구개발 정책 내지 4차 산업혁명에 관해 목적과 초점을 맞추고 있기 때문에 뇌 신경윤리를 다루기에 적합한 위원회는 아니다. 미국, 독일, 프랑스 등 국가에서는 국가윤리위원회에서 뇌 신경윤리에 대한 권고안, 의견서, 보고서를 지속적으로 발간하며 정책을 움직이는 영향력을 미치고 있다. 호주의 경우 뇌 신경윤리에 관해 정부 · 정책입안자, 학계 · 연구자, 산업계 · 실무자를 아우르면서 국제 이니셔티브를 연결할 수 있는 상시적 네트워크를 구축하는 거버넌스를 형성하고 있다. 뇌 신경윤리는 기술의 발전과 융성으로 인한 사회의 영향과 국민의 권익 보호가 동시에 예측되고 검토되어야 하고, 앞서 살펴본 OECD 보고서에서 지적했듯이 국제적 경계를 넘나드는 기술의 특성을 상시 모니터링하면서 일회성 교류가 아닌 상시 네트워크 차원의 국제적 교류가 실행될 수 있는 거버넌스가 구축되고, 이러한 내용이 정책에도 실질적으로 반영되어야 한다. 단순한 자문이나 일정 사항의 심의 권한만 부여된 위원회는 그러한 역할을 감당하기 어렵다. 행정조직상 독립성을 보장받으면서 윤리적 검토 자문뿐 아니라 시민사회와 교류를 통한 공적 담론을 형성함은 물론, 정책에 실질적 구속력을 행사할 수 있는 전담기구의 설치가 필요한 이유이다.

Ⅵ. 결론

뇌 신경과학 기술은 우리가 상상하는 이상으로 우리 사회를 전반적으로 변화시킬 가능성이 있다. 뇌 신경과학이 발전하면서 인류가 어떻게 바뀌게 될지에 대한 전망과 그에 대한 대응으로서 법제도와 사회적 변화를 다학제적으로 연구하고 정책에 반영하기 위하여 국가 윤리위원회 차원에서 논의하고 국정에 자문하는 것은 매우 중요하다. 독립성과 중립성을 유지하면서 시민사회로의 교육과 소통을 주관하고 국제적 공조를 도모함으로써 국민의 신뢰와 합의를 바탕으로 한 책임 있는 뇌 신경과학의 기술발전을 주도하기 위해서 그에 합당한 국가 차원의 윤리위원회가 구성·운영될 필요가 있다. 해외의 국가 윤리위원회의 뇌 신경윤리 거버넌스와 교류· 협력하면서, 실제 기술과 윤리의 통합적 실행력을 담보하고, 법제도의 변화를 선도하면서 지속적인 감시탑이 될 수 있는 체계를 갖추도록 해야 한다.

2

신경과학과 헌법

제1절

인지적 자유권*

Ⅰ. 서론

뇌 신경과학[1] 연구는 뇌를 포함한 신경계를 연구의 대상으로 하여 인간 두뇌의 기능과 작용에 관해 탐구해가며 인간의 양심, 마음, 영혼, 지력, 감정 등 인간의 내면과 인간됨의 본질에 관해 재고하게 만들었다. 현대의 뇌 신경과학 연구 영역은 신경을 주제로 하여 생물학, 심리학, 컴퓨터과학, 공학, 인지과학 등의 학문으로 넓게 분포하면서, 철학, 인류학, 인류학 등의 인간의 내면과 연관된 학문 분야들까지 확장되어 있다. 미국과 EU의 대규모 뇌 과학 연구 프로젝트인 브레인 이니셔티브(Brain Initiative)는 최근 세계에서 가장 많은 투자를 받은 분야이다.[2] 또한 뇌 신경과학은 4차 산업혁명 시대에 가장 유망한 기술 중 하나로 꼽힌다. 4차 산업혁명은 모든 사물이 인터넷으로 연결되고 인공지능과 빅데이터 기술을 통해 여러 정보가 서로 융합되어 일어나는 변화를 가

---

* 원문은 “4차 산업혁명 시대의 과학기술 발전에 따른 공법적 과제 – 신경윤리 거버넌스와 기본권 보호의 지형, 연세법학 제34호, 2019년 12월”이다.

리킨다. 4차 산업혁명이라는 용어는 2016년 다보스포럼에서 이 포럼의 운영자인 클라우스 슈밥(Klaus Schwab)이 사용하면서 화두가 되어[3], 현재 우리나라에는 '대통령 직속 4차 산업혁명 위원회'가 만들어질 정도로 국가전략과 정부 정책에 영향력을 발휘하고 있다. 당초 클라우스 슈밥이 4차 산업혁명이라는 용어를 사용할 당시에는, 사물인터넷(IoT)을 적극적으로 활용하여 산업생산의 자동화와 효율화를 극대화한 것을 의미하는 독일의 '인더스트리 4.0' 개념을 확대한다는 의미로 사용한 것으로 알려져 있다.[4] 여기에 더하여 현재 4차 산업혁명의 의미는 뇌 신경과학 기술을 비롯한 바이오 기술(BT), 정보통신기술(ICT), 나노기술 등과 접목·융합하면서 인간과 기계의 경계가 허물어지고 증강된 인간의 모습을 그리는 트랜스 휴먼, 더 나아가 포스트휴먼으로 전망되는 신인류의 탄생까지도 예측되기도 한다.[5] 디지털 트랜스포메이션 내지 디지털 전환이라고 불리는 디지털화의 물결은 이러한 변화를 가속화시킬 수 있는 환경적 토양을 제공하고 있다. 인공지능, 블록체인, 빅데이터 기술 등 4차 산업혁명의 핵심 기술들의 융합과 디지털 플랫폼 산업의 발전, 바이오와 정보통신기술의 융복합 현상, 이러한 기술들이 초연결사회로 이어지는 디지털 트랜스포메이션은 뇌 신경과학 기술과 조우하면서 국가·사회적으로도 거버넌스 형성을 촉구하고 있다. 이러한 배경 속에서 뇌 신경과학에 관련한 윤리는 인간 행위, 자유와 선택, 합리성 등 인간의 본성과 존재에 대한 새로운 이해를 제공하면서 생명윤리나 응용윤리와는 다른 특화된 독자성과 특수성이 있는 영역으로 인정되어야 할 필요성이 제기된다. 이로써 신경윤리(Neuroethics)라는 학문으로 발전하면서 철학, 윤리, 법적 측면에서의 연구 논의가 2002년을 기점으로 계속되어 왔다.[6] 본고에서는 뇌 신경과학 기술이 4차 산업혁명 시대에 실생활에 적용되는 양상을 살펴보면서, 신경윤리에서도 충분히 논의되지 않았던 공법학의 관점에서 뇌 신경과학 기술의 문제들을 찾아보고자 한다, 즉 뇌 신경과학의 발전이 기존 헌법 체계상 기본권 질서에 문제가 될 수 있는 지점들을 검토한다. 기존의 기본권 질서에서 일어나는 쟁점들을 일괄하고, 인지적 자유권이라는 새로운 기본권으로서 보호의 필요성을 구명(究明)한다. 이로써 뇌 신경과학 기술이 신경윤리를 넘어 법학에 주는 영향력이자 신경과학 기술과 법학의 상호 교차점으로서 향후 뇌 신경법학[7]으로 발전해 나아갈 토대와 기반을 모색한다.

Ⅱ. 4차 산업혁명 시대의 신경과학 기술 발전 양상

2017년 테슬라 모터스(Tesla Motors)의 CEO인 일론 머스크가 설립한 뉴럴 링크(Neural Link)는 인간의 뇌에 있는 데이터를 사이버 공간에 업로드, 다운로드 하는 기술을 연구하겠다고 발표하였다.[8] 신경과학의 발전은 과학기술의 진화가 인간 외적인 환경의 변화만이 아닌 인간에게도 직접 적용되는 시대가 도래하고 있음을 예고한다. 사물인터넷, 클라우드, 인공지능 등 4차 산업혁명의 핵심인 지능정보통신기술을 비롯하여, 뇌 신경과학 기술과 함께 공학기술, 생의학 그리고 의료기기를 포함하는 바이오기술이 서로 융합한다. 이러한 현상은 뇌와 외부 물질이 융합되는 가능성을 열어놓으면서 연구개발 혁신의 플랫폼이 사물이 아닌 사람 그 자체가 되고 있다. 이러한 과학기술의 발전은 기존의 법제도의 토대를 이루고 있는 사람의 정체성도 변화시킬 수 있는 가능성을 가지고 전통적인 법 이론이나 해석에도 도전을 가한다.[9] 4차 산업혁명과 동일한 의미의 용어로 또는 동일한 기술적 변혁을 의미하기도 하는 디지털 전환 내지 디지털 트랜스포메이션(Digital transformation)은 디지털 기술이 바탕이 된 전환 내지 변화를 말한다.[10]

디지털 트랜스포메이션은 뇌 신경과학 기술, 바이오기술, 정보통신기술의 융합을 더 가속화하는 환경이 된다.[11]

1. 인간과 과학기술의 공진화

신경과학 기술은 인간과 함께 공존할 뿐 아니라 인간의 능력을 증폭, 증강시키면서 함께 진화하고 있다. 인간과 기계의 경계가 사라지면서, 인간이 단순히 진화 과정을 거치는 존재라는 개념이 해체되고 인간과 비인간, 내지 인간과 이질적인 것이 더불어 공진화(coevolution)하는 시대가 열리고 있다.[12] 인간과 기계의 공진화를 유발하는 신경과학 기술 연구의 현황을 보면 다음과 같다.[13]

첫째, 항정신병제, 조울증에 쓰이는 리튬, 주의력결핍과잉행동장애(ADHD)에 사용되는 리탈린과 암페타민, 우울증 치료제인 선택세로토닌흡수억제제(SSRI: selective serotonin reabsorption inhibitor), 수면장애 치료약물로 모다피닐(modafinil) 등의 약물로서 약리학적 방법으로 뇌를 직접적, 간접적으로 조작하는 연구가 있다.[14] 치료 약물로 개발되었지만 정상인에게도 효과를 나타내면서 치료 이상의 목적 즉, 뇌의 기능 향상을 기대되고 있다. 이러한 약물들은 1) 수면, 잠, 성 등의 자율기능을 조절하고 향상시키는 작용, 2) 부정적인 감정을 완화시키고 행복감, 친화적 행동과 같은 긍정적인 감정을 유지, 향상시키는 정서기능, 3) 주의력, 지각력, 기억력 등의 인지 기능을 향상시키는 작용에 관여할 수 있다.[15]

둘째, 2011년에 영국과 벨기에 연구팀이 뇌파를 측정해 식물상태 환자와 의사소통을 할 수 있다는 연구 결과가 발표되었다. 식물상태 환자 16명에게 손과 발의 움직임을 상상하라고 하자 그들 중 3명에게서 정상인과 비슷한 형태의 뇌파 반응이 나타났던 것이다. 이와 같이 뇌의 반응을 이용해 외부와 의사소통을 할 수 있게 돕는 기술인 BCI(Brain－Computer interface)는 BMI(Brain－machine interface)로 불리는 뇌－컴퓨터 접속이다.[16] 향후 몇 년 이내에는 환자의 뇌신경과 인터페이스 할 수 있는 휴머노이드 로봇을 연결함으로써 사지마비 환자의 의사소통과 이동성을 도울 수 있는 데까지 발전할 것으로 전망되고 있다. 영화 <써로게이트>에서처럼 뇌파만을 이용해서 아바타를 조정하는 것은 현재 기술력으로는 불가능하지만, 신경재활(neurorehabilitation)이라고 불리는 재활의학의 한 분야로 뇌가소성을 이용해 뇌졸중 등 환자의 재활 훈련에 활용하는 연구로 발전하고 있다.

셋째, 뇌 심부에 전기 자극을 해주는 뇌심부 자극술(DBS: Deep brain stimulation), 외과적인 처치가 필요하지 않은 비침습적인 방법들로 경두개자기자극술(TMS: Transcranial Magnetic Stimulation), 경두개직류(교류)자극술(tDCS or tACS: Transcranial Direct or Alternative-current Stimulation)과 같은 신경 조절(neural modulation) 기술은 수술을 하거나 약을 복용하지 않아도 뇌의 병을 치료하거나 뇌의 기능을 조절할 수 있게 해준다.[17] 신경조절 기술들은 웨어러블 디바이스 형태로 상품화되어 시판될 수 있다. 우울증, 조현병과 같은 뇌질환의 치료, 금연 요법, 뇌신경 관련 질병 예방, 인지 증강 등을 위하여 웨어러블 디바이스, 스마트아파트, 스마트시티에도 적용될 것으로 전망된다.

넷째, 2006년 미국 샌디에이고의 노라이(No－Lie) MRI라는 회사가 설립되었는데 MRI 자기공명영상으로 고객의 진실을 증명하는 기술을 구현하는 회사이다. 사람은 거짓말을 할 수 있지만 뇌는 거짓말을 못한다고 주장하면서, 거짓말탐지기에 뇌의 반응을 이용하기 시작한 것은 1991년 미국 일리노이주립대의 로렌스 페웰 박사가 뇌 지문이라는 개념을 제안하면서부터 시작되었다. 미국의 CIA 같은 정보기관에서 테러리스트를 가려내는 데 비공개적으로 사용하고 있다고 알려진다.[18] fMRI(functional magnetic resonance imaging), PET(positron emission tomography), CT(computer tomography) 등의 뇌 영상 기술은 질병의 진단용, 거짓말 탐지용 기술뿐 아니라 마음 읽기 기술로 발전하고 있다. 즉 누군가의 성향과 미래의 정신질환 발병률과 행동까지 예측해 낼 수 있다는 실증적인 연구로 발전하고 있다.[19]

이외에도 기억력 회복과 개선을 위한 연구로 미국방부 고등기술연구원(DARPA)의 활동성기억회복 프로그램, 인간의 시각과 뇌의 상호작용을 모방한 뉴로모빅(neuromorphic) 이미지 센서로 배터리 사용부터 로봇공학에 활용하는 연구[20], 자동차 산업에서 운전자가 주행 중에 잠들면 자동차의 주행을 멈추도록 운전자의 주의력과 의식을 모니터링하는 시스템 등으로 국민들 실생활에 적용할 수 있는 다양한 기술들이 연구 개발되고 있다.[21]

2. 생활 속의 신경과학, 4차 산업혁명의 생활화

4차 산업혁명은 기술적으로는 디지털 전환기의 특징 즉, 비대면화, 탈경계화, 초고도의 소비자 맞춤형, 서비스화, 실시간화의 5가지 물결[22]을 보여준다. 디지털 전환기가 우리 사회와 가족생활 가져오는 변화를 보면 다음과 같다.

첫째, 비대면화(Untact)는 사람을 직접 만나지 않아도 되도록 비대면화를 가능하게 해주는 기술들(untact technology)의 발달이다. 가족생활에 필요한 국가 행정 인프라들과 가정 내외의 각종 도구들이 비대면 서비스로 대체될 수 있다.

둘째, 탈경계화(Borderless)는 기업, 사업 등의 전통적인 영역이 붕괴되고 융합되는 현상이다. 제조업, 금융업, IT산업, 헬스케어 산업 등이 융합되고 있는데, 예컨대 뇌파분석과 뇌분석을 통해 뉴로마케팅을 실행하는 기업들이 설문조사, 인지신경과학, 시선 추적 등 실험을 통해서 어느 부분에서 가장 강한 뇌 반응을 보이는지 무의식과 잠재의식을 분석하여 광고, 브랜드에 활용하여 성공한 사례들이 늘어나고 있다.[23] 가족생활에 필요한 공공 사회서비스들도 탈경계화되면서 사기업들과의 공조가 더 필요해질 것이다. 혼인과 가족생활 유지에 필요한 사회적 인프라를 구축하고 발전시키기 위해서 정부 입장에서도 공평타당한 사업과 예산 집행에 대해 더 고민할 수밖에 없어진다.

셋째, 초고도 소비자 맞춤형(Hyper－Customization)은 개개인의 취향, 감정, 성향, 기호 등에 완벽하게 만족시키려는 경향이다. 포스트게놈 시대를 맞아 유전자 분석, 검사를 기반으로 하는 맞춤형 정밀 의료의 실현이 빅데이터를 통한 초맞춤형으로 구현될 수 있다. 가족생활이 출생 단계에서부터 유전자 분석 검사, 편집, 치료에 기반하여 맞춤형 아기(designer babies) 출생[24], 맞춤형 치료[25]와 돌봄, 맞춤형 교육도 가능해진다. 엔터테인먼트도 아날로그 방식의 TV가 아닌 구독 버튼을 누르는 유튜브 채널 등으로 초고도 소비자 맞춤형이 가능하다. 가족생활에서 각종 빅데이터화 된 정보들을 기반으로 출생에서 죽음까지 맞춤형 서비스를 제공받을 수 있게 되는 혜택과 더불어, 가장 내밀한 영역의 사생활 침해나 감시 사회의 위험은 항상 공존하게 된다.

넷째, 서비스화(Servicitization)는 제품과 서비스가 통합되어 제공되는 것이다. 자율주행 자동차에 의해서 달리는 차 안에서도 업무와 가능한 모바일 생활공간으로 만들어 줄 수 있고, 스마트홈 서비스를 제공하는 주거 환경이 보편화된다. 신경과학 기술과 사물인터넷(IOT)기술이 접목한 각종 스마트 기기들을 통해 의료서비스가 제공될 수 있다. 신경과학 기술이 상용화되어 뇌파의 측정과 조절로 수면장애, 우울증, 두통 등 각종 인지 질환을 치료하는 뉴로피드백이 이용될 수 있다.[26] 이러한 기술들은 실시간으로 심전도 측정 등의 웨어러블 디바이스들로 스마트홈, 스마트 아파트에도 적용될 수 있다.

다섯째, 실시간화(Real time)는 데이터가 입력과 동시에 즉시 처리되는 일련의 작업 방식인데, 사물인터넷, 센서, 빅데이터 기술들이 실시간화를 주도하고 있다.[27] 예컨대 스마트공장, 스마트아파트, 스마트시티, 자율주행자동차, 스마트병원과 같이 5G, AI, 신경과학 기술들이 적용될 수 있는 하드웨어들이 발달하고, 가사도우미 로봇, 치료 보조로봇 등 신경과학 기술이 적용될 수 있는 휴머노이드도 발전한다. 이러한 기술들로서 전통적으로 가족이 수행해 왔던 가족 구성원의 돌봄의 기능과 역할이 공공 보건의료 서비스나 사기업 영역으로 넘어가게 되면서, 가족 구성원 자체와 구성원들의 역할에도 상당 부분 영향을 미치게 된다.[28]

디지털화된 사회 환경과 신경과학 기술 발전의 파동이 아직은 멀리 남은 미래의 일로 보일지라도, 전통적인 가족의 모습과 가족의 관계는 구조적으로나 현상적으로도 필연적인 변화가 예상된다. 출생에서 죽음의 모습까지 전 생애에 걸쳐 삶을 변화시키는 4차 산업혁명과 디지털 전환기의 환경에서 전통적인 헌법 관념이나 이론적 해석만으로 국민의 기본권 보호에 충분하지 않다고 보여진다.

Ⅲ. 신경과학 기술과 기본권과의 연관성[29]

기본권으로 보호하는 신체의 자유는 신체의 생리적 기능이나 외형이 외부의 물리적인 힘이나 심리·정신적인 압박에 의해 훼손되거나 침해되지 아니할 자유이며 임의대로 신체 활동을 할 수 자유를 의미한다. 공권력이나 제3자가 뇌 신경과학 기술로서 어떤 대상의 의지와는 무관하게 또는 의지에 반하여 그 사람의 신체 활동을 조작하거나 움직인다면 신체의 자유의 침해가 될 수 있다. 한 사람의 생각이나 기억도 신체의 일부분으로 보거나 정신과 신체를 일체로 취급할 경우, 생각이나 기억을 삭제 또는 삽입하는 것도 신체의 자유의 침해라고 할 수 있을 것이다.[30] 그런데 뇌 신경과학 기술로 정신, 마음, 생각, 성격, 성향의 변화 등 내면의 변화를 유발하여 한 개인의 정체성과 인격 전체를 바꿀 수 있다는 점에서 외형적이고 물리적인 변형을 가져오는 신체의 완전성 훼손과는 다른 양상을 보이기 때문에 후술할 인지적 자유권이라는 새로운 기본권을 논의할 실익이 있다. 신체의 자유에서 보호하는 대상은 신체의 외형이고, 사생활의 비밀과 자유나 개인정보자기결정권에서 보호하는 대상도 개인이 나타낸 사생활 내지 개인정보 주체가 외부에 나타낸 정보들이다. 즉 기본권 보호의 범위와 영역은 사생활과 개인정보와 같이 주체가 외적으로 드러낸 부분이나 주체를 떠나 바깥에 드러난 부분에 대한 자유이다. 이들의 보호를 통해 사생활의 주체가 되는 개인이나 개인정보를 생산하는 주체의 인격이 궁극적으로 보호를 받게 된다. 반면 신경과학 기술이 변화를 가져오는 것은 정보와 사생활을 생산하는 사람 개인이고 보호할 법익이 개인 그 자체가 된다. 한 사람이 유발하는 정보나 그 사람의 사생활에 대한 것이 무단으로 유출되거나 주체의 의사대로 통제되지 못하는 것으로부터 보호하는 것이 아니라, 한 사람의 그 인간됨 자체에 대한 침해와 훼손으로부터 보호하는 것이 목표가 된다.

fMRI와 같은 신경 영상을 통해 형성된 개인의 데이터나 tDCS와 같은 신경 조절 기기들이나 BCI, BMI 등 뇌－기계 인터페이스에서 소통되는 뇌파 등 신호 데이터들이 개인 정보 보호의 대상이 될 수 있는지가 검토될 수 있다. 웨어러블 기기 형태의 경우에는 개인의 정보들이 무의식적 노출될 수 있고, 이러한 정보들이 집적되어 얼마든지 특정인으로 식별된다. 국가 공권력에 의한 수색, 감독 등의 침해 방식이 아닌 개인이나 단체도 얼마든지 사이버공간 상의 안전을 침해할 수 있는 문제가 제기된다.[31] 웨어러블 기기는 사용자가 사용하는 시간과 장소를 특정할 수 있는 행동 기반 정보들이라 사생활에 해당하는 영역의 정보가 많이 발생한다. 이로써 여타 개인정보들의 관리와 마찬가지로 정보의 정확성, 신뢰성, 프라이버시와 기밀성 등을 보호할 수 있는 IT 정보 보안 시스템이 필요해지게 된다. 국가의 기본권 보호 의무는 개인정보의 주관적 방어권을 넘어 객관적 법질서 영역에서 IT시스템의 보호까지 확장된다.[32]

Ⅳ. 신경과학의 발전이 불러오는 기본권 보호의 지형: 정신적 인지적 측면의 새로운 기본권의 보호의 필요성

유전자 기술 등의 다른 생명과학의 발전이 국제적인 수준에서의 표준적인 지침과 규범을 수립해온 반면, 신경과학 기술에 관한 규범 영역은 여전히 미개척 분야로 남아있다. 신경과학 기술은 인간의 마음과 정신에 영향을 미치는 가능성으로 인해서 기존의 기본권이 포섭하지 못하는 영역을 고려하여 기본권을 확장해야 할 필요성을 제기한다.

일찍이 2005년 UNESCO의 생명윤리와 인권에 관한 보편 선언(Universal Declaration on Bioethics and Human Rights)에서 신경과학이 적용될 수 있는 원칙들이 발표되었는데 이는 광범위하게 생명과학과 인권의 접점과 교차점에서 논의될 수 있는 기본원칙을 천명한 것이다.[33] 유전자 검사 및 편집 등 유전자 관련 기술이 발전하면서 1997년 UN에서 인간 게놈에 관한 세계 인권 선언(UDHGHR: The Universal Declaration on the Human Genome and Human Rights)이 채택되어 유전 정보를 수집하는 것이 인권에 적합하지 않은 방식으로 활용되지 않도록 한다는 원칙과 미래 세대에 해를 줄 수 있는 인간 유전 정보의 부적절한 조작을 하지 못하도록 보호해야 하는 원칙을 선언하였다. 그 후 2003년에 유전정보에 관한 국제 선언(IDHGD: The International Declaration on Human Genetic Data)은 유전정보를 모를 권리(right not to know one's genetic information)와 같은 새로운 인권을 천명하였다. 이는 유전자 분야에서 프라이버시권과 차별 금지의 권리와 같은 오래된 권리의 개념에 더하여, 기술의 발전으로 인해 등장하는 새로운 권리 영역으로 채택된 것이다.[34] 신경과학 기술의 발전도 유전자 기술의 발전과 마찬가지로 권리의 측면에서는 인지, 마음, 정신적 측면에서 새로운 기본권으로서 보호되어야 할 필요성이 제기하고 있다.

새로운 기본권으로 인정되기 위한 표준으로 제시할 수 있는 기준은 기존의 기본권으로 보호되던 것과 중복되지 않으면서 국가적으로 보호해야 할 중요한 가치와 법익을 담고 있고, 국제적 규범적 합의를 달성할 수 있을 만한 것으로서, 기본권으로 보호되지 않으면 국민의 권익에 심각한 위협을 줄 가능성이 있는 것이다.[35] 스위스 바젤대 생명의료윤리연구소의 Lenca와 취리히대 법과대학의 Andordo 교수는 신경과학이 발전으로 인해 제기되는 새로운 기본권을 인지적 자유권으로서 정신적 프라이버시권, 정신적 완전성(mental integrity)의 권리, 심리적 연속성(psychological continuity)의 권리로 제시하였다. 이에 앞서 독일 함부르크대학 법과대학의 Bublitz 교수는 인지적 자유권을 개인이 새로운 신경과학 기술을 사용할 권리와 그러한 기술의 사용이 강요되지 않을 권리, 즉 동의를 받지 않은 채 강제로 사용되는 것으로부터 보호받을 권리라고 설명한다. 다시 말하면 신경과학 기술의 조력으로 정신 상태를 바꿀 수 있는 권리와 그것을 거부할 수 있는 권리이다.[36] 정신 상태를 바꾸는 방법과 수단을 선택할 자유, 정신적 완전성을 보호하기 위해 타인의 개입으로부터 보호할 자유, 인지적 자유를 증진하기 위한 윤리적, 법적 의무라고 설명하기도 한다. 인지적 자유권은 기존의 기본권들이 보호하지 못하는 인간의 마음과 인지적 측면을 보호하는 것으로서 인간 존재의 구성적 특징을 보호하는 것이다. 미국, 인지적 자유와 윤리 센터(Center for Cognitive liberty & Ethics)의 Sentenia는 인지적 자유권을 생각의 자유가 개념적으로 발전한 형태라고 설명하면서 국가가 강제적으로 국민의 정신 상태를 강제적으로 조작하거나 뇌 상태를 조작하지 않도록 하는 권리라고 설명한다.[37]

이러한 인지적 자유권을 정신적 프라이버시권, 정신적 완전성의 권리, 심리적 연속성의 권리로 세분화하여 설명한다. 첫째로 정신적 프라이버시권이 등장하는 이유는 전통적으로 프라이버시권으로 보호되는 영역은 사람에 대한 외적 정보를 통해 사생활을 보호하려는 것인 반면, 신경과학 기술의 발전은 뇌 속에 있는 정보와 뇌파 등 뇌에 관한 기록과 정보로 사람의 인격과 관련된 내면의 정신적 영역의 프라이버시를 보호해야 할 특수한 논제를 야기하기 때문이다. 또한 뇌파와 같은 뇌 신호는 개인을 식별하고 추적할 수 있기 때문에 DNA와 동일하게 개인의 고유한 생체 인식 식별 인자로 사용될 수 있다. 뇌에 관한 프라이버시 권리 즉 정신적 프라이버시권은 뇌 정보에 대한 불법적인 접근으로부터 사람들을 보호하고 정보 영역에서 뇌 데이터의 무차별한 노출을 방지하는 것을 목표로 한다. 이러한 정신적 프라이버시는 피해자의 신경 계통에 직접적인 침입뿐 아니라 개인이 인식하지 못하는 경우에도 발생할 수 있다. 예컨대, 뇌파 검사에서 연구 목적으로 수집된 뇌 데이터는 일반적으로 외부에 위치한 EEG 데이터베이스에 분석용으로 저장된다. 마찬가지로 BCI(Brain-Computer Interface)에서 생성된 두뇌 데이터는 연결된 앱으로 전송되어 클라우드 또는 다른 데이터 저장소에 저장될 수 있다. 두 경우 모두 해당 데이터를 생성한 사람, 즉 정보 주체가 정보 수집에 동의하지 않더라도, 또는 한 사람의 뇌 신호에 개입하지 않고도 이러한 데이터에 액세스할 수 있다. 이러한 신경과학에서의 특정 문제들로 인해 기존의 개인 정보 보호나 사생활의 자유에 관한 권리만으로는 인지적 자유를 충분히 보호할 수가 없게 된다. 결과적으로, 정신적인 정보에 대한 권리가 별도로 보호되어야 할 필요성을 제기하게 된다. 외부의 신경 장치에 의해 기록되고 디지털 생태계에서 공유되는 개인에 대한 모든 정보뿐 아니라 뇌 안에 있는 정보 내지 뇌 신경망 정보를 모두 보호하는 것을 목표로 한다. 또한 의식적인 뇌 정보뿐만 아니라, 비자발적이고 의식적으로 통제할 수 없는 정보도 포함한다. 특히 형사 소송 절차에서 뇌 신경과학의 마음읽기(mind-reading) 기술을 강제하게 되는 경우, 묵비권이 무시되고 본인의 의사에 반하여 불리한 진술을 강요당하는 결과가 나타날 수 있다.

둘째로 정신적 완전성의 문제는 사람들의 뇌에 침입하면 정신적 프라이버시를 침해할 뿐 아니라 신경 기능에 직접적인 영향을 미쳐 그들에게 직접적인 해를 끼칠 수 있다는 것이다. Ienca와 Haselager는 연구 논문을 통해 컴퓨터 범죄에서 해킹되는 방식과 유사한 방식으로, 사람의 신경 작용에 영향을 미치는 신경 범죄 활동을 악성 뇌 해킹의 개념을 통해 설명하였다.[38] 이런 경우가 정신적 완전성에 대한 침해가 될 수 있다. 악의적인 외부 침입자가 BCI 등의 신경과학 애플리케이션을 사용하는 사용자의 통제권을 줄이거나 제거하거나 가로채기 위해 노이즈를 추가하거나 장치로 전송되는 신호를 무시하도록 할 수 있다. 예컨대 범죄자는 사용자가 보낸 신호를 무시하고 사용자의 허락 없이 전자 휠체어 등에 활용되는 BCI 제어 장치의 신호를 가로채거나 변경할 수 있다.

개인의 신체적, 정신적 완전성에 대한 권리는 EU의 기본권 헌장 제

3조에 의해 “모든 사람은 자신의 신체적 및 정신적 완전성을 존중할 권리가 있다”고 명시되고 있다. 생명 의학 기술은 사람들의 신체적, 정신적 완전성에 직접적인 영향을 미치기 때문에, 의약 및 생물학 분야에서 이 권리는 특히 자발적이고 정보에 입각한 동의(informd consent), 인체 조직의 비상업화, 인간 복제 금지와 같은 요구 사항에 중점을 두고 있다. EU의 기본권 헌장이 신경 과학의 윤리적, 법적 영향에 대한 논의가 매우 초기 단계였던 2000년에 채택되었기 때문에 신경과학 기술에 어떻게 적용될 것인지 논의는 없었다. 그러나 오늘날 신경과학 기술의 발전으로 인해 점차적으로 기술의 상용화 가능성이 커짐에 따라 개인의 정신적 완전성을 침해할 가능성을 열어놓고 있다. 따라서 규범적 틀은 정신적 완전성을 보호하는 방향으로 나아갈 수 있다.[39) 우리 헌법 제12조 신체의 자유도 신체의 온전성을 훼손당하지 않을 권리, 신체불훼손권으로 이해되는데 ‘신체의 안정성이 외부로부터의 물리적인 힘이나 정신적인 위험으로부터 침해당하지 아니할 자유’와 신체활동을 임의적이고 자율적으로 할 수 있는 자유라는 헌법재판소의 판시로써[40) 정신적인 부분의 자유도 간접적으로 포함하고 있다고 해석되기는 한다. 2017년에 제기된 개헌안에는 신체의 자유 규정과는 별개로, 신체불훼손권에 정신적 완전성[41)도 명확하게 추가함으로써 신체와 정신을 온전하게 유지할 권리라는 적극적인 형태로 제안되기도 하였다.[42)

마지막으로 심리적 연속성에 대한 권리는 정신적 완전성에 대한 권리와 밀접한 관련이 있는데, 정신적 프라이버시권에서 보호하는 정보와는 다르게 개인의 정체성을 보호하는 것이다. 정신적 완전성과 심리적 연속성 두 가지 권리의 성격은 주체의 동의 없이 한 사람의 정신적 차원의 정체성을 변경하지 못하도록 보호하는 것이다. 심리적 연속성의 권리는 제3자가 된 것으로 느끼는 경우와 같이 신경이나 정신적 해악을 직접적으로 포함하지 않는 경우에 적용될 수 있다. 또한 명확한 피해의 존재는 정신적 완전성에 대한 침해로 인정되기 위해 필요한 조건이 될 수 있다. 경두개 자기 자극(TMS, tDCS)과 뇌심부 자극술(DBS) 등 웨어러블 디바이스는 뇌 기능에 실질적으로 개입하는데, 치료 효과가 증가하고 기술이 빠르게 발전함에 따라 정신의학과의 환자 치료용으로뿐만 아니라 일반 대중으로 확대될 가능성이 높다. 그런데 뇌 자극에 의한 뇌 기능의 변화는 성격, 성향 등 중요한 정신 상태의 의도하지 않은 변경을 야기할 수 있으며, 따라서 개인의 내적 정체성에 영향을 줄 수 있다.[43] 특히, 뇌 자극이 사람의 심리적 연속성에 영향을 줄 수 있음이 관찰되었다.[44] 즉 DBS 치료를 적용한 후에 충동성 및 공격성 증가하거나 또는 성적인 행동 변화가 나타났다고 보고되고 있고,[45] DBS로 치료받은 환자를 대상으로 한 연구에 따르면 절반 이상이 수술 후 본인에 대한 이상함과 익숙하지 않은 느낌을 나타냈다고 보고되고 있다.[46] 최근의 연구에서도 충동성이 증가하는 방향으로 성격 변화가 있음을 입증했다.[47] 이러한 심리적 연속성의 문제는 직접적인 뇌 자극과 조절뿐만 아니라 덜 침습적이거나 본인이 인식하지 못하는 상태에서 이루어지는 뇌 개입 방식에 의해서도 위협받을 수 있다는 점이 고려되어야 한다. 예컨대 뉴로마케팅을 통한 무의식적 신경 광고의 경우가 바로 사람들이 인식할 수 없는 상태에서 마음을 조정당하는 예라고 할 수 있다. 마케팅 회사는 사람들이 의식적으로는 선택하지는 않겠지만 특정 상품이나 선택지를 선호하도록 유도하기 위해 잠재적으로 자극하는 신경과학 기술을 테스트하고 있다.

이상 인지적 자유권의 3가지 측면 즉, 정신적 프라이버시권, 정신적 완전성의 권리, 심리적 연속성에 대한 권리는 기존의 사생활의 비밀과 자유, 신체의 자유, 인간의 존엄과 가치 및 행복추구권 내지 이에 근거를 둔 일반적 인격권 그리고 우리 헌법의 자유민주적 기본질서 규정이나 국민주권원리와 민주주의원리 등에서 도출하는 것을 고려할 수 있으나, 각 기본권이나 헌법 원리의 일부에 완전히 포섭하는 것은 불가능하다고 보인다. 그러므로 어느 한두 개에 국한하기보다는 독자적인 기본권으로서 헌법에 명시되지 아니한 기본권으로 볼 수 있다.[48] 또한 인지적 자유권이 절대적으로 보호되어야 하는 권리는 아니다. 여타의 자유권과 마찬가지로 과잉금지의 원칙을 적용하여 다소 제한될 수 있는 여지가 있다. 예컨대 연쇄 강간범, 연쇄 살인범, 소아 성애자와 같은 범죄자들에게 신경 기술적으로 성격과 정신의 변화를 유발하는 방식의 치료 처분도 고려할 수도 있을 것인데, 이들이 석방될 경우 다시 공격성을 보일 가능성이 매우 높은 잠재적 범죄자로부터 대중을 보호해야 할 필요성이 있다면 과잉금지의 원칙상 충돌되는 법익의 형량을 통해 그러한 조치들이 정당화될 수도 있을 것이다.

V. 결론

4차 산업혁명의 물결 속에서 신경과학의 발전은 환자들의 뇌신경 기능을 치료함으로써 이동성을 향상시키고 정신 질환에서 벗어날 수 있는 새로운 희망을 가져 왔고, 일반 국민들에게도 생활의 편리함과 동시에 생활 전반에 미치는 변화의 기대감을 불러일으키고 있다. 신경과학 기술의 발전은 4차 산업 '혁명'이라고 불릴 만큼 사회에 미치는 영향이 큰 만큼, 그 발전의 혜택과 우려는 빛과 그림자같이 공존한다. 인간과 기계의 공진화가 진행되면서 공권력과 제3자에 의해 본인이 전혀 인식하지 못하는 부지불식간에 침투 · 조정 · 파괴 · 훼손될 가능성이 있는 인간 내면의 존재성과 정체성을 지키려는 것이 인지적 자유권 논의의 출발이라고 할 수 있다. 그래서 신경과학의 발전 속에서 인간의 존엄과 가치, 신체의 자유, 평등의 원리[49], 사생활의 비밀과 자유와 개인정보자기결정권 등의 전통적인 기본권들 외에도 인지적·정신적 관점의 새로운 기본권으로서 보호의 필요성이 있다. 정신적 프라이버시, 정신적 완전성의 권리, 심리적 연속성의 권리 등 세 가지 측면으로 설명되는 인지적 자유권은 기존의 기본권 체계로는 충분히 커버하지 못하는 사각지대인 심리정신적·인격적 내면의 영역과 인간됨의 정체성을 보호할 수 있게 된다. 인지적 자유권이 향하는 바는 궁극적으로는 인간의 존엄과 가치를 견고하게 하는 것이다.

향후 신경과학 기술 발전과 함께 등장하는 사회문제를 해결하거나 예방하기 위해 법제도가 함께 진화돼야 할 것으로 보인다. 인지적 자유권을 새로운 권리 영역으로서 고려하면서 기본권 보호가 충실히 이루어질 수 있도록 향후 법제도를 설계해 나아가야 할 필요가 있다.

제2절

기억할 의무, 잊을 권리*

Ⅰ. 서론

기억은 놀라운 능력이다. 그것은 과거의 경험들에 비추어 과거를 표상화시킬 수 있으며 미래의 행위를 조정할 수 있게 한다. 좀 더 흥미진진한 표현으로, 기억은 "정신적 시간여행"(Tulving, 1985)이라 불리기도 한다. 또한 "앞쪽에 봉랍이 찍힌 무(無)의 존재(the presence of an absent thing stamped with the seal of the anterior)"(Ricoeur, 2004, p.17)라고 불리기도 한다. 기억은 하나의 개체가 아닌 다면적인 현상

* 원문은 "Christoph Bublitz, Martin Dresler, A Duty to Remember, a Right to Forget? Memory Manipulations and the Law"(DOI: 10.1007/978-94-007-4707-4_167. In book: Springer Handbook of Neuroethics, pp.1279-1307)이다. 원저자인 독일 함부르크 대학 법과대학의 Christoph Bublitz 교수와 막스 프랑크 정신의학 연구소의 Martin Dresler의 번역 승낙을 받아, 저작권을 보유한 출판사 Springer Nature에 번역 관련 저작권료를 지불한 후 이를 번역함으로써 2차적 저작물로 만든 번역 논문으로서 "기억할 의무인가, 잊을 권리인가: 기억 조작과 법, 인권법평론 제26호(2021년 2월)"으로 발간되었다. 이 책의 발간을 위한 저작권료도 별도로 지불 완료하였음을 밝힌다.

이다. 그것은 기저에 서로 다른 신경생리학적 현상들이 있는, 기능적으로 분리되면서도 밀접한 능력들의 집합이다. 이러한 신경생리학적 현상들은 고전적 조건형성(古典的條件形成; classical conditioning) 등의 기본적 학습 능력을 가능케 할 뿐 아니라, 살아온 삶의 행적들을 추억할 수 있도록 한다.

현재의 기억 모형들은 여러 시스템들을 내용에 따라 구분한다(LeDoux, 2007). 서술적 기억(declarative memory)은 쉽게 말로 서술될 수 있는 의미론적, 자전적, 그리고 일화적 내용들로 구성되어 있다. 이와 달리 비서술적 기억(non-declarative memory)은 운동(motor) 혹은 지각(perceptual) 능력을 저장하며, 말로 표현하기 어렵지만 행동으로 표현할 수 있는 조건적 자극-반응(stimulus-response) 패턴을 저장한다.[1] 그러므로 "기억하다"라는 동사는 하나의 활동만을 의미하는 것이 아니다. 그것은 습득된 절차적 기술 및 사실 기반의 지식을 표현할 수 있는 능력으로 구성되어 있으며, Elving Tulvig이 자각적 의식(autonoetic consciousness)이라고 명명한 현상학적 성질로 과거를 다시 경험하는 능력으로도 구성되어 있다(Tulving, 2002). 본고에서는 주로 후자의 능력에 집중할 것이다.

일시적 단계 및 과정들 간에도 추가적인 구분이 도출된다. 기억의 내용은 습득되며, 저장되며, 다시 불러내어진다. 그에 따라, 기억의 주요 세 단계들로는 부호화(符號化; encoding), 저장(또는 응고화; consolidation) 및 상기(retrieval)가 있다. 부호화 직후, 기억 흔적(記憶痕跡; memory trace)들은 불안정하며 급격히 부식되기 쉽다. (지각 직후와 같은) 작업기억(作業記憶; working memory)의 대부분 내용들은 그 이상 처리되지 않는다. 일부만이 장기 기억(long-term memory)으로 변환되는 것이다. 이러한 저장 과정에서, 'engram'이라고도 불리는 신경의 기억 흔적들은 체계화되며 안정화된다. 기억들이 정확히 어떻게 저장되는 것인지는 아직까지 불가사의로 남아 있으며, 기억 흔적 관련 연구는 현재도 진행 중이다(Thompson, 2005; Hübener & Bonhoeffer, 2010). 일단 지금껏 밝혀진 바로는, 기억이 쉽게 뇌 특정 부위에 국한 지을 수 있는 구조물에 저장되지 않는다는 사실이다. 기억의 기저에는 다양한 뇌 부위를 걸쳐 형성된 망과 신경 세포들 간의 시냅스 가소성(synaptic strength)이 있는 것이다. 저장 및 응고화 라는 용어는 기억의 내용들이 변화에 무감각하며 상기 단계 전까지는 비축 상태에 있는, 뇌 속에 영구히 고착화된 흔적들이 된다는 것을 암시한다. 그러나 그렇게 고정성을 부각하는 설명은, 기억의 유동적이고 가변적인 성질을 간과한다. 상기 과정에서, 때로는 의도적인 노력에 따라, 때로는 부지불식간에, 기억 흔적들은 일시적으로 다시 침식되기 쉬운 상태가 되며, 이후 또 다른 응고화 과정을 걸친다(이를 재[再]응고화[reconsolidation]라고 부른다.)(Dudai, 2012). 인체에서 일어나는 재응고화 현상은 아직까지 논쟁 및 연구 대상이며, 광범위한 영향을 미치고 있을 수도 있는 것으로 사료된다(Schiller & Phelps, 2011; Nader & Einarsson, 2010). 두 시간 남짓인 짧은 재응고화 시간 동안, 기억들은 변화를 받아들일 수 있는 상태가 되며, 현존하는 지식에 따라 갱신되는 것으로 사료된다. 재응고화는(변화된 기억으로 '덮어 쓰인' 최초 자각의 내용이 아니라) 과거에 대하여 가장 잘 기억하는 내용이 그것에 대한 가장 최신의 기억이라는 것을 암시하는 것일 수도 있다. 그 결과, 우리의 기억은 우리가 의식하지 못하는 사이 변화될 수 있게 된다. 기억은 처음 부호화된 자극의 복사본이 아니다. 즉, 고대 시대에 밀랍을 칠한 서자판(書字板)이나 현대의 컴퓨터 데이터 저장장치와는 다른 성질을 갖고 있다. 기억은 도리어 반복되는 재구성 과정으로, 변화와 오염에 취약하다. 이것은 놀라운 사실이다. 왜냐하면 우리의 주관적 경험으로, 우리는 기억이 유동적이고 잠재적 오류가 발생할 수 있는 과정이 아니라 기록된 정보의 반복이라는, 확신에 가득 찬 판단을 내리기 때문이다.

기억을 논의할 시 우리는 똑같이 흥미롭고 중요한 과정인 망각을 논의하는 것을 잊어서는 안 된다. 망각은 그 정의에서부터 여러 문제들을 제기한다. 설단 현상(舌端現象; tip of the tongue)[2]처럼 우리가 무언인가 순간적으로 기억해 내지 못했다고 해서, 망각이라고 명명할 수 있는 것은 아니다. 그렇다면, Nietzsche가 고민했듯이, 망각이 일어나긴 하는 것인지 우리가 어떻게 알 수 있는 것인가? 냄새, 소리, 광경 같은 자극들은 그것들의 부재에서 우리가 불러낼 수 없었던 강력한 기억들을 불러내기도 한다. 엄밀히 말하자면, 지속적으로 발견할 수 없는 기억 흔적들도 특정 환경적 조건들에서 반응을 보일 수 있는 상태로 남아 있을 가능성을 배제할 순 없는 것이다(Cf. Roediger III et al., 2010). 기억과 같이 망각은 다면적인 현상으로, 그것에 관한 이론들은 일치를 보이지 않는다. 초기 응고화 과정에서의 오류, 역행성 간섭[3](retroactive interference), 시간 변화에 따른 기억 흔적의 침식, 상기 억제 현상(retrieval inhibition) 등 망각에는 다양한 원인들이 있을 수 있다(Wixted, 2004; Schacter, 2002).

망각은 단순히 인지적 결함으로서만 이해돼서 안 된다. 망각은 그 실용적 측면에서 사고 기능에 유용하며, 이는 기억 기능 관련해서도 마찬가지인 것으로 사료된다. 그것이 기억 가치가 있는 내용들만 걸러냄으로써 정보 과부하를 방지하기 때문이다. 망각이 없다면, 우리는 기억의 천재 푸네스(Funes the Memorious)와 같은 운명에 처했을 것이다. 그는 Luis Borges가 창작한 가상의 인물로, 아무것도 망각할 수 없으며 모든 것을 세세하게 기억하고 있었다(Borges et al., 2007). 푸네스처럼 아무것도 잊지 못한 채 과잉기억 증후군(hyperthymestic syndrome)을 앓고 있는 환자들은 실제로 존재한다(Parker et al., 2006). William James는, "정신이라는 배는 선별(또는 선택)이라는 용골(龍骨)로 지어지는 것이다. 그리고 기억의 경우, 그 유용성은 명확하다. 만약 우리가 모든 것을 기억했더라면, 마치 아무것도 기억하지 못하는 것과 다름없이 대부분의 시간을 곤궁하게 보냈을 것이다"라고 서술한 바 있다(James, 2007, p.680). 과잉 기억의 문제를 차치하고라도, 정밀한 기억이 이롭지만은 않다. Freud가 제시한 억압 및 심리적 방어기제 관련 이론들 없이도, 과거에 대한 지나친 의식이 현재의 짐이 될 수 있다는 점을 우리는 알 수 있다.[4] 불쾌하거나 부끄러운 순간들을 모두 기억하는 것은 개인의 안녕에 전혀 도움이 되지 않는 것이다. 따라서 특히 자전적 기억이 선별적인데, 특정 기억들의 희석 또는 강화는 일관적이고 긍정적인 자의식(self-image)을 유지하는 데 유용하다(Conway, 2005). 다른 한편으로, 개인의 필요를 충족시키기 위한 의도적 망각은 과거를 지나치게 감정적으로 되돌아보게 만들기도 한다(Harris et al., 2010, p.254). 그러므로 기억과 망각은 상호보완적인 과정들이며, 우리는 그 중 하나도 과대평가하거나 폄하해서는 안 된다.

Ⅱ. 기억 개입 기술

기억 관련 연구를 다루었던 간략한 서론에서 넘어와서, 이제 규범적 목적들에 맞게 기억을 조작하려는 개입 기술을 논의할 필요가 있다. 기억에 우리가 의식적 차원에서 영향을 끼칠 수 있는 영역이 제한되어 있음은 말할 나위 없이 자명하다. 최근 몇 년간, 새롭게 습득한 최신 기억 흔적들의 운명을 결정짓고, 더 나아가 이전 기억 흔적들에도 영향을 미칠 수 있는, 새로운 방식의 개입 기술이 연구되어 왔다. 비록 연구 대부분이 초기 단계에 있으나, 기억 체계의 작동 방식에 관한 새로운 통찰들과 새로운 개입 기술이 기억 조작을 가능케 하리라는 전망은 이론상 타당해 보인다.[5] 기억 연구자들을 들뜨게 만들 수 있는 시대가 도래한 것이다. 안전 및 윤리적 문제들로 인하여 동물들에게 시도되는 많은 개입 기술이 인간들에게는 결코 시도되지 않을 것임에도 불구하고 말이다.

기억 조작 목적의 개입 기술과 관련하여, 세 가지 목표를 세울 수 있을 것으로 사료된다. 첫 번째 목표는 부호화 및 상기 능력을 개선함으로써 기억을 증진시키는 것이다. 두 번째는 상기를 방지하거나, 기억 흔적들을 지우거나, 감정적인 내용들을 희석시킴으로써 기억을 약화시키는 것이다. 마지막으로는 기억의 내용을 바꾸는 것이다. 일반적으로, 기억 관련 개입 기술은 기억 습득 이전, 기업 습득, 응고화, 상기 등을 포괄하는 모든 단계에서 가능하다. 또한 흥미롭게도, 상기 이후 재응고화 과정에서도 가능한 것으로 보인다. 더욱이, 특정 기억 기능들에 결함을 갖고 있는 환자들에 관한 사례보고(事例報告)들에 따르면, 특정 기억 체계들만 선별적으로 공략하는 것도 가능한 것으로 짐작된다.[6]

늘어나고 있는 연구들은 여러 다른 방법들로 기억 기능을 개선시키고자 하며, 대부분 정보 부호화·응고화를 개선하는 방식을 취한다. 여기서 기억 기능을 개선시키는 자연적이면서도 강력한 방법은 감정을 자극하는 것이다. 이는 노르아드레날린(noradrenalin), 코티솔(cortisol) 같은 스트레스 호르몬의 분비 증가로 이어진다. 노르아드레날린과 코티솔은 부호화와 응고화를 향상시키지만 상기를 저해시킬 수도 있다 (Joëls, et al., 2011). 통용되는 일부 약물들은 그 적용 시기에 따라 기억 기능을 향상시킬 수도, 저해시킬 수도 있다. 일례로, 벤조디아제핀(benzodiazepine)은 부호화 이전 복용 시 선행성(先行性) 기억상실을 유발하지만, 부호화 이후 복용 시 역행성(逆行性) 기억을 향상시킨다 (이는 이후 유입되는 정보로 인한 혼선을 감소시키기 때문으로 사료된다.)

(Beracochea, 2006). 공적 영역에서 벌어지는 기억 향상에 관한 논쟁은 주로 제약(製藥)에 집중되어 있으나, 현재 사용되는 약물 대부분이 인상에 남을 정도로 기억에 이로운 효과들을 보여주고 있지는 못하다(Repantis, 2010a, b; Husain & Mehta, 2011; Lynch et al., 2011). 여러 제약 외 수단들은 약물만큼 혹은 그 이상의 효과를 보여준 바 있다. 이러한 예들로는 영양제, 운동, 수면, 기억전략 훈련(mnemonic strategy), 뇌 자극 등이 있다.7)

기억을 축소시키기 위해서도 여러 다른 방법들이 존재한다. 망각은 보통 의도되진 않지만, 기억 대부분의 자연스러운 운명이다. 한편으로 선별된 기억들을 의도적으로 망각하게 하는 것이 가능하다는 여러 표징들이 존재한다. 이러한 현상을 "지시 망각(directed forgetting)"이라고 명명한다(Geraerts & McNally, 2008). 조건화된 공포(conditioned fear) 같은 정서적 기억들과 관련해서는, 공포 소멸(fear extinction) 같은 학습 해소 훈련들(unlearning procedures)이 오래전부터 개발되었으며, 최근 들어 다시 이목을 끌고 있다. 그러나 공포 소멸 훈련들이 기억 흔적들을 지우는 것이 아니라 새로 학습된 안전 관련 기억으로 그것들의 상기를 방지할 뿐이라는 점은 주목할 만하다(Myers & Davis, 2007; Vervliet et al., 2013).

개입 기술의 주요 대상은 기억을 수반하는 감정이다. 특히 정신적 외상을 일으킬 만한 사건들과 결부되어 있는 고통스럽고 괴로운 감정들이 개입의 주요 대상이다. 정신적 외상을 경험한 사람 대다수는, 기억에 담긴 정서가 시간이 지남에 따라 실체적 기억과 분리되며, 이러한 과정에서 특히 수면이 중요한 역할을 하나(Walker & van der Helm, 2009), 일부 사람들의 경우, 불안, 쉽게 반복되며 억누르기 힘든 끔찍한 사건에 관한 기억, 플래시백(flashback), 감정적 무감각, 각성과민(覺醒過敏), 행동 변화 등으로 특징지을 수 있는 생리적 상태인 PTSD(post-traumatic stress disorder; 외상후스트레스장애)를 앓게 된다.[8] 강력하면서도 지속적인 기억들은 정신적 외상을 일으킨 사건 동안 분비된 스트레스 호르몬이 야기한 것으로, 이러한 기억들은 기억 흔적들의 과(過)응고화(overconsolidation)로 이어진다(Pitman, 1989; Glannon, 2006). 대부분의 치료법들은 기억의 사실적 내용과 결부된 이런 강력한 감정들을 무디게 만들려고 한다. 그러나 본래 있던 기억 흔적이 대체되지 않고 그것의 상기만 방지되는 한, 재발은 지속적으로 일어날 수 있는 문제가 된다(Vervliet et al., 2013). 새로운 개입 방법들은 PTSD를 방지하고 치료하는 새로운 길을 열 수도 있을 것으로 사료된다(구조대원의 경우처럼). 정신적 외상을 일으킬 수 있는 사건들을 경험하기 전이나, 성폭행 등의 정신적 외상을 일으키는 사건을 경험한 직후의 사람들에게 약물이 투여될 수도 있다. 혹은 정신적 외상과 관련된 기억들이 재[再]활성화되면서 재응고화되는 과정에서도 임상적으로 투여될 수도 있을 것이다(President's Council on Bioethics, 2003; Donovan, 2010; Poundja et al., 2012; Schiller et al., 2010). 정서적 기억들의 응고화 및 재응고화 과정은 베타 억제제(b-adrenergic blocker)인 프로프라놀롤(propranolol)에 의해 성공적으로 타겟이 된 바 있다(Cahill et al., 1994; Kindt et al., 2009). 시험적 연구들에서는 응고화·재응고화 과정에 개입함으로써 성공적으로 PTSD 관련 증상들을 줄일 수 있었으나, 더욱 큰 규모에서 행해진 연구들에서는 이러한 효과들이 아직 드러나지 않았다(Pitman et al., 2002; Vaiva et al., 2003; meta-analysis by Lonergan et al., 2013). 이러한 류의 개입들이 단순히 정서적 측면들만 축소시키는 것인지, 사실에 관한 기억의 상기에도 영향을 미치는 것인지는 현재로서 불분명하다.[9]

기억 조작의 가장 강력한 형태는 기억을 온전히 지워버리는 것이다. 개입의 첫 단계에서는 초기 응고화를 막아야 하는데, 이는 단기 기억 속 정보가 안정화되어 장기 기억으로 이동되는 것을 방지하기 위함이다. 또한 다른 단계들에서 개입하는 것도 가능하다. 예를 들어 회상 이후 불안정 단계에서 재응고화 과정은 조작되거나 방지될 수 있다(Pitman 2011; Parsons and Ressler 2013). 동물을 대상으로 한 실험들에서는, 기억 관련 뇌 부위들에서 일어나는 단백질합성(蛋白質合成)을 억제함으로써 응고화 및 재응고화가 방지될 수 있음이 확인된 바 있다(Dudai 1996; McGaugh 2000; Nader at al. 2000; Alberini et al. 2006; Shema et al. 2007; Sacktor 2008). 인간을 대상으로 한 연구에서는 회상 직후 감정 관련 혐오 자극(aversive stimulus; 嫌惡 刺戟)이나 전기 충격요법(electroconvulsive therapy) 등을 적용할 경우, 일화 기억[10]의 재응고화 과정에 지장을 주는 것이 확인된 바 있다(Strange et al., 2010, Kroes et al., 2014).[11]

개입의 또 다른 형태는 기억의 내용을 변경시키는 것이다. 우리 경험의 일부만을 선별적으로 응고화시키고 이런 기억 흔적들을 반복적으로 재응고화시키는 과정은, 우리의 기억들이 우리가 생각했던 것보다 진실되지 않다는 것을 암시한다. 이러한 흥미로운 시각은 거짓된 기억에 관하여 행해진 많은 연구들에 의해 뒷받침되는데, 특히 Elizabeth Loftus가 수행한 연구들을 주목할 만하다. 이 연구들에서는 과거에 대하여 거짓된 이야기들을 들려주거나 암시가 담긴 질문들을 물어보는 등의 다양하고 상당히 단순한 수단들을 통하여 기억의 내용이 변경되거나 새로운 기억들이 심어질 수 있음이 확인된 바 있다(Loftus, 2003; Brainerd & Reyna, 2005). 동물을 대상으로 한 연구에서는 분자 수준의 정교한 광유전적 개입(optogenetic intervention)을 통해 거짓 기억을 이식될 수 있음이 확인된 바 있다(Ramirez et al., 2013). 현재로서 우리의 기억이 우리의 원래 경험과 얼마나 다른지의 정도는 확실하게 가늠될 수 없다(대체로). 정확한 기억 속에서 거짓된 부분들이 얼마나 큰 비중을 차지하는지, 또는 거짓된 기억들의 전체적인 양이 얼마나 되는지를 정확하게 계산할 수 없기 때문이다. 개괄적으로 말하자면, 거짓된 기억들이 발생할 수 있다는 가능성 자체는 많은 기억들이 사실상 거짓이라는 증거가 될 수는 없다. 추정상 인간은 많은 것들을 정확하게 기억할 수 있는 능력을 갖고 있다. 그렇지 않다면 자연선택(自然選擇; natural selection)을 통해 우리의 기억 체계가 보존되었을 가능성이 현저히 낮았을 것이다(Schacter, 1995, p.25). 그러나 다른 한편으로 Loftus가 수행한 연구들은 기억에 관한 불신이 정당화될 수 있다는 것을 보여준다. 또한 아무리 생생하고 익숙해 보일지라도 우리의 기억들이 진실인지 결코 확신을 가질 수 없다는 것도 보여준다. 이러한 연구 결과들로부터 법적 함의들이 도출될 수 있는데, 목격자 증언이나 심문 절차를 평가함에 있어서 특히 그러하다(Schacter & Loftus, 2013; British Psychological Society, 2008; Nadel & Sinnott-Armstrong, 2012).

Ⅲ. 기억의 윤리학

기억의 윤리학은 아직까지는 많은 관심을 받지 못한 흥미로운 주제이다(Cf. Blustein, 2008; Margalit, 2002). 우리는 어떤 방식으로 기억해야 하는가-무엇을, 누구를, 어떻게? 예를 들어, 우리는 얼마나 자주 그리고 강렬하게 고인이 된 우리의 친족들을 기억해야 하는가? 우리는 누구에 관하여 기억의 의무를 지니는가? 우리 자신인가 아니면 기억되는 사람인가? 우리는 특정 인물 혹은 사건들을 잊기 위해 애써야 하는가? 아니면, 이에 대조적으로, 신호 및 증거를 제작하여 기억의 자연스러운 쇠퇴를 방지하기 위해 애써야 하는가? 이 모든 질문들은 포괄적인 하나의 질문으로 묶을 수 있다.: 과거가 현재에 미치는 영향은 어느 정도가 적합한 것인가? 이에 대한 답을 제시하는 과정에서 우리가 기억을 통제할 수 있는 힘이 제한되어 있음을 고려하여야 한다. 그러나 기술이 기억 및 망각을 통제할 수 있는 힘을 더욱 부여하는 시대에 살게 되면, 기억 및 망각은 선택의 문제가 되며 기억의 윤리학은 중요한 의제가 된다.

자연적인 능력을 뛰어넘는 수준으로 기억을 조작할 수 있다는 전망은 고대부터 현대까지 작가 및 예술가들의 상상력을 자극했다.[12] 다른 종류의 개입들은 각자 다른 질문들을 낳을 뿐 아니라 그것 자체로 심도 있게 분석되어야 하겠지만, 특정 윤리적 난제들은 모든 종류의 개입들에 적용된다(막연히 기억을 "변경시키는" 일을 말하고 있다). 개인의 차원에서, 대조적인 지향점을 가지는 두 가지 입장들을 생각해 볼 수 있다. 먼저 역사적 진실성에 가치를 둘 때 우리는 과거에 관하여 정확한 기억들을 유지하는 입장을 취하게 될 것이다. 이러한 입장은 "스스로를 알라"라는 고대의 격언 같은 현저한 윤리적 사상들로 뒷받침될 수 있다. 이와 대조적으로, 행복 및 안녕에 가치를 두게 될 경우, 우리는 진실성보다는 불쾌한 기억들을 지워버리는 등 기억을 변경시키는 것을 선호하게 될 것이다. 두 가지 입장들에 비추어 볼 때, 기억은 그 가치를 인정받으면서도 잠재적으로 서로 충돌하는 윤리적 이상들을 실현시키는 도구라고 할 수 있다.

전자의 입장이 표명된 좋은 예시는 미국의 대통령 생명윤리위원회(이하, '대통령 생명윤리위원회' 또는 '위원회'로 칭한다)가 발간한 보고서인 "비욘드 테라피 보고서"(Beyond Therapy)이다. 이 보고서는 기억 조작의 잠재적인 장점과 위험들을 전반적으로 균형 있게 다루었으며, 이러한 주제를 학문적 의제로 삼은 바 있다. 그럼에도 불구하고 해당 보고서는 많은 비판을 받기도 하였는데, 이는 그것의 생명보수적(bio-conservative)인 입장과(시사하는) 결론들 때문이다. 대통령 생명윤리위원회는 모든 종류의 기억 조작에 관하여 우려를 표명하고 있다. 그것이 PTSD 증세를 겪고 있는 환자들에게 트라우마를 일으키는 기억들을 무디게 하는 일일지라도 말이다: "우리의 기억들이야말로 우리를 우리로 만든다. 어쩌면 약리학적 수단으로 기억을 '다시 씀으로써' 실질적인 고통을 완화시킬 수는 있겠으나, 그에 따라 세상에 관한 우리의 인식을 왜곡하고 진정한 정체성을 허물어버리는 위험이 발생할 수도 있다."(p.227).[13)]

1. 알맞고 진실되게 기억하기

미국의 대통령 생명윤리위원회는 윤리적 기준으로 "알맞고 진실되게 기억(remembering fitly and truly)"(p.228)하는 것을 권장하고 있다. 동시에 유감스럽게도, 위원회는 "알맞고 진실됨"의 정의는 무엇인지 더욱 분명하게 서술하고 있지 않으며, 그것이 무엇을 암시하는지, 알맞음과 진실됨이라는 두 기준 사이에는 어떤 연관성이 존재하는지를 명시하지 않고 있다. 가장 정확한 해석을 추정해 보자면, "알맞고 진실됨"은 적절하고 정확하게 기억할 뿐만 아니라 기억을 왜곡하거나 지우거나 희미하게 만드는 행위를 배제하는 것을 의미하는 듯하다. 언뜻 보기에 이는 타당한 입장으로 보인다. 그러나 좀 더 심도 있게 들어가 보자. 정확하게 기억하기라는 의무를 수행하려 할 때 우리는 인간의 기억이 선별적이고 왜곡되어 있다는 문제를 직면하게 된다. 정확성을 강조하게 될 경우, 우리에겐 쉽게 잊혀지는 기억들을 되새기며 과거를 낭만화시키거나 미화시키는 것을 방지할 의무가 생긴다. 따라서 회상의 정확성을 개선하고 왜곡적인 효과들을 감소시키는 개입들은 지지를 받아야 마땅하다. 그러나 이것은 보고서의 요점과는 대척점에 서 있다. 보고서는 자연스러운 인간의 능력들에 대한 어떤 기술적인 개입에도 비판적이기 때문이다.

"알맞게 기억함"에 관하여 Eric Parens가 제시한 다음의 해석은 유

용하다: 기억의 강렬함과 그에 수반되는 감정들은 그것들을 촉발시킨 사건의 중대성과 어느 정도 상관관계가 있어야 한다(Parens, 2010). 이러한 기준은 우리로 하여금 명백하게 불균형이 존재하는 사례들을 어떻게든 식별할 수 있게 해준다. 그러나 사건의 중대성 및 그에 적합한 (감정적) 반응들을 평가하는 일은 그 자체가 가치 판단으로서 더 심도 있는 표준들을 필요로 한다. 예를 들어, 친구의 죽음, 친밀한 관계의 단절, 혹은 민망한 경험 같은 사건에 적합한 반응이란 과연 무엇일까라는 질문이 발생할 수 있다. 섣불리 대답하기 어려운 질문들이며 누구의 기준에 맞추어 대답할 수 있는지에 대한 의문이 생기는 것이다(Cf. Henry et al., 2007, p.17). 이 문제는 특히 깊고 오래 지속되는 슬픔, 평범한 일상에 대한 불신 혹은 흥미상실 등, 트라우마를 일으키는 기억들에 관한 반응들에 있어서 중요하다. 전쟁 참여, 성폭력 같은 이전 사건들과 결부 지어서 이것들은 상당히 적합한 반응들일 수도 있다. 솔직히 말해서, 그러한 경험들을 겪고도 우리가 어떻게 단순히 일상으로 돌아와 삶을 즐겁게 누릴 수 있겠는가? 이런 류의 사건을 겪은 사람들이 몇 년 동안이나 그들의 기억으로 고통받는다 하더라도, 사건의 중대성에 비추어 보았을 때 그들의 반응이 명백히 불균형적이라고 판단할 수는 없을 것이다. 트라우마를 야기하는 기억들의 문제는 그것들이 과거 경험에 부적합한 것이라기보다는, 그것들이 비참한 미래의 삶을 만들어 낼 수도 있다는 사실일 것이다. “알맞음”과 “기능성(functional)”은 서로 밀접하게 연결되어 있는 개념들이긴 하지만 그 가리키는 지점들에 있어서 다르다. 과거에 비추어 보았을 때 적합한 것과 미래의 번영적인 삶에는 차이가 있는 것이다.

이는 대통령 생명윤리위원회가 인정하지 않는 세 번째 윤리적 이상으로 논의를 이끄는데, 바로 행복의 추구(pursuit of happiness)이다. 위원회는 알맞고 진실되게 기억하는 것이 번영의 삶을 살아가는 데 있어 필수조건이라고 주장하고 있다. 그러나 이러한 주장은 의심해볼 만한데, 특히 트라우마를 수반하는 기억들에 있어서 그러하다. 위원회의 주장의 기저에는 "진정한 행복"이라는 것이 존재한다는 생각이 있는데, 이는 즐거움의 감정들과는 다른 것이며, 주관적인 감정들과 세계 간의 일관성에서 비롯된다. 물론 우리가 현실과의 단절로만 얻을 수 있는 인위적인 행복을 회의적으로 바라보아야 함은 자명하다. 그러한 행복은 Theodor Adorno가 남긴, 거짓된 삶에서 진정한 살아 있음이란 있을 수 없다는 격언과 부합하는 것이다. 그러나 피상적이고 거짓된 의식상태에 대해 불신하는 것이 정당함에도 불구하고, 특정 기억들은 심신을 약화시키는 바람직하지 않은 상태를 만들어내며, 기억 조작이 과거로부터 비롯된 내면의 장애물들을 극복하는 데 유용하게 쓰일 수 있다는 사실을 외면하긴 어렵다. 기억 조작의 결과로 도출되는 번영의 삶은 향유되지 않아야 할 만큼 "현실적이지 않고", "거짓된" 것이 아닐지도 모른다. 위원회는 행복과 알맞고 진실되게 기억하는 것이 서로 뗄 수 없는 동전의 양면과도 같다고 주장하고 있으나, 그것들이 잠재적으로 상충될 수 있는, 서로 다른 가치들일 수도 있다고 생각한다. 이러한 긴장 속에서 실질적인 난제가 등장한다: 삶의 번영을 누릴 수 없게 만들더라도 알맞고 진실되게 기억해야 할 의무를 수행해야 하는 것인가?

2. 정체성

위원회의 주장의 배경에는 기억 조작이 정체성을 해칠 수 있다는 근심이 담겨 있다. 우리의 자전적 기억들이 우리를 우리로 만드는 것은 물론 사실이다. 만약 우리가 그것들을 빼앗긴다면, 우리는 근본적으로 우리들만의 것인 무언가를 잃어버리는 것이며, 자전(autobiography), 즉 우리 스스로에 대한 어떤 접근 통로를 상실하게 되는 것이다. 그럼에도 불구하고 모든 기억 각각의 중요성은 지나치게 과대평가 되어서는 안 된다. 우리는 우리의 정체성을 상실하지 않고도 다양한 것들과 사건들을 자연스럽게 잊어버린다. 이러한 현상과 의도적인 망각 간의 어떤 질적 차이가 존재한다고 말할 수 있을까? 더군다나, 심사숙고 끝에 내린 기억을 지우고자 하는 결정도 그 자체가 개인의 인격이 반영된 것이라고 할 수 있다.

생명윤리적 논쟁들에서 정체성에 대한 우려는 자주 논의되는 주제들 가운데 하나이다. 이 맥락에서 여러 다른 의미들을 식별하는 것의 유용성이 입증된 바 있다. 정체성의 가장 강력한 형태는 통시적(通時的; diachronic) 정체성으로, 한 개인의 지속적인 존재를 규명한다. 즉, 시간상의 한 지점에서 특정인으로 식별된 사람이 다른 지점에서 동일인으로 재식별될 수 있는 조건들을 규명하는 것이다. John Locke의 전례를 따라, 어떤 사람들은 자전적 기억, 곧 개인의 과거에 관한 경험적 지식이야말로 시간 흐름에 따른 인격 지속에 필수불가결한 조건이라고 주장한다.[14] 이는 자전적 기억의 상실이 지속에 균열을 낳을 수 있음을 의미한다: 엄밀히 따지자면 새로운 사람은 다른 사람이라고 할 수 있을 것이며, 이전 사람은 사라져버린 것이라고 할 수도 있을 것이다.[15] 따라서, 돌이킬 수 없는 기억 상실을 경험하고 있는 알츠하이머병 환자들은 발병 전 그들의 몸을 차지하던 이전 사람들과 계수적으로 구분 가능하다는 주장도 가능할 것이다. 치매의 영향으로 인격이 와해되는 비극은 기억이 얼마나 중요한지를 보여준다. 그러나 이는 또한 기억을 표준으로 삼는 접근 방식의 약점도 드러낸다. 이론을 제쳐두고서라도, 우리는 대개 치매를 겪고 있는 우리의 할머니를 어릴 적에 우리를 돌보아주시던 할머니로 지속적으로 식별하며, 따라서 그를 마땅히 돌봐줄 필요성을 느낀다(그리고 그래야만 한다).

통시적 정체성과 관련된 모든 이론들은 불가피하게 특정 수준의 망각을 전제로 해야 하기 때문에, 특정 기억들을 무디게 만들거나 지우는 개입들이 통시적 정체성을 의심하게까지 만들지 않을 것이다(물론 대통령 생명윤리위원회의 의견과는 다르다). 그럼에도 일상적으로 지칭되는, 좀 더 포괄적인 의미의 정체성이 영향을 받을 수 있는데, 바로 인격(personality)이다. 모두에겐 과거가 있으며, 이 과거는 돌이킬 수 없다. 만약 과거에 대한 기억들이 우리를 우리로 만드는 것이라면, 기억을 변화시키는 것은 우리를 변화시킬 수도 있다. 여기서 던져야 할 질문은 과연 이렇게 우리의 인격을 바꾸는 것이 잘못된 것인가이다. 실재론자(essentialist)는 자신의 정체성을 "배신"하는 것이 아니라 보존해야 한다고 주장한다. 이에 대조적으로, 실존주의적 입장에 따르면 우리는 우리 삶의 주인이며, 따라서 스스로 끌리는 자아상에 비추어 우리의 미래를 설계할 수 있어야 한다. 심지어 그것이 이전 인격적 특성들에 엄청난 변화를 가져온다 하더라도 말이다(Cf. Bublitz & Merkel, 2009; Erler, 2011). 이후에 형성될 인격들에 대항하여 이전 인격의 유지를 지지하는 주장에서, 자신이 원하는 자신 미래의 모습을 설계하기 위하여 스스로의 정체성을 "배신하는" 행위의 도덕적 그릇됨은 찾아볼 수 없다. 정체성은 개인의 현재 이해들에 근거해야 한다. 실존주의적 접근을 추구하는 사람은 그 정체성을 형성해나가는 과정에서 자신의 기억을 포함하여 자신이 자신의 과거에 반응하는 방식을 변화시키고자 할 수 있다. 더불어 개인적 성숙을 위하여 역사적 허위를 용인할 수도 있다. 과거의 일부분을 버린다는 것은 곧 인격을 버린다는 뜻은 아니며 그것의 변화를 추구하는 것이다. 이를 반대하는 입장은 자기 개발이 본질적으로 잘못된 것이거나 과거에서부터 벗어나고자 하는 개인의 노력이 자기 개발을 억누를 시에만 설득력을 얻는다. 많은 사람들이 자신들의 삶의 경로 및 상태를 주로 더 나은 미래를 위하여 변화시키고자 한다는 사실을 고려해 볼 때, 자아창조(self-creation)를 전반적으로 반대하는 것은 비합리적으로 보인다.

3. 자아 성장

과거의 영향력으로부터 벗어나서 스스로의 미래를 형성해나가는 것은 굉장히 어려운 일이다. 우리는 이러한 행위를 심리학적 가설로서 받아들인다. 의심의 여지가 없게도, 스스로와 자신의 과거를 받아들이는 일은 인생의 주요 난제들 가운데 하나이다. 그러나 기억을 망각하거나 편집하는 것 또한 그러한 과정의 일부로서 볼 수 있지 않을까? 특히 서사적 정체성(narrative identity)에 관한 이론들은 인격 형성에 건설적인 과정들을 강조한다. 인간은 자신에 대한 이야기를 만들어내는데, 이러한 이야기는 스스로의 기억, 믿음, 자아상, 타인들의 시선, 그리고 미래에 대한 기대 및 염원 등 다양한 출처들로 짜여진다(Cf. Galert & Hartmann, 2007). 흥미로운 점은 여러 연구들에 따르면 인간은 과거를 진실되게 평가하기보다는 자신의 안녕(well-being)에 건설적인 방식으로 평가한다는 것이다. 이에 따라 과거는 미화되기도 폄하되기도 한다. 예를 들어 과거의 자신을 부정적으로 바라보는 것은 -사회적 지위 등과 관련하여- 현재에 만족하는 데 도움이 될 수도 있다(Wilson & Ross, 2001). 그러므로 망각, 선별적 기억, 감정적 반응 감소 등은 스스로에 대한 의미 있고 실용적인 이야기를 건설하는 작업에 해가 되지 않는, 퍽 일상적인 과정들이라고 할 수 있다. 그것들은 게다가 정기적으로 발생한다(Bell, 2008). 따라서 자기 개발에 있어 과거의 진실성은 핵심 요건이 아니라고 할 수 있다.[16] 물론 이것이 기억 편집이 윤리적으로 권장될 만한 일이라는 뜻은 아니다. 그러나 그렇다고 해서 기억의 편집이 자기 개발에 극복될 수 없는 해를 끼치는 것도 아니다.

그럼에도 염두에 두어야 할 것은 자신의 과거를 활용할 수 없는 사람은 그것의 반복을 경험할 수도 있다는 것이다. 이 오래된 지혜를 뒷받침해주는 신경과학적 증거도 있다. 여러 연구들에 따르면 기억적 결함을 겪고 있는 사람은 미래 계획을 세우는 데도 어려움을 겪는다고 한다. 기억과 계획에 관여하는 뇌의 체계가 동일하기 때문이다. 과학자들은 기억의(진화론적) 목적은 과거의 정확한 회상이 아니라 미래의 시뮬레이션이라고 추정한다.[17] 그럼에도 불구하고, 인격 개발에 있어 개인의 과거를 이해하고자 하는 노력은 유용할 수 있다. 개인의 과거를 이해하는 것은 곧 개인의 근원을 이해하는 것이다. 또한(불쾌한) 경험으로부터 배움을 가능케 하고, 스트레스가 되는 사건들이나 일상의 골칫거리들에 잘 대처할 수 있는 전략들을 개발할 수 있도록 한다. 따라서 과거를 잃어버릴 때 우리는 자아성장의 기회들을 놓쳐버리는 것이다. 이것은 심지어 트라우마적인 사건들에 관해서도 사실일 수 있다. 되돌아보았을 때 그러한 사건들도 그 나름의 의미를 얻을 수 있는 것이다. 트라우마를 입은 사람들은 그것을 발판 삼아 성장하기도 하며 삶은 새로운 방향으로 이끌어나가기도 한다(Calhoun & Tedeschi, 2006). 기억을 무디게 하거나 지워버리는 것은 그러한 발전을 저해하는 일이 될 수도 있는 것이다. 그러나, 비록 사람들이 끔찍한 사건들에도 의미를 부여하는 것이 사실일지라도, 심각한 범죄의 피해자가 되는 등 끔찍한 사건 자체에 실질적인 의미가 있는지는 의심스럽다. 따라서 비극에 의미를 부여하는 것은 정서적 혼란에 대처하는 하나의 전략이라고 추정해볼 수 있다. 잠재적 긍정적 효과들로 인하여 고통스러운 사건들 그 자체가 미화돼서는 안 된다. 기억 조작은 과거의 그림자를 극복해 내는 또 하나의 방법이 될 수 있다. 더불어 트라우마의 잔재를 극복하느라 소모되고 있는 내면의 자원들을 자유롭게 풀어줄 수도 있다. 그러나 치료 목적의 망각이 권장될 만한 이유가 충분하더라도, 기억 조작이 사소한 시련을 극복하기 위해 쓰이는 데 남용됨으로 인격 성장에 방해가 될 수 있다는 우려는 타당해 보인다. 성급함, 장기적 해악에도 불구하고 단기적 이익을 추구하는 태도 등 인간이 가진 악명 높은 특성들을 고려해보았을 때 특히 그러하다.

마지막으로 강조해야 할 것은 기억을 완전히 지워버린다 하더라도 남들이 그들의 기억을 유지하는 이상 과거로부터 완전히 벗어날 수 있으리라는 보장은 없다는 것이다.[18] 본인이 스스로를 아는 것보다 타인들이 그에 대해서 더 많이 안다면, 이는 불편하고 기이한 상황들을 낳을 수도 있고, 원래의 기억을 유지하는 것보다도 나쁠 수 있다. 또한 원치 않게 기억을 잃어가는 환자들의 사례들에서도 볼 수 있듯이, 많은 사람들은 타인의 과거에 생각보다 관심이 많다. 그럴 경우 기억의 말소는 역설적인 결과를 낳을 수도 있다.

결국, 과거가 미래에 얼마나 큰 영향력을 행사해야 하는가에 관한 질문은 잠재적으로 충돌할 수 있는 윤리적 이상들과 맞닿아 있으며, 그 가운데 하나도 온전히 우선시될 순 없다. 알맞고 진실되게 기억하는 것은 개념적으로나 경험적으로나 번영의 삶의 필수조건이 아니다. 번영의 삶을 살아가기 위한 표준적 조건들만 놓고 보면 자연적 기능들을 조작하는 일은 긍정적으로 비추어지며, 자연적 기능들조차 알맞고 진실되게 기억한다는 윤리적 이상을 충족시키지 못한다는 사실은 특기할 만하다. 그럼에도 불구하고, 기억 조작은 여러 위험들을 제기하며, 현명하지 못한 선택들을 낳을 수도 있기에 권장되어서는 안 된다. 하지만 잠재적 이익들이 존재하는 것 또한 사실이다. 궁극적으로, 조작되는 기억의 종류, 개입의 정확한 효과, 심리적 그리고 사회적 결과들로 판가름 날 사안인 것이다. 이러한 측면들은 선험적으로 결정되어서는 안 되며, 조심스럽게 경험적으로 탐구되어야 한다.

Ⅳ. 기억과 법

법과 윤리학은 그 접근에 있어 상당히 다르다. 법은 무엇이 도덕적으로 권장할 만한 것인지에 대해서 답을 제시하지 않는다. 도덕적 조언과는 다르게, 법적 조항들은 모두에 대하여 구속력을 가지고 있다. 중립적이고 다원주의적인 민주주의 체계들은 좋은 삶은 과연 무엇인가에 대한 상반적인 관점들을 시민들에게 강제적으로 주입하려고 해서는 안 되며, 다양한 인생관들의 평화로운 공존을 모색해야 한다. 세부적 법적 조항들은 더 고차원적인 원칙들에 합치되어야 하는데, 이러한 원칙들은 주로 헌법과 인권법으로부터 도출되는 법적 규범들의 뼈대를 형성한다. 자유주의적 권리들 속에 깊이 자리 잡은 사상은 자기 이해가 결부된 상황에서 개인은 넓은 범위의 자율성을 누릴 수 있다는 것이다. 이러한 자율성은 경솔하고 비도덕적인 결정을 내릴 자유까지도 수반한다. 법적 자유는 그러므로 도덕적 선과 일치를 이루는 것이 아니다. 이러한 이유로 인하여, 법적 간섭주의(legal paternalism)에 관하여, 적어도 이론상에서는, 열띤 논쟁이 벌어져 왔다(예컨대, Feinberg, 1986). 실질적으로는, 대다수의 법적 체계들이 심각한 자해를 방지하기 위해 강경 간섭주의(hard paternalism)를 허용하고 있다. 더불어, 법적 권리들은 최종 선고가 내려지기 이전에 타인의 권리 혹은 적법한 공공 이해와 형량해야 하는 선험적 권리들로 이해된다. 마지막으로, 법적 체계와 문화는 서로 크게 다르기 때문에, 후자는 추상적 차원에 머물러야 하며 모든 사법권에 동일한 정도로 적용되지 않을 수도 있다.

대부분의 국가들에서, 기억을 변화시키는 약물 혹은 도구의 사용은 서로 다른 법 조항들에 의해 규제된다. 프로프라놀롤(propranolol)이나 항치매약제(antidementia drug) 같은 의약품은 처방을 필요로 하는 지정용 약물이다. 뇌 자극 기기 같은 도구들은 서로 다른 규제들의 영향

아래 놓이며, 암기 훈련, 운동, 명상 혹은 수면 같은 행위들은 전혀 규제받지 않는다. 특정 수단에 대한 접근을 통제하는 법 조항들은 많은 경우 그 수단이 기억에 대하여 가지는 효과 때문보다도 다른 이유로 인하여 제정된다. 그러므로 기억에 관한 현재 규제들은 순전히 수단에 기반되어 있기 때문에 일관적이지 못하며, 현재 지식에 비추어 재검토되어야 할 수도 있다.

총체적으로 따져보았을 때 정신 상태와 직접적으로 연관을 가지는 법 조항들은 그 수가 적다. 적어도 이론상에서는, 양심의 자유, 생각의 자유 같은 중요한 인권들이 정신의 일정 부분을 정부의 통제로부터 보호한다.[19] 그러나 기억은 예외였다. 정부는 과거에 대한 지식을 얻는 데에는 합법적인 관심을 가지고 있다. 어느 시민이든지 증인으로서 증언하도록 소환될 수 있으며, 이는 정확히 기억해야 할 의무를 수반한다.

두 종류의 권리를 주목할 만하다. 첫 번째는 유럽 인권 조약(European Convention of Human Rights)에 따라 인권으로 인정받는 정신 건강의 권리이다.[20] 해당 권리는 정부가 시민의 정신에 해를 가하려는 행위로부터 시민을 보호해주며, 타인이 정신에 해를 가하려고 할 때에도 시민을 보호해준다. 그러므로 정신 건상의 권리는 정신적 문제를 낳을 수 있는 기억장애를 일으킬 수 있는 행위로부터의 보호를 제공한다. 이에 더불어, 정신 장애를 효과적이고(상대적으로 안전하게) 치료할 수 있는 치료법에 대한 접근을 억제하는 행위 또한 정신 건강의 권리를 침해하는 것으로 간주된다. 결과적으로, 법원이 한 사람의 과거로의 진실성과 같은 윤리적 생각의 촉진을, 예컨대 PTSD로 인한 장기간의 고통과 같이 정당화하기에 충분히 중대한 이해관계로 간주할 것 같지는 않다.

이에 더하여, 기억의 특정 측면들은 정체성 및 인격 같은 사안들과 밀접하며, 따라서 인간의 존엄성과 관련되어 있을 수 있다.[21] 예를 들어, 역행성 건망증이나 상당히 진전된 알츠하이머병이 낳는 인격적 퇴화 효과들은 존엄성에 해를 끼칠 수도 있는 것이다(이러한 병들은 존엄성 있는 삶을 거의 불가능하게 만든다). 존엄성에 대한 존중은 당연히 심각한 기억손실에 기여하는 행위를 엄격히 금지하는 것을 내포할 뿐 아니라, 기억장애 치료 등과 같은 수단으로 이러한 병들이 발병하는 것을 방지하는 책임도 정부에게 부여한다. 하지만 일반적인 그리고 특히 보건의료 분야의 긍정적인 책임들의 범위는 국가마다 크게 다르다.

1. 기억의 자유

존엄성 혹은 건강과 직접적으로 관련되지 않은 기억 개입들은 현행 법상으로 충분히 다루어지지 않을 수도 있다. 기억에 국한된 새로운 규제들을 규정하는 것은 입법자와 이론가들에게 새로운 과제가 될 것이다. 시작점으로서 Adam Kolber는 새로운 권리를 “기억의 자유”로 인정하자고 제안하였다. 그는 기억의 자유를 “아직 명확히 규정되지 않은, 우리의 기억에 일어나는 일들을 통제할 수 있는 권한을 부여하는 일련의 권리들”이라고 설명하였다(Kolber, 2006, p.1622; Kolber, 2008)는데 이러한 주장에 동의하는 바이다. 기억의 자유는 자유라는 보편적 전제로부터 직접적으로 도출되는 것이다. 또한 인간 보호의 일환이기도 하며, 이는 인권법의 근본적인 가치라고 할 수 있다. 다음에서는 기억의 자유 권리를 개략적으로 설명하고자 하며, 미래에 연구로 다루어질 수 있는 사안들을 대략적으로 살펴볼 것이다.

2. 권리의 범위

(1) 기억할 권리

기억에 대하여 우리가 가지는 가장 강력한 관심사는 우리의 과거를 기억하여, 전기적 사건들이 무로 돌아가지 않게 하는 것이다. 기억은 그 중요성으로 인하여 엄중한 법적 보호가 필요하다. 그러므로 기본적 차원에서 기억의 자유는 기억할 수 있는 권리를 수반한다.[22] 기억의 자유는 사람이 그의 의지에 따라 기억의 힘을 발휘할 수 있는 권리를 보장한다. 이러한 자유권은 타인의 기억에 개입하는 행위를 하지 않아야 할 의무에 부합한다. 전기 충격 요법, 약물 등 기억을 손상시키는 개입들은 이러한 권리를 침해하는 것이며 당사자의 동의 없이 수행될 경우 강력한 정당화의 근거가 필요하다. 경험에 비추어봤을 때, 특정 기억들의 중요성이 더욱 높아지거나 의미 있고 진실된 삶의 내러티브를 해석할 수 있는 능력이 더욱 강력할 시, 기억할 권리가 더욱 강력해진다고 −그러므로 그에 대항적인 이해들보다 더욱 중요해진다고− 주장하는 바이다.

게다가 해당 권리는 왜곡적인 영향들로부터 진실된 기억들을 보호할 수 있어야 한다. 1990년대 법원은 억압된 기억들과 관련된 사건들에 직면하면서 이러한 사안을 다룬 바 있다. 특정 심리 이론들에 따르면, 어린 시절 트라우마를 남긴 경험들에 관한 억압된 기억들은 실험적인 심리적 방법론들을 활용함으로써 회수될 수 있다고 한다. 이러한 심리 치료들을 거쳤을 때 특정 환자들은 그들이 어릴 적 성적으로 학대당한 것을 기억하고 용의자들을 대상으로 소송을 걸었다. 이러한 기억들은 대다수 거짓으로 판명 났다. 그것들은 회수된 것 또한 아니었다. 그것들은 최면, 심상 유도(guided imagery), 약물, 학대의 내용이 담긴 기억의 내용을 긍정하는 해석 등의 암시적인 수단들로 심리치료사들에 의해(부주의하게) 심어진 기억들이었다(Cf. Loftus & Ketcham, 1996; Brainerd & Reyna, 2005, Ch.7). 때때로 환자들은 사탄 숭배 의식에서 벌어진 학대 혹은 집단 강간 같은 기괴한 사건들을 기억해내기도 하였다. 더욱 놀라운 사실은, 일부 성폭력 용의자들이 자신들이 결코

하지 않은 끔찍한 사건들의 범인임을 고백하였다는 것이다. 이는 경찰의 암시적 심문들이 거짓된 기억을 심겨놓았기 때문이다.[23] 신빙성과 과학적 합의의 부족으로, 법원들은 점점 억눌린 기억들을 증거로 채택하는 것을 꺼려하게 되었다. 오늘날에는 회수된 기억들로부터 도출되는 증언들만으로 유죄선고가 내려지는 경우는, 그에 부합하는 추가적 증거가 없는 이상 드물다.

이러한 사례들은 환자들이나 누명을 쓴 사람들이 치료사들을 상대로 정당한 소송 사유가 있는지에 관하여 질문을 던진다. 환자와 심리치료사 간의 관계는 계약법에 따라 다루어진다. 치료사들은 그 분야의 전문적 관행, 곧 의학적 기준들에 따라 치료를 수행할 수 있어야 한다. 그러나 이러한 사례들에서는 그런 기준들이 지켜지지 않았다. 적어도 기억을 잠재적으로 변화시킬 수 있는 기술들은 육체에 대한 물리적 개입들처럼 설명에 근거한 동의(informed consent)가 필요하다. 환자들은 억눌린 기억에 관한 이론들의 과학적 신빙성과 거짓된 기억들의 위험에 관하여 미리 고지를 받아야 하는 것이다. 거짓된 기억들을 심는 행위는 그러므로 의료 과실 관련 소송 사유가 될 수 있다.

더불어, Loftus의 연구는 심리 치료와 결부되지 않은 상황들에서도 거짓된 기억이 심겨질 수 있다는 것을 보여준다. 이러한 사례들을 다루려면 법적으로 타인의 기억에 관하여 비계약적인 돌봄 책임이 설정되어야 한다. 여기서 문제는 거짓된 정보만으로도 기억이 왜곡될 수 있다는 것이다. 잘못된 정보는 사실상 어디에나 있으며, 그것 자체만으로는 배상 소송 관련 사유가 되기 힘들다(Morgan et al., 2013). 법은 심문을 담당하는 경찰관과 같이 특별한 의무가 부여된 사람들로 책임을 좀 더 한정시켜야 한다. 어릴 적 백화점에서 미아가 되어본 경험 등 실험에서 사용되는 인위적 기억과는 다르게 악의적 목적으로 심겨진 기억이라면 배상 소송을 제기할 수 있는 충분한 사유가 될 수 있다.

(예를 들어 심리정신적 고통의 유발로 소송을 제기할 수 있다. 그러나 이는 모든 사법권에 해당되는 것은 아니다.)[24)]

■ 삭제로부터의 보호

이에 더하여, 법은 원치 않은 기억 삭제에 관하여서도 보호를 제공할 수 있어야 한다. 그것이 심리적 고통을 유발하지 않더라도 말이다. Walter Glannon은 이와 관련하여 실제 있던 사건을 살짝 각색하여 논의한 바 있다.[25)] 의심스러운 조직의 제거를 위해 환자는 국소적 마취에 동의하였다. 필요한 경우 의사가 진정제를 투여하는 것에도 동의하였다. 수술 과정에서 국소적으로 마취된 환자는 병리학자들이 "심각한 암"을 진단하는 것을 엿듣게 되고 극심한 공황 상태에 빠져들게 된다. 의사는 그가 가지고 있는 프로포폴(propofol)을 그에게 투여한다. 이는 때때로 "망각의 우유(milk of amnesia)"라고도 불리는 약물인데, 초기 기억 응고화를 방지함으로써 선행성 기억상실을 유발하기 때문이다. 환자가 깨어난 후, 의사는 환자에게 수술이 잘 진행됐다고 알려준다. 그리고 며칠 후 심각한 진단 결과를 통보한다.

이것은 실질적인 기억 삭제의 사례이긴 하지만 정신적 고통을 유발하는 대신 개입은 일시적으로 그것을 완화시킨다. 이와 비슷하게, 가해자들은 그들이 식별되지 않도록 피해자들의 기억을 삭제할 수 있으나 이는 PTSD를 방지하는 긍정적 효과를 낳을 수도 있다. 정신적 고통을 야기하지 않음에도 이러한 개입들은 현재로서 인정되는 불법행위들의 범주에 들어 있지 않을 수도 있다. 이러한 경우, 불법행위 관련 법은 확대 적용되어 그 결과의 긍정성 혹은 부정성에 관계없이 원치 않은 기억 삭제를 위법으로 만들 수 있어야 할 것이다. 그 중요성 때문에 기억들을 동의 없이 삭제해버리는 행위는 입법자들에 의해 형사범죄로 상정될 수도 있을 것이다(Bublitz & Merkel, 2014). 물론 예외적인 경우들에서 기억의 삭제는 정당화될 수도 있다(Glannon이 논의한 경우가 그러하다).

(2) 기억을 증진시킬 권리

1950년대에 Wilder Penfield는 뇌에 대한 실험적 자극의 선구자가 되었다. 측두엽을 대상으로 한 전기적 자극이 오래전 잊혀진 사건들에 대한 생생한 기억들을 불러일으킨 것이다. 적어도 실험 대상자들은 그렇게 보고하였다. 이러한 기억들은 사실로 입증된 적이 결코 없기에 그저 환상에 불과했을 수도 있다(Schacter, 1995, p.12). 그러나 더욱 정밀한 자극 및 기억 흔적들에 대한 더 깊이 있는 통찰들은 숨겨진 기억들을 탐구하는 새로운 방법들을 제시할 수 있으며, 그 논거를 위하여 사실에 충분히 부합하는 기억들에 한해서 그렇게 가정할 것이다. 사람이 그러한 절차를 받을 권리를 가지고 있는 것인가? 치매 치료약물의 비(非)치료성 사용, 기억 훈련같이 기억을 잠재적으로 증진시킬 수 있는 다른 수단들은 구조적으로 비슷한 질문들을 던진다. 기억의 오류에 대한 보편적 불만과 과거에 관하여 인간이 선천적으로 가지는 호기심을 고려해보았을 때 효과적인 기억 증진에 대한 많은 요구가 있을 것으로 예상해볼 수 있다. 삶의 사건들이 희미해져 다시는 기억되지 않는 것을 방지하려는 노력의 일환으로서, 기억 증진 수단을 사용하는 행위는 기억할 권리의 범주에 들어간다고 할 수 있다. 이러한 권리는 기억할 수 있는 인간의 자연적 능력의 한계에 속박되지 않는다. 그것은 인간이 자신이 원하는 방식대로 기억할 수 있음을 보증하며, 이는 기억 증진 도구 사용의 허용을 암시한다. 그러한 도구들에 대한 접근을 제한하는 것은 기억할 권리를 침해하는 것이다.

■ 한계

이러한 개입들은 정당화될 수 있다. 인지 향상의 한 형태로서 기억 증진 목적의 도구들은 많은 윤리적 반대들에 직면한다. 안정성, 효험, 지나치게 정밀한 기억이 낳을 수 있는 문제적 결과 등의 사안들 외에도, 윤리적·사회적 이해들은 기억의 자유를 제한시키는 것을 정당화할 수도 있다. 그러나 기억의 중요성, 그리고 우리의 자연적 능력이 제한적이라는 사실은 ―때문에 때로는 기억 증진 도구들이 우리의 과거에 접근할 수 있는 유일한 수단일 수가 있다― 이렇게 대척점에 있는 이해들이 높은 기준을 충족시켜야 함을 의미한다. 가령 개인의 삶에 있던 중요한 사건들을 기억하려는 이해를 넘어설 만큼 강력한 사회적 이해는 상상하기 어렵다.

이와 더불어 연상기호 훈련 등 고전적 기억술(ars memoriae)의 현대적 실행들에 관한 규제를 정당화시키는 것은 매우 어려워 보인다. 비록 그러한 실행들이 직업 시장에서 우위를 점할 수 있게 해준다고 하더라도 말이다. 약물에 대한 접근은 부작용을 고려해보았을 때 제한될 수는 있다. 그러나 개인 또는 사회에 미칠 수 있는 부정적 영향이 상당하지 않은 이상, 의사들은 약물을 자유롭게 처방할 수 있어야 할 것이다. 기억향상 기술이 미래에 있을 기억 감퇴를 방지하는 예방적 효과를 갖고 있음을 고려해볼 때, 해당 기술을 사용할 자유는 더욱 강력해진다.

보기 드문 경우들에서, 기억의 자유는 특정 사건들이 잊혀지기를 바라는 타인의 타당한 이해에 의해서 제한받게 될 수도 있다(Kolber 2006). 피해자에게 치욕을 심어주고 그를 학대한 생생한 기억들을 간직하고 있는 가해자의 경우를 생각해보자. 피해자는 그러한 기억들이 지속되지 않기를 바라는 이해할 만한 바람을 가질 수도 있는 것이다.

그럼에도 이러한 기억들은 가해자에게 중요할 수 있다(그가 스스로 저지른 행동의 의미를 제대로 납득하게 된다는 측면 등에서). 만약 기억을 지우기 위한 수단을 사용하는 것이 가능해질 경우, 법은 이렇게 충돌하는 이해들 가운데서 균형을 맞추어가야 할 것이다. 이렇게 극단적인 경우들을 제외하면, 기억할 권리는 대체로 망각과 결부된 사회적 이해보다 우위에 있다.

(3) 잊을 권리[26]

기억은 회상과 망각 사이에서 발생하는 상호작용으로, 기억의 자유는 기억하지 않을 자유뿐 아니라 망각할 자유까지 포괄한다. 물론 타당한 윤리적 이유들로 인하여 의도적 망각에 반대되는 입장을 취할 수도 있다. 그러나 법적 자유는 도덕적으로 권장할 만한 영역에 일치하지 않는다. 온정주의적 근거에 따라 심각한 자해 행위만이 금지될 수 있는 것이다.

가. 상기시키지 않기

잊을 권리는 타인이 이 권리를 가지고 있는 사람에 대하여 기억하기를 강요할 수 없음을 의미한다. 그러므로 소중한 순간을(그리고 서로를) 잊지 말자는 연인들의 낭만적인 약속은 구속적이고 강제력 있는 법적 계약으로 이해될 수 없다. 이에 더불어, 잊고자 하는 노력의 일환으로, 우리는 특정 인물 혹은 사건들에 관한 기억을 억누르려 한다. 그러나 이는 대부분의 경우 수포로 돌아간다. 외부적 시청각 혹은 후각적 자극들이 우리의 의도에 관계없이 기억들을 상기시키기 때문이다. 잊을 권리는 상기되는 것으로부터 개인을 보호하지 못하는데, 이 경우 타인의 자유가 제한받기 때문이다. 예컨대, 타인에게는 어떤 사람들이 상기되고 싶어 하지 않아 하는 사안들에 관하여 말할 수 있는 자유가 있다. 기억을 불러일으키는 특정 수단들만이 기억의 자유에 위배될 수 있다. 당사자가 원하지 않는 뇌에 대한 전기적 자극이 그 예시다. 말하는 것과 달리 누구에게도 다른 사람의 뇌에 직접적으로 개입할 수 있는 권한은 없다. 그러한 개입들이 부작용으로부터 자유롭다 할지라도, 원하지 않는 기억들을 끌어내는 것 그 자체가 기억의 자유에 위배되는 것이다. 말과 뇌의 자극 사이에서는 다른 사람의 기억을 불러일으키는 것과 관련된 회색지대가 존재한다. 예를 들어, 공공장소에서 관련 자극적 신호들을 두는 행위를 생각해볼 수 있다. 그러나 만약 기억의 상기가 공공에서 자극적 신호를 금지시키는 것을 충분히 정당화시킬 수 있다면, 온갖 종류의 자극들이 금지되어야 할 것이다. 그러나 서로 다른 민감성을 가진 여러 사람들이 오고 가는 공적 영역에서는, 일부 사람들이 불쾌할 수 있다 하더라도 표현의 자유가 보장되어야 한다. 특별한 경우들에선 다른 결론이 정당화될 수는 있다. 일례로, 의도적으로 사회적 환경에서 피해자들에게서 트라우마를 일으키는 기억들을 불러일으키기 위하여 특정 상징들을 놓는 낙서 예술가들이 존재한다(실제로 있는 경우들이다). 이런 경우들에서는 사적인 목적으로 공공 물건을 불법적으로 전용한 것이 문제가 되는 게 아니라 의도적으로 기억을 불러일으키는 행위가 소송의 근거가 될 수 있는 것이다. 일반적으로, 소송과 관련하여 PTSD 및 스트레스를 일으키는 기억들의 영향력은 더욱 강해지고 있다. 법은 그러한 것들에 기반한 소송들에 더욱 관대해지고 있다. 물론 그 범위와 한계는 세부적 측면에서 논의 단계에 있다(Shen, 2012).

나. 의도적 망각

비록 기억의 자유가 기억을 불러일으키는 자극으로부터의 보호를 제공하지는 못하나, 잊을 권리는 직접적 수단을 통하여 잊어버릴 수 있도록 하는 권리를 의미한다. Umbert Eco는 한때 고전적 기억술과 고전적 망각술(ars oblivionalis) 간에 존재하는 불균형을 지적한 바 있다(Eco, 1998). 우리는 기억을 위한 연상 및 신호 들을 만들어내기도 하나, 망각을 위한 고전적 방법은 존재하지 않는다. 원치 않는 기억을 억누르기 위한 간접적 전략들이 일부 존재하긴 하지만(Anderson & Green, 2001), 망각은 대체로 우리의 의식적 통제 하에 놓여 있지 않다. 응고화 방지 약물의 개발은 이러한 상황을 바꾸어놓을 수 있으며, 그것의 사용은 기억의 자유에 포함될 것이다. 그러나, 다른 자유와 마찬가지로, 이런 류의 자유는 그에 대항하는 이해들에 의하여 억제될 수 있다.

다. 온정주의에 따른 제한들: 자전적 기억의 삭제

정당화될 수 있는 온정주의의 한 예시를 살펴보도록 하자. 자전적 기억의 완전한 삭제의 경우이다. 심각한 기억 감퇴를 경험하고 있는 사람들에게 조롱처럼 들릴 수도 있으나, 어떤 사람들은 그들의 자전적 기억을 완전히 지워버리기를 원할 수도 있다. 현재 그것을 가능하게 하는 수단들은 존재하지 않는다. 하지만 뇌 관련 병변(病變)의 비극적 사례들은 이것이 원칙적으로 가능하다는 것을 보여준다. 새로운 정보를 저장할 수 있는 능력을 저해하지 않으면서도 기억을 삭제시킬 수 있는 개입이 있다고 가정해보자. 대다수의 경우에서, 그런 수단을 사용하는 것은 득보다는 실이 많은 경솔한 결정일 것이며, 국가가 개입해야 한다. 그럼에도 모든 사안들을 검토해보았을 때 이런 유의 극단적 기억의 변형이 타당한 바램인 경우들도 생각해볼 수 있을 것이다. 예컨대, 개인이 미래에 누릴 수 있는 삶에 심각한 장애물이 되는, 본인이 선택하진 않았지만 비극적 상황들이 발생하는 상황의 경우이다. 어떤 사람들에겐 자전적 기억의 삭제는 통시적 정체성의 붕괴를 의미하므로, 그것이 일종의 자살로 비추어질 수도 있을 것이다.[27] 자살을 용인하거나 안락사를 허용하는 국가들에선 자살을 방지한다는 명목으로 그러한 개입들에 관한 규제 및 절차를 논의할 수도 있다. 비록 얼핏 보기에 기이한 행위들이긴 하지만 말이다.

(4) 한계: 집단 기억에 관하여

기억의 조작이 제공하는 일시적 안정이라는 유혹은 자아 개발에 부정적인 장기적 효과라는 대가를 치를 수 있으며, 따라서 이에 대한 온정주의적 제재는 정당해 보인다. 우리는 이 지면에서 이런 논쟁적인 사안을 더욱 깊이 다룰 순 없다. 따라서 이제 공공선이 결부된 이해들에 기반한 제재들을 사안으로서 다룰 것이다. 논쟁에서 지속적으로 나타나는 주제는 기억 조작이 집단 기억에 대하여 가지는 효과들이다. 위원회는 "우리의 기억은 단지 우리 자신만의 것이 아니다: 그것은 우리가 사는 사회 구조의 일환이다"라고 주장한다. 더불어 기억 약화의 사회적 파장들을 염두에 두고 다음과 같이 질문한다: "만약 우리가 홀로코스트(Holocaust)를 기억하길 원하지 않는다면, 그저 단지 비통이 사라지기를 갈망한다면, 우리는 어떤 사람들이란 말인가"(p.231). 위원회는 다음과 같이 인정하기도 한다. "우리는 대다수의 이득을 위하여 극심한 트라우마를 겪고 있는 사람들이 그 끔찍한 기억을 견디어내길 강요할 수도 없고 강요해서도 안 된다". 그럼에도 피해자들이 고통스러운 사건들을 잊을 수 있는 자유를 가져야 한다고 결론 내리는 대신, 위원회는 사회가 피해자들의 고통에 온정적으로 함께 해야 한다고 주장한다.

위원회는 잔학 행위와 끔찍한 범죄들이 단순히 잊혀지며 피해자들이 불의를 시정하기를 더 이상 원하지 않게 되는 것을 우려한다. 만약 그렇게 된다면 우리의 도덕적 밑천이 드러났음은 더 말할 필요가 없을 것이다. 그러나 우리가(트라우마를 입은) 생존자들의 이야기에 귀 기울여보면, 그들이 사용할 수 있는 효과적 수단이 있었더라면 망각하기를 선택했을 것이라는 가정은 어긋나 보인다. 이에 대조적으로, 많은 이들이 스스로의 도덕적 의무라고 여긴 것에서부터 살아남을 힘을 얻었던 것으로 사료된다. 곧 잔혹하게 살해된 사람들의 이름과 기억을 기리면서 일어난 일을 세상에 알리고 정의를 추구하는 것이다. 홀로코스트 박물관(Holocaust Museum)에는 다음과 같은 문구가 새겨져 있다 –"망자와 산 자를 위하여 우리는 증언해야만 한다"–. 이것은 외부에서 부과된 의무라기보다는 실존적 헌신의 표현으로 보인다. 부첸왈드 선언(Oath of Buchenwald)에서 생존자들은 다음과 같이 선포한다. "우리를 살아남게 한 것은 한 가지 생각뿐이었다: 복수를 위한 시간이 올 것이다". 그들은 맹세한다. "우리는 범죄자들이 마지막 한 명까지 사람들 앞에서 심판받을 때까지 싸워나갈 것이다".[28] 많은 사람들에게 망각은 결코 선택지가 아니었다.[29] 그러나 이 글에서 생존자들의 개인적 동기들을 추정하는 것을 여기서 멈출 것이다. 왜냐하면 기억 조작과 관련된 전반적 논의들을 참상의 관점에서 이해하는 것은 올바른 접근이 아닐 수도 있기 때문이다. 역사적 비극 각각을 어떻게 다룰 것인가라는 질문은 현재의 논의를 뛰어넘은 영역이며, 그러한 사건들은 쉽게 일반화시킬 수도 없다. 추정하기로는, 홀로코스트를 조금도 잊지 않을 의무를 전적으로 지지하면서도, 보다 규모가 작은 사례들에서 기억 조작을 지지하는 사람들도 존재한다. 그런 사람들을 염두에 두고 다음 논의를 전개해나갈 것이다.

위원회의 주장에 따르면 기억은 단지 "개인의 것"이 아니며, 개인이 마음대로 할 수 있는 것이 아니다. 왜냐하면 그것은 집단 기억의 일부이기 때문이다. 더불어, 망각 혹은 무뎌짐은 기억함이라는 집단적 의무를 이행하는 것을 방해하거나 불가능하게 만들 수 있다. 그러나 논쟁적이며 형이상학적으로만 유용해 보이는 집단 기억의 개념은 논점에서 벗어난 것으로 보인다.[30] 개인의 기억들은 집단이 그 과거에 관한 이야기를 엮어낼 수 있는 원천들이다. 이러한 사회적 내러티브는 흥미롭게도 개인의 기억과 유사하다. 역사적 진실성보다도 집단적 정체성을 강화시키는 등의 목적을 추구한다는 측면에서 그러하다. 역사는 부분적으로 윤색되기도 하며, 어떤 부분들은 삭제되기도 한다. 현재의 이해에 밀접한 문화적이며 기념적인 행사들로 인하여 이야기들은 전승되며 윤색된다. 따라서 역사가들은 집단 차원에서도 발생하는 기억의 왜곡에 대하여 이야기한다(Schudson, 1995). 그러나 일반적인 관점에서 보았을 때 개인들의 기억들이 집단 기억의 원천이 된다는 사실만으로 그것들이 “공동체의 기억”이라고 할 수는 없다. 또한 단순히 개인의 기억들을 활용할 수 있다는 사실만으로 그것들에 접근하거나 그것들을 보존해야 한다는 공동체의 주장이 정당화되는 것은 아니다. 이러한 유의 주장들은 개인들이 집단의 정체성을 형성하고 집단적 목표를 이루는 데 기여해야 한다고 전제한다. 이것은 도덕적 의무일 순 있어도 법적 의무가 될 순 없다.

기억에 대한 의무에 관하여 우리는 “기억하기”라는 개념의 모호성을 염두에 두어야 한다. 역사적 사건들을 집단적으로 기억하는 것은 개인들이 그들의 과거를 다시 경험하는 것과 동일하지 않다. 전자는 역사로부터 교훈을 얻는 것, 그에 관련된 사람들에게 헌사를 바치는 것, 망자를 기념하는 것 등을 의미한다. 이에 대조적으로, 집단 기억에선 집단 혹은 개인이 자의식적인 1인칭 시점의 기억을 경험하진 않는다. 집단적 의무는 자전적 기억과 구분되는 것이며 그것이 없이도 행해질 수 있다.[31] 그렇기 때문에, 동시대의 증인들이 모두 죽더라도 역사적 사건들에 관한 집단적 기억들은 유지될 수 있는 것이다. 개인들의 기억들이 지워진다고 하더라도 그것이 집단적 기억에 자동적으로 영향을 미치는 것은 아니다. 물론 양심적 증인들의 구술적 증언이 집단 기억에 기여할 수 있는 것은 사실이며, 그들은 증언해야 할 도덕적 의무를 가지고 있다. 그러나 위원회도 동의하듯이 만약 증인들이 사회의 이익을 위하여 고통을 감내하며 기억하기를 강요받을 수 없다면, 그들은 증언하기를 독려받더라도 궁극적으로 이것은 그들이 선택할 문제이다.

(5) 사회적 이해: 증인의 증언

이와 관련하여 법은 더욱 엄격하다. 고통에 관계없이 이는 공익 증진을 위하여, 더 정확히 표현하자면 법 집행 목적으로, 증인들에게 기억할 의무를 부과한다.32) 많은 사법권에서는 소환된 증인이 정확한 증언을 제시하지 못하면 법적으로 처벌을 받는다. 법은 증인에게 의존적일 수밖에 없다. 획득할 수 있는 증거가 부족할 경우 다양한 법적 절차에서 증언은 중요한 부분을 차지하는 것이다. 기억 조작은 증언의 정확성을 저해시킬 뿐만 아니라, 진실을 식별하고 정의를 집행하는 데 방해가 될 수 있다. 공정한 재판을 위해서는 증언이 판사나 배심원 앞에서 이루어져야 하며 모든 이해당사들에 의해 검증받을 수 있어야 한다. 이것은 구술 절차를 필수적으로 만든다. 구술 절차는 불가피하게 해당 사건이 발생한 지 일정 시간이 지난 뒤 이루어지므로, 그 시간 동안 법에 따라 증인들의 의무 및 그들 기억의 법적 지위가 논의되어야 한다.

비록 원론적으로는 증언할 의무의 정당성이 분명히 부정될 순 없으나 -누구나 그의 몫에 따라(정의로운) 법적 질서를 유지하는 데 기여해야 하는 것이다- 그 정확한 경계는 그보다 더 불분명하다. 법정에서 증인들은 최대한 그들이 갖고 있는 지식에 진실되게 증언해야 한다. 그러나 그 이전에 기억이 지워졌다면 증인들은 그들의 기억의 공백을 근거로 진실되게 증언할 수 없다. 우리는 사람들이 법정에 들어서자마자 갑자기 그들의 기억에 공백이 발생하는 그런 악명 높은 사례들을 너무 잘 알고 있다(그리고 어떤 증인들은 그렇다고 의도적으로 거짓말을 한다). 기억 공백이 있는 것이 때로는 증인에게 유리할 수 있기에, 고의적으로 기억 공백을 발생시키고자 하는 유혹이 들 수 있으며, 다른 이해당사자들이 그에 대한 동기를 제공할 수도 있다. 이미 오늘날, 목격자들은 알콜 또는 왜곡적 영향들로 인한 반복적 학습 등의 수단들로서 그들이 갖고 있는 기억을 잃게 만듦으로써 그들의 증언이 법적 목적에 쓸모없게 만드는 것이 가능하다. 적어도 의도적인 기억의 왜곡은 진실되게 증언할 의무에 대치되는 것이라 할 수 있다. 증인이 스스로 일으킨 망각은 정의의 실현을 심각하게 방해하고 법적 관점에서 용인될 수 없는 것이기에, 정확한 증언을 방해하는 기억 조작은 금지되어야 한다. 현재 법 조항들은 스스로 발생시킨 망각을 다루진 않는다. 따라서 증거의 파괴 혹은 왜곡 같은 위법 행위들은 확대 적용되어 뇌 속의 기억 흔적들도 다룰 수 있어야 한다.[33] 그러나 기억 흔적들에 개입하는 것은 많은 측면에서 물리적 사물들에 개입하는 것과 다르다. 후자는 압수하여 보관할 수 있는 반면, 기억은 그 역동적인 특성을 고려해보았을 때, 사람에게 수정되지 않은 기억을(혹은 첫인상을) 보존할 의무를 부여하는 것은 거의 불가능해 보인다. 기억이 회상되며 재응고화되는 이상 일부 변형들은 불가피하다. 그러므로 법은 현재까지의 연구를 고려하여 증인이 본인의 취약한 기억을 신경 써야 할 의무의 범위를 재고해보아야 한다.

기억을 무디게 하는 작업은 가장 중요한 문제이다. 경험적 관점에서, 감정을 무디게 하는 것이 사실관계에 대한 기억을 얼마나 왜곡시키는지는 연구되어야 한다. 만약 감정적 반응이 무뎌지는 것이 사실관계에 대한 왜곡을 일으키지 않는다면, 기억에 관한 주된 법적 이해는 –과거에 대한 지식을 얻는 것– 방해를 받지 않는다.[34] 이에 대조적으로 만약 무디게 하는 작업이 사실관계에 대한 기억을 저해시킨다면, 정확한 기억을 보존하는 것에 대한 사회적 이해와 정신적 건강에 대한 증인의 권리 사이에서 사려 깊은 균형이 맞추어져야 한다. 그러므로 대체로 피해자나 목격자와 같이 사건에 책임이 없는 사람들은 법에 의해 극심하고 정신적 쇠약을 야기하는 트라우마를 겪을 것을 강요받을 수 없다고 주장하는 바이다. 응고화 과정에서 행해질 수 있는 개입의 시간대가 짧다는 점을 고려해볼 때(두 시간), 논의되어야 할 많은 현실적 문제들이 제기되기도 한다(Cf. Kolber, 2006, p.1587).[35] 결론적으로, 증인들이 증언한 후에는, 법은 그들의 기억에 대하여 그 어떠한 권한도 갖지 않는다.

V. 책임에 미치는 영향

또 다른 반대 근거는 기억의 변화가 도덕적 책임에 미치는 영향에 관한 것이다. 위원회는 피해자들이 더 이상 정의를 추구하지 않을 것이기 때문에 도덕적 책임에 대한 의식이 무너질 수 있다고 우려의 목소리를 낸다: 용서하는 것 대신에, 그들은 단순히 망각하게 될 것이다.[36] 그러나 법적 관점에서 보았을 때, 이러한 우려는 억지스럽고, 문제에 관한 이해관계를 뒤집는 것으로 보인다. 사람에게 책임을 묻는 주요 목적들 가운데 하나는 피해자에게 가해진 피해를 보상하기 위함이다. 피해자의 주된 요구는 현상유지를 복원하는 것, 즉 피해행위가 일어난 적이 없는 것처럼 그의 입장이 되게 하는 것이다. 역사는 돌이킬 수 없기 때문에, 이 요구는 이행할 수 없는 경우가 많으며, 대신 2차적(재정적) 보상책이 주어진다. 피해자에게 부정적인 정신적 결과를 완화하는 것이 완전한 회복에 가장 가까운 근사치가 될 것이다. 그러므로 기억의 변형을 통해 필요하다면 심리적 해악을 완화하는 것은 정의의 이행일 뿐 그것의 포기가 아니다.[37)]

대개 두 개의 강력한 이미지를 통해 기억을 무디게 하는 것이 책임감에 미치는 해로운 영향이 묘사되곤 한다. 하나는 억눌린 감정들에 사로잡힌 병사로, 그는 그가 참여하는 끔찍한 행위에 둔감하며, 이는 그가 영혼이 없는 살인기계가 됐다는 반증이다. 다른 하나의 이미지는 셰익스피어의 맥베스에 나오는 대사이다.

"그를 치료하렴. 병든 마음을 치료할 순 없는 것인가? 그가 가지고 있는 슬픔의 기억을 앗아갈 순 없는 것인가? 약을 사용하여 그의 머릿속에 있는 괴로운 생각들을 지워버리고 그의 마음에 안식을 줄 순 없는 것인가?"[38)]

VI. 기억과 양심

사람들이 기억과 함께 죄책감을 지워버린다는 발상, 혹은 아무런 죄의식이 없는 양심을 가진 살인자에 대한 생각은 우리를 불편하게 만든다. 따라서, 맥베스가 그의 아내에 대하여 간구했던 것처럼, 범죄의 가해자들은 기억을 무디게 하는 약을 통해 양심의 가책을 무감각하게 해서는 안 된다는 입장이 널리 받아들여지고 있다(Parens, 2010). 자세히 살펴보면, 이런 경우들에서 기억은 단지 수단일 뿐이다. 정말로 중요한 것은 사람들이 때때로 죄책감을 느낄 의무가 있는가 하는 것이다. 도덕적 직관은 마음의 양심이 죄의식을 심어준다는 사실을 암시한다. 그러나 이것은 과연 법적 의무라 할 수 있을까? 이 흥미로운 질문은 또 다른 확고하게 확립된 인권과 관련이 있는데 바로 양심의 자유이다. 양심의 자유는 모든 인권 조약과 인권 체계의 핵심이 되는 원칙들 가운데 하나로 여겨진다. 사법부와 법학계는 인간의 내면 곧 양심에 관한 믿음과 감정이 형성되는 영역은 무조건적으로 보호되는 것으로 간주한다. 즉 개입은 철저히 금지되는 것이다. 여기서 중심이 되는 생각은 곧 개인의 양심이 원칙적으로 정부의 손이 닿지 않는 곳에 머물러야 한다는 것이다. 비록 권리와 그 한계의 정확한 윤곽은 아직 정의되지 않았지만,[39] 양심의 자유는 국가가 개인의 양심에 대해 어떠한 법적 청구권도 가지고 있지 않다는 것과 더불어 약물에 대한 규제는 양심에 미칠 부정적 효과들에 기반할 수 없다는 것을 암시하는 것 같다. 그래서 양심의 고통을 지속시키는 것에 대한 사회적 관심은 그 자유를 억제하기에 충분하지 않은 것으로 보인다.

그러나 이러한 권리의 절대적 위치 이면에 있는 사상적 뿌리는 깊이 간직하고 있는 도덕적 신념에 대한 박해 및 개인의 믿음을 부정하게 만들려는 압력으로부터 개인을 보호하는 데 있다는 사실을 기억해야 한다. 해당 권리의 근원은 중세시대에 있던 종교적 전쟁들로 거슬러 올라간다. 그 역사적 시발점 혹은 법률적 연구 어느 쪽에서든 양심이 내는 '내면의 목소리'를 의도적으로 묵살할 가능성은 철저히 검토되어 오지 않았다. 이는 과연 자유주의 국가가 시민들에게 사회적으로 바람직한 최소한의 심리학적 특성들을 소유하도록 요구할 수 있는가라는 심도 있는 질문을 제기한다. 잠재적으로 양심의 가책을 받을 수 있는 도덕적 행위자가 되어야 할 법적 의무가 시민들에게 부과될 수 있을까? 그것이 양심을 무디게 하는 약물을 금지시키거나 당사자 의사에 관계없이 특정 도덕적 기질들을 강화시킴으로써 법적으로 시행될 수 있을까? 어쩌면 그럴 수도 있고 아닐 수도 있다. 이러한 문제들은 기억의 자유보다도 더 복잡한 영역에 있다. 양심의 자유에 대한 현재의 해석들은 양심의 가책을 받아야 할 법적 의무에 반대된다.

■ 가해자의 기억

그 결과, 군인들은 법적으로 양심의 가책을 느낄 의무가 없으며, 그렇기 때문에 스스로 양심의 변화를 일으키고자 하여도 그것을 막을 근거가 없다. 그러나 군사 행동 강령이 기억을 손상시키는 물질의 사용을 금지시킬 수는 있다. 그러나, 실질적으로, 기억을 무디게 하는 기술이 PTSD로 인한 정신적 고통을 다수 경감시키는 전망을 실현시키는 것이 확실시되면 군대는 주로 그것을 권장하게 된다. 우리는 군인들이 아무런 양심의 가책도 느끼지 않고 살생하는 상황에 대한 우려에 공감할 수 있으며, 그런 경우 인간으로 산다는 의미의 가치를 잃어버릴 수 있다는 데 동의한다. 그러나 다른 한편으로는 군인이 다른 사람이 그에게 명령하여 이행할 수밖에 없었던 것에 대한 고통스러운 트라우마를 간직하며 살아가야 한다는 주장은 어느 정도 위선적이라고 사료된다.[40]

양심의 절대적인 보호에 대한 예외에 대한 가장 설득력 있는 사례는 과실범에 관한 것이다. 통찰력 있는 분석에서 Carter Snead는 범죄자와 사회가 적합하고 진실되게 기억한다는 것을 형사처벌의 다양한 목적들이 전제하고 있음을 보여준다. 기억 조작은 이러한 목적들에 걸림돌이 되는 것이다(Snead 2011). 이의 연장선상에서 우리는 어떻게 생각해볼 수 있을까? 일반적으로, 범죄자들은 형사 처벌 제도의 목적에 기여할 필요가 없다. 이 점은 교화 프로그램과 관련하여 특히 중요하다. 교화 프로그램은 주된 형벌적 목적들 가운데 하나와 맞닿아 있는데, 석방 즈음 범죄자가 사회에 재통합될 수 있도록 범죄 유발 심리적 요인들을 감소시키는 것이다. 많은 국가들에서 범법자들은 교화 프로그램을 참여함에 있어 지원을 받을 권리가 있으나, 그들이 교화 프로그램에 참여하는 것을 강요할 수는 없다. 국가가 이에 대한 인센티브와 보상을 제공할 수는 있다(예: 감형 및 가석방의 조건으로 치료). 그러나 범죄자들은 궁극적으로 그들의 정신 교화를 거절할 수 있으며, 그에 따라 형기를 채우고 출소하는 것을 선택할 수도 있다.[41] 강압적 교화 프로그램에 대해 호의를 보이는지 여부는 처벌의 합법적 근거에 대한 각 개인의 입장에 달려 있다. 만약 교화 프로그램을 위해 새로운 수단이 효과적이라는 것이 입증된다면, 이 존경스런 문제는 다시 이목을 끌 수 있을 것이다. 아마도 국가는 처벌의 일환으로 죄책감, 후회, 수치심과 같은 교화를 유도하는 감정들을 가라앉히는 물질에 대한 접근을 거부할지도 모른다. 그럼에도 불구하고, 우리는 범죄자들이 정신건강 같은 기본적 권리를 가질 권리가 있다는 것을 서둘러 상기시킨다. 그들의 잘못된 행동에서 비롯되는 고통스러운 정신적 결과에 대한 치료를 포함해서 말이다. 따라서 스스로 자초한 정신적 혼란과 병적인 외상 사이에 경계선이 그려져야 할지도 모른다. 범법자가 자신 행위의 문제점을 납득하고 수용하게 하는 것이 기본적 태도여야 하겠지만, 심각한 PTSD 증상의 경우, 그 고통 가운데서 범죄자들의 정신건강에 대한 권리는 사회적 관심사보다 더 중요한 것으로 사료된다. 따라서 이럴 경우 그들은 치료 목적의 기억 조작을 받을 권리가 있어 보인다.

Ⅶ. 증진시킬 의무

마지막으로, Vedder와 Klaming은 공익이 결부된 상황에선 기억향상 기술을 채택할 것을 제안한다. 이 경우 기억향상 기술은 증인들의 기억을 증진시키는 등의 목적으로 사용될 수 있다(Vedder and Klaming 2010). 그들의 견해로는, 정확한 증언을 얻기 위한 대중의 이해가 증인이 가진 기억의 자유에 관한 권리를 능가할 수도 있다. 비록 현재 신뢰할 만한 기술이 부족하기에 그러한 주장이 실현되기에는 시기상조지만, 국가가 기억을 증진시킬 의무를 강제할 수 있는지의 여부에 대하여 생각해 볼 필요가 있다. 기억의 자유는 자발적인 증진에 반대하지 않지만 의무적인 증진으로부터 개인을 보호한다. 전에 주장했듯이 (사소하지 않고 심각한) 부작용이 있을 경우 증인은 의무를 질 필요가 없는 것으로 보인다. 그러나 부작용이 없어 보이는 증진 수단들, 곧 규칙적 수면(Thorley, 2013) 혹은 기억의 반복적 상기(Chan & Lapaglia 2011; Pansky & Nemets, 2012) 같은 수단들에 대해서도 법적 의무는 증인에게 과도한 부담으로 간주될 수 있다. 세부 사항은 각 사법권의 특징들에 따라 달라진다. 어떤 사법권에서는 증인이 예컨대, 기록을 참고하는 등으로 본인의 기억을 다시 "상기"시킬 의무조차 없다. 한편, 어떤 사법권에서는 증강을 포함하여 기억을 조작시키는 도구들을 명시적으로 금지시킨다.[42] 만약 입법자들이 현행 조항을 수정하고자 한다면 단순히 부작용 이상을 고려해보아야 할 것이다. Vender와 Klaming의 제안은 기억의 정치학에 대하여 광범위한 고민을 촉발시키기에 흥미롭다.

Ⅷ. 결론 및 방향

역사의 대부분 동안 인류의 과거에 대한 지식은 개인 및 집단 기억을 바탕으로 한 구전된 설명에 의존해왔다. 기억은 문화의 발전에 있어 인간에게 매우 중요한 능력이 되어왔다. 이는 많은 주요 종교들의 저술들에서 기억해야 할 의무가 다루어진다는 사실에서 드러난다(Margalit, 2002). 망각도 마찬가지로 정치권력의 도구로써 사용되어 왔다. 성경에서도 불명예스러운 행동을 한 사람의 이름을 지워버려야 한다는 명령이 나온다. 로마에서는 사람에 대한 기억과 결부된 심판으로서 일종의 기록말살형(damnatio memoriae)이 존재했다. 이 예시들은 집단 기억 조작의 악명 높은 전례들로, 근대에서는 스탈린 정부가 역사적 사진들을 왜곡한 사건도 있었다. Ricoeur는 Henri IV가 공포한 낭트 칙령(Edicts of Nantes)을 언급한 바 있다. 해당 칙령은 이전에 벌어졌던 전쟁들과 관련하여 그 첫 번째 조항에서 "지금까지 일어난 모든 일들에 관한 기억은 마치 발생하지 않은 일들같이 소멸되고 더는 유효하지 않을 것이다"라고 선포한다(Ricoeur, 2004, p.454). 그 시절에는 평화를 확고히 하기 위해 망각이 규율화 되었다. 현대에는 이에 반대되는 경향들이 발견되는데, 예컨대 남아공의 진실과 화해 위원회(Truth and Reconciliation Committee)에서 사실에 관하여 증언한 사람들에게는 사면이 허락된다. 이 두 예시 모두 기억이 가지고 있는 정치적 영역을 보여준다.

공공의 이해를 위하여 기억 증진 수단을 채택해야 한다는 주장에는 회의적 시각을 견지할 필요가 있다. 이러한 주장이 실현되면 처음으로 기억에 관한 정부의 권한이 외부적 기록을 넘어서 인간의 마음과 뇌로 확대될 것이다. 정부가 그 명분에 맞는 기억들만을 향상시키려 할 시에는 어떻게 하는가 —부분적으로만 강화된 기억으로 인하여 과거가 변경되진 않을까? 만약 다른 기억들은 억압되거나 지워진다면 어떻게 하는가? 어떻게 해야 이러한 권력의 남용 가능성은 효과적으로 제거될 수 있는가?

각 개인의 기억은 근본적으로 타인에 의하여 접근이 불가능하므로 정부의 직접적인 접근으로부터 보호되어왔다. 신경과학은 이러한 자연적 한계들이 극복되는 가능성을 실현시킬 수도 있으며, 이는 사회가 개인의 기억과 역사를 다루는 방식 전반에 대하여 광범위한 함의들을 갖는다. 윤리학자들뿐만 아니라 대중 및 민주사회 기관들도 이러한 함의들에 관한 논의에 참여해야 한다. 그리하여 기억의 정치학의 프레임웍을 구성해야 한다. 때로는 한 개인의 기억이 역사의 흐름을 바꾸어 놓기도 했다. 이러한 관점에서 보았을 때 기억의 자유는 중요하며 기본적 권리로서 수용되어야 한다. George Orwell이 주장했듯이 만약 정부가 우리가 과거를 인지하는 방식을 바꿀 수 있는 수단을 확보할 수 있다면, 미래를 바꾸는 수단 또한 확보하게 되는 것이다.

3

신경과학 연구에서 연구대상자 보호를 위한 가이드라인*

* 원문은 "뇌 신경과학 연구에서 연구대상자 보호: 인격주의 생명윤리적 고찰, 인격주의 생명윤리 제9권 제2호, 83－115면, 2019년 7월"이다.

Ⅰ. 서론

영화 ‘트랜센던스’에서 죽음을 앞둔 주인공은 자신의 뇌를 통째로 컴퓨터에 올리는 마인드 로딩을 실행한다. 이것이 영화 속의 이야기만이 아닌 이유는, 2017년 미국 전기차 회사 테슬라 모터스의 창업자인 일론 머스크가 설립한 두뇌 연구 기업인 뉴럴링크(NeuraLink)에서 인간의 뇌에 뉴럴레이스(Neural lace, 신경 그물망)를 이식하고, 인간의 뇌 신경과 컴퓨터가 데이터를 주고받는 기술을 연구하겠다는 계획을 발표한 때문이다.[1] 이렇듯 뇌 신경과학 기술은 SF 영화 속 단골 소재로 등장할 뿐 아니라 기술의 발달로 영화가 현실화될 가능성이 조금씩 점쳐지고 있다. 2013년 미국을 필두로 EU, 독일, 프랑스, 일본, 중국, 한국 등은 뇌 과학, 뇌 신경과학 분야에 대규모 연구 프로젝트를 시작하면서, 2017년에는 국제협력과 공조를 다짐하는 글로벌 브레인 이니셔티브(Global Brain Initiative)[2]를 출범시키며 뇌 신경과학은 세계를 아우르는 프로젝트로 발전하고 있다. 뇌 신경과학 기술은 치매, 정신질환, 전신마비, 시청각 장애 등 신체장애와 질병을 극복할 수 있는 기술이 되기도 하지만 동시에, 본인이 타고난 능력이나 노력으로 이룰 수 있는 것과는 비교할 수 없을 정도로 신체기능을 향상·업그레이드시키는 기술이 될 수도 있다. 그뿐 아니라 뇌 신경과학 기술은 인간과 기계의 결합을 가능하게 하고, 마음과 연결된 뇌에 대한 개입으로 인해 인간의 정체성과 존재에 대한 근본적인 질문을 던지면서 윤리적, 사회적, 법적인 영향을 고려하지 않을 수 없게 만든다.

미국의 경우 오바마 정부는 BRAIN Initiative 프로젝트를 통해 10년간 30억 달러를 포괄적인 뇌지도 작성 연구에 지원했고 2013년에는 대통령 생명윤리위원회에서 뇌 신경과학 기술의 발전이 사회적으로 미치는 윤리적 문제를 전반적으로 검토하였다. 이와 관련하여 2014년 5월과 2015년 3월에 각각 발표된 보고서 Gray Matters Ⅰ, Ⅱ는 뇌 신경과학 기술의 발전과 함께 고려되어야 하는 윤리적·사회적·법적 고려사항들에 관한 권고를 담고 있다. EU는 미래기술 주력사업 프로그램의 일환으로 시작된 '인간 뇌 프로젝트(HBP: Human Brain Project)'가 윤리와 사회 분과(Ethics and Society) 중 하나로 뇌 신경윤리와 철학에 관해 연구하였다.[3] 전 세계의 연구 흐름을 보자면 뇌연구 자체에 대한 연구 및 투자와 동시에, 뇌연구가 사회에 미치는 영향에 대한 윤리적, 사회적, 법적 맥락에서의 연구가 함께 이루어지면서, 학문적으로도 뇌 신경윤리(Neuroethics)[4]와 신경법학 내지 뇌 신경법학(Neurolaw)[5]으로 지칭되는 새로운 학문의 조류를 형성하고 있는 것이다.[6]

뇌 신경과학 기술의 연구개발 형태를 분류해보자면, 약물 형태, 뇌와 기계의 연결 기술인 뇌－기계 인터페이스(BMI 내지 BCI), 침습적·비침습적 뇌 기능 조절 기술(DBS, TMS, tDCS 등), 뇌영상 기술(fMRI 또는 MRI, PET, CT 등), 뇌 줄기세포 이식 기술 등 다양한 분야와 양상으로 연구·개발되고 있다.

뇌 신경과학 기술 발달이 이루어지기 위해서는 연구에 참여하는 사람들을 필요로 하고, 이 연구대상자들의 기여와 연구 결과들의 축적이 기술 발달에 중요한 토대를 이룰 것으로 예상된다. 기술 발달의 결과가 사회적으로 끼치는 영향이 큰 만큼 그 기술을 구현하기 위해 성실한 연구와 그 연구에 증거기반이 되는 임상 적용은 필수불가결하다. 본고에서는 뇌 신경과학 연구에 있어서 연구대상자들을 각 기술의 양상과 형태에 따라 보호되어야 하는 지점들을 주목하고, 연구자를 지도할 수 있는 가이드라인을 인격주의적 생명윤리의 관점에서 검토하고자 한다(Ⅱ). 인격주의적 생명윤리 관점에서 기술의 시범 적용 시에 연구대상자에게 주어져야 하는 안전 요소들을 도출해내고(Ⅲ), 현행 제도에 반영되어야 할 요소와 가이드라인을 제시한다(Ⅳ).

Ⅱ. 인격주의 생명윤리 관점에서 뇌 신경과학 연구의 윤리적 이슈

뇌 신경과학 연구는 죽은 사람의 뇌조직을 대상으로 하는 연구, 살아있는 사람의 뇌 연구, 동물의 조직을 대상으로 하는 연구 그리고 뇌 신경과학과 정보통신기술(ICT)과 바이오기술(BT) 등을 융합하는 연구 영역 등이 있다.7) 사물인터넷, 클라우드, 인공지능 등 4차 산업혁명의 핵심인 지능정보통신기술을 비롯하여, 뇌 신경과학 기술과 함께 공학기술, 생의학 및 의료기기를 포함하는 바이오기술과 융합하는 분야는 뇌와 외부물질이 융합되는 가능성을 열어놓으면서 연구개발 혁신의 플랫폼이 외부가 아닌 사람 그 자체가 되고 있다. 기존의 법제도의 토대를 이루고 있는 사람의 정체성도 변화시킬 수 있는 가능성을 가지고 전통적인 법 이론이나 해석에도 도전을 가한다.8) 일본의 경우 2016년

6월 경제산업성 산하의 산업구조심의회는 바이오소위원회를 설치하여 바이오 기술을 중심으로 5차 산업혁명이 일어날 가능성을 제기하기도 하였다.[9] 이러한 배경 아래에서 뇌 신경과학 연구를 수행함에 있어 연구대상자 보호를 위해 고려되어야 하는 윤리적 요소들을 인격주의 생명윤리 관점에서 검토한다.

1. 인격주의 생명윤리 관점에서 보호 쟁점들

인격주의는 인간을 육체와 영혼이 결합된 통합적 존재로 보고, 생명과 정신, 육체와 영혼이 합일된 존재로서의 인간 개념을 바탕으로 한다. 이로써 1) 인격 자체를 기본 가치로 보고 생명의 신성성을 보호하는 육체적 생명의 기본 가치 원칙, 생명의 전체성을 전제로 생명과 관련된 모든 행위를 고려해야 한다는 전체성의 원칙 내지 치료의 원칙, 2) 이기적이고 절대적으로 자기를 향해 있는 자기결정이어서는 안 되고, 자유가 책임의 이념에 근거해야 한다는 자유와 책임의 원칙, 3) 우리 사회의 생명과 건강을 증진한다는 공동선의 한 부분으로서 개개인 인격의 생명과 건강도 증진되어야 한다는 사회성과 4) 하위의 단위에서 스스로 해결할 수 없는 차원의 일에만 고차원의 사회적 단위의 개입이 이루어져야 한다는 보조성의 원칙 등 생명윤리 원칙이 도출된다.[10]

이 인격주의 생명윤리 원칙을 토대로 하여, 뇌 신경과학 기술의 연구자와 연구대상자를 위한 구체적인 보호의 주안점을 살펴보면 다음과 같다.

2. 담론 형성적 연구윤리 거버넌스 필요성

뇌 신경과학은 연구대상자에게 예상하지 못한 부작용과 결과가 나타날 수 있는 기술의 불확실성과 검증되지 않은 안전성의 문제와[11]

인간의 경계와 정체성을 확장하고 모호하게 만드는 문제가[12] 있는 반면, 기술 발달의 무한한 가능성과 장애와 질병을 극복할 수 있는 유용성이 공존한다. 이에 따라 연구를 진행하기 전에 연구계획을 승인해줄 것인지를 심의하는 형태의 기관생명윤리위원회(IRB)의 관리 수준을 넘어서는 연구윤리 거버넌스가 필요할 수 있다.[13] 현재처럼 연구 승인 여부만 결정해주는 사전 진입장벽의 형태의 제도 보다는 연구의 진행과 발맞추어 담론 형성적 자문기구의 컨설팅(Discursive Approaches to Ethics of Research)의 방식이 유용할 수 있다. EU의 Human Brain Project(HBP)의 윤리와 사회 분과(Ethics and Society)는 뇌 신경윤리 연구에서 책임 있는 연구와 혁신(RRI: Responsible Research and Innovation) 개념을 기초로 하여 기술의 연구와 동시에 상시적으로 윤리적 검토와 담론을 형성해 나갈 수 있는 컨설팅 형태의 거버넌스를 가지고 있다. 미국의 대통령 생명윤리위원회가 내놓은 Gray Matters Ⅰ, Ⅱ도 거대 담론을 형성하는 컨설팅 형태의 거버넌스의 결과이다.[14]

3. 환자 중심적 모델로의 전환과 평등의 원리 실현

기술 발전에 필요한 임상 연구를 위해 연구대상자를 도구로 이용한다는 관점이 아니라, 연구대상자가 연구의 객체가 아닌 연구의 목표이자 지향점이라는 점이 고려되어야 한다.[15] 이것은 인격주의 생명윤리에서 나오는 전체성의 원리와 치료의 원리의 실천적 적용이다. 뇌 신경과학 기술에 관한 임상시험·임상연구의 목적은 기술의 진보도 있지만, 환자에게 치료의 효과를 가져오는 도구나 약제를 개발하기 위한 것이 된다. 이러한 실험에서의 연구대상자는 연구의 목적을 위해 연구에 참여하는 시험대상자일 뿐 아니라, 연구를 통해 혜택을 보게 되는 환자 그 자체가 될 수 있다. 그런 관점에서 환자 스스로가 연구공동체에 기여할 수 있다는 입장으로 접근하는 환자 중심적 모델로 전환될 가능성이 커진다.[16] 이로부터 뇌 신경과학 기술들이 정상인들의 기능의 증강·향상이 아니라 장애의 극복과 질병 치료에 최우선적으로 적용되어야 한다는 당위가 도출된다. 애초에 장애와 질병 치료용으로 개발된 후에라도 정상인들의 인지 향상용 제품으로의 산업적인 개발이나 군사적 목적으로 활용될 가능성이 있다면 이로 인한 사회적 불평등과 윤리적 문제 발생을 감안하여 신중한 규제와 감독이 고려되어야 한다.[17] 과학기술의 발달이 사회적 불평등을 심화시키지 않도록 해야 한다는 평등의 원리가 적용되는 지점이 된다.

4. 글로벌 연구윤리

국가의 경계를 넘어 새로운 치료법을 찾는 환자를 보호하는 문제는 국제적인 문제가 된다. 특히 마땅한 다른 치료법이 없는 만성 희귀질환 환자들과 장애인들과 같이 탈출구가 없는 취약층에게는 비가역적 손상과 사망의 위험 요소를 가지고 있는 뇌 신경과학 기술이라고 하더라도 마지막 희망(last best hope)으로서[18] 선택사항이 될 수 있다.[19] 이런 절박감과 궁박 상태의 환자로부터 얻는 동의는 본인의 진정한 자발성에 기초하고 있다고 보기 어려운 면이 있고, 연구 개발을 위해 연구대상자를 찾고 있는 연구자들은 연구대상자들의 국적과 이유를 불문하고 연구 목적을 성취하려 이용할 수도 있다는 점에서 글로벌 생명윤리 관점에서의 연구윤리가 필요해지게 된다.

5. 기술 적용 후 자아정체성의 동일성 유지 문제

뇌 신경과학 기술은 신체 마비 환자의 운동성, 이동성을 향상시키기 때문에 이런 환자들에게는 상당한 도전과 혜택이 될 수 있는 기술이다. 그러나 이 기술의 적용이 성공하여 목표한 대로 운동성이 증진되더라도 스스로에 대해서 생각하는 자존감, 성격 등을 종합하는 인격 동일성으로서 자아정체성(identity)에 변화가 생길 가능성이 있다. 이로써 심리정신적 문제를 야기할 수도 있다.[20] 파킨슨병과 같은 이동성 장애에 사용되는 것으로 잘 알려진 신경외과적 개입술인 뇌심부 자극술(DBS: Deep brain stimulation)에서 현재 호주, 미국에서 진행 중인 임상 연구들은 환자의 인격, 자아정체성, 대인 관계에 미묘하지만 중요한 변화를 가져오는 데 연관되어 있다는 실증적인 연구들이 상당히 존재한다.[21] 뇌 신경과학 기술들은 이러한 심리정신적 변화, 인격, 자아정체성 등 내적인 영향을 가져올 수 있다는 점이 고려되어야 한다. 예측가능한 부작용뿐만 아니라, 연구자들이 전혀 예측하지 못하는 부작용도 발생할 수 있다.

6. 적절한 치료에서 배제될 위험으로부터의 보호

뇌 신경과학 연구가 환자에게 시행될 때, 적절히 치료를 받아야 할 환자가 연구 대상자가 될 때 위약 조절 무작위 임상시험(RCT: Randomized Controlled Trial) 또는 이중맹검 무작위 임상시험(double-blinded RCT)으로서 치료에서 배제될 수도 있는 부분이 있다는 점이 연구대상자인 환자를 보호하는 면에서 특별히 고려되어야 할 부분이다.[22] 특별히 효과성이 입증될 경우에는 허용될 수 있지만, 임상시험으로부터 환자가 얻을 수 있는 이득과 위험성 간의 비교 형량 과정을 통해 환자가 적절한 치료 과정에서 배제되지 않도록 하여야 할 것이다.

7. 취약층에 대한 보호

자율성은 타인의 간섭을 받지 않고 스스로 자신의 삶을 결정할 수 있어야 한다는 것이고, 개인적 자유처분의 한 형식으로 이해된다. 규범적인 측면에서 보자면, 자율성은 헌법상 인간의 존엄과 가치로부터 도출되는 자기결정권이라는 권리로 환원될 수 있다. 자기결정권 중에서도 의료영역에서 인정되는 환자의 자기결정권은 자신의 생명과 신체 기능을 유지하는 데 있어 필요한 의료행위를 스스로 결정할 수 있는 권리이다. 이는 의료인의 설명의무를 동반하여 충분한 의학적 정보를 바탕으로 환자 자신이 자발적이고 진지한 의사에 의해 이루어질 것을 요한다. 임상 연구와 시험도 일반 의료와 마찬가지로 이러한 설명의무에 기한 자기결정이 실현되어야 한다. 환자의 자기결정권은 의료윤리상 환자의 자율성의 원칙으로 설명될 수 있다. 자율성을 제대로 발휘하기 어려운 장애인, 의사무능력자 등의 취약층에 대해서는 특별한 보호가 필요하다.

뇌 신경과학 연구에서 태아의 조직을 이용하는 경우도 이런 점에서 검토되어야 하는데, 태아의 경우에는 법률상으로는 살아있는 사람과 동일하게 모든 권리와 의무의 주체가 될 수는 없고, 손해배상청구권이나 상속 등에 있어서 일부 권리능력을 인정받게 되는 법률상 불완전한 지위에 있기는 하지만, 헌법적으로 생명권의 주체가 되는 존재이다. 취약층의 경우 미성년자의 지위와 유사하게도, 진지한 자기결정을 할 수 있는 능력은 부족하더라도 이들의 자율성조차 완전히 부정되지는 않는다. 그렇기 때문에 동의능력이 부족하면서, 치료대상인 환자이자 연구대상자가 되는 사람을 위한 결정에서 연구자, 의료진, 보호의무자와 윤리위원회 등이 공동으로 고민하고 어떠한 연구나 치료가 이루어지게 되는데, 이를 의제된 자율성이나 추정된 자율성[23]으로 표현할 수 있다. 취약층에 적용하는 뇌 신경과학 시술은 부담해야 하는 위험성과 치료적 효과의 기대가능성을 비교형량함으로써 치료의 기회를 방해받지 않으면서도 대상자 본인의 최선의 이익이 고려될 수 있도록 윤리적인 동의 절차가 진행되도록 해야 한다.

8. 기밀성 유지와 프라이버시에 대한 보호와 보안 문제

뇌 신경과학 기술 연구에서는 연구의 본래 목적과는 다르게 대상자의 성향, 감정, 의도, 생각과 같은 민감한 정보들을 읽어 낼 수 있음은 물론이고, 대상자의 성향과 취향도 조정할 수 있는 가능성이 존재한다.[24] 다른 과학기술과는 다르게 뇌 신경과학 기술 연구에서는 연구대상자의 뇌에 접근하고, 뇌의 정보를 수집하고 그 정보를 외부에 공유하거나 정보를 조작할 수 있는 기술이기 때문에, 대상자의 인격에 개입하는 문제가 발생한다. 연구자들이 대상자의 인격에 해당하는 프라이버시를 침해할 가능성이 있다.[25] 이는 단순히 한 사람의 정신적인 사생활의 비밀을 노출한다는 프라이버시 침해 문제보다 더 나아가, 연구과정을 통해 대상자의 고유의 정신, 생각, 마음을 바꿀 수 있다는 점에서 정신적 프라이버시 침해 문제가 발생한다.[26] 대상자의 인격에 개입하여 그의 인격적 통합성을 저해할 수 있는 위험이 존재한다는 것은 인격주의생명윤리 관점에서 문제가 된다. 또한 연구 과정에서 대상자에 대한 예기치 않은 우연한 발견물들(incidential findings)이 발견될 때 대상자에게 알려야 할 의무가 있는지에 대한 문제도 감안되어야 한다. 이와 같은 기밀성의 노출 문제와 프라이버시 침해를 최소화할 수 있도록 연구대상자의 프라이버시에 대한 보호와 보안 대책들이 마련되어야 한다.

Ⅲ. 유형별 연구대상자 보호 필요성과 안전 요소들

1. 뇌 신경과학 기술의 유형

(1) 증강 약물(cognitive-enhancing drug, enhancer)

카페인에서부터 암페타민(Amphetamines)까지 인지 기능을 증강, 향상시키는 약물들을 말하는 것으로서 초기에는 심리정신적 질병 치료를 위한 의료적 목적에서 개발되다가, 현재는 치료 목적 이외에도 각성, 기분 전환용 등 다양한 목적으로 개발·사용된다. 예컨대 주의력결핍 과잉행동증후군(ADHD) 등의 치료제를 치료 목적 이외에도 집중력 향상, 각성 상태 유지, 부정적 기억 조절, 통상적인 기분 전환용 등으로까지 사용하는 경향이 있다.[27)]

(2) BCI(Brain-Computer interface)

BCI는 BMI(Brain-machine interface)로도 불리우는 기술로서, 뇌에 칩을 이식하고 외부의 기계와 인터페이스 되는 형태로 또는 운동 기능의 심각한 손상이 있는 환자들의 감각 또는 운동 피질에 전극을 삽입하여 신경 신호를 통해 로봇으로 된 인공 팔, 다리 등에 신호를 보내서 운동 기능을 대체하도록 하는 기술이다.[28)] 최근에는 신체마비 장애인뿐 아니라 비침습적인 방식으로 뇌파나 근적외선분광법을 통해 뇌영상 장치를 사용하여 정상 기능을 가진 사람들에게도 적용할 수 있는 기술이 개발되고 있다.[29)] 단순한 의족, 의수에서 발전한 형태로 뇌신경과 연결되어 외부에 장착하는 로봇 형태로 개발된다[30)] 인공지능 기술과 접목되어 장애인의 신체 활동을 보조하거나 대규모 산업용 용도로 개발되고 있다. 신체장애를 극복하는 운동 기능을 보조하는 수단을 넘어 인공지능과의 연결을 통해 인지 기능을 확장·증강시키는 기술로 범위를 넓혀가고 있다.[31)] 사지마비 환자들 대상으로 한 연구와 치료에서 BCI는 두 가지 타입의 신경 보철(neuro-prosthetics)을 활용할 수 있다. 하나는 팔과 운동기능과 관련된 뇌의 운동 대뇌피질 영역으로부터 정보를 읽어 내는 운동기반의 보철 장치이고, 하나는 행동을 구성하는 높은 수준의 인지과정을 포함하는 감각-운동 통합과 관련된 다양한 피질로부터의 활동을 번역하는 인지 보철 장치이다.[32] 현재까지 기술이 구현된 단계는 아니지만 손상된 부위를 인공물로 대체하는 기술이라는 신경 보철의 개념도 존재한다.[33]

(3) 신경 조절(neural modulation)

신경 조절이란 물리적 화학적 방법을 통하여 뇌 활동을 조절하는 기술을 일컫는다. 임상적으로 사용되는 방법 중 대표적인 것으로 뇌 심부에 전기 자극을 해주는 뇌심부 자극술(DBS: Deep brain stimulation)이 있다. 뇌심부 자극술을 통해 파킨슨병, 본태성 진전증(essential tremor) 등의 신경질환을 치료하기도 한다. 질환과 관련된 여러 부위를 전기 자극하여 치매, 우울증, 뇌전증 등의 질환 증상을 완화하거나 치료하려는 연구들이 진행 중이다.

외과적인 처치가 필요하지 않은 비침습적인 방법들로는 경두개자기자극술(TMS: Transcranial Magnetic Stimulation) 또는 경두개직류(교류)자극술(tDCS or tACS: Transcranial Direct or Alternative-current Stimulation)과 같은 방법들도 있다.[34] 전자는 두피에서 두개골을 통과하는 자기자극을 가하여 일시적으로 특정 부위의 신경활동을 교란시키는 방식이고, 후자는 전류를 주입하여 일시적으로 특정 부위의 신경활동을 증가 또는 억제시키는 기술로 머리에 전극으로 지속적인 낮은 직류를 사용하는 신경 자극 방법이다.[35]

(4) 뇌 영상

fMRI(functional magnetic resonance imaging), PET(positron emission tomography), CT(computer tomography) 등이 널리 허용되는 뇌 영상 기술들이다. 뇌 영상 기술은 질병의 진단용, 거짓말 탐지용 기술 등으로 많이 알려져 있는데,[36] 기술이 발전하면서 마음 읽기도 가능해지면서 누군가의 성향뿐 아니라 미래의 정신질환 발병률과 행동까지 예측해낼 수 있다는 실증적인 연구 결과들이 나오고 있다.[37]

(5) 뇌 줄기세포 이식

신경세포를 뇌에 이식하는 방식으로서, 예컨대 일본 다카하시 준 교토대 뇌신경외과 교수팀이 유도만능줄기세포(iPS)로 만든 신경세포를 파킨슨병 환자에게 이식하는 임상시험이 진행 중이라고 발표한 바 있다.[38]

이외에도 산업계에서 임상 뇌 신경과학 기술을 상품으로 개발하는 사례가 점차 늘어나고 있다. 뇌파 측정 조절하는 훈련으로 수면장애, 우울증, 두통 등 치료하는 뉴로피드백도 임상에서 활용되고 있다.[39] 뇌에 있는 데이터를 사이버 공간에 업로드, 다운로드 하는 기술이나 사람과 사람이 뇌 신호를 통해 직접 소통할 수 있도록 하는 기술로 뇌-뇌 인터페이스, 인공지능과 연계한 로봇 등도 개발되고 있다.[40]

2. 연구대상자 보호 이슈

영국의 너필드 생명윤리위원회와 미국의 대통령 생명윤리위원회 등 외국의 윤리위원회가 권고하는 뇌 신경과학 기술에 관한 윤리적, 법적, 사회적 영향에 대한 검토 보고를 통해서 신경윤리적 쟁점으로부터 연구대상자 보호 이슈를 도출해 볼 수 있다. 뇌 신경윤리 기술의 유형별로 이득과 위험의 양상을 형량하고, 사회·윤리적 영향을 고려함으

로써 다음과 같은 안전 요소들의 필요성을 볼 수 있다.[41]

(1) 침습적 기술의 경우

침습적 기술의 개발에서는 대부분의 연구대상자가 곧 환자들인 경우를 상정할 수 있다. 연구대상자 보호가 긴요하게 필요한 지점이다. 기술 적용으로 얻을 수 있는 이득과 위험성의 정도가 세밀하게 비교·이익 형량이 되고, 가능한 한 위험의 정도가 세분화되어 연구 개발의 방향성이 설계되어야 한다. 환자인 연구대상자는 연구 참여 여부로 인해서 적절한 치료에서 배제되어서는 안 될 뿐만 아니라, 연구에 참여하는 환자들에게 비현실적이거나 과도한 기대를 심어주지 않도록 정확하고 충분한 설명과 외부의 강압으로부터 자유로운 환자의 자발성에 바탕을 둔 동의의 확보는 필수적이다. 동의능력 없는 취약한 환자를 대체하게 되는 대리권 행사에도 적절한 감독과 대리권 행사에서의 가이드라인이 주어져야 한다.[42] 동의능력이 부족하다고 하여 연구를 아예 금지한다면 이 취약 집단에 대해 치료를 개선시킬 기회와 과학기술이 진보될 수 있는 가능성을 막는 것이기 때문에[43] 대상자의 진료에 기여하지 않는 비치료적 연구는 금지하되, 대상자에게 치료의 이익을 줄 가능성이 있는 치료적 시험 내지 임상적 시험에 해당하는 연구는 적절한 관리감독과 보상 대책이 마련된 상태에서 연구가 허용되어야 한다.

자아정체성과 인격적 통일성, 그리고 정신적 프라이버시를 침해할 수 있는 뇌 신경과학 기술 연구의 위험성과 부담을 비롯하여,[44] 연구 과정에서 의도치 않게 우연히 발견되는 대상자의 임상 상태에 대한 프라이버시도 고려되어야 한다.

(2) 비침습적 기술의 경우

비침습적 기술들은 침습적 기술들과는 달리 인체에 미치는 위험 요소가 적어 보이는 특징 때문에 상업적으로 개발될 수 있는 가능성이 커진다. 그러나 안전성의 측면에서 인체에 미치는 위험은 예측 불가능한 면이 있다. 아직까지 기술의 수준은 눈에 띄는 인지 향상 기능을 나타내는 정도에 오르지는 않았으나, 효과가 검증되지 않은 채 시장에 나오게 되고 실제 효과보다 부풀려서 알려지게 되는 광고홍보의 부작용도 예상할 수 있다. 따라서 교육자, 교육과 의료의 소비자, 법률가, 정책 입안자 등이 신경윤리 문해력(neuro-literacy)을 갖도록 정확한 정보의 전달과 과도한 해석의 가능성을 차단할 수 있게 해야 하는 과제가 발생하게 된다. 상품화된 신경과학 기술의 구매력 여부에 따라 사회적 격차가 발생하거나, 뇌 신경과학 기술의 증강 향상(enhancement)을 힘입어 개인의 노력 이상의 사회적 차이를 만들게 되는 불평등의 문제가 발생하지 않도록 인권과 평등의 원리가 적용되어야 한다. 개발 목적과 방향이 장애인 치료와 질병의 치료에 최우선적으로 초점이 맞춰져야 한다. 정상과 이상 내지 비정상의 구분이 명확하지 않은 데서 오는 질병의 치료와 증강 향상의 구분의 모호성에서도 역시 사회적 해석이 필요하다는 점에서[45] 연구자들과 의료인·법률가·교육자 등 전문가 집단들, 일반 대중, 산업계, 정책 입안자 등 이해관계자들 간의 지속적인 소통의 장이 마련될 필요가 있다.[46] 이러한 바탕 위에서 연구에 참여하는 대상자들이 적절한 정보를 제공받아 연구에 참여할 수 있도록 하고, 위해 발생 시에 적절한 보상 수준이 사전에 마련되어 있어야 할 것이다.

Ⅳ. 연구대상자 보호 가이드라인

이상에서 살펴본 바와 같이, 인격주의 생명윤리적 관점에서 연구대상자 보호 이슈로 강조되는 점은 1) 영혼과 육체가 통일된 전인적 존재로서 인격체로 대우받게 되는 생명에 대한 보호와 책임을 전제로 한 자율성 문제와 2) 전인적 존재이기 때문에 보호되어야 하는 인격의 통합성과 기밀성 보전과 프라이버시 보호 문제, 그리고 3) 본인의 자유와 생명만큼 타인의 자유와 생명도 존중해야 하는 공동체의 일원이라는 책임성으로부터 도출되는 평등권과 평등의 원리 적용에 주안점을 두어야 함을 알 수 있다.[47] 뇌 신경과학 기술 연구의 연구대상자에 대하여 다른 과학기술 연구의 경우에 비해 독특하게 더 보호되어야 하는 지점은 1) 소위 '마음의 해킹'이 가능해질 수 있다는 위험으로부터 정신적 프라이버시 보호의 문제[48] 2) 자아정체성, 자아 동일성과 같은 인격의 보호 문제 3) 연구대상자이면서 환자이기도 한 신경·정신질환자에 대한 강제 치료의 방지 또는 치료 배제의 위험으로부터 보호하여 적절한 치료를 받도록 해야 하는 문제 등이다. 이러한 점을 감안하여 다음과 같은 가이드라인의 내용을 도출할 수 있다.

1. 뇌 신경과학 연구에서의 연구대상자 보호 가이드라인

뇌 신경과학 연구에서 다른 적합한 치료법이 존재하지 않은 의학적 취약성을 가진 연구대상자의 보호에는 특히 더 주의를 기울여야 하고, 환자인 동시에 연구대상자가 되는 사람의 경우에 특별한 보호를 필요로 하는 배려의 윤리[49]와 최선의 돌봄을 받아야 하는 환자로서의 지위가 고려되어야 한다.[50] 연구대상자의 의사능력, 동의능력을 판단할 수 있는 평가도구를 개발하는 것도 필요하다. 연구대상자의 자율성을 보호하여 동의권을 보장하면서도, 동의능력이 부족한 대상자가 치료에서 배제되지 않도록 하는 대리권에서의 세심한 절차와 감독이 필요하다. 신경 기능을 증강, 향상시키는 새로운 신경조절인자의 연구의 경우에서는 사회적 경제적 불평등을 심화시킬 수 있지 않은지 고려해야 한다. 어린이와 청소년 등에게 적용될 때 검증되지 않고 예상할 수 없는 연구 결과의 불확실성 존재의 위험, 대상자의 기밀성과 생각의 자유 및 프라이버시를 침해 위험 및 자아정체성과 성향, 인격적 요소를 바꿀 수 있는 위험을 특별히 고려해야 한다.[51] 대중적 이해를 도우면서도 과도한 기대나 불안을 가지지 않도록 대중적 문해력을 높이는 장치와 연구자들의 편향성으로 연구의 결과의 해석이 왜곡되지 않도록 이해상충에서 자유로운 제3자로서의 전문가 검토와 소통을 포함하는 장치도 필요하다.[52]

이러한 요소들과 함께 상기에서 검토한 윤리적 요소들을 담아, 뇌 신경과학 연구의 혁신과 책임성을 동시에 만족시킬 수 있는 연구가 되고 연구대상자를 보호하기 위하여 결론 서술 뒤에 가이드라인(안)을 제안한다. 기존에 활용되고 있는 연구대상자 보호 프로그램상의 지침의 내용[53]에 첨가될 수 있는 지침들이다.

이 가이드라인의 내용은 연구대상자의 모집, 연구의 전 과정에서 기관생명윤리위원회를 포함한 모든 이해 관계자에게 유의해야 할 지침의 내용으로 포함될 수 있다.[54]

2. 뇌 신경과학 연구 동의를 위한 설명문에 포함해야 할 요소

뇌 신경과학 기술 연구에서 연구대상자용 동의서와 설명문은 환자 본인이든 환자가 아닌 사람이든 연구대상자가 연구 내용과 기대되는 결과와 영향, 효과 등을 쉽게 이해할 수 있도록 평이하고도 가독성 높은 용어들로 쓰여야 하고, 연구로부터 연구대상자가 획득할 수 있는 이익과 위험이 핵심적으로 간단하게 작성된 설명 요약문이 함께 제공되는 것이 바람직하다.[55] 동의 능력이 없는 환자의 경우에 법정대리인이 대리권을 행사해야 할 경우에도, 이익과 위험의 핵심을 담은 설명문이 동의의 대상에게 연구에 대한 이해를 용이하게 하고 설명 행위가 단순히 요식행위로 끝나지 않게 만드는 장치가 될 수 있다.

V. 결론

뇌 신경과학 기술은 앞으로 가야 할 길이 멀기 때문에, 연구에 참여할 대상자들의 안전을 위해 고려해야 할 사항이 앞으로 더 세심하게 다듬어질 필요가 있다.

환자가 곧 연구대상자가 되는 연구, 사망의 위험성이 높은 매우 실험적인 기술의 침습적인 임상시험, 인격과 자아정체성의 변형과 손상을 가져올 위험이 있는 연구, 마음과 생각의 해킹과 정신적 프라이버시 침해가 가능한 연구, 의사무능력자 등의 취약층을 대상으로 하는 뇌 신경윤리 연구에서 연구에 참여하는 대상자들의 자율적인 선택을 어떻게 책임 있게 보호할 수 있는지 전술한 인격주의적 생명윤리 관점의 윤리적 기반은 유용한 지침을 줄 수 있다. 이를 위해 가이드라인을 제안하였고 이 가이드라인은 기술 발달과 함께 계속 업그레이드되어야 할 것이다. 연구자들과 의료인·법률가·교육자 등 전문가 집단들, 일반 대중, 산업계, 정책 입안자들 등 관련자들 간의 가이드라인에 관해 지속적으로 논의할 수 있는 소통의 장이 마련됨으로써, 그 소통의 장을 통해 현장에서 실효성 있게 활용되는 가이드라인으로 발전될 수 있기를 바란다. 지속적인 논의와 소통 과정을 통해 뇌 신경윤리 연구가 궁극적으로 추구하는 인격주의 생명윤리를 지향하는 연구, 즉 인간의 존엄성과 인격의 완전성을 보호함으로써 인류 사회의 발전에 기여하는 연구가 될 것으로 기대한다.

▌뇌 신경과학 연구에서 연구대상자 보호를 위한 가이드라인(안)

1. 연구자의 확인 사항

가. 연구대상자가 해당 연구와 관련성이 있는 질환을 앓고 있는 환자인지 여부를 확인한다.

나. 위의 환자의 경우 연구에 참여할지 여부에 따라 치료와 돌봄의 수준이 달라져서는 아니 되며, 이러한 점을 환자에게 고지한다.

다. 연구로 인해 혜택을 받을 수 있는 가능성이 있는 장애인이 있다면 연구대상자로 특별히 고려한다. 이 경우 안전대책과 윤리적 보호수단도 강구한다.

라. 연구자는 환자를 담당하는 임상의사를 연구에 참여시킴으로써 환자에게 연구 참여시의 안전감을 형성할 수 있다. 즉 과학적 발견을 위해서만 환자를 이용하는 것이 아니라는 사실을 알게 함으로써 환자가 연구 참여 여부를 결정할 때 안전감을 가지게 할 수 있다.

마. 임상의사이자 연구자로서 두 가지 역할을 수행한다면, 이 사실을 환자에게 터놓고 알린다.

2. 설명 동의 등 연구수행 과정에서의 의무

가. 연구대상자의 입장을 이해하고 공감하려고 노력한다.

나. 연구대상자가 필요로 하는 요구를 충족시킬 수 있도록 적절하게 응답한다.

다. 연구대상자에게 연구내용과 방법 및 예상되는 이득과 위험 요소 가능성을 가능한 한 충분히 알기 쉽게 설명하고, 필요시 법정대리인이나 보호자 또는 보조인에게 연구대상자의 이해를 도울 수 있도록 보충 설명이나 협조를 구한다.

라. 연구대상자의 자아정체성과 인격적인 내면의 변화를 수반할 가능성이 있는 연구의 경우, 이러한 가능성을 포함하여 연구로부터 얻을 이득과 위험 및 위험 발생 시 보상의 기준과 방법 등을 연구대상자에게 충분히 설명하여 자발적인 동의를 획득해야 한다.

마. 연구대상자가 본인의 임상 상태에 대해 무지(無知)를 유지하기를 원하는지, '모를 권리'를 보장받기를 원하는지 확인하고 이를 존중한다.

바. 연구대상자의 마음과 생각을 보여주는 데이터가 생성 될 경우 이를 연구대상자의 프라이버시로서 보호하여야 하고, 연구대상자의 사전 동의가 없는 한 마음과 생각을 조작하거나 변형하려고 해서는 안 된다.

3. 위험 발생을 고려한 연구자와 연구기관의 의무

가. 연구의 위험 수준에 따라 연구비와 가용할 수 있는 수단으로서 보상의 방법과 적절한 조치를 고려하며, 이 보상의 방법과 필요시 조치를 연구계획서에 포함한다.

나. 침습적 연구 방법이 적용되는 연구의 경우에 이상 반응, 부작용 및 위험 발생을 대비한 안전대책, 보상 기준 · 절차 · 방법을 고안하도록 노력한다.

다. 치료가 필요한 환자가 연구대상자라면 해당 연구로 인해서 적절한 치료 방법에서 배제되지 않도록 주의를 기울여야 한다.

라. 연구자 및 연구자가 속한 연구기관은 연구대상자를 상대로, 연구 진행 후에 자아정체성의 변화나 프라이버시 침해 등의 이상 반응, 부작용 및 위험 발생 시 연구자와 연구기관이 면책된다거나 보상에서 제외된다는 약정을 해서는 안 된다.

마. 연구자가 속한 연구기관은 감독자로서 해당 연구가 연구대상자의 권리와 안전을 보장하는 윤리적인 연구가 되도록, 해당 연구를 감독하고 안전대책 및 보상 기준 · 절차 · 방법 등 대책을 마련한다.

4. 연구진행에 있어서 상시 자문 등

가. 연구 중에 지속적으로 고려해야 할 윤리적인 면을 상시적으로 논의할 수 있도록 다양한 분야의 전문인으로 구성된 외부 자문기구 채널을 마련한다.

나. 연구의 대상과 목적이 장애인의 기능 향상과 환자의 치료를 최우선적으로 고려할 수 있도록 한다.

다. 해당 연구에 대하여 윤리, 철학, 법, 교육, 미디어, 정책 등의 다른 분야의 전문 집단들과의 소통을 비롯하여 대중적 소통의 기회를 가질 수 있도록 노력한다.

4

신경 향상, 인간 향상과 법

제1절

신경 향상에 관한 윤리적 쟁점*

Ⅰ. 서론

21세기가 도래함에 따라 과학은 발전을 거듭하여 인체에 대한 생리학적 이해는 과거 대비 크게 증진될 수 있었다. 이러한 현상은 특히 뇌 관련 신경과학 분야에서 두드러지는데, 그 바탕에는 뇌 조영술을 활용한, 뇌의 복잡한 작용, 구조 및 기능에 관한 심도 있는 시각적 연구가 있었다.[1] 이는 의학적 신경기술의 다양성과 진보로 이어졌는데, 수술 기술의 경우 신경 이식술 등이 새로운 장을 열고 있으며, 뇌에 대한 외과적 개입이 없다는 안전성의 이점으로 비침습적 뇌자극(noninvasive brain stimulation) 기법들도 개발되어 널리 시도되고 있다.[2] 정신약리학(精神藥理學; psychopharmacology)에도 두드러진 발전이 있었다. 인지 능력 혹은 감정 기저에 있는 일부 분자 활동들을 대상으로 한, 의도적이고 인위적인 신경화학적 작용을 통하여 특정한 정

* 원문은 "신경 향상 기술이 제기하는 난제: 신경법학의 기반 연구를 위한 윤리적 쟁점 검토, 미래의료인문사회과학회지 제3권 제1호, 29－61면, 2020년 8월"이다.

신적 상태를 끌어내는 약물적 기능이, 제약의학에서 활발히 연구되며 개발되고 있다.[3] 이러한 기능을 수행하는 대표적인 약물들로는 모다피닐(modafinil), 메틸페니데이트(methylphenidate), 암페타민(amphetamine), 도네피즐(donepezil) 등이 있다.[4]

언급된 침습적·비침습적, 그리고 정신약리학적 기술들은 우울증, 주의력결핍과다활동장애(ADHD: attention−deficit hyperactivity disorder), 뚜렛증후군(Tourette syndrome), 강박장애, 조현병 등 각종 정신질환을 치료하기 위해 임상적으로 개발되고 사용되어 왔다.[5] 그러나 이제는 단순히 치료 목적을 넘어서, 이러한 기술들은 그 급격한 발전에 따라 일반인의 뇌 기능 향상을 위해 사용될 수 있는 잠재성을 보여주고 있다.[6] "사람들의 인지(cognition)·정서(emotion)·동기(motivation) 기능들을 향상시키는 개입"인 신경 향상을 구현할 수 있는 신경 향상 기술로서, 건강한 사람의 정신적 작용에도 직간접적으로 개입하는 전망이 제기되고 있다.[7] 실제로 이는 메틸페니데이트, 덱스트로암페타민 같은 일부 약물들과 결부되어 이미 벌어지고 있는 현상이기도 하다.[8] 그리하여 신경 향상 기술들의 잠재적 기능들을 규명하고, 그 치료 이상의 사용 목적과 관련된 안전성, 공정성, 강제성과 자율성, 진정성 등의 윤리적 사회적인 면을 고찰해야 할 필요성이 고조되고 있다.

본고는 이의 연장선상에서 신경 향상 기술과 결부된 여러 쟁점을 체계적으로 살펴보기 위하여, 신경 향상 기술의 사회적 수용이 제기하는 난제들을 중심으로 윤리 차원에서 전개되어 온 다양한 주장들을 개괄적으로 검토하고자 한다. 먼저 신경 향상 기술의 개념, 종류 및 효과들을 살펴본 후, 신경 향상 기술과 관련된 윤리적 쟁점들을 찬반양론으로 나누어 검토한다. 이러한 윤리적 검토가 규범적 의미에서 권리와 규제 방식과 연결되는 지점을 살펴봄으로써 향후 신경법학을 체계적으로 발전시키는 데 기초적인 논의가 되도록 한다.

Ⅱ. 신경 향상 기술의 종류 및 효과

신경 향상 기술의 개념을 명료히 하기 위해선 먼저 신경 향상이란 무엇인지 그 의미를 고찰해 볼 필요가 있다. Schleim과 Quednow(2018)는 신경 향상을 "신경 차원에서 발생하는 건강한 사람들의 인지 기능 향상"이라고 정의 내렸고, 이상목과 최종현(2014), 그리고 Repantis 외(2010)는 건강한 사람의 인지적·정서적·동기적 기능들을 향상시키려는 개입들로 해당 개념을 파악한 바 있다.[9] Larriviere 외(2009)는 본래 정신질환을 앓고 있는 환자들을 치료하기 위해 개발된 약들이 이제 일반인들의 인지 및 기억 향상 목적으로도 사용됨을 지적하면서, 일반인의 인지적 혹은 정서적 능력을 증대시키려는 약물 처방으로서 신경 향상 개념을 제시하였다.[10] 종합해 보면, 신경 향상은 일반인의 인지 및 정서 기능을 향상시키려는 개입이라고 볼 수 있다. 신경 향상 기술은 이러한 개입을 이행하는 기술로서 파악할 수 있다.[11] 김건우(2014)는 인간의 마음에 직접적으로 침습적인 개입을 하여, 그 상태를 변화시킬 수 있는 기술로서 신경 향상 기술을 논의한 바 있다.[12]

신경 향상 기술은 크게 침습적·비침습적, 그리고 정신약리학적 기술로 나누어서 생각해 볼 수 있다.[13] 먼저 침습적 기술 관련해서는 신경 이식술이 비록 실험 단계이나 신(新)시술법으로서 그 잠재성을 주목 받고 있는데, 배아 혹은 태아의 줄기세포를 뇌에 심음으로써 여러 인지능력들의 향상을 야기하는 방법이다.[14] 신경 향상과 결부되어 논의되는 비침습적 기술로는 대표적으로 전기적 기술로서, 뇌자극 치료 기법들인 경두개자기자극술(TMS: transcranial magnetic stimulation)과 경두개직류자극술(tDCS: transcranial direct current stimulation)이 있다.[15] 전자인 TMS는 전자기코일로 발생시킨 시변(時變) 자기장을 이용하여 뇌를 국소적으로 자극시키는 치료 기술이다.[16] 다른 치료기술인 tDCS는 뇌 특정 부위의 신경 활성도를 두 개의 전극으로 전달되는 약한 전기 전류로 조절한다.[17] 두 기술 모두 치매, 조현병, 강박장애, 우울증 등 다양한 신경계 질환을 임상적으로 치료하는 과정에서 그 효능을 드러내고 있을 뿐 아니라, 학습, 기억, 언어, 지각 같은 일반인의 여러 인지 기능들을 향상시킬 수 있는 잠재성을 보여주고 있다.[18]

신경 향상에 관하여 정신약리학 기술은 언급된 다른 유형의 기술들보다 더욱 그 개발 역사가 길며, 사회적 활용이 비교적 활성화되어 있다.[19] 특히 모다피닐, 메틸페니데이트, 암페타민, 도네피즐 등의 약물들이 신경 향상과 결부되어 논의·사용되고 있다.[20] 기면증 치료제인 모다피닐은 장기 복용 시 피로감이 줄어들고 각성도를 증진시키는 데 기여하는 것으로 알려져 있는데, 수면 장애를 앓지 않는 일반인에게도 그 효과가 나타날 수 있는 것으로 밝혀진 바 있다.[21] 또한 일반인의 충동적 반응을 억제해 주고 집중력을 향상시켜줌으로써, 업무 실행 능력을 제고하는 데도 효험이 있는 것으로 드러났다. 메틸페니데이트와 암페타민의 경우, ADHD에 효과적이라 알려져 있는 약물들로, 주의력뿐 아니라 문제 해결 기능, 기획 기능 등 일반인의 고급 인지 능력에도 긍정적인 영향을 끼치는 것으로 밝혀졌다.[22] 2014년 영국 및 아일랜드 대학생들을 대상으로 전국적으로 수행된 조사에 따르면, 아직 현저히 낮은 비율이지만, 신경 향상을 목적으로 0.8%가 메틸페니데이트를, 그리고 0.3%가 암페타민을 실제로 사용하고 있었다. 모다피닐의 사용자는 3.4%에 이르렀다.[23] 끝으로 도네피즐은 알츠하이머병(Alzheimer's disease) 환자의 치료에 사용되는 콜린에스테라제 억제제(cholinesterase inhibitor)로, 건강한 성인의 언어적 기억력을 증진시키는 것으로 나타났다.[24]

Ⅲ. 신경 향상 기술 관련 윤리적 쟁점들

현재진행형인 신경 향상 기술의 발전은 윤리적 차원에서 여러 난제들을 제기한다. 인간의 정신에 직접적으로 개입하는 기술들이 치료 이상의 목적으로 사용되는 현상이 보편화되면, 그것이 인간 사회에 다방면으로 큰 영향을 미칠 것은 자명한 일이다. 그에 따라 발생할 수 있는 윤리적·사회적 문제들, 그리고 그러한 문제들은 어떻게 해석하고 검토해야 하는지에 관하여 윤리 영역에서 다양한 주장과 관점들이 존재해왔다. 신경 향상 기술의 사회적 수용이 지닐 수 있는 파급력과 함의들을 심도 있게 고찰하기 위해서는 이러한 관련 쟁점들을 식별하고 체계적으로 살펴볼 필요가 있다.

윤리적 쟁점들은 크게 안전성, 불평등, 강제성 및 자율성, 진정성으로 나누어서 숙고해 볼 수 있으며, 신경 향상 기술을 윤리적으로 반대하는 입장과 찬성하는 입장이 대립하는 형국이라고 할 수 있다.

1. 안전성

신경 향상 기술과 관련하여 일차적으로 고려되어야 할 의제는 과연 그것이 인체에 적용할 수 있을 만큼 안전한지의 여부이다. 안전성은 사실 인체에 영향을 미치는 어떤 의학적 기술에 대하여서든 사람들이 대게 우선적으로 고려하는 사항이다. 무엇보다도, 신경 향상 기술은 인간의 뇌 신경에 직접적으로 영향을 미치기 때문에 그것으로 인해 발생할 수 있는 위험은 각별히 유의할 필요가 있다. 안전성에 대한 진지한 고려 없이 신경 향상 기술을 무분별하게 사회적으로 수용하는 것은, 신경 향상에 수반되는 생물학적 위험을 통제하지 않는 것이므로, 윤리적으로 긍정하기 어려운 것이다.

이상헌(2009)에 따르면, 신경 향상과 관련하여 이러한 위험은 여러 범주로 나누어서 논의할 수 있다. 그는 먼저 위험이 현재적인지 미래적인지를 나누어서 생각해 볼 수 있다고 주장한다. 현재적 위험이란 "이미 사례가 보고되어 있는 부작용들"이라고 할 수 있다. 미래적인 위험은 아직 식별되지 않았으나 그 발생 가능성이 예상되는 위험이다. 또한 위험이 단기적인지 장기적인지도 나누어서 생각해 볼 수 있다. 단기적 위험은 "짧은 시간 안에 위험의 발생 여부를 확인할 수 있는 것"이며, 장기적 위험은 "위험의 발생 여부를 확인하기 위해 매우 긴 시간이 필요한 경우"이다.[25)]

현재적이고 단기적인 위험을 내포한 대표적인 신경 향상 기술로는 약물인 암페타민이 있다. 암페타민은 다량 복용 시 도파민의 급격한 증가로 조증, 충동성, 공격성 등의 정신적 문제들을 유발할 수 있으며, 지속적으로 사용하는 경우 환각, 환청, 중독, 편집성 망상 등에 이를 수 있다.[26)] 실제로 Nutt 외(2007)가 수행한 정량적 연구에서 암페타민의 신체적 위험 및 사회적 위험은 각각 1.81, 1.67로 기록되어, 각각 1.24, 1.42로 기록된 담배보다도 높게 측정되었다.[27)]

현재적이고 단기적인 위험은 명료하게 드러나는 위험이므로 사용자를 신경 향상 기술이 내포할 수 있는 해당 위험으로부터 쉽게 보호할 수 있다. 그와 대조적으로 미래적·장기적 위험은 잘 드러나지 않는다. 경험적 증거로서 식별되지 않고 이론적 영역에 머물러 있는 것이다. 일례로, 모다피닐의 경우 위험성에 관한 연구가 아직 미진한 관계로, 이상목, 최종현(2014)은 장기 사용 시 "어떤 결과가 나타날지 매우 불확실하다"고 지적한 바 있다.[28)]

신경 향상 기술에 결부된 이러한 미래적이고 장기적인 위험을 윤리적으로 수용할 수 있는지에 관하여서는 의견이 갈린다. 특히 신경 향상 약물과 관련된 논쟁을 주목할 만하다. 모다피닐의 위험성을 논의했던 것으로 언급된 이상목, 최종현(2014)은 비록 수일 혹은 수 주에 걸친 모다피닐에 관한 실험 연구들에서 연구 참가자들로부터 심각한 유해 증상들을 발견할 수 없었지만, 장기적 관점에서 나타날 수 있는 생체적 결과의 불확실성으로 모다피닐 사용을 윤리적으로 납득할 수 없다는 입장을 취했다.[29] 그와 반대로 이상헌(2009)은 잠재적 위험성이 곧 특정 행위를 윤리적 차원에서 부정적으로 평가할 이유가 될 수는 없다고 주장했다.[30] 우리는 신경 향상 약물 외에도 어떤 약이든 그 잠재적 부작용을 부정하진 않지만, 다른 누군가 혹은 자신이 아플 때 적합한 약을 권하기도 하고 먹기도 하는데, 그렇다고 해서 그러한 행동을 함부로 윤리적으로 비난하지는 않는다.[31] 또한 신경 향상 약물 같은 신경 향상 기술에 잠재한 위험보다 더 위험하다고도 할 수 있는 행위들도 인간 사회에서는 예전부터 통상적으로 수용되어 왔다.[32] Farah 외(2004)는 사실 어떤 약이든 그 안전성을 완전히 담보할 수는 없으며, 약물의 사회적 허용은 궁극적으로 그 약물의 위험성 및 이익을 따져본 공공규제기관에 의해 결정되는 것이라고 지적했다. 신경 향상 약물에도 그렇게 허용되는 약물과 똑같은 태도를 취하지 않을 근거는 없는 것이다.[33] 결론적으로, 언급된 저자들이 전개한 논지를 신경 향상 기술의 안전성에 대한 윤리적 담론이라는 틀로 살펴보면, 미래적이고 장기적인 위험성을 근거로 특정 신경 향상 기술의 사용을 윤리적으로 반대하는 관점과 잠재적 위험성에 그다지 큰 윤리적 의미를 부여하지 않음으로써 특정 신경 향상 기술의 허용을 지지하는 관점의 대립으로 파악할 수 있다.

신경 향상 기술의 안전성 문제는 헌법상 보건에 관한 권리와 연결된다.[34] 보건에 관한 권리는 국민 건강 수준의 향상을 목적으로 국가로 하여금 보건의료 체계를 구축하고 유지 발전하도록 촉구하는 헌법상 권리이다. 신경 향상 기술이 적용되는 대상자가 받게 될 기술 적용

효과의 혜택과 단기적 장기적 부작용 위험에 대해 충분히 검토하여 보건의료에서도 사회적으로 수용될 수 있는 제도와 규제 체계를 갖추도록 할 필요가 있다.

2. 불평등

불평등 관련 논의들은 신경 향상 기술이 활발히 유통될 경우 발생할 수 있는 사회적·경제적 격차에 집중한다. 해당 쟁점과 결부 지어 신경 향상 기술을 비판적으로 바라보는 측은 '불평등 논증'을 내세우는데, 이는 신경 향상의 효과를 특정 계층만이 독점하여, 사회의 기존 불평등 구조가 심화될 것이라는 관점이다.[35] 이러한 관점에 따르면, 소득계층에 따라 신경 향상 기술의 비용 장벽의 경중을 다르게 느낄 것이며, 그 비용을 감당할 수 있는 고소득층에게만 신경 향상 기술을 사용할 기회가 주어질 것이다.[36] 건강보험 회사들이나 국가에서 비(非)치료적 신체적 개입들의 비용을 감당해 줄 이유는 없다. 따라서 비용을 지불할 수 있는 계층의 사람들만이 신경 향상의 효과를 누리게 되는 것이다.[37]

더욱이, 부유한 시민일수록 정보를 더 많이 소유하고 있어 신경 향상 기술의 존재를 가난하고 정보가 빈약한 사람들보다 더욱 잘 인지하고 있을 가능성이 높다.[38] 그리고 그러한 기술을 획득할 수 있는 여가 시간 또한 저소득층에 비해 더 많이 가지고 있을 것이다.[39]

신경 향상 기술을 윤리적으로 반대하는 측은 이러한 신경기술의 접근성 차이가 계층 대물림이라는 악순환의 고리로 귀결될 것을 우려한다. 부와 정보에 종속된 신경 향상 기술의 접근성 차이는, 계층 간 인지 능력의 격차를 야기할 것이며, 이는 성적 및 학력에서 다시 불평등을 발생시켜 궁극적으로 소득 계층의 고착화로 이어진다는 것이 반대론자의 핵심 논지이다. 사회경제적 지위가 인지 능력의 수준을 결정짓고, 그러한 수준이 다시 사회경제적 지위로 환원되는 사이클(cycle)이 이루어지는 것이다.[40] 이러한 관점은 신경 향상 기술이 사회적·경제적 불평등으로 귀결되는 인지적 격차를 발생시킬 수도 있다는 전제 위에 성립되며, 해당 성질의 인지적 격차도 크게 문제 삼는다.

신경 향상 기술 관련 불평등 논쟁에서 찬성론자의 시각은 다르다. 먼저 사회적·경제적 격차로 인하여 특정 계층이 신경 향상 효과를 독점하는 현상은, 특별히 저소득층을 위하여 신경 향상 기술의 접근성을 정책적으로 제고함으로써 방지 가능하다. 즉, 사회경제적 직위가 낮은 사람에게 신경 향상 기술의 혜택이 우선적으로 돌아갈 수 있도록 하는 정책을 펼친다면, 모두에게 신경 향상 기술을 활용할 기회가 공평하게 주어지게 되는 것이다. 이 경우 신경 향상 기술은 더 이상 부유한 사람들만의 전유물이 아니므로, 소득 수준에 따른 신경 향상 기술의 접근성 관련 불평등 문제는 자연스럽게 해결된다.[41] Flanigan(2013)은 이러한 동등한 접근권이 보장되었다는 전제하에, 신경 향상 약물들이 사회적 불평등을 도리어 보상해 주는 역할까지 할 수 있다고 강조하였다.[42] 예컨대 만약 교육 수준이 낮은 학교에 입학하게 되더라도, 신경 향상 약물을 통한 인지 기능의 향상을 경험한다면, 열악한 환경에서도 성공할 수 있는 발판을 마련하게 되는 것이다.[43]

신경 향상 기술로 발생하는 인지적 격차가 사회경제적 격차를 심화·고착화시킬 수도 있다는 주장에 대하여서는, 인지 능력이 낮은 사람들에게 일부 신경 향상 기술들이 최적의 효과를 보여주기에, 오히려 그것이 사람들 간의 인지 기능 격차를 줄여주는 밸런싱(balancing) 역할을 할 수 있다는 반론이 존재한다.[44] 신경 향상 기술이 사회적·경제적 불평등으로 귀결되는 인지적 격차를 촉발하는 것이 아니라, 오히려 기존의 인지 격차를 감소시키는 긍정적인 역할을 할 수도 있다는 것이다. 가령 신경 향상 약물이 성과 기준선(performance baseline)이 낮은 사람들에게 가장 효과적임을 보여주는 경험적 증거들을 지적하면서, 신경 향상 기술이 이러한 사람들의 인지 능력을 향상시킴으로써 기회적 평등에 기여할 수 있다고 주장하는 저자들이 있었다.[45] 더불어 이상목, 최종현(2014)은 신경 향상과 관련된 중추신경자극제들이 인지능력이 낮은 사람들에게는 최적의 효과를 보이지만, 인지능력이 높은 사람들에게는 효과가 낮거나 도리어 역효과가 난 신경과학 연구 결과들을 언급하며, "현존하는 약물들은 오히려 사람들 간의 인지적 격차를 줄이는 데 기여하므로 약물에 대한 동등한 접근권만 보장된다면 불평등의 발생 가능성은 매우 낮은 것으로 보인다"고 결론지은 바 있다.[46]

그러나 접근성 문제를 차치하고서도, 신경 향상 기술에 기인한 인지적 격차 자체는 실질적으로 불가피한 사회적 문제가 될 수도 있다는 신중론(愼重論)이 제기된다. 왜냐하면 tDCS 같은 특정 신경 향상 기술의 경우, 여러 실험에서 인지적 차이에서 그 효능 정도의 차이가 발생했던 것이 아니라, 두개골 두께, 피하지방 수치, 뇌척수액(cerebrospinal fluid) 밀도, 대뇌피질의 해부학적 특징 등 인지능력과 크게 상관없는 여러 신체적 조건이 효과 수준의 변수들로 작용했기 때문이다.[47] 즉, 해당 기술은 앞서 언급된 신경 향상 약물들처럼 인지적 능력이 낮은 사람들에게 최적의 효과를 발휘하지 않으며, 도리어 인지적 능력 수준에 관련 없는 신체적 조건들을 선천적으로 적합하게 타고난 사람들에게 최적의 효과를 발휘하는 것으로 잠정적으로 사료된다. 아직 더욱 많은 연구가 필요하겠으나, 이것이 사실로 판명 나면 신경 향상 기술이 사람들 간의 인지적 격차의 감소 효과를 낳을 수 있다는 주장은 온전히 수용될 수 없다. 더불어 모든 사회적 계층에게 신경 향상 기술의 접근성이 보장된다 하더라도 신경 향상 기술의 통용이 비(非)인지적 신체적 특성에 따른 새로운 형태의 인지적 격차를 촉발할 수 있다는 우려가 제기될 수 있으며, 이러한 인지적 격차는 더 나아가 새로운 사회적·경제적 격차로 낙착될 수 있기에 유의가 필요하다.[48]

설령 신경 향상 기술이 야기하는 인지적 격차가 사회적 불평등으로 귀결되는 성질의 것이라 할지라도, 만약 사회 전체의 이익으로 이어진다면 불평등도 용인될 수 있다는 Rawls의 입장에 따라, 윤리적으로 부적절하게만 평가할 수는 없다는 시각도 존재한다.[49] Rawls는 사회적·경제적 불평등이 두 가지 조건을 충족시키는 한에서는 용인될 수 있다는 주장을 피력한 바 있다. 우선 기회의 평등이 보장되어 누구에게나 개방되어 있는 지위 및 공직 들의 경우, 사회경제적 우위를 보장받을 수 있으며, 이런 종류의 불평등은 사회적으로 가장 취약한 계층의 사람들에게 가장 큰 이득을 가져올 수 있어야 한다. 특정 개인들만 공직의 사회적·경제적 혜택을 누리게 되더라도 그것이 사회적 약자들의 권익 향상으로 이어진다면 사회 전반에 긍정적인 영향을 미치는 것으로써 허용될 수 있다.[50] 이를 신경 향상 기술의 경우에 대입해보면, 관련하여 동등한 접근권이 보장될 시 열악한 사회경제적 위치에서도 인지 향상으로 크게 성공하는 학생들이 일부 나타날 수 있고, 이러한 학생들이 사회지도층이 되어 예전의 자신들처럼 빈곤한 환경에 처해 있는 학생들을 우선적으로 정책적 차원에서 돕는 가능성을 생각해볼 수 있다.[51] 만약 해당 가능성이 실현된다면, 신경 향상 기술이 제공하는 인지적 혜택이 특정 개인들에게만 사회적·경제적 형태로 선별적으로 돌아가는 것일지라도, 사회 전체에 긍정적인 기여를 할 수 있기에 용인될 수 있게 된다.[52]

신경 향상 기술에 대한 동등한 접근성 보장은 배분적 정의의 실현이라는 헌법상 평등의 원리와 연결된다.[53] 신경 향상 기술에 관한 평등의 원리는 기술 자체에 접근할 기회를 골고루 형평성 있게 제공해야 한다는 출발선상의 평등뿐 아니라, 기술 적용으로 나타나는 인지적 격차를 해소하도록 해야 한다는 결과의 평등의 요청으로 나타난다. 개개인의 신체적 특성에 따라 신경 향상 기술의 적용 결과가 다르게 나타날 수 있다는 점을 감안하여, 기술을 선택하는 주체가 선택의 기초가 되는 정보를 충실하게 제공받을 수 있도록, 신경 향상 기술 적용의 실제에 대한 신경과학 교육과 홍보도 선행되어야 할 필요가 있다. 기술에 대한 정보에서 소외되지 않도록 하고, 기술 적용의 혜택을 형평성 있게 누리도록 하되 그에 따른 부작용은 최소화할 수 있도록, 이러한 교육과 홍보, 대국민적 상담과 소통이 평등의 원리 실현의 전제 조건이 될 수 있다.[54]

3. 강제성 및 자율성

신경 향상 기술에 관한 윤리적 논의에서 중요한 축을 차지하는 또 다른 문제들은 신경 향상 기술이 가져올 수 있는 강제성(coercion) 문제, 그리고 자율성(autonomy) 문제이다. 먼저 여기서 말하는 강제성이란 신경 향상 기술을 사용해야 한다는 사회적 압력에 개인이 거세게 직면하는 상황과 결부되어 있다.[55] 신경 향상 기술을 윤리적으로 부정적으로 평가하는 측은, 신경 향상 기술의 사용이 보편화될 시, 신경 향상 기술을 통하여 인지 능력을 인위적으로 향상시키도록 사람들을 압박하는 사회적 풍토가 조성될 수도 있음을 우려한다.[56]

예를 들어, 고용인들은 신경 향상 기술로 인해 인력 간의 인지 능력에서 두드러지게 차이가 발생할 경우, 인지 능력이 더욱 뛰어난 인력을 그렇지 못한 인력보다 선호할 것이다. 교사들은 학교에서 인지 능력이 월등히 우수한 학생들이 더욱 가르치기 쉽다고 느낄 수도 있다. 이러한 이유로 직장에서도, 학교에서도 신경 향상 기술을 사용해야 된다는 직접적 혹은 간접적 압박이 발생할 가능성이 제기된다. 개인이

자신의 의지에 상관없이 강제적으로 인지향상 기술을 사용하는 윤리적 문제가 일어날 수도 있는 것이다.[57]

이렇게 직장 혹은 학교 내에서 개인이 경험하는 강제성은 크게 두 종류로 나누어 생각해 볼 수 있다. 첫 번째 개념은 명시적 강제성(explicit coercion)으로, 이를 마주하는 개인은 그의 상사 혹은 교사로부터 노골적으로 성과 향상을 위해 인위적인 신경 향상을 경험하기를 요구받는다. 두 번째는 묵시적 강제성(implicit coercion)이다. 묵시적 강제성을 직면하는 개인의 경우, 직접적인 요구는 없으나 경쟁 환경에서 남들과 겨루기 위해, 그리고 높은 성과 기준을 충족시키기 위해 신경 향상 기술의 도움을 받아야 한다는 무언의 압박을 받게 된다.[58] 신경 향상 기술을 윤리적으로 반대하는 입장에서는 표면적이든 암묵적이든 신경 향상을 선택하지 않을 권리 및 자유에 제기되는 이러한 위협 때문에 신경 향상 기술은 마땅히 제재받아야 한다고 주장한다.[59]

그러나 윤리적으로 신경 향상 기술을 긍정하는 측은 그렇다고 해서 신경 향상 기술을 강압적으로 규제할 수는 없다고 반박한다. 개인이 직장에서나 학교에서 신경 향상 기술을 사용할 수 있는 자유를 법적으로 제한하려는 시도야말로 강제적일 수 있기 때문이다.[60] 신경 향상을 선택하지 않고자 하는 개인들이 겪게 되는 사회적 압박 및 불이익을 방지하겠다는 숭고한 목적이 있다 하더라도, 그것이 타인에게 해를 끼치지 않는 자기 개발 목적의 특정 수단을 사용할 수 있는 자유를 부정하는 것을 정당화하진 않는다.[61] 이러한 시각은 특히 자유주의 사회의 윤리적 토대를 이루는 개인의 자율성(individual autonomy) 원칙으로 뒷받침될 수 있다.[62]

여기서 개인의 자율성이란 외부적 압력에 의해서가 아니라 자신 스스로의 동기 및 이유에 따라 살아가는 개인의 능력으로, Mill은 이를 자유주의의 근본적 원칙으로 여긴 바 있다.[63] 그에 따르면, 다른 사람에게 해를 가하거나 그의 자유를 침해하지 않는 한에서 각 개인은 스스로의 목적 및 그것에 적합한 수단을 선택할 자유가 있다. 그러므로 모든 개인은 각자 생각하는 중요한 가치를 추구하며 살아갈 수 있는 권리, 즉 자율성을 갖고 있는 것으로 인정받는다. 정부는 시민들이 표현하는 다양한 가치들의 존재를 인정하면서, 함부로 한 집단의 가치를 다른 집단의 가치에 우선시하여 개인의 자율성이 침범되지 않도록 해야 한다.[64] 이러한 윤리적 관점에서 신경 향상 기술의 사용이 강제적으로 억압될 경우, 그 기술을 자신이 추구하는 목적과 가치에 맞게 사용하려는 개인들의 자율성이 명백히 침해되기에, 그것이 어떤 이유로든 윤리적으로 정당화될 수 없다는 논증이 전개될 수 있는 것이다.[65]

물론 개인의 자율성에 따라 신경 향상 기술을 윤리적으로 긍정하는 측에서도 이러한 원칙이 신경 향상 기술의 사용을 거부하는 사람들에도 동일하게 적용되어, 신경 향상 기술의 사용을 거부하는 선택 또한 존재할 수 있으며 존중받아야 함을 인정한다. 신경 향상 기술을 거부하는 사람들이 여러 학업적 혹은 직업적 환경에서 그 기술을 사용하는 사람들과의 경쟁에서 뒤처질 수 있다는 것 또한 사실일 것이다. 그러나 이미 많은 상황적 맥락에서 타인과의 경쟁에서 우위를 점하려는 목적으로 특정 인지향상을 위한 수단을 채택하여 활용하는 행위가 인정되고 있다. 예를 들어, 개인 과외, 인지 훈련, 식품 보충제 등의 인지 향상 수단들은 합법적으로 허용된다. 따라서 이미 인지 향상을 위한 여러 자율적인 수단들이 사회적·법적으로 인정되는 이상, 특별히 신경 향상 기술을 통해 인지 향상을 경험하려는 개인의 자율적인 선택을 강압적으로 가로막을 윤리적 근거는 희박하다.[66]

하지만 신경 향상 기술을 사용할 자율성이 인정되어 그것이 널리 통용될 시, 그것을 사용하지 않고자 하는 사람들의 자율성은 궁극적으로 불가피하게 침해당할 것이라는 부정적인 의견은 지속적으로 제기되고 있다. 신경 향상 기술을 사용해야 한다는 사회의 강압적 압력들에 취약한 사람들이 생겨날 것이라는 실질적 가능성을 온전히 배제할 수 없기 때문이다. 예를 들면 어린이들의 경우는 어떠한가? 어린이들은 법적으로 자율성을 온전히 인정받지 못하며, 부모, 학교 교사 등의 보호자 및 어른들이 행사하는 외부적 영향들에 취약하다. 따라서 자신의 의사에 관계없이 강압적으로 신경 향상 기술을 사용해야 할 상황에 누구보다 쉽게 처할 수 있는 것이다.[67]

사회적 압박으로부터 자유로운 온전한 자율성의 실현을 위해서 신경 향상 기술의 적용 대상자 본인과 보호의무자에게 설명 동의(informed consent)를 바탕으로 한 의사결정이 이루어질 수 있도록 해야 하고, 보호의무자에 의한 대리권 남용을 방지하는 법제도적 장치도 고려되어야 할 필요가 있다.[68] 설명 동의의 전제가 되는 정보 제공에서는 앞서 언급한 신경 향상 기술 적용의 혜택과 부작용, 개인의 특성에 따라 다르게 나타나는 기술적용의 효과가 충분히 제공됨으로 묵시적 강제성으로부터 자유로운 상태에서 의사결정을 할 수 있도록 하는 것도 필요하다.

4. 진정성

마지막으로 신경 향상 기술 관련하여 논쟁을 촉발하는 의제로서 진정성(眞正性; authenticity)을 논의해 볼 수 있다. 여기서 말하는 진정성이란 신경 향상 기술이 가져올 수 있는 인지, 행동, 성격적 특성 관련 변화들과 결부되어 논쟁되어 온 것으로, 인간 본연의 진실된 자아(自我), 즉 정체성(identity)과 개념적으로 밀접하다.[69] 이러한 진정성은 곧 자신으로부터 기인한 욕망, 믿음, 감정, 의사 등 자기 자신만의 정신 상태들을 식별하며 선별적으로 자신의 행동에 반영시키는 주체적

인간의 능력이 발현되는 것을 의미한다.[70)]

신경 향상 기술을 윤리적으로 반대하는 입장에서는 신경 향상 기술이 진정성을 훼손하여 궁극적으로 인간 본연의 정체성 상실을 야기할 것이라는 우려를 제기해 왔다.[71)] 이러한 입장에 따르면 인간 개인을 참으로 그 개인으로 만드는 결정적인 무엇인가가 존재하는데, 그것이 바로 진정성이며, 진정성의 훼손은 그 개인이 더 이상 진실되게 그 개인으로서 존재할 수 없음을 뜻한다.[72)] 진정한 자신만의 정신상태를 식별하고 이러한 정신상태가 본인의 행동에 얼마나 영향을 미칠 것인지 자유롭고 참된 주체로서 결정할 수 있어야지만 개성을 가진 자아가 형성될 수 있는 것이다.[73)]

그러나 신경 향상 기술이 야기하는 정신적 변화들은 우선 자기 자신만의 정신 상태들을 식별할 수 없게 하는데, 이는 그것들의 진정한 출처가 당사자가 아니라 침습적인 외부적 요인이기 때문이다.[74)] 더불어 본인의 진실되고 자유로운 결정이 행동을 좌우하는 능동적 주체가 신경 향상적 변화가 행동을 이끄는 수동적 존재로 전락해 버림으로써 당사자와 그 결정 및 행동 간에 괴리감이 발생하게 된다. 이는 궁극적으로 진정성 상실로 귀결되며 더 나아가 진실된 자아와의 단절을 만들어낼 것이다.[75)]

이에 대한 반론은 신경 향상 기술은 단순히 진정성을 실현하는 수단에 불과하다는 것이다. 만약 개인이 신경 향상 기술이 본인에게 정신적으로 미칠 영향을 알면서도 그 결과를 선호하여 그것을 사용하여 본인이 선호하던 결과를 끌어냈다면, 그러한 정신 상태 변화도 궁극적으로는 자유롭고 참된 주체의 의지 발현이라고 할 수 있다. 한 사람의 욕망과 신념에 따라 신경 향상적 개입의 긍정적 효과가 가늠되고 적용될 시, 신경 향상 기술 그 자체가 그 사람의 정신 상태 및 행동을 좌우한다고 단정 지을 수는 없다. 오히려 특정 정신적·행동적 결과를 갈망하는 개인의 자유롭고 진실한 결정을 실현하는 수단에 불과한 것이며, 그렇게 실현되는 정신적·행동적 양상의 출처 또한 결국 신경 향상 기술을 사용하기로 주체적으로 선택한 본인인 것이다.[76]

현실에서도 이처럼 외부적 수단을 이용하여 본인이 갈망하고 선택한 정신적·행동적 상태를 달성하는 사례들을 어렵지 않고 자연스럽게 찾아볼 수 있다. 대표적인 예시로는 심리치료가 있는데, 신경 향상 기술을 윤리적으로 지지하는 입장에서는 신경 향상적 개입 또한 이미 존재하고 널리 사용되는 이러한 수단들과 다름없는 것이라고 주장한다.[77] 이러한 관점에 따르면, 신경 향상 기술은 본인의 정신 상태를 식별하여 그것을 행동에 반영시키는 진정성을 훼손하는 것이 아니라, 도리어 본인의 주체적 의사에 따른 의도적 선택의 결실을 맺게 하는 진정성의 발현 수단이라고 볼 수 있다.[78] 온전한 자아를 보호하고자 하는 진정성의 요구는 인지적 자유권이라는 새로운 기본권의 논의와 연결된다.[79] 정신 상태를 바꾸는 방법과 수단을 선택할 자유, 정신적 완전성을 보호하고자 타인의 부당한 개입을 거부할 권리, 인지적 자유를 증진하기 위한 법적 보호 제도를 인지적 자유권으로 설명할 수 있다. 또한 인지적 자유권의 보장은 인간의 존엄과 가치라는 기본권의 출발점이자 가치이념으로부터 구체적인 권리로 도출되는 자기결정권을 실현하기 위한 전제조건이 될 수 있다.

Ⅳ. 결론

오늘날 신경 향상 기술은 빠른 속도로 발전을 거듭하고 있으며, 그것이 인간 개개인에게 정신적 차원에서 미칠 수 있는 영향 및 이에 따른 잠재적 사회적 파급력이 주목받으면서, 관련하여 윤리적 논의가 활발히 이루어지고 있다. 이러한 논의는 신경 향상 기술의 통용으로 하여금 촉발될 수 있는 사회의 거시적 변화들에 관하여 중요한 통찰들을 제공하기 때문에, 사회의 변화 속에서 규범적인 요소들을 도출하기 위해서는 반드시 거쳐야 하는 논의 과정이다. 더불어 이러한 윤리적 논의가 활발히 이어지려면 그것이 생소하거나 새로 관심을 갖게 된 이들에게 여태까지의 그 전개 형태를 소개하고 이해시키려는 시도들이 지속적으로 필요하다. 신경 향상 기술들이 제기하는 윤리적 사회적 논란을 검토하는 것은 향후 규범적인 틀을 만들고 법제화를 추진하기 전에 기초 요소들을 점검하는 효과가 있다.

이러한 의미에서 본고는 신경 향상 기술의 사회적 수용이 제기하는 난제들을 중심으로 윤리적 차원에서 전개되어 온 다양한 주장들을 개괄적으로 검토하였다. 윤리적 쟁점들은 크게 안전성, 불평등, 강제성 및 안전성, 진정성으로 나누어서 살펴보았으며, 이에 대한 찬반양론을 체계적이고 객관적으로 설명하였다. 이를 통해서 신경 향상 기술 관련 윤리적 논의의 지형도에 대한 독자의 이해 제고에 기여하고자 하였으며, 신경 향상 기술이 가지는 윤리적·사회적 함의들을 점검함으로써 신경법학의 기초적 토대를 다지는 데 본 논문이 유용하게 작용할 것으로 기대한다.

제2절

미성년자에 대한 신경 향상을 둘러싼 공법적 이슈*

Ⅰ. 서론

부모는 자녀를 돌보고, 지지하고, 교육할 권리와 의무가 있다. 부모는 자녀가 자라서 사회에 기여하는 성인이 될 때까지 영양가 있는 음

* 원문은 2021년에 Journal of Law and the Biosciences에 실린 "Enhancing the developing brain: tensions between parent, child, and state in the United States(https://doi.org/10.1093/jlb/lsab017)"이다. 원저자인 미국 스탠포드대학 로스쿨(Stanford Law School) Anita S. Jwa 박사님의 번역 승낙을 받아 이를 번역함으로써 2차적 저작물로 만든 번역물이다. 원문의 의미를 손상하지 않는 범위 내에서 다소 의역을 함으로써 가독성을 높였다. 아동의 인지능력 향상·신경 향상과 관련하여 부모, 미성년자 자녀, 국가 간의 긴장 관계에서 미국의 경우 부모의 친권, 국가의 미성년자 기본권 보호의무, 자녀 개인의 헌법적 권리, 이 세 가지를 인정하고 있지만, 우리나라에서는 미성년자의 독립적인 헌법적 권리 보다는 혼인과 가족의 보장영역으로서 아동의 최선의 이익의 보장을 추구하고 있다는 점에서 다소 차이가 있다(엄주희, 미성년자 연명의료 결정에 관한 소고, 법학논총 제41집, 2018, 8면; 조재현, 아동학대의 예방적 과제로서 아동보육시설에서의 영상감시카메라 의무적 설치의 헌법적 문제, 미국헌법연구 제26권 제2호, 2015, 265-266면). 우리 헌법재판소는 부모의 자녀양육권이 자녀의 행복을 위하여 행사되어야 한다고 하면서, 자녀양육권이라는 기본권의 제한에 있어서 헌법 제37조 2항

식과 좋은 교육을 제공하기 위해 그들의 삶의 모든 부분에서 엄청난 노력을 바친다. 최근 신경과학의 발전은 인지 기능을 향상시키도록 뇌 활성화를 변화시킴으로써 부모가 자녀를 양육할 때 사용할 새로운 방법을 제시한다. 최근 들어 사용되는 뇌 개입 기술은 원래 신경성 장애를 치료하기 위해 개발되었다. 그러나 이 기술이 건강한 사람들의 인지 능력을 조절할 수 있다고 보고되고 있다.[1] 이러한 기술들을 인지 기능 향상에 사용하는 것은 치명적인 도덕적 우려를 불러일으키지만, 사람들은 이미 이 새롭고 매력적인 수단을 연구하기 시작했다. 대학생들은 시험 기간에 자신의 주의력을 향상하기 위해 Adderall이나 Ritalin과 같은 신경 향상 약물(enhancing drugs)을 사고판다.[2] 10,000명 이상의 사람들이 운동 기술부터 창의적 사고의 폭까지 넓힐 수 있도록 인지 기능 향상이 가능한 DIY 전자적 뇌 조절술(do-it-yourself electrical brain stimulation)을 이미 인터넷으로 구독해 왔다.[3] 이러한 추세를 보아 머지않아 부모 입장에서는 인지적 향상(cognitive enhancement)이 호소력

에서 명시한 국가안전보장, 질서유지, 복리에 해당되지 않는 아동의 행복과 최선의 이익의 기준을 제시하였다. 아동의 행복, 복리와 최선의 이익이 자녀양육권 내지 자녀교육권의 내재된 한계이자 목적이 될 수 있다는 것이다(헌재 2000.4.27. 98헌가16 등; 정기상, 아동의 자기결정권에 관한 헌법적 고찰-의료영역에 있어 아동의 자기결정권 논의를 중심으로, 헌법재판연구 제6권 제2호, 2019, 167-168면). 헌법 조문에는 아동의 헌법상 권리가 명시되어 있지 아니하고 "모든 국민은 그 보호하는 자녀에게 적어도 초등교육과 법률이 정하는 교육을 받게 할 의무를 가진다"(헌법 제31조 제2항) "연소자의 근로는 특별한 보호를 받는다"(제32조 제5항) 등의 규정으로서 아동을 보호의 대상으로 인식하고 있다. 헌법재판소 결정에 의하면 "아동과 청소년의 자기결정권은 성인과 마찬가지로 인간의 존엄성 및 행복추구권을 보장하는 헌법 제10조에 의한다"고 하면서도 "우리 사회는 미성년자의 의사능력이 미약하다는 전제를 받아들이고 있다. 이러한 전제 하에서 미성년자는 다른 영역에서도 판단능력 내지 결정능력이 미약하다고 추단될 수 있다"고 판시함으로써 미성년자의 미성숙을 인정하고 아동의 자기결정권이 제한될 수 있는 길을 열어두고 있다(헌재 2012.4.24. 2010헌마437).

있는 선택지로 꼽히게 될 것이다. 널리 인지적 향상 기술이 사용될 잠재적 가능성에 대응하여 국가도 미성년자의 인지적 향상을 규제하기 시작할 수 있다.

부모들이 자녀에게 인지적 향상을 사용하면서 국가의 규제가 생성될 경우에는, 부모, 자녀, 그리고 국가 사이의 긴장 관계는 불가피하게 발생할 것이다. 본고는 인지 능력 향상과 유사한 사례인 의료 개입, 교육, 그리고 예방접종 의무화에 관해 결정을 내린 미국의 판례들을 검토하고 미성년자에게 사용되는 인지적 향상에 관한 법적 함의를 분석한다. 인지적 향상을 원치 않는 자녀에게 부모가 강요하는 상황이 일어날 수 있다. 자녀가 인지적 향상을 원해서 사용하는 것을 부모가 허락하지 않는 정반대의 경우도 발생할 수 있다. 또한, 부모에 의한 인지적 향상의 사용이 자녀에게 좋은 선택이 아닐 경우, 국가는 이 부분에 개입할 수 있다. 더 나아가, 국가는 부모나 아이의 바람과 상관없이 인지적 향상을 의무화하거나 금지할 수 있다. 이 국가적 규제는 부모와 아이의 실망에서 비롯된 반발과 역풍을 초래할 수 있다.[4)]

이와 유사한 긴장 관계에 관한 선례는 이미 존재한다. 미성년자의 무능력과 부모의 자녀양육권[5)]에 대한 문제는 미국의 법체계와 더욱 깊게 관련되어 있고 여러 방면의 문제를 일으켜 왔다. 법정은 누가 자녀를 위한 결정을 할 수 있을지, 그리고 그 결정을 내리는 권한의 범위가 어떻게 되어야 할지에 대해 고심해 왔다.[6)] 인지적 향상의 등장은 오히려 이 갈등을 증폭시킬 뿐이다. 비록 이러한 문제들이 아직 완벽하게 해결된 것이 아니지만, 이전에 내렸던 법정의 판단이 인지적 향상과 관련된 문제들에 대한 해결책을 찾는 데 기여할 수는 있다. 본고는 인지 능력 향상과 유사한 사례인 의료 개입, 교육, 그리고 예방접종 의무화에 관해 결정을 내렸던 미국 판례들을 검토하고 미성년자에게 사용되는 인지적 향상의 법적 함의에 대해 분석하기 위한 목표를 가지고 있다. 이하에서는 다음과 같이 전개될 것이다. 우선 미성년자의 인지적 향상을 둘러싼 문제를 다룬다. 인지적 향상과 연관된 기존의 뇌 개입 기술과 도덕적 이슈들에 대해 간단히 소개한다. 다음으로 미성년자에 대한 뇌 개입 기술의 현재와 미래의 활용 가능성을 검토한다. 누구의 권리 내지 법익이 상충하는지, 이러한 긴장 관계에서 발생하는 주요 쟁점을 파악함으로써, 인지적 향상의 활용을 둘러싸고 부모, 자녀, 그리고 국가 간의 복잡한 긴장 관계를 해결한다. 마지막으로는 이러한 긴장 관계의 법적 배경을 살펴보고, 발달 중인 뇌를 둘러싼 긴장 관계를 밝히기 위해 의료 개입, 교육 및 예방접종 의무화라는 세 가지 유사한 맥락의 판례들을 검토할 것이다.

Ⅱ. 미성년자에게 사용되는 인지적 향상 기술

인지적 향상이란 무엇인가. 인지적 향상을 치료와 비교하는 것은 이 둘 사이의 구분을 모호하게 만들 가능성도 있지만, 인지적 향상이라는 개념을 보다 쉽게 이해할 수 있게 한다. 인지 능력은 '사고하고, 계획하고, 문제를 풀고, 추상적 사고를 하고, 복잡한 아이디어를 이해하고, 빠르게, 그리고 경험에서 배우는' 등의 정신적 능력이다.[7] 치료는 사고나 질병과 같은 다양한 원인으로 인해 손상된 인지 능력을 평상시의 수준으로 회복하는 것을 의미한다.[8] 일부 학자들은 인지적 향상을 인지 능력을 평소 상태 이상으로 증대시키는 것으로 협소하게 정의하기도 하지만,[9] 통상 인지적 향상은 평소의 수준 내에서나 그 이상으로 인지 능력을 개선한다는 의미로 지칭된다.[10] 뇌 기능의 향상은 사실상 새로운 개념이 아니다. 비록 우리가 깨닫지 못할 수도 있지만, 충분한 잠을 자거나 영양가 있는 음식을 먹거나 규칙적인 운동에 몰두하는 등으로, 우리는 통상적으로 일상생활 속에서 뇌 기능을 향상할 수 있다. 카페인은 뇌 기능을 향상시키는 또 다른 전통적인 예가 될 수 있으며, 문학이나 산수와 같은 지적 도구도 우리의 인지 능력을 크게 향상시킨다. 그러나 최근의 뇌 기술의 엄청난 발전은 뇌의 기능을 조절하기 위한 직접적인 생물학적 뇌 개입을 가능하게 해왔다. 이러한 새로운 뇌 개입의 등장은 인지 기능을 개선하기 위해 이러한 개입을 사용하는 것에 관하여 철학자, 생물 윤리학자, 그리고 법률가 간의 광범위한 논의를 끌어냈다. 뇌가 아직 성장 중인 미성년자를 대상으로 뇌 개입 기술을 적용하는 것은 상당한 윤리적인 우려를 자아낸다. 그러나 신경과학 기술이 빠르게 진보하는 추세를 감안해 볼 때 향후 이 기술은 더욱더 효과적으로 되고 접근성도 용이해 질 뿐 아니라, 결국 미성년자의 부모를 포함하여 대중들 사이에서 인지적 향상과 같은 기술들에 관한 관심은 커질 가능성이 있다.

1. 신경 향상을 위한 직접적인 생물학적 뇌 개입 기술

현재 사용 가능한 몇몇 생물학적 뇌 개입 기술은 인지기능을 조절하는 데 사용될 수 있다. 잘 알려진 기술은 약리학적 제제를 통한 신경 활성화에 영향을 미치는 다양한 화학적 개입이다. 적합한 예로는 Amphetamine(브랜드명 Adderall)과 methylphenidate(Ritalin으로도 지칭된다)과 같은 중추신경계 각성제가 있다.11) 충동성을 줄이고 주의력을 높이는 이러한 각성제는 처음에는 주의력 결핍 과잉행동장애(ADHD)를 치료하기 위해 만들어졌지만, 많은 연구에서 밝혀진 바에 의하면, 이들은 건강한 사람에게도 유사한 효과를 보이는 것으로 나타났다.12)

수술로 뇌를 부분적으로 제거하거나 도려내는 것도 뇌 기능을 조절하는 또 다른 방법이다. 이 방법은 간질(Epilepsy)과 같은 질환을 위한, 때로는 유일하게 이용 가능한 효과적인 치료법이다[13]. 그러나 정신 질환과 극단적인 공격성과 같은 부정적인 행동 특성을 완화하기 위해 이 방법을 사용하려고 시도한 적이 있다.[14] 이러한 시도는 전두엽 절제술이 처참하게 실패한 이후 비인간적인 관행으로 폄하되었다.[15] 그러나 뇌 영역 간의 기능과 연결에 대한 이해가 커지면서, 인지 기능을 조절하는 유용한 도구로 재조명될 수 있다.

최근에는 전자기적인 개입도 신경 활성화를 수정하는 유망한 도구로 관심을 받고 있다. 두개골을 통해 삽입된 전극을 이용해 뇌 부위를 자극하는 기술인 심층뇌자극(DBS: Deep Brain Stimulation)은 주로 치료 저항성 운동(treatment－resistant movement), 정신의학, 발작 장애 등을 위해 개발됐지만[16] 인지적 향상의 잠재적 수단으로 논의되기도 했다.[17] 또 다른 비침습적 전자기적 도구는 DBS처럼 뇌에 물리적으로 침습할 필요가 없다. 경두개 자기 자극술(TMS: Transcranial Magnetic Stimulation)은 뇌 근처에 놓는 코일을 이용하여 자기적 진동을 적용하여 대상 부위의 대뇌 피질 흥분성을 직접 상향 조절하거나 하향 조절한다.[18] 그것은 FDA가 승인한 주요 우울증 질환 치료제이지만 건강한 사람들의 기억력, 주의력, 운동학습 등의 인지 기능 향상도 가능한 것으로 알려져 있다.[19] 예컨대, 빠르게 연속적으로 진동을 전달하는 TMS의 변형기기 중 하나인 반복 TMS(repetitive TMS)로 전전두엽 피질을 조절해서 알파벳 순서로 문자 검색을 테스트하는 작업 메모리 수행 연구에서 성능이 향상된 결과를 나타냈다.[20] 활발하게 연구 중인 또 다른 유형의 비침습적 전자기적 개입으로는 두피에 붙어있는 전극을 통해 뇌에 약한 전류를 전달하는 경두개 전기 자극술(tES: transcranial electrical stimulation)이 있다.[21] 신경과학 연구자들은 이 기술이 신경질환(뇌졸중, 우울증, 만성 통증 등) 치료법으로서 실험되었을 뿐만 아니라, 언어에서 수학적 습득까지의 넓은 분야의 인지 영역에 흥미로운 향상 효과를 나타냈다고 보고한 바 있다.[22] 예를 들어, Floël 등 연구자들은 언어와 관련된 뇌 부위인 베르니케(Wernicke) 영역에 직접적인 전류를 적용하면 새로운 단어 습득을 촉진한다는 것을 발견했다.[23]

아직 예비 단계에 있지만, 목표로 삼은 뇌 부위의 신경 활성화를 조절하기 위해 초음파를 사용하는 초음파 개입[24]과 빛에 민감한 단백질을 뉴런의 막에 삽입하여 다른 파장의 광자를 켜고 끄는 광유전학도 인지적 향상에 사용될 수 있다.[25] 뇌 개입 분야의 기하급수적인 증가가 인지적 향상을 위해 더 안전하고 효과적인 도구로서, 현존하는 기술 혹은 새로운 기술 발견의 새로운 적용으로 이어질 가능성이 있다.

2. 인지적 향상을 둘러싼 윤리적 쟁점

직접적인 생물학적 뇌 개입을 인지 능력 향상으로 사용하는 것은 학자들 사이에서 열띤 토론의 주제가 되어 왔고, 특히 이 사용에 대한 윤리적 이슈와 관련된 경우에 더욱 그러하다.[26] 첫 번째 치명적인 문제는 안전성이다. 뇌 개입 기술의 위험 가능성은 넓은 범위에 따라 다양하다. 뇌 수술은 뇌 손상이나 죽음까지 포함해 심각한 역효과를 일으킬 수 있다. 반면에, 전극 아래 부분이 불쾌하게 얼얼하거나 가려운 느낌은 그동안 연구 논문에 보고된 tES의 주요한 부작용이다. 그러나 중요한 것은, 뇌 개입이 인지적 향상에 사용되었을 때, 이러한 기술의 위험을 평가하기 위해서는 몇 가지 추가적인 문제를 고려해야 한다. 이전의 연구는 주로 환자들을 대상으로 진행되었기 때문에 인지적 향상에 쓰이는 이러한 기술들의 위험성은 거의 알려지지 않았다. 즉, 신경 질환의 치료법으로 FDA에 검증받은 몇 가지의 개입 기술은(예를 들어, ADHD를 치료하는 Adderall과 우울증을 위한 TMS 자극) 인지적 향상에 사용되었을 때 안전하지 못하다는 것이다.[27] 미성년자에게 인지력 향상을 적용하는 것은 발달하는 뇌에 대한 개입 기술의 경우, 장기적 효과가 아직 완전히 밝혀지지 않았다는 점을 고려할 때 더 알려지지 않은 위험을 수반할 수 있다.[28] 게다가, 기존 연구 논문들에 따르면, 대부분의 뇌 개입 기술의 향상 효과는 기껏해야 보통 수준이기 때문에, 이러한 기술의 위험을 얻을 수 있는 이익과 비교 형량해본 결과가 대상자에게 썩 유리하지 않다. 또한 뇌의 한정된 자원이 주어졌을 때, 하나의 인지 영역을 촉진하면 다른 영역의 기능이 저하될 수 있다는 가설이 있다.[29]

안전의 위험성 외에도, 강요나 공정성과 같은 다른 윤리적 우려가 있다. 만약 우리 사회에서 인지적 향상이 더욱 널리 사용된다면, 사람들은 그들의 의지와는 다르게 사용하도록 강요될 수 있다. 예컨대, 가족이나 동료로부터 암묵적으로, 혹은 고용 지속을 조건으로 사용자(고용주)로부터 명시적으로 강요될 수 있다.[30] 미성년자에게는 이러한 암묵적이거나 직접적인 억압을 저항하기가 더 쉽지 않을 것이다. 특히, 부모의 영향 아래에서는 이러한 강요된 사용의 경우에 있어서 미성년자의 무능력이 그들을 더욱 취약하게 만든다.[31] 공정성도 다음의 두 가지 면에서 쟁점이 있다.[32] 첫 번째는 인지적 향상이 공정한 경쟁을 저해한다는 것이다. '만약 경쟁 규칙에 어긋나거나 다른 경쟁자들도 같은 향상을 사용할 수 없을 경우', 인지적 향상을 사용하여 경쟁자를 능가하는 것은 반칙으로 여겨진다.[33] 두 번째 문제는 인지적 향상에 대한 접근을 어렵게 하는 사회경제적 장벽이다. 만약 안전하고 효과적인 향상 기술이 매우 비싸고 부유한 사람들만 살 수 있다면, 이미 사회에 깊이 뿌리 박힌 불평등을 더욱 심화시키는 공평하지 못한 결과가 나타날 것이다.

마지막으로, 어떤 학자는 인간의 존엄성에 대한 위협이나 인간의 주어진 모습의 부자연스러운 변형으로서의 생물학적 개입을 통한 인지적 향상을 반대하였다.[34] 2003년 미국의 대통령 생명윤리위원회 보고서도 치료적 응용을 넘어 생명공학 사용에 대한 본질적인 우려는 '자연적으로 인간다운 것 또는 자연스럽고 존엄한 인간에 대한 적절한 존중을 보여주는 태도에 대한 도전'과 관련이 있다고 밝혔다.[35] 그러나 이 주장은 완전히 설득력이 있는 것은 아니다. 왜냐하면 '인간이라는 개체(human agency)는 이미 보편적으로 받아들여지는 많은 방식으로(예컨대, 아픈 사람들을 치료함으로써) 자연 질서를 방해하고 있기 때문이다.'[36] 생명윤리학에서 인간의 존엄성에 대한 호소는 '다른, 더 정확하게는, 개념의 모호한 진술이거나 주제에 대한 이해에 아무것도 더하지 않는 단순한 구호'라는 점에 대해서 논쟁이 되어왔으며,[37] 철학자·윤리학자들은 인간적인 자연성(human naturalness)에 대한 우려가 is(존재)와 ought(의무)의 잘못된 융합으로 간주되어 왔다.[38]

3. 미성년자 대상의 인지적 향상 기술의 사용 가능성

이러한 윤리적 우려가 있음에도 불구하고 뇌 개입에 관한 연구는 계속 되어 왔고 언론은 그 향상 효과를 광범위하게 다루어왔다. 일부 연구와 선정적인 언론 기사들이 제시하는 유망한 결과는 과학자들과 의사들뿐만 아니라 대중들의 관심을 끌었다.[39] 보통의 건강한 사람들이 주의력, 창의력, 그리고 운동 능력을 포함해서 이에 국한되지는 않고, 그들의 인지 기능을 개선하기 위해 이미 이러한 뇌 개입 방법을 사용해 보기 시작했다.[40] 본고와 관련하여, 특히, 부모들은 이러한 개입을 자녀들에게 사용하기에 매력적이라고 생각할 수 있다. 오늘날의 급변하는 세상에서, 부, 지식, 그리고 사회적 지위와 같은 자원을 얻기 위한 경쟁은 나날이 치열해지고 있다. 자녀가 성공한 삶을 살기 바라는 부모들은 자녀의 뇌 기능을 향상시키는 것이 그들의 성취를 위한 잠재력을 더욱 증가시킨다고 생각할 수도 있다. 사실, 부모는 이미 자신의 자녀에게 다른 생의학적인 향상의 방식을 사용해 왔다. 자녀의 신체적 매력을 더욱 상승시키는 가슴 성형, 코 성형, 혹은 성장호르몬 주사 같은 수술 절차가 그 예이다.[41] 하지만 신체적 외모의 개선에 비하면, 뇌 개입을 통해 인지력을 증대시키는 것이 부모에게 더욱 유혹적일 수 있다. 왜냐하면 이것은 시험 성적이나 운동 시합 같은 경쟁적인 부분에서 더 직접적인 이점을 가져올 수 있기 때문이다.

더 나은 학업 성취를 위해 건강한 학령기 아이들에게 Adderall이나 Ritalin과 같은 화학적인 개입을 하는 것이 드물지 않다고 보고되어 왔다: 대부분의 아이들이 ADHD 진단을 받은 다른 학생들로부터 약을 받거나, 더 이상 처방이 필요하지 않은 후에도 본인의 처방을 유지함으로써 약을 받는다.[42] 또한 이런 연구 결과들은 단순히 묵인하는 것에서부터 주의력을 높이기 위해 이러한 약물의 사용을 적극적으로 지지하는 것까지 부모의 개입 가능성을 나타내 주고 있다.[43] 비록 신경향상 약물만큼 아직 널리 퍼지지는 않았지만, 또 다른 후보로서 tES는 인기 있는 인지적 향상의 도구가 될 가능성이 높다. tES의 효능에 대한 불확실성은 남아있지만,[44] tES가 다양한 인지 영역의 뇌 기능을 조절할 수 있다는 유망한 연구 결과가 보고된 바 있다.[45] 그러나 이것을 다른 인지 향상 기술들과 차별화하는 것은 안전성, 경제성 및 사용 편의성과 같은 고유한 특징 때문이다.[46] 첫째, 지금까지 수행된 수천 건의 tES 연구에서 심각한 부작용에 대한 보고가 거의 없었고, 알려진 주요 부작용은 전극 아래가 따끔하거나 가려운 증상이다.[47] 둘째, tES 장치를 사거나 만드는 데 사용되는 비용이 적다. 최근 '주의력과 집중력 향상'을 위한 장치로 수많은 소비자 직접(DTC: direct-to-costumer) tES 장치가 시장에 등장하고 있다.[48] 이 장치의 가격은 수백 달러 수준이고, 하나를 만드는 것은 훨씬 더 저렴하다. 마지막으로, tES를 적용하는 데 특별한 기술이나 훈련이 필요하지 않은 반면에, 대상 부위에 더 정확하게 위치시키고 최적의 결과를 위한 프로토콜을 설정하는 데에는 의료 임상 전문가의 참여가 필요하다. 이러한 매력적인 특징을 보아, 부모들은 더 나은 학업 또는 운동 성적을 위해 tES를 사용하여 자녀의 주의력이나 운동 학습 능력을 향상시키를 원할 수 있다. 인지능력에 관한 부모의 인식에 관한 이전의 연구들은 보면, 부모들이 실제로 특정한 조건에서 인지능력을 증진시킬 가능성을 나타내는 동시에, 일반적인 사용은 꺼린다는 것을 보여주었다. 2014년 연구에 따르면, Ball과 Wolbring은 절반은 인지장애 아동을 가지고 있고, 절반은 건강한 아동을 가진 부모 12명을 대상으로 심층면접 조사를 실시한 바, 부모가 자녀의 인지능력을 향상하는 것에 대해 주저하고 있다고 보고했다.[49] Wagner와 동료 연구팀은 자녀들을 위해 전기적 뇌 자극을 사용하려는 부모의 의지에 대한 조사를 실시했고, 대다수의 부모들이 이러한 방법의 인지적 향상을 원하지 않았다는 비슷한 결과를 발견하였다.[50] 그러나, 인지적 향상에 대한 전반적인 거부감에도 불구하고, 부모들은 '자녀가 인지적 업무에 상당히 어려움을 겪고 있거나, 인지적 향상에 의해 완화될 수 있는 차이 때문에 소외감을 느끼고 있거나, 자녀들이(특정 나이 이후) 인지적 향상을 사용하기를 원한다고 표현하거나, 인지적 향상의 안전성과 효과가 완전히 증명된다면' 기꺼이 그것을 사용하려고 했다.[51][52] 또한 부모는 자신의 자녀들이 '불리한 상황을 맞이할 수도 있어서' 다른 아이들이 인지적 향상을 사용하기 시작할 때 암묵적으로 강요받을 수 있다.[53]

즉, 상기 조건 중 하나 이상이 충족될 경우, 머지않아 부모에 의해 인지적 향상을 흔하게 사용하는 것을 기대하는 것이 비현실적이지 않다는 얘기이다. 예컨대, 연구자들은 성장 중인 뇌에 미치는 신경 조절 기술의 영향을 활발하게 연구해 왔다. 비록 학습 장애가 있는 아이들을 주요 대상으로 했지만, Looi와 동료 연구팀은 산술 학습 중에 무작위 주파수에서 진동하는 전류를 사용하는 tES의 한 유형인 경두개 무작위 소음 자극을 적용하면 수학적 학습이 향상된다는 것 보여주었다.[54] 뇌 개입의 효과를 극대화하고 부작용을 최소화하기 위한 최적의 프로토콜(예: 용량–반응 관계)에 대한 추가 조사에 따르면, 특히 자녀가 건강하지만, 또래 학생 중 상대적으로 성과가 낮은 경우 현재 부모의 망설임을 크게 변화시킬 수 있다. tES와 같이 어떤 뇌 개입 기술이 치료법보다는 오락용으로 판매되는 것도 자녀에게 이 장치를 사용하는 것에 대한 부모의 정서적 불안을 줄여준다. 몇몇 부모들이 어떤 이유로든 자녀들에게 인지적 향상을 사용하기 시작하면, 파급 효과가 뒤따를 수 있고, 아이들도 부모에게 그것을 요구할 수 있다.

4. 미성년자에 대한 인지적 향상 사용을 둘러싼 긴장 관계

미성년자에게 새로운 뇌 개입 기술을 적용하는 것은 자연스럽게 부모, 자녀, 그리고 국가 간의 긴장을 불러일으킬 것이다. 비록 인지적 향상에 대하여 광범위한 윤리적 논쟁이 진행되어 왔지만, 이러한 긴장에서 비롯될 수 있는 법적 문제들은 대부분 해결되지 못한 채 남아있다. 그러나 인지적 향상에 대한 부모, 자녀, 그리고 국가 간의 긴장 관계는 더 이상 가상의 실험이 아니기 때문에, 인지적 향상에 대한 현재와 앞으로의 사용은 우리에게 이러한 질문들에 대해 숙고하도록 촉구한다. 다음 장에서 이러한 긴장의 법적 배경과 관련 판례들을 분석할 것이지만, 자세한 분석에 들어가기에 앞서 우리가 이러한 긴장 관계를 더 명확하게 이해할 수 있도록, 누구의 권리와 이익이 상충하는지를 기초로 하여 긴장 관계를 분류하고 그들의 핵심 쟁점을 파악하는 것이 도움이 될 것이다.

부모가 인지적 향상을 사용할지 여부에 관한 결정은 부모와 자녀 사이의 갈등을 일으킬 수 있다. 여기서 근본적인 문제는 새로운 뇌 개입으로 아이들의 인지 기능을 증강시키는 것이 친권의 범위에 해당하는지, 혹은 의견이 다를 경우, 미성년 아이들이 부모의 인지적 향상을 사용하기로 한 결정이나 더는 사용하지 않기로 하는 결정에 이의를 제기할 수 있는지이다. 그러나 부모만이 자녀의 복리에 대한 기득권을 가지고 있는 것은 아니다. 국가도 아이들의 적절한 발달을 촉진하고 그들의 복리를 저해할 수 있는 위험으로부터 그들을 보호할 의무가 있다.[55] 이러한 의무를 지키는 데 있어서 아동학대나 방임에 해당할 경우에는, 국가가 부모의 인지적 향상의 사용 거부나 사용에 개입함으로써 국가와 부모 간의 또 다른 차원에서의 긴장 관계를 유발할 수 있다.[56]

비록 가까운 미래에 일어날 가능성은 적지만, 국가는 또한 인지적 향상을 직접적으로 통제를 하기 위한 단계로 더 나아갈 수 있다. 어떤 학자들은 사람들의 인지 능력을 향상시키는 것이 사회 정책에 대한 정당한 목적이라고 주장했다. 인지적 향상을 사용하는 개개인에게 주는 이점 이상으로 잠재적으로는 광범위한 사회적 이익을 가져올 수 있다.[57] 왜냐하면 향상된 인지능력은 더 나은 생산성과, 최종적으로 높은 사회적 위치로 이끌 것이기 때문이다. 이 논리에 따르면, 국가가 미래의 사회일원들의 전체적인 지적 능력을 향상하기 위해 예컨대, 공립학교에 다니는 아이들에게 인지적 향상을 의무화하기로 결정할 수도 있다. 그러나 국가가 뇌에 대한 원치 않는 침해나 잠재적인 안전성의 위험으로부터 아이들을 보호하기 위해 인지적 향상의 사용을 금지할 가능성도 있다. 인지적 향상의 사용을 통제하기 위한 이러한 잠재적 국가적 규율은 본질적으로 부모와 미성년 자녀들 사이의 긴장 관계를 조성할 것이고, 국가가 인지적 향상의 사용 또는 비사용에 대한 통제권을 행사함으로써 부모의 권리와 자녀의 이익을 어느 정도까지 침해할 수 있는지에 대한 비판적인 질문을 제기할 것이다.

Ⅲ. 부모, 자녀, 국가 간의 긴장 관계: 인지적 향상의 검토를 위한 판례들과 그 함의

원칙적으로, 아동과 청소년은 본인의 복리에 대해 합리적인 결정을 할 수 있는 온전한 법적 능력은 없다고 간주된다. '아동기와 청소년기 과정에는 미성년자가 본인에게 해로울 수 있는 선택을 인식하고 회피할 수 있는 경험, 관점, 판단력이 부족하다.'[58] 그 대신, 아이들이 성숙한 연령에 도달할 때까지 부모가 자녀를 위해 주요 의사결정을 내려준다.[59] 대체로 의문의 여지 없는 권리로 간주되는 부모의 자녀양육권은 부모가 '자연적 애정 관계'로부터 자녀의 최선의 이익을 위해 행동할 것이라는 가정에 뿌리를 두고 있다.[60] 미국 연방대법원은 '가정을 형성하고 자녀를 양육하는 것'이 수정헌법 제14조에 따라 보호되는 자유권 중 하나라고 선언했고 부모들은 자녀의 양육에 대해 폭넓은 재량권을 행사할 수 있다.[61]

자녀 양육을 지시하는 부모의 권리는 헌법상 보호되는 근본적인 특권이지만 한계가 없는 것은 아니다. 부모의 자녀양육권에 대하여 일부 관습법과 법률적 예외사항으로서 미성년 자녀가 성적, 생식 건강 돌봄와 같은 특정 맥락에서 부모의 동의 없이 스스로 결정을 내릴 수 있도록 허용한다.[62] 결혼하거나 군에 입대하거나 부모로부터 독립한 것으로 법정 선고를 받음으로써 미성년자가 부모의 통제 없이 행위능력 있는 성인으로 행동할 수 있도록 완전한 의사결정 능력을 부여하는 법적 해방(legal emancipation) 제도도 존재한다.[63]

또한 국가는 아동의 복리에 대한 기득권을 가지고 있으며, '자녀의 복리에 영향을 미치는 것에 대한 부모의 자유와 권한을 제한하는 광범위한 권한을 가지고 있다.'[64] 청소년들의 복리에 대한 일반적인 이익을 지키기 위해 국가는 아이의 최선의 이익에 반할 때, 국가후견으로서 부모의 통제를 제한할 수 있다.[65] 연방대법원은 '특히 부모 자신으로부터 보호를 받아야 한다는 상황일 때' 부모의 권리는 제한될 수 있다고 선언했다.[66] 국가는 원래부터 최소한의 부모의 의무를 실행하는데 실패한 부모에게 형사처벌을 부과하면서 이러한 권한을 행사해 왔다. 그러나 아동학대와 방임 관련 법령의 제정으로 법원이 부적격한 부모를 대신하고 아동의 의사 결정자가 될 수 있도록 함으로써 이러한 권한을 '확장하고 강화'해 왔다.[67][68] 국가는 또한 중대한 공익이 걸려 있을 때 부모의 권리를 제한할 수 있다.[69] 개인의 자유는 구속에서 자유로운 절대적인 권리는 아니며,[70] 국가는 경찰권 –'국민의 건강, 안전, 도덕률과 일반적 복리를 보호, 보전, 증진하기 위한 법률을 제정하고 규제를 설정하는' 국가의 고유 권한– 안에서 부모의 자녀양육권을 포함하여 자유를 제한할 수 있다.[71]

법정은 부모 자녀양육권의 제한을 두고 부모의 권리, 아이의 이익, 그리고 국가의 이익 간의 균형을 유지하기 고군분투해 왔고 다양한 사건에서 축적된 광범위한 사례들이 존재한다.[72] 이러한 사례들 중에서 의료적 개입과 교육이 인지적 향상과 가장 유사한 두 영역이다. 성형수술이나 호르몬 주사처럼 긴급하지 않거나 치료적 이익이 없는 의료적 개입이 특히 인지적 향상 기술의 사용에 대한 논의와 관련이 있다. 비록 그들이 신경 조절보다는 신체적 조절에 더 초점을 맞추고 있지만, 이러한 선택적인 개입은 그렇지 않아도 건강한 개인들을 보다 더

낫게 만들기 위해 생물학적으로 변형하려는 의도라는 점에서 인지 향상과 유사하다.[73] 일부의 윤리적 우려에도 불구하고, 선택적인 수술과 시술은 명백한 부모의 보호를 받는 미성년 아이들에게 널리 이용될 수 있다. 미국 성형외과 협회에 따르면, 2018년에 6만 4천 건의 성형수술(예: 가슴성형술, 코 성형술, 지방흡입술)이 13세에서 19세 사이의 환자들에게 시행되었고, 덜 침습적인 시술(예: 보톡스 주사)을 포함하면 그 숫자는 16만 명으로 증가했다.[74]

교육도 새로운 인지적 향상과 강한 유사성을 보인다. 이것은 아이들의 인지 기능을 향상하기 위한 전통적인 도구로 광범위하게 사용되어 왔고 거의 인류 역사의 시초부터 이행되어 왔다. 교육이나 훈련은 '특정 기술이나 정보를 전달할 수 있지만 집중력, 기억력, 그리고 비판적 사고와 같은 일반적인 정신 능력도 개선한다'.[75] 새로운 생물학적 뇌 개입은 뇌 기능에 교육보다 더 직접적으로 조절하는 것 같아도 이 둘이 의미상으로 다르다는 뜻은 아니다.[76] 사실상 연구에 따르면, 신경 향상 약물과 같은 화학적 개입보다 교육이 더 실질적으로 '영구적인 신경 변화'를 생성한다.[77] 인지적 향상과 유사한 특성을 감안하면, 의료 개입과 교육과 관련된 이전의 판례들이 상술한 바와 같은 부모의 인지적 향상의 사용을 중심으로 한 긴장 관계에 대해 유용한 시사점을 제공할 수 있다. 인지 능력 향상에 대한 국가의 통제를 위해 의무적인 학교 출석에 관한 법률과 같은 교육에 대한 규율이 좋은 유사점이 될 수 있다. 또한 본고는 인지 능력 향상에 대한 국가적 규율을 위한 또 다른 참조로서 필수 예방 접종에 관한 법률을 다룬다. 백신이란 예방접종을 받은 사람뿐만 아니라 건강 상태로 인해 예방접종이 불가능하거나 백신이 효과가 없는 사람을 보호함으로써 중증질환의 확산을 막기 위해 취하는 공중보건 조치다.[78] 이와 유사하게, 인지적 향상은 국가가 관심을 갖는 외부 효과도 발생시킨다고 주장할 수 있다. 즉 점점 더 많은 사람이 인지적 향상을 사용함에 따라, 사회적 수준에서 증가된 생산성은 향상되지 않거나 향상될 수 없는 사람들에게도 이익이 될 것이다.[79] 국가가 집단면역을 만들기 위해 미성년자나 부모의 의사에 반하여도 경찰권 아래에 미성년자의 예방접종을 의무화했고, 부모나 자녀가 의무 접종법에 이의를 제기하는 법원 소송도 상당수 발생하였다.[80] 이러한 사례는 인지적 향상을 부과하는 잠재적 국가의 규제로 인해 발생하는 갈등에 대한 귀중한 선례가 될 수 있다.

다음에는 부모의 인지적 향상 및 인지적 향상에 대한 국가통제를 위해 의료 개입, 교육, 의무 예방접종과 관련된 사건들을 통해 관련 법률과 판례를 검토 분석하고 인지적 향상에 대한 시사점을 살펴본다.

1. 부모의 자녀에 대한 인지적 향상

부모의 인지적 향상의 사용은 두 가지의 다르지만 연관된 갈등을 일으킬 것이다. 하나는 부모와 자녀 사이의 갈등과 다른 하나는 부모와 국가 사이의 갈등이다. 가족 간의 갈등에서 비롯된 문제는 오랫동안 확립된 부모의 자녀양육권의 원칙 아래에 자녀의 인지 기능을 증대시키기 위해 부모의 새로운 뇌 개입 사용이 허가되는 것인지, 그리고 만약 그렇다면, 자녀가 이러한 부모의 사용(또는 사용 안 함)에 이의를 제기할 권리 또는 의사가 있는지에 대한 것이다. 다른 갈등은 부모와 국가 사이에서 일어난다. 여기서 주요 문제는 인지적 향상을 사용하기로 한 부모의 결정이 개별 가족을 넘어서는 이슈가 되는지 여부와 언제 그렇게 되는지, 그리고 이것이 국가의 개입을 요구하는지 여부와 그 시기에 관한 것이다. 아래에서는 부모의 인지적 향상에 관련하여 이러한 이슈들을 비춰보기 위해 의료 개입과 교육과 관련된 사건에서와 다루었던 선례를 검토할 것이다.

(1) 의료 개입에 관한 판례들

오랫동안 인정되어 온 부모의 자녀양육권은 부모들에게 자녀의 복리에 관한 넓은 범위의 결정에 대한 광범위한 재량권을 준다. 부모는 일반적으로 자녀를 돌볼 권리와 의무가 있으며, '이는 질병의 증상을 인식하고 의사의 조언을 구하고 따라야 하는 "고도의 의무"를 포함한다'.[81] 대부분 상황에는 미성년 자녀의 의료 개입을 시작하거나, 계속하거나, 그리고 종료하는 것에 대해 부모의 합의가 필요하다. 이 가장 중요한 원칙에 따라, '미용의 목적 또는 사회적 이유로' 아이에게 의학적으로 불필요한 수술이나 시술을 할 것인지 아닌지에 관한 결정은 부모들에게 달려있다. '실용적인 문제로서, 경제적 수단과 서비스 제공자에 대한 접근성을 가진 부모들이 자녀의 크기를 조정하거나 조각품처럼 만들어내기 위한 결정을 내릴 수 있도록 법이 허용한다.'[82]

그러나 제한적인 상황에서, 법원은 미성년자들이 나이에 상관없이 부모에게 부여된 모든 권리를 대체하는 헌법상의 권리를 여전히 누리고 있다는 것을 인정한다. '헌법적 권리는 성숙하지 않고 국가가 규정한 성인 나이에 도달해야만 마법처럼 살아난다'.[83] 미성년자는 또한 부모의 이익과 욕구에 반하여 의료 환경에서 사생활과 자유에 대한 상당한 권리를 주장할 수 있다.[84] 예를 들어, 연방대법원은 의학적 결정을 할 수 있을 만큼 성숙한 미성년자는 '부모에게 먼저 상담하거나 통지하지 않아도' 임신을 중단할 수 있는 헌법상의 권리가 있다고 판시하였다.[85]

미성년자가 '헌법적 근거가 없는 것으로 보인다'고 하더라도 부모의 개입 없이 의학적 결정을 내릴 수 있도록 하는 법적 예외도 있다.[86] 예를 들어, 법적 해방 제도는 의료 개입을 포함한 삶의 모든 방면에서 사소하고 완전한 의사결정 권한을 부여한다.[87] 일부 주의 관할권에서 낙태 사건에서 개발된 성숙한 미성년자 원칙은 특정 나이에 도달하고 충분한 인지 능력을 입증한 청소년들에게 독립적인 의학적 결정을 내릴 수 있도록 허락하는 것으로서, 부모 동의에 대한 광범위한 법적 또는 관습적 예외가 되어왔다.[88][89] 또한 국가는 미성년자들이 약물 남용, 정신 질환, 성병 등 특정 질병에 대한 치료를 부모의 동의 없이 받을 수 있도록 허용하고 있다.[90]

그럼에도 불구하고, 이러한 좁은 예외를 넘어서 미성년자들은 그들이 동의하지 않더라도 일반적으로 부모의 의학적 결정에 복종해야 한다. 부모로부터 강요된 치료적 또는 비치료적 신체 침입에 대해 미성년자의 입장에서 강제적인 헌법적 권리나 이익은 없다.[91] 부모가 미성년자가 원하는 선택적 수술이나 과정에 대한 동의를 거부한 경우도 마찬가지다. 미성년 자녀의 정신병원 입원 조치에 관한 부모의 권한에 대해서 판시했던 유명한 사건인 Parham v. J.R.에서 연방대법원은 미성년 자녀가 성형수술 제공을 부모가 거부하는 것에 대해 불만을 제기할 수 있다는 사실이 아이에게 최선의 이익을 위해 결정할 부모의 권한을 약화시키지 않는다고 언급했다.[92] 미성년자들의 소망을 존중하는 방법으로, 윤리학자들과 의사들은 그들이 받는 의료 절차를 이해할 만큼 충분히 성숙한 청소년 환자들에게 동의를 얻는 것의 중요성을 강조해왔다. 의료 개입을 둘러싸고 부모와 자녀 사이에 불협화음이 발생할 경우, 미국의사협회(AMA)와 미국소아과학원(AAP) 생명윤리위원회가 상담과 협의를 통해 중재할 것을 권고하였다.[93]

그러나 부모는 아이의 최선의 이익을 위해 항상 행동하는 것은 아니며, 후견자로서 국가는 부모의 의학적 결정이 아이의 건강과 복지가 위험할 때 아이들을 보호하기 위해 개입할 수 있다. 만약 아이들을 위해 필요한 의료 진료를 찾거나 구하는 것에 대한 부모의 실패나 거부가 방임의 수준에 다다르면, 국가는 부모의 결정을 취소하고 아이를 국가의 보호 아래에 두기 위한 법정 절차를 개시할 수 있다.[94] 하지만 일반적으로 법원은 응급상황이 아닌 한 부모의 치료 거부를 뒤집는 것을 꺼리는 경향이 있다.[95] 이러한 사례로는 교통사고로 다친 소년의 수술을 위해 수혈을 거부한 여호와의 증인 부모 사건이 있다. 미국 연방대법원은 '아이에게 법정 후견인을 지정해 주고, 수혈할 수 있도록 허락'하라는 주 법원의 판단을 인정하였다.[96] 반대로, 뉴욕주 대법원은 아이의 건강이나 생명을 해칠 긴급상황이 아니었기 때문에 카운티 보건부(County Health Department)가 선천적 언청이와 구개 파열을 가진 12세 소년에게 아버지의 의사에 반해 수술을 강요할 수 없다고 판시하였다.[97] 이 '생명을 위협하는 예외'는 의료 방임 사건에서 법원의 판단 원칙으로 작용하여 왔다.[98] 이 원칙에 따르면, 법원은 정의에 따라 어떠한 의료 비상 상황도 포함하지 않음으로써, 선택적 개입에 대한 부모의 동의를 철회시키려는 국가의 개입을 지지하지 않을 것이다. 미시간주 사건에서는 청각장애 부모가 －수화와 청각장애 문화를 아이들과 공유하려는 의도로－ 청각장애 자녀 두 명을 위한 인공 달팽이관 이식 수술을 반대하여 의료 방임으로 고발된 사건에 대하여 판단하였다. 판사는 임플란트를 받는 것이 아이들에게 최선의 이익이 될 수 있지만, '법원은 응급상황이 아니면 자녀와 관련된 부모의 의학적 결정에 개입할 수 없으며, 임플란트는 응급상황에 해당되지 않는다'고 명시했다.[99]

부모의 의료적 부작위 사건과 달리 법원은 자녀에게 진료를 제공하는 부모의 선택에 대해서는 거의 재평가하지 않는다.[100] '법원은 통상 원하는 개입이 면허가 있는 의료 제공자의 지원을 받고 있을 때는 아이의 최선의 이익을 고려하는 것을 꺼리는 경향이 있다.'[101] 뉴욕주 항소법원은 이 대체 치료요법이 면허가 있는 의사의 지지를 받는 경우, 호지킨병(Hodgkin's disease)을 앓고 있는 8세 아들을 기존 화학요법 대신 레트릴 주사를 포함한 영양요법으로 치료한 부모의 결정을 뒤집을 수 없다고 밝혔다.[102] 이와 같은 논거는 미용 수술과 신체 향상을 위한 다른 유형의 선택적 개입에도 적용된다. 부모들은 자녀들을 위한 이러한 개입을 찾고 동의하는 데 있어 국가의 감독으로부터 거의 자유롭다. 정부는 미성년자에 대한 이러한 개입의 사용을 정당화한다.[103] 현재 사용할 수 있는 선택적 개입은 상당한 물리적 위험을 잠재적으로 수반한다.[104] 그러나 일부 극단적인 경우를 제외하고,[105] '의학적 판단에 대하여 의료 제공자와 부모에게 법원이 부여하고 있는 거의 완전한 존중'을 고려할 때, 법원이 코 성형술이나 지방흡입술과 같은 전통적이고 의학적으로 받아들여지는 선택적 개입을 남용이라고 판단할 가능성은 거의 없다.[106]

(2) 교육권에 관한 판례들

의료 개입 사례와 마찬가지로, 학부모는 자녀의 교육을 지시하는 데 헌법적 자유 이익(constitutional liberty interest)을 가진다. 연방대법원은 이러한 이익이 수정헌법 제14조에 의해 보호되는 권리에 포함된다고 선언했고 많은 상황에서 교육적 결정을 내릴 수 있도록 부모의 권리를 확인했다.[107] '통제권(the right to control)에 부합하므로, 부모가 자녀에게 삶의 지위에 알맞은 교육을 시키는 것은 그들의 자연스러운 의무다.'[108] 따라서 부모는 자녀를 교육하는 방법에 대해 거의 무한한 재량권을 가질 것이다.

자녀들은 그들의 부모의 결정에 이의를 제기할 수 있는가. 전반적인 이해로는 교육의 맥락에서 자녀들이 그들의 부모에게 대항할 권리나 이익은 없다.[109] 게다가, 의료 개입의 맥락과는 다르게, 미성년자가 부모의 관여로부터 자유로운 능력 있는 성인으로 대우받는 법적 해방(emancipation)을 제외하고는 부모의 동의에 대한 법적 예외는 없다. 즉, 사립학교에 다닐지, 공립학교에 다닐지 또는 종파적 학교에 다닐지, 비종파적 학교에 다닐 여부와 같이, 자녀를 어떻게 교육할지를 두고 부모와 자녀 사이에 다툼이 일어난다면, 부모의 결정이 거의 항상 우세하다.

후견자로서 아동의 이익을 보호하려는 국가의 일반적인 권한에 따라, 부모의 결정이 자녀의 복리에 위협적일 경우, 국가는 아동의 교육을 지시하는 부모의 결정에도 개입할 수도 있다. 예를 들면, 충분한 교육을 제공하지 못한 실패는 아동 방임에 해당될 수 있다.[110] 하지만, 법원은 교육 문제에서 부모의 결정에 큰 존중을 보여 왔다.[111] 부모의 결정이 자유 활동 조항[112]에 의해 보호되는 종교적 신념과 같은 다른 헌법적 권리와 관련될 때, 법원은 더 자주 부모 편에 서는 경향이 있다. Wisconsin v. Yoder 사건에서는, 아이들이 8학년을 마친 후 학교에 보내는 것을 거부한 아미쉬파(Amish) 학부모들이 위스콘신주의 의무학교 법 위반 혐의로 유죄와 벌금형을 선고받았던 사건에 대해서 부모의 결정에 헌법적 권리가 있는지에 대해 판단하였다.[113] 연방대법원은 아미쉬파의 대체적 직업훈련이 아이들이 아미쉬 공동체 내에서 성공적으로 활동할 수 있도록 해주었기 때문에 수년간의 의무교육을 포기함으로써 '아이의 신체적 또는 정신적 건강이나 공공의 안전, 평화, 질서, 복리에 해가 될 것'이 없다고 판단했다.[114] 아이들이 학교에서 성취도가 높은 학생이 되도록 하기 위해서 떠밀려는 부모들의 지나친 열정은 아이에게 신체적, 정서적으로 해를 끼칠 수도 있다. 여기서 문제는 최소한의 교육을 하지 않는 것이 아니라 교육에 있어서 과도한 양육이 문제다. 일부 경쟁 사회에서 아이들이 밤늦게까지 공부하거나 학교 입시를 위해 많은 과외 수업을 듣도록 강요하는 것은 이미 심각한 문제이다.[115] 그럼에도 불구하고, 교육과 관련된 사건의 맥락에서 부모들에게 주어지는 상당한 존중을 고려할 때, 법원이 이러한 과도한 양육이 학대라고 판단할 가능성은 낮다.

(3) 인지적 향상을 위한 함의

의료 개입과 교육과 관련된 사건의 맥락에서 모두에서 법적 판단의 원칙과 판례는 부모가 자녀에게 인지적 향상을 사용할지 여부에 대한 주요 의사 결정자로서 역할을 해야 한다는 점을 보여준다. 인지능력은 아동의 발달에 대한 사회적, 신체적, 감정적, 지적 등 모든 영역의 필수적인 기초를 형성하며, 부모는 아동이 사회의 유능한 구성원으로 성장할 수 있도록 자녀의 인지능력을 육성할 권리와 의무가 있다. 부모가 건강한 아이에게 뇌 개입 기술을 사용하는 것은 교육을 제공하는 것과 유사하게 아이의 인지 능력을 증진시키기 위한 노력으로 볼 수 있으며, 따라서 이러한 기술을 사용하거나 사용하지 않는 결정은 부모의 재량에 따라 달라질 수 있다.

만약 부모가 인지적 향상을 사용하길 원한다면, 자녀들은 이 결정에 이의를 제기하기 힘들 것이다. 생식 건강 관리와 관련된 사건을 제외하고는 자녀가 부모의 신체적 조절에 도전할 수 있는 실체적 자유 이익을 법원이 인정하지 않았기 때문에, 부모의 의지도 아이들의 거절을 넘어 인지 능력 향상을 사용하는 것과 관련하여 통제할 것이다. 만약 부모가 인지적 향상을 사용하지 않기로 결정한다면, 본인들이 동의하지 않더라도 부모의 결정을 따라야 할 것이다. 성형수술 제공을 부모가 거부하는 것에 대해서 자녀가 이의를 제기했던 Parham 사건에서 연방대법원이 내린 판단은 이러한 경우에 직접적인 함의를 가지고 있다.

부모와 국가 사이의 긴장 관계와 관련하여, 의료와 교육과 관련된 사건에서 법정 판례는 주로 그들의 자녀들에게 적절한 의료 치료나 교육을 제공하지 않는 부모의 거절 또는 실패에 초점을 맞추고 있다. 법원은 기본적으로 국가가 이러한 부모의 부작위·무능력에 개입할 정당한 정당성을 가졌는지를 결정하는 데 해악에 기초한 분석을 적용했지만, 이전의 사건들은 몇몇 극단적인 경우를 제외하고는 부모의 결정에 대한 상당한 존중을 해야 한다는 원칙에 동의해 왔다. 인지적 향상이라는 맥락에서, 자녀는 이미 건강한 상태이기 때문에 인지 기능을 개선하기 위한 긴급한 필요성이 존재하지 않는다. 부모가 자녀의 발달을 육성할 의무가 있지만, 건강한 아이의 인지 기능 수준을 정상 범위 이상으로 끌어올리는 뇌 개입 기술을 제공하는 것도 이 의무에 포함된다고 주장하기는 어려울 것이다. 따라서, 이것이 자녀의 복리에 어떠한 해나 위험도 수반하지 않을 것이기 때문에, 부모가 신경 향상 기술을 사용하지 않는 것이나 사용을 거부하는 것을 방임의 경우라고 보기 어렵고, 국가가 이러한 부모의 부작위에 개입할 근거가 없을 것이다.

사실 부모와 국가 사이의 잠재적 긴장 관계는 부모가 자녀에게 인지적 향상을 사용하지 않기로 선택하는 경우보다 인지적 향상을 사용하기로 선택했을 때 대부분 발생할 것으로 예상된다. 법원이 부모가 선택적 수술을 하거나 자녀에게 과도한 교육을 제공하지 못하게 한 사례가 거의 없는 것은 인지적 향상을 자녀 양육을 지시하는 부모의 권리의 합리적인 행사로 간주할 수 있음을 시사한다. 위에서 논의한 바와 같이, 현재 이용할 수 있는 대부분의 신경 조절 기술은 아직 미성숙한 상태이며, 특히 발달 중인 뇌에 신경 향상 기술이 사용될 때 안전성과 효능에 관한 충분한 증거가 부족하다. 인지능력 향상 목적을 위한 이러한 기술의 조기 사용이나 오용은 잠재적 해를 정당화할 아무런 신체적, 정신적인 필요가 아이에게 존재하지 않기 때문에 특히 우려될 수 있다. 그러나 법원의 묵인 아래 부모의 행동을 거의 완전히 존중하는 것을 고려할 때, 잠재적으로 해로울 수 있는 인지적 향상의 사용을 학대라고 단정하는 어려울 것이다.

몇몇 학자들은 부모에게 자녀를 대신하여 결정을 내릴 수 있게 한 거의 제한 없는 권한을 부여하는 전형적인 자녀-부모 관계의 모델을 비판했고 부모의 권한을 근본적으로 재정립해야 한다고 주장했다.[116]

예컨대, Feinberg는 부모와 자녀의 관계가 수탁자와 수익자 사이에 존재하는 관계와 유사하게 보여야 한다고 제안했고,[117] Oullette는 이러한 대체적인 관점을 의학적 의사 결정과 관련된 사건에 적용하면서, 부모가 자녀에 대한 신뢰의 의무인 '아이의 복리와 장래의 이익을 보존, 보호, 그리고 증진시키는 것'을 지녀야 한다고 주장했다.[118] 부모–자식 관계의 신뢰 기반 구조하에서, '부모의 사회적, 문화적, 심미적 선호에 기반한' 선택적 개입은 아이의 '본인의 신체의 치료와 사용에 관련된 본인의 자율적 선택에 대한 미래를 위한 능력'에 대한 과도한 침해로 간주될 수 있다.[119][120] 부모권의 남용으로부터 아이를 보호하기 위해, Ouellette는 의사와 같은 중립적인 제3자로서 의사 결정권자가 행하는 검토 제도를 설립해야 한다고 주장하였다.[121] 이러한 제도하에 중립적 제3자가 제안된 선택적 개입을 평가한다.– '자녀가 성숙도에 도달하였을 때 자녀를 위해서(그 선택적 개입을) 뒤집을 수 있는지 여부'와 그렇지 않을 경우, '자녀의 이익을 증진시킬 수 있는지'에 대한 평가이다.[122] 다른 학자들은 생식 건강 관리와 관련된 사건을 넘어 미성년 자녀들의 신체적 완전성(bodily integrity)에 대한 권리를 가진다는 것이 합헌적이기 때문에, 자녀들이 부모에 대항하여 신체적 안전과 자율성을 정당화하기 위한 그들만의 법적 근거를 가질 수 있다고 주장하였다.[123] 뇌 기능을 새로운 기술로 조절하는 것은 선택적 수술을 통해 단순히 신체적 외모를 변형하는 것에 비하여 아이들의 뇌와 신체뿐만 아니라 그들의 미래 삶 전반에 더 광범위한 영향을 미칠 것이다. 부모가 자녀의 인지 능력을 변경할 수 있는 구속되지 않은 권한을 갖도록 하는 것은 아이들의 신체, 특히 그들의 뇌 사용을 촉진하기 위한 결정을 내리는 본인의 미래를 위한 자율성을 과도하게 방해할 수 있다. 이에 더하여, 아이들이 약물을 복용하거나 전기 뇌 자극을 받도록 강요당하는 것 자체가 아이들의 뇌에 원치 않는 침입으로 보일 수 있다.

부모에 의한 다른 신체의 변형에 비하면, 뇌 기능 조절은 자녀들의 신체적 완전성의 이익뿐만 아니라 뇌가 정신적 사생활과 가장 친밀한 영역이라는 점에서, 자녀들의 중요한 프라이버시 이익에도 악영향을 미칠 수 있다.[124)]

그런 점에 있어서 부모에 의한 뇌의 침해에 맞서서 미성년 자녀들을 보호할 필요가 있다. 만약 뇌 개입 기술의 투여가 필요한 경우, AMA나 AAP 지침에 따라 의사의 기존 조정 절차에 의존할 수 있다. 그러나 상담과 협의는 부모의 암묵적 또는 명시적 강압으로부터 자녀를 보호하기에 충분하지 않을 수 있고 더 엄격한 안전장치를 개발해야 할 필요가 있다. 예컨대 특정 연령 미만의 어린이나 청소년에 대한 향상 목적으로 뇌 중재 기술의 사용을 제한하는 것이나, Ouellette가 제안한 바와 같이 제3자 검토 시스템에 따라서 이 기술의 적용을 승인받을 것을 요구하는 것이다. 일부 의사들은 이미 미성년자의 자율성을 존중하고 부모의 부당한 영향으로부터 미성년자를 보호하는 것과 같은 수많은 윤리적, 사회적, 신경 발달 문제를 고려하여 미성년자에게 신경 향상을 위한 약물 처방을 자제해야 한다고 주장해 왔다.[125)]

그러나 이러한 안전장치가 적용되지 않는 경우가 여전히 있을 수 있다는 점에 유의해야 한다. 일부 뇌 개입 기술은 임상적 맥락 밖에서 사용될 수 있으며, 의사의 감독을 꼭 필요로 하지 않는다. 예를 들어, tES 기기는 처방전 없이 구매할 수 있으며, 이것을 작동하기 위한 특별한 교육이 필요하지 않다. tES에 대한 연구는 아직은 개발 단계에 있지만, 과학의 진보가 빠르게 진행되는 것을 감안하면, tES는 가까운 미래에 더 안전하고 더 효과적일 수 있으며, 유사하지만 더 진보된 기술도 등장할 수 있다. 만약 부모들이 이러한 기술을 집에서 사용하기를 원한다면, 아이들은 대부분 아무런 보호도 받지 못하게 될 것이다.

2. 인지적 향상에 관한 국가적 규제

언젠가 새로운 인지적 향상이 더 많이 이용할 수 있게 되어 일반 대중에게도 더 널리 사용된다면, 국가는 예컨대, 향상된 인지 능력의 사회적 이익을 증가하거나 향상의 오용으로부터 아이들을 보호하는 이익을 증진시키기 위해 미성년자에 대한 사용을 강요하거나 제한하기를 원할 수 있다. 인지적 향상이 불가피하게 자녀 양육을 지시하는 부모의 권리와 잠재적으로 아이들의 자유 이익을 침해할 것이기 때문에, 이에 대한 이러한 국가적 통제는 국가, 부모, 그리고 자녀와의 긴장 관계를 형성할 것이다. 법원은 이 통제가 불합리하거나 독단적이거나 혹은 억압적이지 않다면 국가가 부모의 권리를 제한할 수 있다고 주장해 왔다.[126] 이를 합리성 심사 기준(rational-basis review standard)이라고 한다.[127] 그러나 더 큰 보호를 보장하는 종교의 자유 행사와 같은 다른 기본적 자유권과 부모의 권리가 결합되는 경우, 법원은 강화된 비례성 심사 기준을 적용하고, 국가는 이들 권리의 제한을 정당화하기 위해 강력한 공익이 존재함을 입증할 것이 요구된다.[128] 이하에서는 의무적 백신 예방접종과 교육 관련법의 타당성에 대한 이전 판결에 대해 검토하고, 인지적 향상에 대한 국가의 규제가 이러한 판례들에 비추어보아 합법적인 규제 조치로서 유지될 수 있는지를 분석할 것이다.

(1) 백신 접종 의무화에 대한 판례

의무적 백신 예방접종법을 둘러싼 논란은 개인의 자유와 국가의 공권력 사이의 갈등으로 이어진다.[129] 큰 사건인 Jacobson v. Massachusetts 사건에서 연방대법원은 의무적인 예방 접종법을 위한 헌법적 근거를 마련했다. 이 Jacobson 사건에서 원고는 성인에게 천연두 예방접종을 의무화하는 매사추세츠주 법률의 타당성에 이의를 제기하였다. 법원은 '공공보건이나 공공안전을 위해 필요한 경우에' 예방접종 의무화법 제정이 국가 공권력의 합리적인 행사라고 보았다. 더 나아가 법원은 Zucht v. King 사건에서 공립학교 출석을 위한 필수 조건인 미성년자 예방접종 의무화가 실제로 합헌적이라는 판결을 내렸다.[130]

부모들은 예방접종이 종교적 신념에 위배된다거나 백신이 안전하지 않다고 주장하는 등 다양한 이유로 자녀들에 대한 강제적인 예방접종에 도전해 왔다. 법원은 '종교를 자유롭게 행할 수 있는 권리는 지역사회나 어린이를 전염병에 노출하거나 건강이나 사망에 이르게 하는 자유를 포함하지 않는다'는 판단에 따라 수정헌법 1조의 종교의 자유를 근거로 한 이의신청을 기각했다.[131] '국가는 아동의 복지에 영향을 미치는 일에 있어 부모의 자유와 권한을 제한하는 광범위한 권한을 가지고 있고 이것은 어느 정도의 양심과 종교적 신념의 문제를 포함한다.'[132] 이러한 의견은 의무 교육법이 자유 활동 조항과 연계될 때 부모의 권리에 대한 침해로서 법원이 기각했던 Yoder 사건과는 반대된다. 더욱이 연방대법원은 일부 논란에도 불구하고 예방접종의 안전성과 예방 효과는 국가가 정당하게 행동할 수 있다고 일반적으로 인정되는 '상식적 신념'이라고 판단했다.[133],[134]

미성년자와 국가 간의 긴장 관계로 돌아가 보면, 미성년자 자신의 헌법적 권리 아래에 의무예방접종법에 도전하려는 시도들도 크게 성공적이지 못했다. 연방대법원 판례에 따르면 입법부는 '소년은 접종하되 소녀는 접종하지 않는 주법'과 같이 보호 계층을 차별하지 않는 한 평등 보호 조항을 위반하지 않고'. '학교에 다니는 아동처럼 선별적 단체를 대상으로' 하는 법률을 제정할 수 있다고 판시하였다.[135] 뉴욕주 항소법원은 국가의 의무적인 공립학교 예방접종 의무화가 아동의 교육권을 침해한다는 주장을 기각했다. '국가의 공립학교에 다닐 권리는 공공보건의 이익을 위해 필연적으로 일부 규제와 제한을 받는다'고 하면서, 학교 출석을 위한 전제조건으로 예방접종 의무화는 공공의 건강

을 보호하기 위한 국가 권력의 합리적인 행사라고 판시하였다.[136)]

흥미롭게도 미성년자의 신체적 완전성 침해 문제는 예방 접종 판례에서는 거의 제기되지 않았으며, 공중 보건이 위태로운 경우 실체적 적법 절차의 권리가 제한될 수 있다는 Zucht 사건에 따라서, 법원은 신체적 완전성에 의한 주장을 기각해 왔다.[137)] 그러나 필수 예방접종 사건 외에, 연방대법원은 비록 주로 학교와 소년원과 관련된 사건에서 다룬 것이긴 하지만 미성년자가 국가의 물리적 침입에 대항할 수 있는 '신체적 안전'에 대한 권리를 인정하였다.[138)][139)] 예컨대, 공립 학교의 체벌이 학생의 헌법적 권리를 침해하는지를 결정할 때, 법원은 '신체적 구속과 처벌로부터의 자유는 적법한 절차 없이는 국가의 박탈로부터 역사적으로 보호되어 온 개인의 안전에 대한 자유 이익 범위 내에 있다'라고 선언했다.[140)]

(2) 교육권에 관한 판례들

'국가가 국민의 교육에 대한 높은 책임성을 지니면서, 기초 교육의 기간과 통제에 대한 합리적인 규제를 가할 수 있는 국가의 권력에 대해서는 의심의 여지가 없다.'[141)] 문학과 산수와 같은 기초 교육은 한 때는 특권이나 사치로 여겨졌었지만, 훗날 부모와 국가의 보편적인 의무가 되었다. 1852년 매사추세츠주에서 시작되어, 모든 주는 아이들에게 기초 교육을 제공하기 위해 의무교육법을 제정했다.[142)]

그러나 의무적인 예방접종법에 관한 판례와는 다르게, 특정 종류의 교육을 제한하거나 의무화하는 주법은 부모의 권리에 위헌적 침해라고 판시되어 왔다.[143)] Meyer v. Nebraska 사건에서, 중학교 2학년이 되기 전에 영어 이외의 언어를 가르치기를 금지하는 법은 '자신의 자녀 교육을 통제하는 부모의 권리를 침해하기' 때문에 헌법에 위반된다고 판시하였다.[144)] 또 다른 기초적인 판례인 Pierce v. Society of

Sisters 사건에서 연방대법원은 8－16세 아이들은 사립이 아닌 공립학교에 다니도록 의무화하는 오레곤주 법이 '부모와 후견인의 통제 아래에 자녀의 양육과 교육을 지시할 수 있는 자유'를 침해한다고 판결했다.145) 더욱이 부모의 권리가 종교적 자유와 같은 다른 헌법적 권리와 결합할 때, Yoder 사건처럼 교육에 대한 국가의 규제는 헌법에 위반된다.146) 이러한 판례들에서 부모의 헌법적 자유와 권리의 범위가 명확하게 명시되지 않기 때문에 하급심 법원 판례에서는 국가 규정이 제한할 수 있는 부모의 권리의 범위에 대한 혼란이 발생하였다.147) 그럼에도 불구하고, 이 사건들은 여전히 자녀의 교육을 지시하기 위한 부모의 헌법적 권리를 확립함으로써 국가와 부모 사이 갈등의 법적 범위를 형성한 가장 중요한 선례로 인정된다. 의무적인 학교 출석에 관한 법률하에서 공립학교의 합법적인 대안으로 홈스쿨링을 인정한 법원 판결은, 교육의 영역에 있어서 국가의 규제보다 부모의 자녀양육권이 우세하다고 판단한다는 면에서 또 하나의 예시를 제공하고 있다.148)

Meyer and Pierc 사건과 같은 기초적인 사건에서 자녀의 이익에 대해서는 명확하게 심사되지 않았다.149) 교육을 통제하기 위한 국가 규제와 관련하여, 미성년자 자신의 헌법적 이익보다는 자녀 교육을 지시하기 위한 부모의 권리를 침해하는지에 대해 주로 초점이 맞춰졌다. 즉, 국가 규제에 대하여 자녀와 국가 간의 긴장 관계가 부모와 국가 간의 소송으로 돌려진 것이다. 오히려, 자녀와 국가 사이의 긴장 관계에 대한 이전의 헌법적 담론은 오히려 헌법상의 교육권이 있는지에 대한 여부와 같은 근본적인 질문에 초점을 맞추고 있다. 학교에 대하여 공정한 대우가 취해져야 한다는 점을 다루었던 획기적인 사건인 Brown v. Board에 이어서,150) 미성년자들을 대표하여 부모들은 교육에 대한 적극적인 권리에 대해 주장하기 시작했고 국가가 학교 간 기금을 균등하게 배분하는 요구를 하였다.151) 하지만, San Antonio

Indep. School Dist. v. Rodriguez 사건에서, 대법원은 '교육은 국가가 수행하는 가장 중요한 서비스 중 하나이지만',[152] '그것은 미국 연방 헌법에 의해 명시적인 보호를 받을 수 있는 권리에는 속하지 않는다'고 판시하였다.[153] Rodriguez 사건 이후에 소송 당사자들은 그들의 전투장을 주 법원으로 옮겨서 주의 헌법상 교육 조항에 따라 사건을 심리했는데, 주 헌법은 교육권에 대하여 더 긍정적인 언어를 포함하는 경향이 있다.[154] 몇몇 주 법원에서 주 헌법이 '최소한의 적절한 교육을 받을 수 있는 실체적인 권리'를 보장한다고 판시함으로써 상당한 성공을 거두었지만, 학자금 문제에 제한적으로 적용하는 것을 볼 때 교육권에 대한 논란이 여전히 존재한다는 것을 알 수 있다.[155]

(3) 인지적 향상에 대한 법적 함의

인지적 향상이 더욱 널리 사용되면서, 국가는 미성년자의 사용을 통제하는 것에 대한 정당한 법익이 있다고 주장할 수 있다. 국가는 인지적 향상의 의무화부터 그것의 사용을 금지하는 것까지, 부모의 권리와 자녀의 권리에 대한 다양한 수준의 제한을 가지고 규범적 선택을 가지게 될 것이다. 예방접종 의무화와 의무교육법에 관한 과거의 법원 판례를 보면 인지적 향상을 요구하는 규범 통제가 강제적이면 사법 심사에서 살아남기 힘들다는 점을 나타내고 있다. 국가는 인지적 향상의 사용이 우리 사회의 집단적인 지적 능력을 증진하므로, 예방접종의 경우와 같이, 이를 의무화하여 인지능력이 향상된 아이들의 수를 증가시킴으로써 사회적 이익을 증진시킬 것이라고 주장할 수 있다. 이러한 논리에 따르면, 부모의 권리는 인지적 향상을 강제화하는 국가의 규제 조치에 양보해야 한다고 주장할 수 있다. 그러나 심각한 질병의 확산으로부터 어린이와 사회를 보호하는데 국가의 이익이 있는 것만큼 인지적 향상의 이익이 중요하다고 주장하기는 어려울 것이다. 오히려,

인지능력 향상을 의무화하는 것에 대한 관심은 아이들의 교육에 대한 관심, 즉 생산적이고 유능한 사회 구성원이 되기 위한 준비와 더 유사하다. 그러나 강제적인 공 교육법에 대한 판례에서 부모의 자율성을 존중하는 정도를 고려할 때, 법원은 인지력 향상을 의무화하는 것이 부모의 양육을 지시할 헌법상의 권리에 대한 불합리한 침해라고 판단하게 될 가능성이 높다. 만약 그것이 종교의 자유로운 행사와 같이 다른 헌법상의 권리와 결합된다면, 국가의 통제에 반대하는 부모의 주장은 더 큰 비중을 가질 것이다. 예컨대 부모들은 생물학적으로 향상된 인지 기능이 그들의 종교적 믿음을 방해한다고 주장할 수 있다.156)

또한 인지적 향상을 의무화하는 것은 미성년자의 뇌에 원치 않는 생물학적 침입이 될 수 있기 때문에, 신체적 완전성과 같이 국가에 대항할 수 있는 자유 이익을 내포할 수 있다. 예방접종과 관련된 사건에서 법원은 미성년자의 신체적 완전성을 논거로 하는 청구는 기각해 왔지만, 학교나 소년원과 관련된 사건에서 국가에 의한 신체적 침입에 대한 선례는 강제적인 인지적 향상 관련 법률을 제정하는 데 대한 타당성을 판단하는 데 어떤 함의를 줄 수 있다. 더욱이, 앞서 언급한 바와 같이, 미성년자의 뇌를 조절하는 것은 미성년자의 정신적 사생활을 침해하는 것으로 간주될 수 있어서 인지적 자유, 또는 '정신적 자기 결정권에 대한 권리'에 관한 최근의 논의는 국가가 주도하는 미성년자의 인지적 향상과도 관련이 있을 수 있다.157)

반면에, 인지적 향상의 사용을 제한하는 국가의 규제 조치는 인지적 향상의 완전한 금지와 같은 극단적인 조치를 실행하지 않는 한 법정에서 방어하기가 덜 어려울 것이다. 국가는 인지적 향상의 오용이나 강제적인 사용으로부터 미성년자의 건강과 복리를 보호하는 것처럼, 이것이 미성년자에 대한 인지적 향상의 사용을 제한하는 데 정당한 법익이 있다고 주장할 수 있다. 특정 연령 미만의 미성년자에 대한 향상 목적을 위한 뇌 개입 기술 사용의 제한이나 인지적 향상을 위한 제3자 검토 시스템과 같이, 위에서 제안한 원치 않는 부모의 사용으로부터 어린이를 보호하기 위한 규제적 안전장치는 인지적 향상에 대한 국가 규제가 가능한 몇 가지 예가 될 수 있다. 부모들은 이러한 제한이 아이들을 그들이 적합하다고 생각하는 대로 양육할 권리를 침해할 것이라고 주장할 수 있다. 그러나 법원은 인지적 향상의 사용에 대한 국가의 규제가 정당한 목적과 합리적으로 관련성이 있으므로, 국가의 규제 권한의 합리적인 행사로서 그 제한을 지지할 것으로 보인다.

마지막으로 언급할 사항으로서, 아이들이 국가를 상대로 인지적 향상을 요구할 수 있는지를 고려해보는 것이 흥미로울 것이다. 국가로부터 최소한의 적정한 교육을 요구하는 교육을 받을 권리가 헌법적으로 보장되어야 한다는 주장을 기각한 연방대법원의 판례를 고려할 때, 법원이 이미 전형적인 수준의 인지 기능을 보이는 아동의 인지 능력을 정상 상태 정도 내지 그 이상 뛰어넘는 수준으로 향상 시킬 수 있도록, 국가를 상대로 주장하는 적극적인 권리를 헌법에 의해 보호되는 근본적 자유로 인정할 가능성은 거의 없다고 판단된다.

Ⅳ. 결론

신경과학의 빠른 기술 발전 속도를 감안하면, 인지적 향상을 위한 뇌 개입 기술의 사용을 머지않아 현실에서 접하게 될 가능성이 높다. 이러한 기술의 다양한 실제적 현실적 적용 가능성 중에서, 본고는 신경 향상 사용을 둘러싼 부모, 자녀, 그리고 국가 간의 긴장 관계를 설명하고 이러한 긴장들로부터 발생하는 법적 문제들을 고려하여 미래의 담론 예측을 돕기 위해, 발달 중인 뇌를 향상시키기 위한 사용에 초점을 두었고 의료적 치료, 교육, 그리고 의무 예방 접종과 관련된 사건과 같은 유사한 맥락에서의 법정 판례를 검토했다. 기존의 법적 규칙과 판례의 검토를 검토한바, 부모가 그들의 미성년 아이들에게 인지적 향상을 사용할지에 대한 거의 무한한 재량권을 갖게 될 것으로 나타났다. 그러나 아이들의 현재와 미래의 삶에 미칠 잠재적인 광범위한 영향을 고려하면, 부모의 원치 않는 인지적 향상으로부터 아이들을 보호하기 위한 안전장치를 개발할 필요가 있을 것이다. 미성년 자녀에게 인지적 향상을 의무화하는 것과 같은 극단적인 국가의 통제는 대체로 부모의 권리에 대한 위헌적 침해로 간주 될 수 있지만, 아동에 대한 사용을 제한하는 규제는 아동 보호를 위한 합리적인 국가 권력의 행사로서 법원의 심사로부터 살아남을 가능성이 있다. 본고는 정책 입안자와 연구자가 미성년자에게 수행되는 인지력 강화와 관련된 문제를 구별 및 분석하고, 이 새로운 기술을 책임감 있게 사용할 수 있도록 건전한 정책을 개발할 수 있는 유용한 지침을 제공할 수 있을 것이다.

제3절

각국의 국가위원회에서 보는 신경 향상과 관련 인권의 문제*

Ⅰ. 서론

정보통신의 응용과 발전은 기계와 기계 사이에서의 커뮤니케이션을 통해 사람들의 정보 이동을 원활히 하는 것을 넘어서, 기계와 사람 간 커뮤니케이션을 가능하게 하고, 사람의 신체에 삽입 · 이식되어 사람과 외부 세계와의 커뮤니케이션을 가능하게 하는 방향으로 발전하고 있다. 정보통신 기술은 인간 향상의 수단으로도 발전하고 있는데,[1][2] 미국과 유럽을 중심으로 현재 진행 중인 인간 향상에 대한 논의는 1990년대 후반부터 시작되었다. 과학 기술의 진보에 힘입어 이 논의는 아직 줄어들 기미는 없고 발전 가능성은 여전하다.[3] 성형수술[4]과 합성 성장 호르몬의 사용[5]은 인간 향상에 대한 희망과 우려를 제기한 최초의 기술 중 하나였다. 얼마 후, 유전자 조작이 인간 향상 논쟁에서 관심의 초점이 되었고[6] 신경 약학 및 신경 기술과 같은 정신적 능력을 향상

---

* 원문은 "디지털과 바이오 융합기술에서의 새로운 인권의 형성, 헌법학연구 제28권 제4호, 307−366면, 2022년 12월"이다.

시키기 위해 고안된 수단인 신경 향상(neuro-enhancement)이 그 뒤를 따랐다.[7] 일반적으로 인간 향상, 특히 신경 향상에 대한 논의는 처음부터 윤리적이고 철학적인 영역일 뿐 아니라, 정치적인 영향도 존재한다. 명시적으로 정책적인 자문[8]에서 시작된 것도 있고, 윤리적 영역의 논의에 대하여 법적 개념화를 시도하고 탐구하는 것도 있었다.[9] 윤리적 논의를 법적 개념으로 가져오려고 하는 방향은 최종적으로 법적 규제를 목표로 한다. 예컨대 미래 세대를 위해서는 도덕적 동기부여나 숙의를 지원할 수 있는 특정 형태의 기술 사용이 의무화되어야 한다는 정책적 제안이 바로 그런 것이다.[10]

정보통신 기술과 관련된 인권 문제는 사회의 디지털 대전환 현상에 따라서 나타나는 개인정보자기결정권, 정보접근권, 정보문화향유권, 정보격차 해소의무 등의 정보기본권 논의가 주를 이루고 있다. 그동안 우리나라 학계에서 정보통신기술이 촉발하는 인간과 기계의 융합으로부터 비롯되는 인권의 문제에 대한 논의는 부족했다. 이에 정보통신기술이 인간의 신체와 기계와의 융합을 가능케 하면서 촉발되는 인간 향상 논의에 초점을 맞추는데, 이를 위하여 우선 국가 차원에서 인간 향상을 어떻게 정의하고 있는지 살펴보려고 한다. 영국, 미국, 프랑스, 싱가포르에서 생명 과학 및 윤리 부문에서 국가의 정책을 자문하는 국가 위원회가 바라보는 인간 향상에 관한 공식 의견을 우선 검토한다. 영국의 경우에는 다른 나라들과는 달리 너필드 생명윤리 위원회라고 하는 민간 위원회가 국가 위원회의 역할을 하고 있는데, 이 너필드 생명윤리 위원회에서 배출한 의견서를 통해서 이들 위원회가 바라보는 인간 향상의 개념과 이를 둘러싼 윤리적 함의를 살펴본다. 각국의 국가 위원회에서 다룬 인간 향상의 개념과 특히 신경 향상에 대한 개념과 윤리적 논쟁 범위에 대한 검토를 통하여 인간 향상에 대한 법적 규율의 방향과 시사점을 전망하고 정보통신기술에 힘입어 이른바, 향상된 인간-신경 향상을 적용한 인간-의 인권에 대해 고찰한다. 인간 향상과 인간 향상 기술이라는 개념은 법적 개념으로 정립된 것이 아니기 때문에 이에 대해서 입법적으로 규율을 하다면 우선적으로 기본적 인권에 어떠한 영향을 미치고 있는지, 기본권과의 관련성은 어떠한지를 살펴본다.

Ⅱ. 각국의 국가 위원회에서 보는 인간 향상[11]

1. 영국, 너필드 생명윤리 위원회의 "인간 향상"[12]

(1) 인간 향상, 신경 향상의 개념

인간 향상은 "직접 개입에 의해 질병 과정이 아니라 신체와 정신의 "정상적인" 작용을 변경하고 타고난 능력과 수행력을 향상·증강시키기 위해 생명공학적 힘을 직접적으로 사용하는 것으로서, 그런 의미에서 "치료 이상의 것(beyond therapy)"[13]으로 정의되어 왔다. 너필드 생명윤리 위원회가 특히 관심을 갖는 범주는 "인지적 향상"(신경 향상, cognitive enhancement)으로서, "내부 또는 외부의 정보 처리 시스템의 개선 또는 증대를 통한 마음의 핵심 능력을 확장·증강시키는 것으로" 정의된다.[14]

(2) 치료와 향상의 논쟁적인 구별

가장 근본적인 논쟁은 치료와 향상을 의미 있게 구분하는 것이 가능한지 여부이다.[15] 일부 학설에서는 보건의료의 합법적 범위에 관한 질문을 통하여 치료와 강화의 구분을 한다.[16] 그러나 보건의료는 질병을 치료하는 것 이상에 관심이 있는 경우가 많다.[17] 또 일부 학설에서는 향상의 개념이 '정상적인' 기능을 구성하는 것에 대한 문제적이고 차별적인 가정을 전제로 한다고 하면서 반대하기도 한다.[18] 치료와 향상 사이 구분에서 신체적 또는 정신적 기능에 대한 손상의 수준과 맥락을 고려하는 경우는 그나마 논쟁이 덜하다. 주어진 맥락과 상황 하에서 임상적으로 유의미한 수준에서 손상된 것이 아니라면, 손상된 것에 대해 개입하려는 동기는 향상이라고 간주되기 쉽기 때문이다. 이 두 범주 사이에 회색 지대가 차지하는 개입이 존재하기 때문에 치료와 향상 사이에 명확한 선을 긋는 것은 확실히 불가능하다. '정상'－이 기준에 따라서 비교하면 '향상'된 것으로 볼 수 있는 기준－으로 간주되는 것은 사회적인 것이고, 상황적 내지 맥락적인 것이며, 기술적으로 유동적인 것으로서, 인류의 역사와 함께 변화를 거듭해왔다. 예컨대, 콘택트렌즈나 장애인의 보행에 도움을 주는 보조기구가 과연 치료냐 향상이냐에 대해 의문을 던질 수 있다. 새로운 신경기술의 치료적 적용에 대한 논의를 비치료적 적용과 분리하는 논의에 있어서, 일부 새로운 신경과학 기술의 사용이 불가피하게 치료적인 것과 그렇지 않은 것 사이의 모호한 공간을 차지할 것이라는 점을 부정하려는 의도는 아니다. 예컨대 뇌－컴퓨터 인터페이스(Brain－Computer Interface, 이하, BCI)가 보조하는 뉴로피드백이 어린이의 집중력을 향상시키는 데 활용되는 것을 예로 들 수 있다. 더욱이, 향상과 치료의 이분법이 모든 영역에서 완전히 가능하지도 않다. 일부 응용 프로그램(예: BCI 게임)이 순전히 오락용으로 즐기는 데 활용되는 것은 치료와 향상의 구분할 수 없는 영역이다.

(3) 치료와 향상을 구별하는 데 대한 윤리적 의미

설령 치료와 향상 사이에 선을 그을 수 있다 하더라도, 이것이 생명공학적 향상에 대하여 의미 있는 윤리적 구분 기준이 될 수 있는지에 대한 질문은 여전히 남아 있다.[19] 일부 학설에서는 향상이 개념상 '좋은 것'이라고 하거나.[20] 또는 최소한 생명공학적 향상은 교육과 같은 전통적이고 이미 잘 수용된 자기 개선 방법과 윤리적으로 중요한 방식에서 다르지 않다고 주장해 왔다.[21] 다른 학설에서는 모든 생명공학적 향상이 그런 건 아닐지라도 생명공학적 향상이 그 자체로 윤리적으로 문제가 있다는 반대 입장을 취하는데, 그 이유는 우리의 삶에 의미를 주는 인간 존재의 존엄성, 노력을 통한 성취, 진정성, 겸손, 연대성과 같은 인간 존재의 측면이 훼손될 수 있다는 위협이 생기기 때문이다.[22] 이러한 양극적 입장 사이에는 향상의 윤리적 지위가 선험적(a priori)으로 결정될 수 없다고 주장하는 입장이 있다. 따라서 치료와 향상을 구별하는 것이 가능하더라도, 이것 자체가 관련된 윤리적 구별을 결정하지 못한다고 한다. 향상으로서 각 특정 수단의 위험과 이점은 가능한 경우 경험적 증거를 기반으로 평가되어야 한다.[23] 이것이 너필드 생명윤리 위원회의 보고서에서 채택한 입장을 광범위하게 반영하는 것이다.

(4) 신경 향상으로 인해 발생하는 윤리적 문제[24]

위에서 다룬 윤리적 쟁점은 신경 향상 자체에 대한 많은 윤리적인 논쟁거리를 다루지는 않았다. 신경 향상에서의 윤리적인 이슈는 사람들이 마음의 핵심 능력을 확장하거나 증강하는 기술을 사용하는 것－앞에서 "인지적 향상"이라고 전술한 것－을 수용할 수 없는 것인지, 정당한 것인지 또는 의무사항을 만들 수 있는가의 문제이다. 너필드 생명윤리위원회의 보고서에서 논의한 신경과학 기술의 범주를 사용하여 잠재적으로 달성할 수 있는 신경 향상의 종류가 의약품 사용을 통해 달성되는 것과 윤리적으로 중요한 방식으로 다른 점이 있는지는 분명하게 밝히지 않았다. 새로운 신경기술이 단지 우리 뇌의 외부에 있으면서 뇌에 개입하는 도구라는 사실 때문에, 그것을 사용하는 자체가 자동으로 행동의 자율성이나 진정성을 훼손한다는 것을 의미하지는 않는다는 가정을 전제로 했다.[25] 더욱이, 이 보고서에서는 아직 실현되지 않은 기술 능력의 윤리적 의미에 대한 추측을 피하려고 노력했다. 아직 매우 초기의 연구 상태라는 사실과 신경 자극을 사용하여 의미 있는 신경 향상을 달성할 가능성에 대해 증거가 제한적이기 때문에, 이는 −개입으로서보다는− 향상으로서 해악이나 이익에 대한 자세한 논의가 아직 정당한 것으로 인정되지 않았다는 것을 의미한다. 이러한 이유로 여기에서는 새로운 신경 기술이 인간의 능력을 확장하는 데 효과적이지 않더라도, 발생할 수 있는 윤리적 문제로 논의를 제한하지만, 그럼에도 불구하고 일부 개발자나 사용자는 인간 능력의 확장이 충분히 가능하다고 확신하고 있다.

신경 강화의 수단과 이점에 대한 불평등한 접근이 불평등을 초래할 수 있다는 우려 그리고 결과적으로 커뮤니티 구성원 간의 연대감의 붕괴가 발생할 가능성이 있는지 여부는, 건강한 사용자에게 입증 가능한 이익이 있는지에 달려 있다. 정확하게는 신경자극 내지 뉴로피드백의 경우에 아직 효과가 입증되지는 않았다. 그럼에도 불구하고 효과적인 향상의 증거가 의심스러운 경우에도(또는 특히 그럴 때 더욱더), 유한한 자원과 전문 지식이 특권을 가진 소수 또는 '(경쟁에 뒤처지지 않을까 하는 염려 또는 미래에 대한) 걱정·불안이 많은 사람들'을 위해 필수적이지 않은 혁신을 추구하는 데 투자된다면 불평등 문제가 발생할 수도 있는 것이다. 이것은 의심스러운 사회적 가치라는 목표를 위해 독창성을 강탈하는 것으로 보여질 수도 있다. 그러나 새로운 치료적·비치료적 신경 기술의 궤적과 발전 동향에 대한 연구와 혁신이 비선형적이고 서로 밀접하게 관련이 있다는 특성을 감안한다면, 이조차도 순수하게 악영향은 아니라고 할 수도 있다.

향상 기술과 관련하여 발생하는 추가적·윤리적 문제는 사람들이 선택하지 않을 때에도 사용하도록 강요받을 수 있다는 것이다. 즉 고용주, 교육자 또는 부모의 명시적인 압력[26] 또는 향상 기술의 사용이 너무 널리 퍼져 있어서(이렇게 추정하기 때문에) 거기에 동참하지 않을 경우에 불이익을 당할 수도 있다고 두려움을 가지게 되기 때문이다.[27] 이러한 각각의 가능성 중에 특히 명시적인 압력은 자율성의 침해로 볼 수 있다. 중요한 사실은, 위의 경고를 감안할 때, 관련 당사자 중 일부가 신경 공학 개입이 효과적이라고 믿는 경우, 이러한 압력은 실제 효능과 상관없이 지속될 수 있다는 것이다. 물론 자신을 향상시키려는 강압적인 압력은 교육이나 고용 상황에서 드문 일이 아니다. 그러나 신경과학 기술과 관련하여 특히 우려되는 이유는 뇌－인간의 삶에서 특별한 위치를 차지하고 있다고 대체로 인정하고 있으며, 뇌에 개입한 효과가 어떤지는 아직 불확실한 상태로 미지의 영역인 "뇌"라는 신체 조직－에 대한 개인의 선택과 관련이 있기 때문이다. 향상 목적을 위해 신경 기술을 사용하라는 강압적 압력이 민간 생활에서 어느 정도까지 문제가 되는지는 아직 명확하지 않지만, 군사적 목적에서의 활용은 특히 더 윤리적인 문제가 될 수 있다.[28]

2. 미국, 대통령 생명윤리 위원회에서의 인간 향상[29]

(1) 인지적 향상의 개념과 문제의 양상

뇌와 신경계에 대한 과학적 연구는 인간의 신경 기능을 조절하는 새로운 기술과 방법의 길을 제시한다. 의약품, 뇌 자극 장치와 뇌 훈련 도구는 현재 사용 중이거나 연구 중이거나 앞으로 개발될 예정인 신경 조절의 방법 중 일부일 뿐이다. 학자들은 "인지적 향상(cognitive enhancement)"이라는 용어의 의미에 대해 논쟁하고 있다. 일반적으로 인지적 향상은 잠재적으로 "종의 전형적인 수준 또는 통계적으로 정상적인 기능 범위를 넘어서” 사고하고 느끼고 반응하고 기억하는 인간의 능력을 확장하거나 증대시키는 조치라고 정의된다.[30] 일부 학자들은 인간 향상(human betterment)을 위한 수단으로 새로운 인지적 향상 기술의 등장을 환영하고 있다.[31] 또 일부 학자들은 도덕적 대리인(moral agency)과 존엄성에 대한 위협으로서 전형적인 인간의 기능 이상으로 인지적 향상을 밀어붙이려는 생의학적 혁신(biomedical innovation) 기술을 사용하는 것을 반대한다.[32] 과학이 기술적으로 마음을 제어하는 능력 면에서 상당한 진보를 이룰 수 있다면, 자유 의지, 도덕적 책임, 그리고 덕성에 대한 전통적인 이해에 근본적인 지각변화가 일어날 수 있을 것으로 판단하고 있다.[33] 미국 대통령 생명윤리 위원회는 이 중요한 인지적 향상에 대한 논쟁을 중심으로 한 토의에 대중을 참여시키고, 인간 두뇌와 신경계의 기능에 영향을 미칠 수 있는 다양한 개입, 기술적, 행동적 및 환경적 조건을 평가하기 위해 노력한다. 뇌와 신경계 변화의 광범위한 메커니즘을 지칭하기 위해 “신경 조절기(neural modifiers)”라는 용어를 사용하였다.

우리의 뇌와 신경계는 교육, 명상, 신체 활동, 수면, 식이 요법 등의 일상적인 환경 자극에 따라 끊임없이 변화한다. 신경과학은 우리가 신경 변화의 메커니즘을 더 잘 이해하는 데 도움이 되고, 유익한 것으로 간주 되는 다양한 목적을 위해 뇌와 신경계를 변경시키는 새로운 개입을 설계하는 데 도움을 준다. 인지, 신경계와 운동 기능을 개선하여 삶을 변화시키는 대담하고 새로운 치료법이 이미 사용 중이며 더 많은 것들이 나타날 것으로 기대된다. 연구자들은 다음의 3가지를 위해서 새로운 접근법을 사용한다. 첫 번째로, 일반적이거나 통계적으로 정상적인 범위 내에서 신경 건강 및 인지 기능을 유지하거나 개선하기 위한 새로운 접근 방식을 모색한다. 두 번째로, 일반적이거나 통계적으로 정상적인 기능을 달성하거나 회복하기 위해 질병, 결핍, 부상, 손상 또는 장애("신경 장애"라고 지칭됨)를 치료한다. 세 번째로, 일반적이거나 통계적으로 정상적인 범위를 넘어서 기능을 확장하거나 증강시킨다. 이러한 신경 조절의 목표를 설명할 때, 생명윤리 위원회는 이 세 가지가 항상 명확하게 구별할 수 있는 것은 아니라는 점을 염두에 두고 있다. 한편으로는 정상 범위 내에서 "기능을 유지 또는 개선하는 것"과 "확장 또는 증대시키는 것", 또는 한편으로 "치료법으로서 치료하는 것"과 다른 한편으로 "기능을 '향상'의 개념으로 확장 또는 증대하는 것" 사이에 명확한 선을 긋는 것은 이론과 실천 양면에서 모두 어려울 수 있다. 또한 "정상"인 것은 다양한 개인차를 포함하는 종 모양의 곡선을 형성하며, 윤리적 분석으로는 정상에 대한 기존의 이해를 이상적으로 건강한 신체와 정신으로서 무비판적으로 포용해서는 안 된다는 점을 특히 강조한다.

개인적, 직업적, 사회적 의도－뇌와 신경계를 유지 또는 개선, 치료, 확장 또는 증강할지 말지 여부에 대한 의도－는 궁극적인 행동이나 부작위와 마찬가지로 도덕적 평가의 대상이 된다. 뇌와 신경계를 바꾸는 것은 본질적으로 윤리적이거나 비윤리적인 것이 아니다. 일부 신경 조절이 공유된 가치를 위반할 수는 있지만, 반면 어떤 조절의 경우에는 그렇지 않을 것이라고 예측할 수 있다. 예컨대, 치료 목적으로 신경 조절 기기를 사용하는 것에 대해 편안함을 느낀다고 하는 사람도 있지만, 건강한 사람이 그런 제품을 사용하는 것을 편안하게 받아들이지는 않는다고 보고되고 있다.[34] 또한 어떤 학자는 의학적으로 외상후 스트레스 장애(PTSD)를 치료할 필요가 있어서 조제 약물을 사용하는 것으로 보는 반면, 어떤 학자는 이 동일한 약물의 남용과 그에 따른 기억력의 변화를 개인의 정체성에 대한 위협으로 논란의 여지가 있다고 본다.[35]

신경 조절에 대한 윤리적 평가는 신경 조절기를 선택하는 사람, 선택되는 대상, 그 사용 목적, 혜택을 받는 사람이 누구인지, 누가 해를 입을 수 있는지에 대한 고려가 필요하다. 예컨대, 뇌심부 자극술(DBS: Deep brain stimulation)은 현재 파킨슨병과 같은 운동 장애를 치료하는 데 사용되며 다른 정신질환에도 효과가 있는 연구가 진행 중이다. 우울증, 중독 또는 비만과 관련된 섭식장애와 같은 문제에 효과적인 것으로 입증된다면, DBS는 충분한 설명을 듣고 동의한 성인이 자유롭게 선택하는 것이 윤리적으로 허용될 수 있다. 이와는 대조적으로 임상의사, 연구자 또는 정부 당국에 의해서 사람이 DBS를 받도록 강요된다면, 이러한 개입은 윤리적으로 문제가 될 수 있다.[36] 모다피닐(modafinil)과 같은 약물을 사용하는 약리적인 개입은 기면증과 같이 수면과 행동 장애를 치료하기 위해 윤리적으로 문제가 없이 사용될 수 있지만, 오락용으로 사용하거나 학교에서 건강한 아동의 학업 성취도를 더 향상시키기 위해 사용할 경우에는 윤리적으로 문제가 있는 것으로 간주될 가능성도 있다.[37] 모든 사람의 건강을 개선하기 위해 사용할 수 있는 개입은 수용될 수 있지만, 경제적으로 특권을 가진 계층만 누릴 수 있는 개입은 공정성과 형평성이 훼손된 것으로 평가될 수 있다.

빠르게 발전하는 신경과학의 시대에 대중들이 각 개인의 건강과 복리에 대해 실제적인 결정을 내리고, 뇌와 신경계 관련 기술과 새로운 기술의 사회적 적용에 대한 집단적 숙고와 의사 결정에 참여하기 위해서는, 이에 관한 많은 정보를 얻을 수 있어야 한다. 대중들은 신경의 건강·복리와 좋은 삶을 위한 능력에 부정적인 영향을 미치는 행동과 상태와 관련한 책임에 대해 윤리적으로 신중해야 하고, 이에 관한 권한이 있어야 한다. 사회는 새로운 신경 조절기가 개발될 때 이를 평가하고, 이익이 위험을 정당화할 수 있는지를 확인하고, 부당한 강요로부터의 자유, 공정한 접근성, 인간을 인간으로 정의할 수 있게 만드는 도덕적 능력의 보전 등을 포함하여 신경 조절기가 유발할 수 있는 윤리적인 검토가 수행되어야 한다. 미국 대통령 생명윤리 위원회는,

–인지 향상을 포함하되 이에 국한되지 않는– 일반적인 신경 조절의 환경을 설명하고, 신경 조절에 대해 대중들이 가지고 있는 일반적인 오해를 불식시키고, 더 많은 대중을 교육하며, 신뢰할 수 있는 실증적이며 과학적 증거를 기반으로 윤리적인 토의가 이루어질 수 있도록 해야 한다고 권고한다.

(2) 윤리적 문제

뇌와 신경계를 조절하는 것(modifying)은 본질적으로 윤리적으로 문제가 되지 않는다. 개개인들은 품질 좋은 영양분을 섭취하고, 명상을 하거나, 교육을 받거나, 약물 또는 기기를 사용하는 등의 방법으로 뇌와 신경계를 조절하기 위해 광범위한 물질과 과정과 개입의 방법을 사용한다. 사회는 잠재적으로 문제가 있는지 여부와 그 이유를 결정하기 위해, 인지적 향상이라고 이름 붙여진 방법을 포함하여 신경 조절의 특정 수단에 대해서 개별적으로 윤리적 문제를 평가해야 한다. 학자들은 인지적 향상과 관련되어 제기된 윤리적 문제를 "자유와 자율성, 건강과 안전, 공정성과 형평성(평등), 사회적 혼란, 인간 존엄성" 등의 여러 범주로 특성화한다. 인지적 향상에 대한 논쟁에는 신경 조절에 의해 일반적으로 제기되는 윤리적 문제를 포함하고 있는데, 건강한 발달 및 복리를 촉진하는 것의 중요성, 도덕적 대리인의 존중, 의료 절차와 연구에 있어서 설명에 기반한 동의, 위험 최소화, 공적 교육과 공론화(public deliberation), 모든 인구에 대한 형평성과 접근성 그리고 신경계 장애와 관련된 불이익, 통증과 낙인의 감소와 같은 것들을 들 수 있다.

3. 싱가포르, 생명윤리 자문 위원회의 인간 향상[38)]

(1) 신경 향상의 개념

인간 향상, 특히 '신경 향상'의 개념과 더불어, 향상과 치료를 어떻게 구별할 것인가의 문제는 합의점이 거의 없는 상태로 많은 논의의 주제가 되어왔다. 이에 관한 논의를 위해, 싱가포르 생명윤리 자문 위원회(BAC)는 "향상"과 "치료"를 해당 기술 또는 중재가 적용되는 목적을 설명하는 것으로서, 기술 또는 개입, 그 자체에 대한 설명이 아니라고 간주한다. 또한 이러한 개입이 적용되는 대상의 조건은 그 적용의 목적을 결정하는 것과 관련이 있다. 예컨대, 특정한 약물은 다음 두 가지 목적으로 사용될 수 있다. 생명윤리 자문 위원회는 ADHD 환자의 치료에 사용하는 메틸페니데이트(Ritalin 리탈린)를 치료라고 간주하고, 이와 유사한 조건이 없는 사람에게 집중력 향상의 목적으로 사용할 때에는 향상이라고 간주한다.

의도된 목적과 문제가 되는 대상을 참조하는 이 접근 방식은 미국의 대통령 생명윤리 위원회의 보고서(2003)에 반영되어 있다. 이 보고서에서 향상은 "직접 개입에 의해 질병 과정이 아니라, 인체와 정신의 정상적인 작동을 변경하기 위한 생명공학적 힘의 직접적인 사용"이라고 설명하였다.[39)] 생명윤리 자문 위원회는 이러한 접근 방식에는 병리학적 상태와 정상 상태 사이의 경계를 설명하는 것과 같은 일부 개념적 장애물이 남아 있다는 점을 인정한다.

(2) 신경 향상의 윤리적 문제

신경 향상은 몇 가지 주요한 윤리적 문제를 제기한다. 신경 향상에 대한 연구는 개인을 불필요한 위험과 다른 뇌 기능에 대한 의도하지 않은 영향에 노출시킬 가능성이 있는데, 이는 개인의 정체성에 대한 기분이나 감각에 영향을 미칠 수 있다. 신경 향상이 건강한 개인의 기본 기능의 개선을 추구하는 것이기 때문에, 연구 참여자가 건강할 가능성이 있다는 점을 감안할 때 이러한 안전성의 위험은 더욱 두드러진다.

건강한 어린이에 대하여 신경 향상을 목적으로 개입 기술을 －가장 일반적으로 사용하는 것이 신경약제학적 인지력 증강제(또는 신경증강제, 이후에는 신경증강제로 칭한다)이다－ 사용하는 것은 추가적인 윤리적 고려사항을 제기한다. 신경 향상에 대한 두 가지 입장 논문에서, 미국 신경과 학회는 의사와 상담한 후에 성인이 인가되지 않은, 즉 정식 허가받지 않은 신경 의약품을 사용하는 것은 허용되지만, 소아과에서 사용하는 것은 정당화될 수 없다는 입장을 취하고 있다.[40] 의사 결정 능력의 결여, 최선의 이익 보호와 소아 인구의 신경 발달의 불확실성이 그 입장에 도달하는 데 필요한 핵심 요소라고 하였다. 다른 단체에서도 소아 신경 향상이 인격 발달에 잠재적인 영향을 미치기 때문에, 윤리적으로 논쟁의 여지가 있는 것으로 간주했던 바 있다.[41]

생명윤리 자문 위원회는 일반적으로 건강한 사람을 대상으로 하는 신경 향상 연구가 치료 적용에도 적용될 수 있는 데이터나 통찰력을 생성할 수 있다는 점을 인정한다. 신경 향상 연구에는 건강한 지원자의 참여가 포함되기 때문에, 생명윤리 자문 위원회는 제안된 개입의 침습적 특성, 부작용 가능성, 연구 참가자의 연령 그룹과 연구 참가자의 자기 정체성 또는 자율성에 미치는 영향을 감안하여 비례의 원칙을 근거로, IRB(기관생명윤리위원회)[42]가 위험－이익 평가를 수행해야 한다는 점을 권고한다. 또한 IRB는 위의 평가에서 동등성의 원칙(principle of equipoise)[43]을 고려해야 한다.

(3) 권고 사항

신경 향상과 관련된 연구의 경우, 연구자는 침습성의 정도, 부작용의 가능성, 연구 참가자의 연령 그룹 및 연구 참가자의 자기 정체성 또는 자율성에 미치는 영향을 특별히 고려하여 비례 원칙에 따라 위험 – 이익 평가를 수행해야 한다. 이러한 위험 – 이득 평가는 관련 IRB에 제출되어야 한다.

4. 프랑스, 생명 과학과 건강에 관한 윤리 자문 위원회에서 바라보는 인간 향상[44]

프랑스의 생명과학과 건강에 관한 국가 윤리 자문 위원회(National Consultative Ethics Committee, 이하, 프랑스 윤리 자문 위원회라 칭한다)는 2011년 7월 27일 생명윤리법에 의거하여 신경과학적 발전에 대한 윤리적 감시 임무에 따라서, fMRI(Functional Magnetic Resonance Imaging, 기능적 자기공명영상술)에서 발생하는 윤리적 문제를 사전적으로 검토한 후에 신경 향상에 대해서도 검토 · 연구하여 발표하였다.

인간은 몇 가지 예를 들자면 향상 도구 사용을 연마하거나 커피, 알코올 또는 대마초와 같은 물질에 의존함으로써 학습 과정을 통해 본인의 수행력이나 복리를 향상시키려고 시도해 왔다. 건강한 인간이 스스로를 개선할 수 있는 가능성 – 인간 향상 – 은 의학, 외과 수술 및 약학의 발전으로 인해 두드러지게 증가했다. 일반적으로 보자면 그러한 인간 향상은 외모(예: 모발 이식, 문신, 성형 수술 등), 신체 능력(스포츠에서의 약물, 성적 흥분제 등), 또는 현재 "뇌 향상"이나 "신경 향상"이라고 불리는 것을 달성하는 것과 관련될 수 있다. 뇌 향상 또는 신경 향상이 일반적인 "인간 향상"로 분류되는 이유는 인간의 정신적 인지 수행력에서 뇌의 압도적인 역할과 뇌 기능에 관한 지식의 폭발적인 증가, 그리고 뇌 기능을 조절할 수 있는 기술의 기하급수적인 발전 때문이다.

"brain enhancement"와 "neuro enhancement"는 각각 프랑스어로

“augmentation cérébrale”, “amélioration cérébrale”, “optimization cérébrale”, “dopage cérébral”, “botox pour le cerveau”(뇌를 위한 보톡스)으로 번역되고 “neuro-augmentation”, “neuro-amélioration”, “neuro-optimisation” 등은 각각 뇌 기능의 증강, 개선, 최적화, 도핑(augmentation, improvement, optimisation, doping) 등을 지칭한다. 이렇게 다양하게 풍부한 버전이 있다는 것은 영어 단어 “enhancement”의 양적(증강) 및 질적(향상, 개선) 차원의 이중적 의미를 프랑스어로 적절하게 전달하는 것이 어렵다는 증거다. 그러나 프랑스어 단어 “augmentation”과 “amélioration”가 동의어는 아니며 그 문제에 대해 항상 밀접한 관련이 있는 것은 아니다. 예컨대, 정신과적 인지 기능은 불안을 감소시키거나 특정한 외상적 기억의 정서적 부담을 줄임으로써 향상될 수 있다. 프랑스어 표현 “homme Augmenté” 또는 “cerveau Augmenté”가 널리 사용되지만 프랑스 윤리 자문 위원회는 “신경 향상(neuro enhancement)”을 의미하는 “neuro-amélioration”을 사용하기로 결정했다. 이렇게 하여 “뇌”와 “최적화”에 대한 프랑스어 단어를 사용하는 것을 피할 수 있는데, 전자는 지나치게 해부학적인 의미를 가지고 있고, 후자는 평가의 가능성을 넘어서기 때문이다. 또한 예컨대, 뇌에 적용된 “도핑”과 “보톡스”와 같이 즉각적으로 부정적인 표현을 사용하지 않으면서도 “정신적 인지적 개선”이라는 그 과정의 목표를 반영할 수 있기 때문이다.

인간 성숙의 역사에서, 심리적·인지적 개발 수단은 영양과 교육을 통해서만 가능했고 가족 및 사회적 환경에서 풍성하게 발전해 왔다. 그러나 이런 주제는 너무 광범위하고 특정하기 어려워 프랑스 윤리 자문 위원회가 다룰 수 있는 논의의 대상으로서 적절치 않으므로, 신경조절 기술 즉, 뇌 활동을 조절할 수 있는 기술의 사용과 같이 생의학적 신경 향상의 사용으로 인해 발생하는 윤리적 문제와 관련하여 집중적으로 검토를 수행하였다. 처음에 병리학적 상태를 연구하거나 치료하기 위해 개발된 이 기술은 주로 인지 연구의 목적으로 건강한 개인에게 점점 더 많이 사용되지만 때로는 뇌 수행력의 향상을 위해서도 사용된다. 더 이상 의약품 소비에만 국한되지 않는다. 요새는 본인 자신의 이익(피드백)을 위해 조절하거나 외부 장치(인공 팔다리, 표적물, 로봇 등)를 제어하기 위해, 자신의 뇌 활동을 제어하는 다양한 종류의 외부 전기적 자극술 또는 자기 자극술을 요구하고 있다. 비디오 게임, Google Glass 등 신경 조절이 가능한 도구는 지속적으로 새로 개발되고 있지만, 엄밀히 말해서 이것들은 생의학 기술이 아니기 때문에 여기에서 말하는 신경 향상 기술의 범주에 들어가지 않는다.

"신경 향상"이라는 표현은 그것이 설명하는 현상이 확립되어 있다는 인상을 줄 수도 있지만 사실 그것은 양면적이다. 즉 자명한 것으로 간주되는 직접적으로 확립된 결과가 아니라, 평가되어야 하는 문제 상황을 설명한다. 더욱이, 그것은 두 가지 완전히 다른 상황을 반영한다. 하나는 생의학 기술을 통한 뇌 활동 증가 형태의 조절이고, 다른 하나는 건강에 전혀 손상이 없는 특정 사람들이 그러한 기술을 사용하는 것이다. 결과적으로 이 표현에서 다루는 개념은 이러한 조절에 의해 유발되는 효과와 강화하려는 의도를 포함한다. 신경 향상에 대한 연구는 상당한 방법론적 어려움을 안고 있기 때문에, 그 주제에 대해 수행된 수많은 조사와 연구 노력의 결과는 개방적이지만 비판적이며 극도의 주의를 기울여 접근되어야 한다.

"자신을 향상"시키려는 결정은 개인의 결정이지만 그 근본적인 동기와 그 결과는 본질적으로 사회적이다. 생의학적 신경증강의 현상은 주어진 사회문화적, 경제적 상황과 관련해서만 고려될 수 있다. 현재 주로 부유한 국가와 관련이 있다. 따라서 이러한 상황에서 신경 향상을 목적으로 생의학 기술을 사용함으로써 발생하는 윤리적 문제는 다음과 같은 것이 검토되어야 한다. 정신적·인지적 용어로서, "정상"과 "병리적" 사이에 구분선이 있는가, 어떤 생의학 기술이 사용되고 있는가, 장기적, 단기적으로 뇌 기능의 향상 또는 악화가 있는가, 왜 사람들은 자신의 뇌 또는 다른 사람의 뇌를 향상하기를 원하며, 향상의 필요성을 결정할 자격이 있는 사람은 누구인가, '의료적 향상' 훈련과 같은 것이 있는지, 그리고 그 비용은 누가 부담하는가, 이 주제에 대한 연구 현황은 어떠한가, 신경 향상에는 한계가 있는가 등의 논점이 있다고 프랑스 윤리 자문 위원회는 평가하고 있다.

Ⅲ. ICT를 통한 인간 향상과 인권

1. 인권적 함의

ICT를 통한 인간 향상 기술에 관하여 제기되고 있는 두 가지 주요한 인권에 관한 이슈[45]는 자기결정권과 인간의 존엄성이다. 자기결정권에는 자율성과 선택의 자유가 포함되며[46], 특히 "자신의 신체에 어떤 일이 실행될지를 결정할 권리이고, 본인의 신체에 관한 향상에 대한 권리, 즉 최소한 본인의 신체에 대한 향상의 권리"[47]라고 말할 수 있다. 일찍이 2000년대 전후로 인간 향상 기술과 관련된 인권과 헌법상 기본권에 대해서 연구와 논의를 시작했던 미주와 유럽의 학자들은[48] 일반적으로 "개인의 자율성의 원칙에 따라 인간 향상 기술을 사용할지 여부를 결정하는 것은 개인에게 맡겨야 한다는 점에 동의한다."[49] 미국 오클라호마 시립대학(Oklahlma City University)의 Blitz 교수는 연방수정헌법 제1조의 표현의 자유 보호에서 확장된 개인의 '자율성'에 관한 자유로부터 '향상할 권리'로 보호되어야 한다고 주장한다.[50] 예컨대 성형 수술과 같이 본인을 향상시키는 행위의 자유는 신체를 향상시킬 권리에서 도출된 자기결정권에 의해 보호될 수 있다. 그러나 이 자기결정권의 원리에는 명시적으로 마음을 향상시킬 권리까지는 포함되지 않는다. 이 때문에 새로운 권리, 즉 인지적 자유에 대한 권리를 새로운 인권으로 새로이 인정할 필요가 있다는 주장이 일어났다.[51] 이 새로운 인권을 주장하는 대표적인 학자로 독일 함부르크 대학의 Bublitz 교수는 법이 그러한 "인지적 자유권"(또는 '정신적 자기결정권')을 인정해야 한다고 설명한다. 자신의 마음에 대한 개인의 주권은 신경 증강제를 사용하거나 이를 거부할 수 있는 권한을 수반한다."[52] 이 권리는 −최초로 헌법적 권리로 명시한 칠레를 제외하고는− 아직 헌법이나 법률에서 명시적으로 인정하고 있지는 않지만 "인지적 자유는 자유민주주의 국가의 암묵적인 가정에 속하며 … 개인에게 자기 문제에 관한 광범위한 자유를 부여하며, 개인과 국가 사이의 관계에 대한 일반적이고 널리 받아들여진 생각으로부터 추론될 수 있다."[53]

자기 결정에 대한 권리 그리고 이와 관련되어 제안되는 인지적 자유에 대한 권리가 본질적으로 향상할 권리의 인정을 요구하기도 하지만 동시에, 필연적으로 이 향상할 권리에 대한 제한도 요구하고 있다는 점에 주목할 필요가 있다. 자기결정권과 개인의 자율성에는 개인이 향상되기를 원하지 않는 경우 향상을 거부할 수 있는 선택권이 있어야 하기 때문이다.[54] 따라서 "향상은 권리가 될 수 있지만 의무는 아니다."[55] 이것은 직장의 고용 환경과 같이 향상에 대한 압력이 높은 분야에서 특히 중요해진다. 개인은 경쟁력을 유지하기 위해 향상해야 한다는 압력을 느낄 뿐만 아니라, "인지적 향상을 거부하는 것이 무책임하거나 논란의 여지가 있는 것으로 간주될 수 있기"[56] 때문이다. 예컨대, 의료 환경과 같이 의사가 향상하면 환자에게 더 나은 서비스를 제공할 수 있는 경우가 그러하다. 이러한 경우 개인의 자율성은 개인이 본인의 인지·정신·내면에 대하여 수정·조절을 거부할 권리가 보장되어야 한다.

자기결정권과 마찬가지로 인간 존엄성의 원칙은 자율성의 권리를 의미하며, 이탈리아의 Ruggiu 교수에 따르면 "모든 개인에게 속한 인간 본성의 보호"도 요구된다.57) 옥스퍼드 대학의 Bostrom 교수는 인간 향상이 존엄성을 증진시키는 동시에 존엄성을 위협할 수 있다고 설명한다.58) 한편으로 동기부여를 강화하거나 공감과 동정심의 능력을 증진시키는 향상은 인간의 존엄성을 증진시킬 가능성이 있다. 그러나 다른 한편으로 인간 향상은 진정성 있게 행동하는 능력을 감소시켜 자율성의 결여를 촉진함으로써 인간의 존엄성을 위협할 수 있다.59)

인간 향상 기술의 사용에 관한 인권적 이슈는 자율성과 인간의 존엄성 이외에도 사생활의 자유와 권리 내지 프라이버시권, 그리고 가족생활에 대한 권리에 의해 지지될 수 있고, 제한될 수도 있다. 영국 옥스퍼드 대학의 Imogen Goold 교수는 유럽인권협약으로부터 인간 향상의 권리를 프라이버시권과 가족 생활에 대한 권리로부터 도출한다고 해석한다. ECHR(유럽인권협약)은 "개인과 가족 생활에 대한 존중에 대한 각 개인의 권리를 보호하며 여기에는 개인의 신체적 완전성에 대한 간섭으로부터의 보호가 포함된다."60)고 명시하기 때문이다. 이러한 관점에서 프라이버시권은 향상하거나 이를 거부하거나, 두 가지 상황에서 모두 국가의 간섭을 금지함으로써 향상할 권리나 향상하지 않을 권리를 보장하는 데 도움이 된다. 그러나 개인정보와 관련된 프라이버시에 대한 권리는 인간 향상 기술에 제한을 가할 수 있다. 왜냐하면 프라이버시권은 "로봇 애플리케이션에서 생성되거나 저장되는 개인정보 내지 민감 정보에 대한 침입으로부터 보호"하기 때문이다.61) 사람에게 인간 향상 기술을 사용할 권리가 있더라도, 이러한 기술은 수집 및 저장할 수 있는 데이터 보호의 측면에서 제한될 수 있다.62)

인권은 인간 향상 기술의 사용이 부의 불평등한 분배와 같은 사회적 정의의 문제를 고려해야 하기 때문에, 향상할 권리에 대하여 추가적인 제한이 발생할 수 있다. 인간 향상 기술의 사용이 증가하면, 향상되지 않은 사람이 향상된 사람들과 비교하여 평가를 받게 됨으로써 "사회 내에 분열이 발생하기 때문이다. 능력이 향상되지 않은 사람들은 열등한 존재로 간주되고 인권의 면에서 향상된 사람에 비해 차별적으로 취급될 위험에 처하게 될 것"이다.[63] 이러한 이유 때문에, 인간 향상 기술이 더 보편적으로 이용 가능하게 된다면 그러한 기술을 사용하지 않기로 선택한 사람들에 대한 관용이 감소할 수 있으며, 그 결과 비장애인뿐만 아니라 장애인에 대한 차별이 증가할 수 있다.[64] 게다가 인간 향상 기술을 적용하기 위해 부담해야 하는 상당한 비용 때문에, 부유한 개인은 향상의 혜택에 접근할 수 있는 가능성이 높으며, 결과적으로 향상된 능력의 불평등한 분배는 부의 불평등을 영속화하고 악화시킬 위험이 있기 때문이다[65].

개인이 본인을 향상시킬 권리가 있는지 여부와 그러한 권리에 대해 어떤 제한이 수반되는지에 대한 논의를 뛰어넘어, 인간이 향상된 후 일어나는 일을 고려할 때 인간 향상 기술 자체가 인권과 밀접한 관련이 있다. "문제는 인공 장치의 자원을 통해 선택적으로 조작된 이 포스트휴먼 신체도 원래 인간의 유기적 신체가 받는 모든 인권과 기본권의 보장을 받아야 하는지에 관한 것이다."[66] 네델드의 학자 Koops는 "기본권은 미래에 인류로부터 파생된 향상된 인간에게, 그리고 장기적으로 그리고 어느 정도까지는, 사회에서 자연인이나 법인과 필적하는 방식으로 기능하는 안드로이드(휴머노이드: 인간의 모습을 한 로봇)와 로봇에게 주어질 것"[67]이라고 주장한다. 안드로이드와 로봇에 적용되는 권리의 범위와 내용을 결정하기 위해서는 더 많은 논의가 필요하긴 하지만, Koops는 그들에게 기본권을 부여하게 될 것으로 예측한다. 이는 인권의 목적이 '공권력의 남용으로부터 시민을 보호하고 시민의 생명을 보호함과 동시에 발전의 기회를 보호하는 것'이라고 보고 있기 때문에 이러한 관점에서 안드로이드와 로봇에도 인권과 기본권을 적용될 수 있는 논거가 될 수 있다는 것이다.[68] Koops는 인간과 유사한 로봇이 점점 더 많은 인간 작업을 수행함에 따라 로봇에게 어느 정도의 인간과 유사한 보호를 제공하는 것이 사회에 도움이 될 것이라고 이론화할 수 있기 때문에, 안드로이드와 로봇에 대한 인권으로 확장되게 될 것으로 예측한다.[69]

2. 국제 인권 협약에서 도출하는 인권으로서의 신경 향상

UN(United Nations)은 "인간 향상 기술에 대한 규범적 기준을 설정하고 이와 관련된 인간 존엄성과 인간의 본질을 정의하기 위하여 국제적으로 논의할 수 있는 출발점"이 된다.[70] UN의 역할 범위에는 차별 없이 모든 사람의 인권과 기본적 자유에 대한 존중을 증진하고 장려하는 것이다. 인종, 성별, 언어 또는 종교와 같은 인권 이슈뿐만 아니라 공통 목적을 달성하기 위해 전 세계의 법제도와 정책 방침을 조화시키는 중심이 된다.[71] 따라서 UN을 중심으로 제정된 국제 인권 협약이 인간 향상 기술과 관련된 인권 보호의 근거로 작용할 수 있다. 인간 향상 기술에 적용할 수 있는 인권 협약으로는 세계인권선언(UDHR: Universal Declaration of Human Rights), 시민적 및 정치적 권리에 관한 국제규약(ICCPR: International Covenant on Civil and Political Rights)[72], 경제적, 사회적 및 문화적 권리에 관한 국제규약(ICESCR: International Covenant on Economic, Social and Cultural Rights)[73], 장애인 권리에 관한 협약(CRPD: Convention on the Rights of Persons with Disabilities), 유엔아동인권협약(CRC: Convention on the Rights of the Child) 등이 있다. 국제 인권 협약은 명백하게 인간의 존엄성을 보호하고 있으며[74], 인간의 존엄성은 "여러 권리와 자유에 내포되어 있으며 전체 인권에 내포된 개념[75]"으로 이해된다. 또한 국제 인권 협약은 인간 향상 기술에 대한 규제를 어떻게 할지에 대한 법적 논의를 위하여 핵심적이며 규범적인 기준점이 된다.

세계인권선언(UDHR) 5조와 시민적 및 정치적 권리에 관한 국제규약(ICCPR) 7조는 고문과 잔혹하고 비인간적이거나 굴욕적인 대우 또는 처벌을 금지한다. 특히, 대상자의 자유로운 동의가 없는 상태로 의학적 또는 과학적 실험을 수행하는 것을 금지한다. 세계인권선언(UDHR) 12조와 시민적 및 정치적 권리에 관한 국제규약(ICCPR) 17조에 따르면 누구도 자신의 사생활에 대해 자의적이거나 불법적인 간섭을 받아서는 안 된다. 이 두 가지 인권 협약 조항의 일반 논평상 해석으로는 구체적으로 인간 향상 기술이나 이 과학적 또는 기술적 수단에 의한 권리의 침해 가능성에 대해 언급하지는 않는다. 그러나 인간 향상 기술을 강제적으로 적용하는 것은 그 침입의 정도에 따라 이 두 조항에 저촉될 가능성이 높다. 데이터 유출 침해, 서비스에 합법적인 접근을 거부하는 공격, 그리고 뇌 임플란트에 대한 불법적인 접근의 경우 등과 같이, 인간 향상 기술로부터 발생할 수 있는 사이버 보안 문제는 국제협약들에서 보호하는 개인정보의 보호와 광범위하게 관련이 되어있다.

경제적, 사회적 및 문화적 권리에 관한 국제규약(ICESCR) 제12조에서는 모든 사람이 도달 가능한 최고 수준의 신체적, 정신적 건강, 즉 건강에 대한 권리를 향유할 권리를 보장하고 있다. 건강권에 대한 일반 논평[76]에 따르면. 유엔총회 제3위원회는 규약 12조 초안을 작성하면서 건강을 '단순히 질병이나 병약함이 존재하지 않는 것이 아니라 육체적, 정신적, 사회적으로 완전한 복리의 상태'라고 개념화한 세계보건기구(WHO) 헌장의 전문에 포함된 건강의 정의를 채택하지는 않았다. 그러나 건강권이 건강 관리에 대한 권리에만 국한되지 않고 광범위한 사회경제적 요인을 포괄한다는 점을 강조한다. 건강권은 가용성, 접근성, 수용성, 그리고 질이라고 하는 필수적인 요소를 포함한다. 가용성은 "모든 의료 시설, 상품 및 서비스는 의료 윤리를 존중하고 문화적으로 적절해야 하고, 충분한 양으로 이용 가능해야 한다"는 것이다. 수용성은 "개인, 소수자, 민족 및 지역 사회의 문화를 존중하고 성별과 생애 주기별로 필요에 민감해야 하며 비밀 유지의 존중과 관련자의 건강 상태를 개선할 수 있어야 한다"는 의미이다. 질적 요소는 "의료 시설, 상품 및 서비스도 과학적으로나 의학적으로 적절하고 품질이 좋아야 한다"는 의미이고 이를 위해서는 특히 숙련된 의료 인력, 과학적으로 승인되고 만료되지 않은 약과 병원 장비, 안전하고 음용 가능한 물과 적절한 위생 시설이 필요하다. 건강권은 자유와 권리를 모두 포함한다. 그러한 자유에는 "자신의 건강과 신체를 통제할 권리와 간섭을 받지 않을 권리"가 포함된다. 따라서 건강권은 자율성의 원칙, 선택의 자유 및 그 한계, 인간 향상 기술의 규제에 관한 핵심적인 안전, 품질 및 관리의 기준과 밀접하게 관련되어 있다. 그러나 실제적으로 건강권을 적용하는 범위는 제한된 자원을 할당하는 방법을 결정하는 국가의 광범위한 재량에 달려 있다.

경제적, 사회적 및 문화적 권리에 관한 국제규약(ICESCR) 제15조 제1항(b)호에 의하면 국가는 "과학적 진보와 그 응용으로부터의 이익을 향유"할 권리를 모든 사람이 보유하고 있음을 인정해야 한다"[77] 제15조 2항은 국가가 "과학의 보존, 개발 및 보급"을 포함하여 이 권리의 완전한 실현을 달성하는 데 필요한 조치를 취해야 한다"고 규정하였는데, 여기에서 정의하는 '이익'을 구성하는 요소가 무엇인지에 대해 논쟁이 되어왔다. 역사적으로 '이익'이라는 개념은 연구 프로그램 지원 또는 과학적 연구 결과를 보급하고 공유하는 수단을 확립하는 활동을 통해 과학 발전에 대한 문화적 참여에 초점을 맞추는 경향이 있었다. 문화권 분야의 UN 특별보고관은 2012년에 내놓은 보고서에서 "과학의 '이익'과 '과학적 진보'라는 용어에는 사람들의 복리와 인권 실현에 긍정적인 영향을 주는 생각을 담고 있다"고 지적했다.[78] 과학적 진보의 이익에 대한 권리에 대하여 경제적·사회적 및 문화적 권리 위원회가 구성되어 논의한 결과, 2020년 3월에 이에 관한 일반논평이 채택된 바 있다.[79] 일반논평에서 과학적 진보와 그 응용으로부터의 '이익'이라 함은 과학연구의 응용으로부터 나오는 물질적 결과, 과학 활동으로부터 직접 발생되는 과학적 지식과 정보, 민주주의 사회에서 비판적이고 책임감 있는 시민으로 양성될 수 있도록 돕는 과학의 역할을 의미한다고 하였다. 인간 향상 기술은 과학 연구의 응용으로부터 나오는 결과라고 할 수 있다.

장애인 권리에 관한 협약(CRPD)에서는 사생활 보호(제22조)와 건강권(제25조) 외에도 제4조에서 모든 장애인의 모든 권리와 자유를 차별없이 완전히 실현할 수 있는 조치를 규정하고 있다. 국가가 취해야 하는 조치에는 무엇보다도 정보 통신 기술, 이동 보조 기기와 장기 및 보조 기술을 포함하여 장애인에게 적합한 신기술의 연구 개발을 착수하고 이를 촉진하며, 저렴한 비용으로 기술에 접근할 수 있도록 우선적으로 고려되어야 한다. 그리고 국가가 그러한 기술의 가용성과 사용을 촉진해야 한다. UN아동인권협약(CRC: Convention on the Rights of the Child)은 아동의 최선의 이익의 원칙을 포함한다(제3조). UN아동인권협약 제12조에 따르면 아동의 입장은 아동의 연령과 성숙도에 따라 적절한 비중을 두어야 하고 제16조에 의하면 아동의 개인정보도 보호되어야 한다.

이와 같이 국제인권협약은 인간 향상과 관련된 많은 법적 문제를 직·간접적으로 다루기 때문에 인간 향상 기술의 규제하는 데 관한 중요한 참조 지점을 제공하고 있다. 인간 향상 기술의 개발과 그 사용이 인권에 미치는 영향으로 인해, 국제인권법은 인간 향상 기술에 대한 법적 기준을 설정하는 출발점이 된다. 개인의 자유를 보호하는 이념이 국제인권법의 초석을 구성하고 있기 때문에 인간 향상의 자유권을 보장하는 자유주의적 접근도 타당하다고 판단되며, 비인간적이거나 굴욕적인 대우의 금지라는 인권이 존재하기 있기 때문에 모든 강제적 향상 기술의 적용은 금지될 수 있다. 인간 향상 기술과 관련하여 건강권을 적용한다면, 인간 향상 기술을 제공하는 것이 제한된 자원의 한계를 고려할 때, 가용 자원의 범위를 벗어나는 것으로 판단되는 경우에는, 국가가 그 기술에 대한 접근성을 허용하지 않을 수도 있을 것이다. 과학적 진보의 이익을 향유할 권리를 적용한다면, 인간 향상 기술의 안전성과 예측불가능한 영향력의 불확실성이 존재하기 때문에, 국가의 의무로 과학에 대한 권리를 존중, 보호 및 이행하는 근거로부터 인간 향상 기술을 적용하는 것에 대해서는 신중하게 접근될 필요가 있다.[80)]그러나 국가가 장애인에게 적합한 기술 개발을 촉진해야 한다는 것은 분명하다. 또한 UN 고령자 원칙(United Nations Principles for Older Persons)[81)]에 따르면, 고령자는 최적의 신체적, 정신적, 정서적 복리의 수준을 유지하거나 회복하고 질병의 발병을 예방하거나 지연시키기 위해 의료 서비스를 받을 수 있어야 한다. 장애인이나 고령자를 지원하는 기술이 발전하고, 인간 향상 기술이 계속 발전하게 되면서 일반적인 인간의 기능을 능가하는 기술을 장애인이나 고령자에게 어느 정도까지 어떻게 적용하게 할 것인지, 장애인과 고령자의 인권 보호에서 사용되는 '취약층'이라는 법적 개념을 어떻게 재정의해야 하는지 등에 관하여 새로운 법적 논의가 필요하다.

5

뇌 신경법학의 미래

제1절

뇌-컴퓨터 인터페이스와 인권

Ⅰ. 서론

뇌신경 신호 정보를 읽어 들임으로써 외부 기기를 제어하고 외부와 통신할 수 있게 하는 기술이 뇌-컴퓨터 인터페이스(BCI: Brain-Computer Interface)이다. 뇌에 이식하는 임플란트와 외부 컴퓨터와의 정보통신기술의 융합으로 구성되는 뇌-컴퓨터 인터페이스(BCI)는 사지마비 환자나 정신질환 등의 치료와 신체활동을 보조하기 위해 개발될 뿐 아니라 인간 향상 기술의 대표적인 형태로도 꼽힌다. 정보통신기술은 디지털의 형태로 나타나게 되는데, 디지털과 바이오 융합기술이 결합된 것으로 최근에 부각되고 있는 첨단 과학기술 영역이다. 뇌-컴퓨터 인터페이스(BCI)는 인간 향상 내지 신경 향상의 하나로도 설명할 수 있고, 미래 사회에 대두될 수 있는 신경법학의 이슈로서 바라볼 가치가 있다. 아래에서는 뇌-컴퓨터 인터페이스(BCI)와 관련되어 발생할 수 있는 인권적 쟁점을 구체적으로 짚어봄으로써 정보통신과 인권의 미래를 더 선명하게 전망해 본다. 즉 뇌-컴퓨터 인터페이스의 상용화로 발생할 수 있는 인권에 관한 쟁점을 구체적으로 고찰한다.

Ⅱ. 뇌-컴퓨터 인터페이스를 통한 신경 향상에서의 인권적 함의

1. 행위에 대한 책임과 자율성의 문제

뇌-컴퓨터 인터페이스를 통한 자기결정 과정에서 나타나는 이슈를 살펴보면, 인권과 연결되는 지점을 발견할 수 있다. 즉 BCI 기기가 사람의 뇌로 제어되고 그 사람이 부착한 의수를 통해 행위가 이루어지는 경우에 인간의 자율성에 근거를 둔 인권의 측면에서 살펴보아야 할 지점이 있다.[1] 자율성은 자기 책임의 원리와 연결되는 것으로서 타인의 자율성도 존중되어야 하고, 자율성을 행사할 수 없는 사람들의 권익을 보호하기 위한 조치도 요구된다.[2] BCI에 의한 행위가 자율성을 가지는 행위인지, 그래서 법적으로 자기 책임이 부과될 수 있는 의미 있는 행위인지에 대해 평가될 필요가 있다. 자율성과 책임의 문제는 인권의 이슈이면서, 형사법에서 의미가 있는 행위의 개념과 관련이 있다. 이를 검토해 보면 다음과 같다. 형법적 의미에서 범죄로 평가되기 위한 기본적 요건은 범죄 행위(actus reus)와 범의(mens rea)이다. 형법적 의미에서 의미가 있는 행위(actus reus)[3]가 되려면 범죄 행위 또는 불법을 이루는 부작위가 있어야 한다. 범죄에 관한 생각만 한다고 해서 행위자에게 책임이 부과될 수는 없다. 지금까지 '행위'는 범죄의 발생을 유발시키는 신체의 움직임으로 이해되어 왔다. 그러나 행위 요건은 신체의 움직임이라고 이해하는 전통적인 법리로서는 BCI에 의해 이루어지는 행위를 포섭할 수 없기 때문에 문제가 발생한다. 즉 전통적으로 이해되는 행위의 개념은 BCI에 의해 이루어지는 행위와는 다르다.[4] 전통적인 행위는 신체적이고 근육의 움직임이 그 행동을 구성하는 반면, BCI에 의해 일어나는 행위는 사고 활동의 뇌신경적 상관관계를 깨

달음으로써 기기를 움직이고 제어하는 정신적 행위이다. 즉 행위는 기기에 의해 발생하게 되고, 인간의 활동은 사고라는 정신적 활동만 일어나게 되는 것이다. 표면적으로는 뇌 신호에 의해 지시가 이루어지고 컴퓨터를 통해 작동됨으로써, 로봇 팔, 의수 등 BCI에 연결된 여러 기기에 의해 결과가 나타나게 된다. 따라서 BCI에 의한 행위는 의도된 자발적인 신체의 움직임을 요구하는 법률적인 행위 요건에는 충족되지 않는다. 이러한 차이가 행위를 정의하는 전통적인 법적 개념을 수정, 확장해야 하는 기초가 된다.[5] BCI를 사용하면 사용자가 몸을 움직이지 않고 장치를 제어할 수 있다. 사용자는 어떤 것을 상상하고 BCI는 뇌신경의 활동을 읽고 그에 따라 출력 장치를 작동한다. BCI를 사용함으로써 외부에 행위를 가져오는 사용자는 실제로 어떠한 외부 행위도 하지 않기 때문에, 만약 BCI를 사용하여 범죄를 저지르게 된다면, 그것이 어떻게 범죄 행위를 충족시킬 수 있게 되는지가 불분명하다. 그러나 신체의 움직임에 의한 것이든 BCI를 통한 행위이든 간에 외부에 나타나기로는 법익의 침해인데, 그것을 발생시킨 방법에 따라서 차등적으로 형사 책임이 부과하는 것은 불공정하고 평가될 수 있다. 따라서 BCI에 의해 발생되는 행위가 법적 행위로 평가받기 위한 요소가 무엇인지, 어떻게 그것을 정의할 수 있는가 중요해진다.

가장 직관적으로 가능한 방법은 BCI에 의해 나타나는 행위를 신체의 움직임과 동일한 가치가 있다고 규정하는 것이다. 이는 뇌신경의 활동도 행위의 지표로 인정함으로써 가능해질 수 있다. 범죄라고 인지하게 되는 근거는 유형적인 세계에서 범죄의 모든 물리적 구성 요소를 포괄하는 객관적인 차원의 것이다. '행위'의 핵심은 당시에 근육의 활성화로 나타나는 신체의 움직임이다. 그러나 생리학적 시스템으로서, 전기 맥박(electrical pulses)을 발사하는 뉴런의 형태로서 뇌의 명령에 따라 이 근골격계의 움직임을 가능케 한다. 지금까지는 근육이 뇌의 명령을 실행하는 유일한 실행자였으며 관찰과 측정이 가능한 유일한 표지였다. 그러나 BCI가 등장함으로써 신체의 생물학적 근육의 출력 통로를 우회하여, 새로운 일련의 결과물이 외부 세계에 나타나게 된다. 그럼에도 불구하고 여전히 의도적인 움직임을 시작하기 위해서는 전기 맥박에 의존한다. 이 전기 맥박은 범죄의 사실적 근거에 따라 객관적인 외부 수단에 의해 측정될 수 있고 뇌 명령의 실행 과정의 개시를 나타내는 객관적이고 물리적인 방법이다. 여기에서의 문제를 해결하는 한 가지 방법은 행위가 끝나는 곳으로부터 시작하는 곳으로 초점을 옮기는 것이다. 즉 뇌신경의 활동을 행위로 인정하는 것이다. 이와 관련하여 염두할 두 가지 사항은 첫째, 호주 맥과이어리 대학의 Kramer Thompson 교수가 지적한 바와 같이, 모든 신체적 활동이 행위가 되는 것과 마찬가지로, 모든 뇌 활동이 행위인 것은 아니다. 예컨대, 신체의 항상성을 유지하는 뇌신경 활동은 행위가 아니고, 그저 뇌신경의 활동이다.[6] 둘째, 뇌의 행위를 '행위'의 요건으로 규정한다는 것이 사람의 사고를 범죄화하는 것을 의미하지는 않는다는 것이다. 결과적으로 범죄로 인정되기 위해서는 범죄로 정의되는 행위와 결과 사이에 인과관계가 있어야 한다.[7] 문제는 BCI에 의해 발생하는 행위에서는 그 행위에 대한 통제력이 낮다는 것이다. BCI는 세 가지 유형으로 분류된다. 첫 번째로는 사용자가 의식적으로 어떤 생각이나 상상을 하고 그로부터 비롯된 뇌 활성 신호를 외부 기기나 애플리케이션에 대한 직접적 제어 신호로 이용하는 적극적 BCI(active BCI), 두 번째 유형은 자발적인 제어 활성화 없이 무작위 뇌 활동에서 결과물을 도출하는 수동적 BCI(passive BCI), 세 번째 유형은 외부 자극에 반응해서 일어나는 뇌 활동으로부터 결과물을 도출하는 반응적 BCI(reactive BCI)가 있다.[8] 형사 책임이 가능한 행위는 자발적인 행위이어야 한다. 이 법리는 모든 범죄 행위가 자발적이어야 하며, 행위 또는 부작위를 통하여 다르게 행동하는 대안을 수반해야 한다는 것이다.[9] 개인이 다른 행위를 선택할 수 있는 가능성이 없는 상황인데도 책임을 부과하는 것은 행위와 책임의 비례 원칙이라는 형사 사법의 목적에 부합하지 않는다. 따라서 BCI 유형 중에서도 수동적 BCI는 외부 조절에 대한 의지가 없는 상태이므로 책임을 수반하는 자발성을 가진 행위로서 논의할 의미가 없다고 볼 수 있다.

BCI에 의한 행위에서 발생하는 또 다른 문제는 범의(mens rea)에 있다. BCI는 사용자의 감각(sense of agency)에 영향을 미칠 수 있는데, 특히 BCI와 지능형 기기(Intelligent Devices: ID)의 조합(BCI-ID 시스템)으로 발생하는 경우이다. BCI 기기에 인공지능(AI)이 접목되면 BCI의 성능이 상당히 향상되므로, BCI가 장애인의 활동을 돕기 위한 장치로 사용되면 장애인의 재활과 일상생활에 큰 도움을 줄 수 있다. 그런데 행위에 대한 통제가 사용자에서 지능형 장치로 전환될 때 혼란이 발생할 수 있으며, 이는 행위를 만들어내는 사람의 경험에 영향을 줄 수 있고 사용자의 주체성에 따라서 행동에 대한 그의 책임을 감소 또는 증가시킬 수 있다.[10] BCI를 사용하면 특정 움직임에 대한 명령어(go-commands)의 관점에서 생각해야 하므로 거부권 제어가 부족하다.[11] BCI-ID 시스템이 탑재된 사람은 특정 행동에 대해 단지 생각하는 것만으로도 로봇이 그 결과를 차단하지 않고 그것을 수행하도록 할 수 있다. 그러나 BCI-ID 시스템에 의해서 로봇이 행위를 하게 될 경우에 있어서, 사람의 뇌신경에 의해서 거부권 행사 즉, 중단하거나 억제할 수 있는 기능이 발휘되지 않게 되면 사람의 의지(의사)와 행위 사이의 구분이 모호하게 되고, 어느 시점에서 인간 대리인에게 법적인 책임을 부과해야 되는지에 대해 의문이 생길 수 있다. 독일의 학자 Metzinger는 이를 거부권 자율성(veto-autonomy)이라고 칭하였는데, 인간 대리인에게 행위를 중단하거나 억제할 수 있는 거부권 행사가 어렵다면 자율성이 있다고 보기 어렵고 따라서 책임이 부과되기도 어렵다는 것이다.[12] 자신의 행동을 억제· 통제할 의지가 어느 정도 있느냐 하는 것은 범의가 존재하느냐의 문제이고 이에 따라 형사 책임이 결정되어야 하기 때문에, 본인의 행동을 통제할 수 있는 능력이 감소하면 책임도 이에 맞게 감소해야 한다는 의미이다.

2. 불법적 침해로부터의 보호의 문제: 뇌 해킹

뇌 해킹은 컴퓨터가 해킹되는 방식과 유사하게 악의적인 행위자가 BCI와 같은 신경 기기에 접근하여 이 장치의 작동을 손상시킬 가능성이 있다는 것이다. 컴퓨터 과학에서 정보 보안 정책을 구현하는 설계 모델은 CIA 3요소(CIA triad)로 불리는 기밀성(Confidentiality), 무결성(Integrity)[13], 가용성(Availability)이다.[14] 즉 해커가 개인 정보를 얻기 위해 장치에 침투할 수 없어야 한다.(기밀성) 해커가 장치의 설정을 간섭할 수 없도록 해야 한다.(무결성) 그리고 해커가 권한을 가진 사용자의 접근을 방해하지 못하도록 해야 한다.(가용성) Denning 연구팀은 악의적인 당사자로부터 신경 기기의 기밀성, 무결성 및 가용성을 보호하는 것을 "신경 보안(neurosecurity)"이라고 정의하고, 사이버 보안의 세 가지 원리를 손상시킬 수 있는 BCI에 대한 공격의 예를 보여주었다. 예컨대 무선통신에 의한 의수·의족 해킹, 신경 자극 요법에 대한 악의적인 프로그래밍, 개인 정보를 밝혀내기 위한 뇌 임플란트의 신호를 도청하는 것 등이 있다.[15] Li 연구팀은 BCI에 대한 가능한 보안 시나리오 및 잠재적 공격을 조사하고 사용에 따라 4가지 범주로 분류하였다. 첫 번째는 신경 의료용 애플리케이션으로서 의족·의수가 해킹되는 것이 반복되는 경우, 두 번째는 사용자 인증의 문제로서 해커가 합성 EEG 신호를 사용하여 인증 시스템을 공격할 수 있는 시나리오에서 EEG 신호로 개인을 확인하는 인증 시스템에서 발생하는 경우이다. 세 번째는 게임과 엔터테인먼트용 기기의 문제로서, BCI 게임용으로 인간의 EEG 신호에 대한 무제한적인 액세스를 제공하는 BCI에 접근하기 위해 표준 API(Application Programming Interfaces, 응용 프로그래밍 인터페이스)에 의존하는 경우이고, 네 번째는 스마트폰 기반 애플리케이션으로서, 모바일 장치 자체에서 발생하는 것으로 공격에 취약한 경우이다.[16] 게다가 전통적인 형태로 ICT 시스템(CIA의 3요소)에 대한 공격으로 인한 직접적인 피해 외에도, 인간의 뇌와 마음에 대한 공격은 심각한 윤리적·법적 함의를 지닌 간접적인 피해로 이어질 수 있다. 스위스의 Ienca와 Haselager 연구팀은 신경 기기를 악의적인 목적으로 오용하면 사용자의 물리적 보안을 위협할 수 있을 뿐만 아니라, 행동에 영향을 미치고 정체성과 인격성을 바꿀 수 있다고 강조한다. 이것은 자율성, 자유 의지, 자기 결정이라는 도덕적 가치를 훼손하는 것이다. 그래서 적절한 법적 보호 장치가 수립되어야 한다고 제안한 바 있다.[17] 이상에서 살펴본 BCI가 법률 분야에서 미치는 몇 가지 특성은 거의 기술적인 문제들로서 적절한 안전장치를 수반한 제도를 수립하고 적용하면 해결 가능한 것이다. 반면에 다음에 살펴볼 것은 BCI에서 발생하는 핵심적인 문제로서 인간의 근본적인 자유를 위협하는 문제이다.

3. 진술거부권과 자기부죄거부특권의 문제

자백에 반대하는 특권은 정부가 개인이 비자발적으로 스스로에 대해 증언하거나 범죄에 연루된 증거를 제공하도록 강요하는 것을 금지하는 법적 원칙이다.[18] 자기부죄거부특권은 자백, 법정 모독, 위증 중 하나를 선택해야 하는 '잔인한 트릴레마(cruel trilemma)'[19]로부터 용의

자를 보호한다. 우리나라의 경우 헌법상 자백의 증거능력 제한을 보장하고 있고 형사소송법상으로도 자백 배제의 법칙과 유일한 증거인 자백의 증명력을 제한하는 규정을 가지고 있다. 헌법 제12조가 자기부죄거부특권에 근거하여 정립한 미란다 원칙을 명문에 규정하고 있는 것이 바로 그것이다.[20] 미국의 경우를 살펴보면, 그 특권이 연방수정헌법 제5조에서 어떤 형사 사건에서 본인에게 불리한 증인이 되도록 강요되지 않는다"는 규정으로 명시되어 있다.[21] Schmerber v. California 사건에서 연방대법원은 다음과 같이 판시하였다. 수정헌법 제5조는 수사기관이 용의자에게 의사표현과 구두 진술과 같은 증언을 하도록 강제하는 것을 금지한다. 그러나 용의자에게 혈액과 같은 물리적 증거를 제공하도록 강제하는 것을 금지하지는 않는다.[22] 물리적 증거와 증언적 증거를 구분하는 이유와 근거는 수정헌법 5조가 의사표현을 강탈하기 위한 물리적 또는 도덕적 강박의 사용을 금지하기 때문이라는 것이었다. 전자는 사람을 '잔인한 트릴레마'에 놓이게 하는 반면, 후자는 그렇지는 않기 때문에 증거로서 용의자의 신체를 배제하는 것이 아니다.[23] 그런데 새로운 신경과학 기술들은 새로운 신경 기술들은 복합적인 형태의 증거를 만들게 된다. 즉 사람이 거짓말 또는 진실을 말하고 있는지 또는 본질적으로 증언 대상인 범죄와 관련된 대상을 인식하는지 여부를 나타내는 정보를 뇌에서 직접 추출함으로써 구두 진술과 유사한 증거를 얻을 수 있다. 그러면서도 구두 응답 없이 뇌파나 혈액의 흐름과 같은 물리적 형태의 증거를 사용할 수 있다.[24] 따라서 신경과학적 증거는 자기부죄거부특권과 관련한 기존의 진술 증언과 물리적 증거의 이분법적 틀에 맞지 않는다.[25] "불합리한 수색과 압수로부터 사람, 집, 서류 및 물건을 보호할 권리"[26]를 보장하는 연방수정헌법 제4조에 의하여, 형사 절차에서 어떠한 개인적 지위에 있는지에 따라서 다르게 살펴볼 필요가 있다. 개인의 지위는 용의자, 목격자 및 일반인으로 나누어 볼 수 있다.[27] 용의자의 경우 뇌 활동에 대한 프라이버시 보호의 필요가 높다고 주장하는 견해가 있다.[28] 반면에 비침습적 BCI가 낮은 침입성을 가지고 있기 때문에 프라이버시 침해의 우려를 극복할 수 있다고 주장하는 견해도 있다.[29] Laura Klaming과 Anton Vedder 연구팀은 신경 기술을 사용하여 목격자의 기억을 향상시킬 수 있는 가능성에 대해 연구하였다. 그러나 그러한 방법을 사용하는 것은 대상자에게 잘못된 정보를 심을 위험도 있다는 사실이 연구를 통해 밝혀졌기 때문에[30] 자기부죄거부특권이라는 인권에 의거하여, 신경과학적 증거를 법정에서 채택하는 것에 대해서는 신중을 기할 필요가 있다.

4. 프라이버시권

BCI 애플리케이션은 삶의 질을 향상시키기 위해 개발되는 것이긴 하지만, 사용자의 뇌 신호와 그로부터 추출된 특징들에 대해서 접근이 가능해지기 때문에 사용자의 개인 정보를 심각하게 침해할 수 있다.[31] 세계인권선언(UDHR) 제12조는 사생활에 대한 권리를 보호한다. 이 권리는 “아무도 자신의 사생활, 가족, 집 또는 통신에 대한 임의적인 간섭을 받아서는 안 되며 그의 명예와 평판에 대해 공격받지 않아야 한다.”[32]는 내용이다. 1950년 유럽인권협약(ECHR)의 제8조도 다음과 같이 명시한다. “모든 사람은 자신의 사생활과 가족 생활, 집과 통신을 존중받을 권리가 있다.”[33] 세계인권선언(UDHR)이 1948년에 채택되었을 당시에는 BCI와 인공 지능이 발생시키는 프라이버시권에 관한 문제에 대해서는 상상조차 할 수 없었다. 따라서 세계인권선언(UDHR)에는 과학기술의 발전으로 인해 생성된 새로운 위협에 대처하기 위한 명시적인 규정이 없다. BCI에 대한 가장 우려스러운 시나리오 중 하나는 국가나 군대, 사용자와 같이 개개인의 시민과는 비대칭적으로 강력한 권력을 가진 조직이 BCI를 사용하는 것이다. 예컨대 현재 중국에서는 정부가 추진하는 시민 감시 프로젝트에서 생산 라인의 직원과 고속 열차 운전자의 감정 상태의 변화를 감지하기 위해 두뇌 판독 기술을 사용한다.[34] 미국의 법학자들이 수정헌법 제4조와 제5조 정신적 프라이버시에 대한 보호를 충분히 하고 있는지에 대해서 검토하기도 했다.[35] 미국의 벤더빌트 대학(Vanderbilt University)의 Farahany 교수는 수정헌법 제4조와 제5조가 절차적 안전장치를 제공하기는 하지만 정신적 프라이버시를 적절히 보호하기 위한 실체적인 권리를 보장하는 것은 아니므로, 정신적 프라이버시가 수정헌법 제4조 또는 제5조에 따라 신성불가침하게 보호되는 것은 아니라고 해석한다.[36] 뇌신경의 해독 과정의 추론적 특성으로 인해 정확성과 효율성이 있는지가 여전히 불명확하기 때문에, 최소한 원칙적으로는 뇌 활동에서 정신 상태를 해독하는 것이 가능해야 함을 전제로 해야 한다는 주장도 있다.[37] 실제로, 인공지능 알고리즘의 사용으로 뇌 활동에서 정신 상태를 해독하는 기술은 기하급수적으로 발전했지만, 형사법에 적용할 경우에 법의학의 편향 문제를 악화시킬 수 있는 위험도 있다.[38]

미국의 경우에 Warren과 Brandeis가 발간한 논문을 통해 '프라이버시권'이라는 개념이 소개된 이후, Katz v. United States 사건에서 본격적으로 프라이버시권을 도출하였다.[39] 그런데 이 프라이버시권으로는 상업적 영역에서 발생하는 뇌 활동의 보호와 침해에 대해서는 대응하기 어렵다는 것이 문제이다.[40] 예컨대, 미국의 정보통신 IT 빅테크 기업인 페이스북(Facebook)은 현재 사용자의 생각, 감정 및 의도를 읽고 해석하는 웨어러블 EEG 기반 BCI를 개발하여 플랫폼에서 음성으로 소통하지 않고도 핸즈프리 형태의 커뮤니케이션을 제공한다. 이 정보통신의 소통을 통해 사용자의 기억, 감정적 반응, 의식적·무의식적 관심에 관해 추론할 수 있다. 이 기술을 실행하면 페이스북은 수백만 사용자의 신경과 정신 활동을 읽을 수 있고 사용자의 뇌가 어떤 것에 주목하여 반응할 때마다 뇌 신호를 감지할 수 있다. 따라서 페이스북은 사용자 본인이 의식하기도 전에 사용자의 선호도를 연구하고 정치적 견해, 종교적 견해 및 성적 취향을 식별할 수 있다. 이뿐 아니라 문제는 이미 빅테크 기업이 소유한 방대한 사용자 관련 데이터베이스 이외에도, 사용자의 뇌 활동에 관한 데이터를 제3자에게 판매할 가능성도 있다는 것이다.

Ⅲ. 정신적 자유 영역에서 새로운 인권의 형성

신경 과학 기술의 급속한 발전은 인간의 뇌 안의 정보로의 접근, 수집, 공유, 그리고 조작의 가능성을 열어주고 있다. 이러한 적용은 의도하지 않은 결과를 방지하기 위해 다루어야 하는 인권 원칙에 도전하고 있다. 스위스 학자 Ienca와 Andorno는 신경과학과 인권 사이의 관계를 분석하고 매우 중요하게 될 4가지 새로운 인권을 확인한 바 있다.[41] 이 4가지 인권은 인지적 자유에 대한 권리, 정신적 프라이버시에 대한 권리, 정신적 완전성에 대한 권리, 심리적 연속성에 대한 권리이다.[42] 새로운 기본권으로서 IT 기본권을 도출했던 논리와 유사한 방식으로, 새로운 인격권 침해에 대응하기 위해 기존의 자유권의 영역의 해석상 도출할 수 있다고 하는 의견이다. 이에 반하여 새로운 정신적 자유권으로 인정하기 위해서 충분한 논의가 필요하다는 견해도 있다.[43] 어느 경우이든 정신적 자유권의 새로운 영역으로서 권리의 범위와 내용을 확정하기 위해서도 상세히 검토하는 것이 의미가 있다.

1. 인지적 자유에 대한 권리

과거에는 생각이 본질적으로 사적이고 개인적인 영역이라고 치부되었지만, 신경과학 기술이 발전하면서 개인의 생각은 더 이상 개인적인 영역에만 머무르지 않고 외부의 기술로 개발과 조작이 가능한 영역으로 발전되고 있다.[44] 뇌를 모니터링할 경우 BCI 사용자의 내면의 삶을 바꿀 수 있는 가능성이 있고, 생각의 범위를 파악할 뿐 아니라 인지 능력, 지능을 포함하여 개인의 성격과 정체성에 영향을 미칠 수 있다.[45] 기술이 우리 마음에 침투하는 시대에, 미국 인지적 자유와 윤리센터(Center for Cognitive liberty & Ethics)의 학자 Sententia가 정의했듯이 21세기 '사상의 자유'에는 '인지적 자유'라는 최신 개념을 포함해야 한다는 것이다. 현재 그리고 미래에 인지 기능을 모니터링하고 조작할 수 있는 능력을 갖추게 될 것을 고려해야 한다는 것이다.[46] 인지적 자유에 대한 권리는 원치 않는 영향으로부터 정신 능력을 보호하는 것을 목표로 한다. 국가나 제3자의 의한 간섭으로부터 자유를 보호하는 소극적인 차원과 개인의 생각, 의식 또는 기타 정신 현상의 내용과 같이 자신의 내부 영역을 스스로 결정할 수 있는 자유를 부여하는 적극적 차원으로 구성된다.[47] Bublitz 교수는 이를 "신경기술 도구를 사용하여 정신 상태를 변경할 수 있는 권리와 이를 거부할 권리"라고 표현한다.[48]

2. 정신적 프라이버시에 대한 권리

인권으로서 보호하는 프라이버시의 영역에는 데이터와 이미지 등의 개인정보의 면에서 프라이버시, 행동의 영역의 프라이버시, 통신의 영역에서의 프라이버시, 위치와 공간의 면에서의 프라이버시 등이 있다. 그런데 인간의 정신, 내면의 마음의 영역의 프라이버시에 대해서는 인권의 면에서 충분히 보호되지 않고 있어, 이에 대해 새로운 인권으로 포섭할 필요가 있다. 인류 역사상 다른 사람의 마음을 들여다볼 수 있는 기술이 등장했던 적이 없었기 때문에, 앞으로 정보통신기술이 융합된 신경과학 기술의 발전으로부터 이것이 가능해진다면 법적으로도 정신적 프라이버시 면에서 엄청난 새로운 도전에 직면할 수 있다.[49] 뇌 속에 있는 정보와 뇌파 등 뇌에 관한 기록과 정보로 사람의 인격과 관련된 내면의 정신적 영역의 프라이버시를 보호해야 할 특수한 논제를 야기하기 때문이다. 또한 뇌파와 같은 뇌 신호는 개인을 식별하고 추적하는 것을 가능하게 하기 때문에, DNA와 동일하게 개인의 고유한 생체 인식 식별인자로 사용될 수 있다. 뇌에 관한 프라이버시 권리 즉 정신적 프라이버시권은 뇌 정보에 대한 불법적인 접근으로부터 사람들을 보호하고 정보 영역에서 뇌 데이터의 무차별한 노출을 방지하는 것을 목표로 한다.

3. 정신적 완전성에 대한 권리

개인의 신체적, 정신적 완전성에 대한 권리는 "모든 사람은 자신의 신체적 정신적 완전성을 존중할 권리가 있다"[50]고 명시한 EU 기본권 헌장 3조에 의해 보호된다. 제3조는 몸과 마음을 구별되고 분리될 수 있는 것으로 보는 데카르트의 심신 이원론에서 비롯된다. 거의 모든 법체계는 이원론을 내포하고 있어 법이 정신과 정신 상태가 아닌 신체와 뇌를 체계적으로 보호하도록 한다. 예컨대 EU 기본권 헌장은 정신의학·심리학적 관점에서 정신 건강에 대한 권리를 인정한다.[51] 정보통신기술과 융합된 신경과학 기술의 출현으로 인하여 2000년대 이후 영미와 유럽의 법학자들을 중심으로 정신 건강에 대한 권리의 범위를 확대하여 사람의 내면, 정신, 마음을 보호하는 법제도가 필요하다는 주장에 힘이 실리고 있다. 여기에는 개인의 정신 영역을 해로부터 보호할 권리를 추가하는 한편, 인지 장애를 가진 개인이 정신과 치료를 받을 권리를 보장하는 것도 포함된다. Bublitz 교수는 정신적 영역에 대한 두 가지 유형의 잠재적 손상을 지적했다. 즉, 하나는 통증, 장애, 정신 건강의 손상과 같이 정신적 상해이고, 또 하나는 한 사람의 선호도와 선택에 대한 영향을 주는 것과 같이 정신적 조작이다.[52] 실제로 BCI는 개인의 뇌신경 활동과 정체성에 대한 인식의 변화를 가져올 수 있으므로, 후자에서 정신적 조작의 형태로 정신적 영역에 손상을 발생시킬 수 있다.

4. 심리적 연속성에 대한 권리

BCI와 같은 신경 기술은 의도치 않게 개인의 성격과 정체성에 영향을 미칠 수 있는 정신 상태의 변경과 조작을 일으킬 수 있다. 심리적 연속성에 대한 권리는 사람의 내면을 무단으로 조정하고 해를 입히는 잠재적인 신경과학 기술의 개입으로부터 보호하기 위해, 규범적 보호가 제공되어야 한다는 것이다. 심리적 연속성에 관한 권리의 침해는 세 가지 요소로 발생하게 되는데, 첫 번째, 신경 신호에 대한 직접적인 접근과 조작이고, 두 번째는 승인되지 않은 것이며, 세 번째는 신체적·정신적 피해를 초래한다는 세 가지 요소로 구성된다. Ienca와 Andorno 연구팀이 제안한 이 새로운 인권은 누구나 외부 영향으로부터 자신의 정체성을 보호하고 뇌 기능의 변화를 거부할 수 있도록 하는 것을 목표로 한다. 이는 사람의 신경 활동을 조작하기 위해, 기술을 남용할 가능성으로부터 보호하는 것이다.[53] 이 지침은 신경과학 기술 시대에 필수적이지만 법은 어떤 종류의 정신 현상이 보호받을 가치가 있는지 더 상세히 개념 정의해야 할 필요가 있다. 정신적 재산을 보호하고 정신적 완전성의 보호를 확대하는 방향보다는, 정신적 완전성에

대하여 외부의 불법적인 간섭을 대상으로 처벌하는 조항을 도입하는 것이 한 방법이 될 수 있다.[54]

Ⅳ. 칠레의 헌법 개정과 새로운 인권에 대한 입법적 보호

칠레에서는 미래의 과제를 다루기 위해 지정된 위원회가 2020년 상원에 BCI와 인공지능에 맞서 사람들의 뇌 데이터와 정신적 프라이버시를 보호하는 것을 목표로 하는 두 가지 법안을 제출하였다. 첫 번째 내용은 헌법 개정안으로서 세계역사상 처음으로 정신적 정체성을 조작될 수 없는 권리로 정의한 것이다. 여기에는 건강상의 이유라고 하더라도 뇌에 개입하는 모든 것은 법적 규제를 받아야 한다고 명시되어 있다.[55] 두 번째는 미국 콜롬비아 대학에서 진행한 신경권 이니셔티브(NeuroRights Initiative)[56]에서 정의한 5가지 원칙을 기반으로 하는 근본적인 혁명적 원칙[57]을 규정하는 법률안이다.

이 내용을 상세히 보자면, 첫 번째 원칙은 개인의 정체성에 대한 권리이다. 이 원칙은 기술이 자아 감각을 방해하지 못하도록 경계를 개발해야 한다는 것이다. BCI가 개인을 디지털 네트워크와 연결하면 개인의 의식과 외부 기술 입력 간의 경계가 모호해질 수 있다. 두 번째 원칙은 자유 의지이다. 이 원칙은 개인이 외부 기술의 알려지지 않은 영향 없이 자신의 의사 결정에 대한 궁극적인 통제권을 가져야 한다는 것이다. 세 번째 원칙은 정신적 프라이버시에 대한 권리이다. 이 원칙은 신경 데이터(Neuro-Data)를 측정하여 얻은 모든 데이터를 비공개로 유지해야 한다는 것이다. 또한 신경 데이터의 판매, 상업적 양도 및 사용을 엄격하게 규제해야 한다. 네 번째 원칙은 정신적 향상 내지 신경 향상에 대한 평등한 접근에 대한 권리이다. 이 원칙은 정신적 향상을 가져오는 신경 기술의 개발 및 적용을 규제하는 국제 및 국가 차원의 지침이 수립되어야 함을 의미한다. 이러한 지침은 정의의 원칙에 기초해야 하며 모든 시민에게 평등한 접근을 보장해야 한다. 다섯 번째 원칙은 알고리즘 편향으로부터 보호받을 권리이다. 이 원칙은 편견에 대응하기 위한 대책이 머신러닝의 표준이 되어야 함을 의미한다. 그리고 알고리즘 설계에는 기본적으로 편향을 해결하기 위해 사용자 그룹의 입력이 포함되어야 한다.

이상의 헌법 개정안과 법률안이 2021년 10월 통과됨으로써 칠레는 뇌신경과 여기에서 나온 뇌 데이터 그리고 마음의 영역을 보호하는 법률을 가진 최초의 국가가 되었다.[58] 칠레 이외에도 미국, 프랑스, 스페인, 아르헨티나 등의 나라에서도 신경 데이터, 뇌 활동을 포함한 마음에 대한 보호를 법제화하기 위해 논의 중이고 UN과 OECD에서도 이 주제에 관하여 논의 기구를 두고 있다.

V. 결론

정보통신기술은 사회의 모든 영역의 인프라가 디지털로 전환되는데 힘입어, 기계와 인간이 융합하여 인간의 본성에 영향을 주면서 인간과 기계의 융합을 가능하도록 하는 방향으로 발전하고 있다. 이에 관하여 우리나라보다 앞서 인간 향상, 신경 향상, 인지적 향상이라는 주제로 인간 향상 기술의 발전을 검토했던 미국, 영국, 싱가포르, 프랑스 국가위원회의 사례를 돌아봄으로써 인간 향상 기술이 인권과 만나는 기초 지점들을 짚어보았으며, 이와 관련되어 국제협약으로부터 공인된 인권의 관점에서 ICT를 통한 인간 향상 기술과 뇌－컴퓨터 인터페이스 기술이 담고 있는 인권적 쟁점을 검토하였다. 인간 향상 기술을 법적으로 규제하는 기준은 환자를 치료할 수 있는 기술인지 여부가 출발선이 될 수 있다. 그러나 치료와 향상의 경계를 어떻게 설정할 수 있는지는 어떤 윤리적 관점에서 볼지에 따라서 종종 모호해진다. 신경과학 기술로 대표되는 ICT 인간 향상 기술이 일반인들에게 활발하게 이용될 때, 사회적으로 건강한 사람에게 어느 정도까지 향상된 능력을 가지도록 허용할 것인가에 관련하여 검토하고 이것의 윤리적인 의미를 짚어보는 것은 인권 보장의 출발선이 된다. 건강한 미래 사회를 설계하기 위해서 궁극적으로는 인간 향상 기술이 가져올 미래 사회의 변화를 전망하고, 적시에 인권에 대한 보호 지점에 관하여 탐구하고 제도적 정립을 위해 준비하는 것이 필요하다고 판단된다. 우리나라 학계에서 인공지능과 관련한 윤리와 법적 쟁점에 대해서는 상당히 활발하게 논의가 되고 있지만, 인공지능과 인간지능의 융합－디지털과 바이오 융합기술－이 가져올 인간 향상 기술에 대한 헌법적 고찰을 비롯한 법학에서의 논의는, 미주와 유럽에서 2000년대 초반부터 시작된 데 비하여 관심이 부족했다. 인지적 자유권, 정신적 프라이버시, 정신적 완전성, 심리적 연속성의 권리라는 새로이 등장하고 있는 인권에 대해 관심을 가지고 새로운 미래를 준비할 필요가 있다.

제2절

스포츠 뇌 도핑과 인권*

Ⅰ. 서론

스포츠에서 경기 결과는 선수 각자의 재능부터 경기 각 순간의 모든 물리적, 생리적, 심리적 조건에 이르기까지 여러 요소가 복합적으로 작용한다. 스포츠에서 경기 룰은 개인의 노력이 최선의 결과를 보장하지 않더라도 적어도 최선을 예비할 수 있도록, 즉 "더 많은 훈련이 더 큰 행운을 가져온다"라는 경구가 널리 인정될 수 있도록 규칙을 정한다. 그리고 더 좋은 결과를 만들어 내는 것만이 스포츠의 목적이 아니다. 고대 그리스에서 시작된 올림픽을 20세기에 부활시킨 프랑스의 피에르 드 쿠베르탱(Pierre de Coubertin)이 언급한 바와 같이, 스포츠는 "도덕의 시험장(moral testing ground)"이 된다.[1] 스포츠는 그 결과에 어떻게 도달하였는가도 동일한 중요성으로 평가되므로, 기회가 공정하게 주어져야 한다. 선수 개인의 훈련 결과가 아닌 외부의 개입

* 원문은 "스포츠 뇌 도핑과 인권: 부패방지의 관점에서 보는 뇌 도핑, 부패방지법연구 제6권 제2호, 153－181면, 2023년 8월"이다.

에 의해 결과가 나타나는 것은 공정성에 훼손을 가져오는 일종의 부패행위로 취급될 수 있다. 스포츠 경기력 향상 약물의 사용을 금지할 수 있는 근거가 여기에 있다. 약물은 '인간의 노력을 바로 우회할 수 있는 개입 방법'이기 때문이다. 전통적으로 해석하는 부패행위의 개념은 '위임된(entrusted) 권력의 사적 남용'[2] 내지 '사적 이익을 위한 공적 지위의 남용'(the abuse of public office for private gain)으로 정의되고, 부패방지법제[3] 상에서는 뇌물, 횡령과 같이 공직자가 지위나 권한을 남용하거나 법령을 위반해서 자기 또는 제3자의 이익을 도모하는 행위, 공공기관의 예산사용, 공공기관 재산의 취득·관리·처분, 계약에서 있어서 공공기관에 대하여 재산상 손해를 가하는 행위 등으로 정의하고 있다. 그런데 공정 영역과 사적영역이 혼재된 영역에서 발생하는 부정부패나 국민의 자유를 짓밟는 다양한 행위, 차별적 행위, 불공정 행위도 현대사회에서 나타나는 부패행위로 꼽힐 수 있다.[4] 이러한 의미에서 OECD는 부패행위를 '개인적 이익을 위한 공적·사적 지위의 남용'(abuse of public or private office for personal gain)이라고 기존범위를 확대하여 정의하고 있어 반부패 정책을 수립할 때 공적 부문과 민간 부문을 아우르는 정책을 수립하고 있다.[5]

스포츠 부문에서 손꼽히는 부패행위는 스포츠 승부조작, 도핑, 뇌물, 횡령 등으로서[6] 공적 부문과 민간 부문이 혼재된 영역이다.[7] 여기에서 살펴보려는 분야는 전통적 방식의 도핑을 넘어선 뇌 도핑(brain doping)이라는 첨단기술을 활용하여 스포츠의 공정성에 물의를 일으키는 부패에 관한 문제이다. 스포츠에서 약물이나 도구 내지 방법을 이용한 도핑은 현재 세계반도핑위원회(WADA: World Anti-Doping Agency)를 비롯한 전 세계의 반도핑기구에 의해 엄격하게 금지되고 있다. 비침습적이고 통증이 수반되지 않으며 휴대가 간편한 뇌 자극 기술인 tDCS(경두개 직류자극술, Transcranial Direct-Current Stimulation)를 통해 이루어지는 뇌 도핑은 세계반도핑위원회가 금지하는 도핑 방식의 대체제로 사용될 가능성이 있다. 약물이 운동선수들에게 주는 도핑 효과와 유사하게 경기력 향상을 가져올 수 있는 첨단과학기술로 전망된다. tDCS는 두피 위에 전극을 통해 뇌 표면에 약한 직류를 흘려보내 신경세포의 활성을 일으키는 기술이다. 뇌 질환이나 뇌 기능 정상화 치료 방법으로 사용되는데, 임상적으로 약물치료를 사용하기 어려운 경우나 약물과 병행해서 사용되기도 한다.[8)]

단지 첨단기술을 이용한 새로운 방식의 도핑이라면 기존의 도핑에 관한 규제를 확대할 것인지 검토하는 데에 그치겠지만, 뇌 도핑은 인간의 뇌에 작용한다는 점에서 자율성, 장기적 안정성, 효과성 등의 윤리적이고 잠재적인 문제를 안고 있고, 개인들이 신기술을 사용할 수 있는 권리를 제한하는 것인가 하는 점에서 법치주의의 문제, 스포츠 공정성이 헌법이 추구하는 공정성의 가치와도 연결되는 쟁점을 가지고 있다. 뇌 도핑에 대해서 규범적 검토가 필요한 이유이다. 법치주의, 공정성과 같은 헌법상 가치와 원리와 기본권의 관점에서 뇌 도핑의 문제를 살펴보고, 이 헌법의 원리와 인권이 뇌 도핑과 어떻게 연결될 것인지 검토할 것이다. 실상 뇌 도핑은 스포츠 선수들만이 아니라 일반인 사용에서도 문제가 될 수 있고[9)], 그 활용 방식도 병원 처방이나 치료 목적 의료기기 방식뿐 아니라, DIY(Do－It－Yourself) 형태로 직접 만들어서 사용하는 방식으로도 가능하기 때문에 공법적 관점에서 검토해야 할 범위와 양태가 방대하지만, 논의의 방향과 쟁점을 부패방지로 집중시키기 위하여 스포츠 선수의 뇌 도핑에 한정하여 공법적 검토를 수행한다.

Ⅱ. 뇌 도핑 관련 헌법상 원칙과 인권의 쟁점

1. 법치주의

헌법재판소는 헌법상 법치주의에 대하여 국가권력이나 다수의 정치적 의사로부터 개인의 권리 내지 개인의 사적 자율성을 보호해 준다는 의미라고 풀고 있다.[10] 근대 입헌적 민주주의 전통에서 기본적 인권, 국가권력의 법률 기속, 권력분립의 관념이 법치주의원리로 우리 헌법에 반영되어 있다는 것이다. 우리나라를 비롯한 많은 나라들이 부패의 개념을 형법이나 반부패법 내지 부패방지법(anti-corruption law)에서 부패를 규정함으로써 부패에 대한 감시, 조사 및 처벌의 근거를 마련하고 있다. 법에서 부패를 구체적이고 명확하게 규정하여, 부패 행위를 적발하고 처벌할 수 있도록 하는 근거가 되도록 하는 것이다. 예컨대 횡령, 유용, 뇌물 등 법률에 위반되는 부패행위를 구체적으로 적시하여 범죄행위로 판단하고 있는데, 이는 부패행위와 이에 대한 규율을 법제화함으로써 국민의 기본적 인권과 사적 자율성을 보장하는 법치주의 원리를 구현하는 것이다. 뇌 도핑에 관해서도 현재는 도핑규제 관련 법제에 명확한 정의 개념을 두고 있지 않지만, 후술하는 바와 같이 뇌 도핑의 잠재적 위험성과 기본권 보호의 측면을 감안하여 뇌 도핑의 특정한 형태의 사용과 범주를 스포츠에서 부패행위의 한 유형으로 포용할지를 결정해야 한다.

뇌 도핑은 세계 각국의 국가위원회에서 다루어왔던 인간 향상, 신경 향상의 범주에 들어가는 것으로서 철학 윤리적인 검토의 대상이 되어 왔고,[11] 기본적 인권 및 기본권과 만나는 지점이 있기 때문에 이를 어떻게 법적으로 규율할 것인가가 법치주의의 핵심이라고 할 수 있다. 뒤에서 기술하는 건강권, 평등권, 개인의 신체 향상에 대한 권리, 정신적 자유권 등의 인권이 상호 조화를 이룰 수 있도록 개인을 보호하는 것이 뇌 도핑과 관련된 법치주의의 과제라고 판단된다.

도핑이 왜 기본권과 관련된 문제인가. 스포츠 경기에 참여하는 선수들은 본인이 가진 고유의 기량을 극대화하기 위해 훈련기법에 각종 첨단 기술을 도입하고 있다. 인공지능 활용한 훈련기법, 마인드 컨트롤, 명상 기법 등 도구를 사용하거나 침습적 개입이 이루어지지 않는다고 하더라도 정신적 영역을 훈련하는 방식을 취할 수도 있다.[12] 이와 같이 어떤 방식으로 훈련할지를 선택하고 취하는 것은 개개인에게 주어진 자유이고 사적 영역이라고도 할 수 있다. 그런데 뇌에 개입함으로써 경기력 향상을 도모하는 것에 대한 제한을 가한다는 것의 의미는 개인의 자유의사로 다양한 방식으로 본인의 경기력을 향상시키고자 하는 데 대한 제한이 될 수 있다는 점에서 자기결정권의 일종으로서 '개인의 신체에 관한 향상에 대한 권리'를 제한할 수 있는 문제가 될 수 있다.[13] 개인의 권리를 제한하는 데로 나아간다는 점은 본질성 이론에 따라서 법으로 규율되어야 한다. 행정규제기본법에서도 국민의 권리를 제한하거나 의무를 부담하는 사항은 법률로 정하도록 한다.[14]

2. 공정성

공정성을 이야기할 때 흔히 스포츠 경기에 비유를 든다. 평등한 출발선상에서 반칙 없는 경쟁과정이 이루어질 수 있게 하는 것이 공정성이고, 그 반대의 경우로 남들보다 특별한 조건하에서 출발하는 특권을 누리는 불평등한 출발과 경쟁과정에서 다른 사람에게 해를 입히는 것을 불공정성이라는 것이다. 법학의 관점에서 공정성은 자유와 평등의 새로운 결합을 시도한 것이라 할 수 있다.[15] 평등은 법 앞의 평등과 상대적 평등을 의미하는데, 공정성은 기회의 균등이라는 상대적 평등을 추구하면서도 과정과 절차의 형평성으로서 실질적인 자유의 실현을 추구한다. 결국 법의 공정성이란 기회의 균등과 과정과 절차의 형평성이 어우러져서 개인의 실질적인 자유를 보장하는 것이다.

우리 헌법에서 명시적으로 공정성을 표시한 영역은 선거와 국민투표의 관리의 면이다.(헌법 제114조) 선거운동에서의 균등한 기회의 보장, 선거 공영제를 규율함으로써 선거와 국민투표의 공정성을 추구한다.[16] 다수가 존재하고, 다수 간의 경쟁이 있는 곳에서 필연적으로 공정성은 따라오게 마련이므로, 다수의 국민들이 하나의 법체계로 형성된 규범의 틀에서 살아가는 환경에서 법규범은 본질적으로 공정성을 추구해야 정의로운 것, 즉 공정성이라는 본질을 가지고 있다고 말할 수 있다. 헌법 전문에서 "각인의 기회를 균등히 한다"는 것도 사회 각 영역에서의 공정성을 헌법 가치로 표현하는 것이라고 할 수 있다.[17]

전통적인 해석으로 기회의 균등은 평등권이라는 기본권 보호의 핵심 요소이고, 과정과 절차의 형평성은 국민들이 기본권을 누릴 수 있도록 제도를 구현하고 보장하는 국가의 의무로서 실현될 수 있다. 따라서 공정성이 실현되는 헌법적인 방법은 평등의 원리와 국가의 기본권 보호 의무를 충실히 하는 것이다.[18] 법 앞의 평등과 상대적 평등으로 설명할 수 있는 평등의 원리는 같은 것은 같게 다른 것은 다르게 취급되는 상대성을 인정하면서도, 출발선상의 조건과 과정을 형평성 있게 조절할 수 있도록 국가의 공정한 개입이 요구된다.[19] 따라서 뇌 도핑 기기들이 스포츠 공정성에 기여하기 위해서는 기술 사용으로 인한 부작용을 최소화하고 건강에 위해를 끼치지 않도록 선수들의 안전성이 보장되면서도, 뇌 도핑 기기에 대한 접근의 기회가 개인들에게 형평성 있게 보장될 수 있어야 한다. 반면에 뇌 도핑이 뇌에 개입한 것으로서 정당한 훈련의 방식이 아닌 것으로서 스포츠 정신에 반한다고 판단될 때에는 뇌 도핑을 기존의 도핑 규제와 마찬가지로 금지되어야 하는 도핑의 목록에 포함되어야 한다. 뇌 도핑의 방법 중에서도 개인 건강에 미치는 위해도가 적으면서 보편적으로 사용할 수 있는 것, 위해도가 높고 비용과 효과가 큰 것 등으로 분류하여 스포츠 공정성에 부합하는 것과 그렇지 않은 방식을 달리 취급할 필요가 있다. 이는 식품의약품안전청에서 의료기기 등급을 분류하는 방식인데,[20] 뇌 도핑도 이와 유사하게 스포츠 공정성과 인권에 부합하는지에 따라서 분류가 가능할 것이므로, 이에 따라서 선수에게 끼치는 건강 위해도가 높고 비용도 높은 기기를 반도핑 금지 목록에 포함하고 규율할 필요가 있다.

3. 뇌 도핑 관련한 인권

(1) 평등권과 정신적 자유권의 보장

tDCS를 가지고 연구하는 연구자들이 생각하는 tDCS의 윤리적 문제를 알아보기 위해 Riggall 연구팀이 tDCS를 연구하는 전 세계의 265명의 연구자들을 대상으로 조사하였다. 대부분의 연구 참가자는 설문조사 질문에 응답하면서 치료 목적의 임상적 적용에 대한 관심보다는 tDCS 사용이 미치는 잠재적인 향상 효과에 더 주목한 것으로 나타났다. 이 조사에서 신경과학 분야 연구자들에게는 평균적인(normal) 뇌 기능을 가진 건강한 사람에 대하여 신경기술이 향상의 수단으로 적용될 때 안전성과 같은 윤리에 대한 의문을 가지고 있고 잠재적인 위험에 대해 우려하는 경향이 있음을 보여주고 있다.[21]

신경 향상과 관련한 여러 연구결과를 통해 tDCS가 창의적 사고, 통찰력 및 기억력을 향상시킬 수 있다고 밝혀졌다.[22] 오늘날 사람들은 체스, 바둑, e-스포츠[23]와 같은 게임을 스포츠의 한 형태로 간주한다. 바둑의 경우에 2010년 광저우 아시안게임, 2022년 항저우 아시안

게임에서 정식종목으로 채택된 바 있다. 이와 같이 신체보다는 정신적 영역을 활용하는 스포츠에서는 경쟁에서 이기기 위해 선수의 집중력과 기억력, 그리고 창의성 등의 역량이 중요해진다.[24] 또한 올림픽 경기의 일부인 양궁, 사격과 같은 스포츠는 선수가 과녁이나 다른 표적을 목표로 하는 동안 매우 안정을 유지해야 한다.[25]. tDCS는 선수가 경기 중이나 경기 직전에 안정을 유지할 수 있도록 경쟁 환경과 관련된 신경이나 자극으로 인해 종종 발생하는 경련을 줄이는 데 도움이 될 수 있다[26]. 그런데 일부 선수만이 자신의 승리를 확보하기 위해 tDCS를 사용할 수 있다면 상대방은 승리가 정당하다고 생각하기 어려울 것이다. 이에 따라 상대 선수가 뇌에 전기 자극 방식을 통해 도핑을 한 선수에 대해 이의제기할 가능성이 있다.

tDCS의 효능은 몇 가지 인기 있는 약물의 효능과 유사하다. 여기에는 기억력과 집중력을 증가시키는 암페타민(amphetamine)[27]과 경련을 감소시키는 베타차단제가 포함된다. 이 두 약물은 WADA에서 발표한 금지 물질 목록에 포함되어 있다. 이와 같이 약물에 의한 신경 향상은 금지되는 도핑으로 분류하면서도 tDCS를 사용하는 신경 향상이 용인된다면 도핑 규제상의 논리적인 모순이 생기고 형평성에 부합하지 않는다. 또한 이 신경 도핑 기술을 사용하면 경제적으로 여력이 있는 운동선수만이 이 기술의 혜택을 받을 수 있기 때문에 사회적 문제가 발생할 수 있다[28]. tDCS 기기의 비용을 감안할 때[29] 개인 운동선수나 팀이 이 기기를 구입하지 못할 수 있기 때문이다. 이와 같이 뇌 도핑 기기에 관한 규제와 사용 접근성의 측면에서 평등권의 문제가 발생한다.

또한 뇌 도핑은 정신적 자유권이라는 새로운 영역의 자유권과 연관이 되어있다. 정신적 자유권은 신경과학 기술을 사용하여 정신의 상태를 변경하거나 이를 거부할 권리인 인지적 자유에 관한 권리, 뇌파와 뇌 데이터에 대한 불법적인 접근으로부터 보호하고 뇌 데이터의 노출을 방지하는 것을 내용으로 하는 정신적 프라이버시에 관한 권리, 신경과학 기술로 인해 발생하는 정신적 영역의 조작과 통증, 장애, 정신 건강의 손상으로부터 보호를 의미하는 정신적 완전성에 대한 권리, 개인의 성격과 정체성에 영향을 미치는 신경과학 기술과 같은 외부의 조작과 변경으로부터 보호받아야 된다는 심리적 연속성에 대한 권리로 구성된다.[30] 스포츠 뇌 도핑의 경우 유소년 엘리트 스포츠에 있어서 경기의 승리를 원하는 코치나 감독으로부터 선수 본인이 뇌 도핑 기술의 사용을 원하든 그렇지 않든 상관없이 사용을 강요받을 수 있기 때문에, 그 결과로 선수 본인의 정신적 자유권의 제한이나 침해가 발생할 수 있다는 점이다. 미성년자 선수에 대한 뇌 도핑 신경 향상의 압박은 미성년자의 정신적 자유권과 부모나 감독·코치의 교육권과의 긴장 관계 속에서 발생할 수 있다.[31]

(2) 건강권과 안전성의 보장

의료적 효과를 나타내는 약물, 의료기기, 의료 서비스에 대한 형평성 있는 접근성을 보장하는 것은 국가의 책무이자 국민의 기본권으로 보장받는 헌법적 근거가 있다. 헌법 제10조의 인간의 존엄과 가치와 행복추구권을 출발점으로 하여 헌법 제34조 제3항의 보건에 대한 권리와 제34조의 인간다운 생활을 할 권리로부터 국가의 보건의료에 대한 책무와 국민의 건강권이 나온다. 뇌 도핑을 가능하게 하는 tDCS 기기와 이와 관련된 서비스는 치료 목적으로 활용되며 국민건강에 영향을 미친다는 점에서 보건의료의 영역에 속하고 전체 국민에게 해당될 수 있는 중요한 문제이다. 또한 스포츠 선수들이 경기 준비를 위해 사용하는 것과 같이 특정 기간에만 사용되는 것으로 국한되지 않고, 수험생, 직장인, 환자 등 본인의 필요와 목적에 따라 평생에 걸쳐서 지속적으로 발생하는 문제가 된다. 국민 일부를 이 서비스로부터 배제하거나 독점하게 해서도 안 되고 모든 국민이 형평성 있는 서비스를 보장받을 수 있어야 한다. 이 보건의료에 대한 권리가 국가로부터 배제되지 아니할 자유권적인 성격과 국민 일부에 의해 독점되지 아니하고 보편적으로 보장되어야 한다는 사회권적 성격을 모두 가지기 때문이다.[32]

국가에 의해 확인되고 검증되지 아니한 의료 서비스는 국민의 건강을 훼손할 수 있기 때문에 국민의 건강을 책임지는 국가로서는 위험 발생을 최소화하는 수준에서 규제를 시행하고, 규제정책과 의료기술의 발전과 의료산업 진흥과 형량하게 된다.[33] 국가는 일반 국민의 건강권과 의료진의 의료 서비스 제공에 관한 영업권, 국가로부터 부여받은 의사로서의 공적 책무－윤리적으로 보자면 의료윤리－를 모두 고려하여, 규제로 인한 피해가 최소화되고 적절한 방식의 보건의료 서비스가 제공되어 국민 건강을 추구함으로써 비례의 원칙을 실현해야 한다. 의료법에서 진료 거부의 금지를 규정하거나,[34] 「응급의료에 관한 법률」(약칭: 응급의료법)이 응급환자에 대해 응급의료를 거부하지 못하도록 하는 것[35]과 같이 일정한 경우에 의료행위가 강제되기도 하고, 모든 의료기관을 국민건강보험체계에 강제로 편입시키는 요양기관 강제지정제를 시행함으로써 전 국민의 의료보험수급권을 보장한다.[36]

tDCS는 아직 실험 단계에 있고 웰니스 제품이 시장에 나오기 시작하는 단계로, 그 효과의 범위가 명확하게 밝혀지지 않았다. 신경과학 분야에서는 건강한 연구참여자나 환자와 같은 일반인들로부터 효과를 입증하고 있는 연구들이 상당히 존재하고 있다. 그러나 높은 운동 능력을 보이는 엘리트 운동선수나 스포츠 참가자로부터 얻은 증거는 많지 않다[37]. 그럼에도 불구하고 앞서 언급한 신경기술을 이용하여 경기력 향상이 가능한 제품을 만드는 기업은 이미 엘리트 운동팀과 단체의 경기력 향상을 위해 신제품을 마케팅 및 판매하고 있다. 이러한 제품은 tDCS가 스키점프, 프로 미식축구 국가대표 엘리트 선수들의 운동

수행 능력에 미치는 영향에 대한 기업의 자체 실험을 통해 확보한 결과를 바탕으로 한다. 그러나 기업은 잠재적이고 아직 알려지지 않은 tDCS 관련 위험이 알려지기 전에 브랜드를 홍보하고 제품을 빨리 판매함으로써 이익을 얻으려고 하기 때문에, 기업이 수행한 테스트 결과는 이해 충돌 문제가 있을 수 있고 이 결과에는 신뢰성이 부족할 수 있다. 뇌를 전기적으로 자극하는 기술은 아직 스포츠 상황에서 선수의 완전한 안전을 공식적으로 보장하지 않고 tDCS의 적용과 관련된 부작용의 가능성이 존재하기 때문에 검토할 가치가 있다.[38]

Sellers 연구팀은 tDCS가 표준화된 지능 지수(IQ) 테스트에 영향을 미치는지 여부를 조사했으며 연구자들은 이 기술이 IQ 점수에 상당한 해로운 영향을 미친다는 것을 발견했다.[39] 또한 tDCS는 여러 가지 심각한 위험을 초래할 수 있다. Nitche 연구팀은 잘 알려진 신경과 전문의 그룹은 전자 뇌 자극이 실제로 다음과 같은 다양한 잠재적 건강 위험과 관련이 있다고 주장했다.[40] ① 진동 전기 자극의 결과로 인한 조직 손상, ② 전기화학적으로 생성된 독소의 생성, ③ 전극 용해 생성물의 생성, ④ 전자 전류 밀도를 통한 피부 손상, ⑤ 전하의 축적과 전기분해, 아미노산과 단백질의 변형을 통한 뇌 손상, ⑥ 뇌의 취약한 부분에 대한 손상(예: skull defect, foramina, open fontanels, fissures in infants) ⑦ 피부 가려움증, 두통, 피로, 메스꺼움, 현기증과 같은 사소한 부작용, ⑧ 간질, 급성 습진, 간질 발작과 같은 신경계 질환, ⑨ 기타 의도하지 않은 또는 역효과와 같은 위험성이 있다. 또한 이 연구에서 "상대적으로 강한 tDCS 프로토콜이 임상 연구에서 사용될 수 있기 때문에, 자극 프로토콜이 이전에 테스트하던 것보다 상당히 강한 경우에 경우 뇌 조직의 질병 특이적 손상과 관련될 수 있는 tDCS의 유해한 영향을 배제하기 위해 안전 조치를 추가해야 한다."고 지적하였다.[41]

이러한 연구결과는 tDCS와 관련된 잠재적인 위험이 있으며, 신경 도핑 기술이 '잠재적으로 경기력 향상을 위한 많은 길을 제공할 것'이라는 주장에도 불구하고 스포츠 경기력을 향상시키는 완전히 안전한 방법은 아닐 수 있다는 것을 의미한다.[42] 경기력 향상을 위한 전자 뇌 자극 기술의 사용은 스포츠 세계에서 여전히 해결되지 않은 많은 윤리적 문제의 중심에 있다.[43] tDCS의 신경 향상 수단으로서의 잠재력, 알려지지 않았거나 예상하지 못한 안전 문제의 발생 가능성, tDCS가 아직 실험 단계에 있다는 사실 때문에 앞으로도 계속해서 윤리적 논쟁이 될 수 있다. 따라서 도핑 방지기관의 정책입안자들은 이러한 전자적 뇌자극 기법의 유효성을 전제로 선수와 코치, 감독 등의 선수 지원 인력들에게 뇌 도핑에 대한 가이드라인을 제공할 수 있도록 지침을 마련하고, 선수들에게 위해도가 크며 인권에 부정적인 영향을 미치게 되는 뇌 도핑을 도핑 금지목록에 넣을 수 있도록 반도핑 규정 개정을 검토해야 하고 이를 실행할 수 있도록 적절한 조치를 취할 필요가 있다.[44]

Ⅲ. 반도핑 기구와 반도핑 정책

1. 세계적 반도핑 규율

세계반도핑위원회(WADA: The World Anti－Doping Agency)는 국제올림픽위원회(IOC: International Olympic Committee) 내부 조직으로 도핑에 대항하기 위하여 1999년 11월에 설립된 국제적인 반도핑 독립기구이다. 이 기구는 진실성(integrity)이라는 핵심 가치에 의거하여, 정의, 공정성, 진실성을 반영하는 정책, 절차를 실행하고 개발한다는 목표로 가지고 있다. WADA는 도핑의 영향으로부터 핵심 가치를 보호하기 위해 다음 세 가지 기준 중 두 가지를 충족하는 많은 물질이나 기술을 지속적으로 금지해 왔다. 첫 번째는 우위를 확보하기 위해 성능을 향상시킬 가능성이 있는 약물 또는 도구 내지 방법; 두 번째 선수의 건강을 위험에 빠뜨리는 약물 또는 도구; 세 번째 스포츠 정신(spirit of sport)을 망가뜨리는 모든 물질 또는 기술이 바로 그것이다.[45] 그러나 일부 물질이나 기술이 두세 가지 기준을 충족하더라도 WADA가 즉시 금지하지는 않기 때문에 이로 인해 더 많은 허점이 생길 가능성이 존재한다.

또한 끊임없이 빠르게 변화하는 기술 발전으로 인해 WADA 및 기타 반도핑 기관은 반도핑 정책의 허점이 노출되면서, 기존의 도핑 방지 정책과 새로운 도핑 기술 간의 불균형에 직면해 있다.[46] 이러한 이유로 운동선수나 운동선수를 지원하는 인력들이 반도핑 정책의 허점을 더 능숙하게 악용할 가능성이 높다. 이러한 도핑과 관련된 부패는 스포츠 경기의 진실성과 공정성을 저해하고[47] 이는 결국 스포츠와 관련된 가치를 훼손하기 때문에 심각한 문제가 된다.

선수들이 반도핑 정책을 우회할 수 있도록 하는 정책상 허점이 많이 존재한다. Rodenberg와 Hampton은 운동 능력 향상의 수단으로 작용하는 수술을 통한 신체 조작인 외과적 도핑을 통해 운동선수가 WADA 규정을 효과적으로 우회할 수 있다고 지적했다. 그러나 WADA는 아직 외과적 도핑과 관련된 범주를 규정에 포함하지 않았다. 또한 2000년대 초반에 등장한 도핑의 한 형태인 유전자 도핑을 과거에는 탐지할 수가 없었다[48]. 유전자 도핑이라는 기술을 오용할 수 있는 운동선수를 식별하기 위한 절차와 최첨단 검사 방법을 확립하는 데에는 2002년부터 2009년까지 상당한 시간이 걸렸는데[49] 2009년부터는 WADA가 금지된 기술 목록에 유전자 도핑을 포함하기 시작했다.[50] 유전자 도핑도 선단비대증, 당뇨병, 에이즈, 각종 감염성 질환 등을 일으킬 수 있어 선수의 신체와 생명에 치명적인 위해를 가할 수 있는 위험이 존재하고 효과가 입증되지 않았다는 안정성의 문제와 스포츠 공정성을 해칠 수 있다는 윤리적인 문제를 가지고 있다.[51] 유전학적으로 강화된 선수들이 경기에서 우승하게 된다면 인간의 타고난 재능, 능력, 노력에 의한 성취가 아니라, 그 선수에게 약을 지어준 의사나 시술을 해준 의사가 승리가 될 것이기 때문에 스포츠 선수가 세운 기록에 대한 존경과 찬사는 사라지게 될 것이기 때문이다. 그래서 WADA 규정은 혈액 및 혈액 성분, 화학적 및 물리적 방식, 잠재적인 도핑 방법으로 간주되는 유전자 도핑를 금지 목록으로 인정하고 있다.

멜도늄(meldonium)의 경우 10년 이상 운동선수가 의학적 이유로 약물을 복용해 왔음에도 불구하고 규제 반도핑 기관은 2016년에서야 금지된 경기력 향상제 목록에 약물을 추가했다[52]. 이는 상당한 수의 운동 선수가 이미 많은 알려지지 않은 물질이나 기술을 사용하여 경기력을 향상시켜 도핑 방지 정책의 허점을 이용하고 있음을 시사한다. [53] WADA가 이러한 물질 및 기술 중 일부의 사용을 해결하기 위해 새로운 규칙을 설립·적용할 수는 있지만, 시기적으로 선수와 선수의 경기력 향상 수단이 이미 스포츠의 공정성과 진실성이 이미 훼손된 이후가 될 가능성이 높다. WADA와 기타 반도핑 기구들은 스포츠의 핵심 가치의 파괴를 최소화하기 위해 금지된 강화 수단 목록에 이러한 새로운 물질 및 기술을 검토하는 데 필요한 연구와 검토를 서두를 필요가 있다. 적절한 시기에 규제를 작동하지 않으면 사실상 새로 등장한 뇌 도핑도 스포츠 경기의 진실성을 훼손하는 데 사용될 가능성이 있다. 스포츠 관련 이해 관계자들의 관심 선상에 있음에도 불구하고 반도핑 기구는 아직 뇌 도핑을 포함하는 범주를 검토하지 않고 있다. 따라서 WADA규정과 금지 물질 및 기술 목록이 검토될 필요가 있고, 반도핑 기구는 금지된 물리적 조작 기술 범주에 전자적 뇌 자극과 관련된 기술을 목록에 추가하는 것을 고려해야 한다. 반도핑 기구가 누적해 온 금지 물질 및 기술의 목록은 방대하지만, 신경 도핑 내지 뇌 도핑은 금지 물질이나 기술 목록에 포함되지 않고 있다.

현재 반도핑 기구에는 선수들이 경기력 향상을 위해 tDCS를 사용했는지 여부를 감지하는 기술이 공식적으로는 존재하지 않는다. Davis에 따르면 신경 도핑을 탐지할 수 있는 관련 대사 산물 및 신경 전달 물질의 농도 변화를 탐지할 수 있는 기술 도구인 MRS(자기 공명 분광법: Magnetic Resonance Spectroscopy)가 존재한다. 그러나 검사 기기 비용이 $20,000에서 $100,000 이상으로 고가인 편이며,[54] WADA의 연간 도핑 검사 비용의 약 10%인 연간 약 100만 달러에 이른다[55]. 또한 위양성 위험이 높기 때문에 이 검사 기기가 도핑 탐지의 적절한 수단이 되기는 어려울 전망이다.[56] WADA와 영국, 노르웨이와 같은 국가의 도핑 방지 기관은 다양한 도핑 수단을 탐지하는 효과적인 방법으로서 '운동선수 생체 여권'을 제공하고 있다. 이것은 물질 자체가 아니라 금지 물질의 체내 잔류 효과에 대한 시험 결과의 전자적 기록을 담은 증명서이다.[57] 그러나 이 방법으로는 tDCS을 사용했는지 탐지할 수 없다는 문제가 있다. 뇌 자극을 경험했는지 여부를 확실하게 탐지하는 기술은 아직 존재하지 않으나 BDNF(Brain-Derived Neurotrophic Factor)[58]와 proBDNF와의 상관성 등 전 세계적으로 뇌 도핑을 탐지해낼 수 있는 생체표준인자(biomarker)에 대한 연구는 계속 수행 중으로 알려져 있다.[59] 또한 소변을 통해 뇌 도핑 여부를 검출할 수 있는 분석법과 뇌도핑의 생체표준인자를 발견하는 연구를 우리나라의 한국과학기술연구원 도핑콘트롤센터와 대학의 연구팀도 공동으로 수행하였고[60], 2023년 7월 최근에 뇌 도핑을 진단법의 개발로서 신경 화학적(neurochemicals) 변화의 종합적인 패턴을 규명하는 동물실험 결과가 발표되었다. 뇌 자극으로 인한 운동수행능력의 향상 효과가 명확하게 나타났고 이를 소변 검사를 통해 신경 화학적 변화를 탐지해냄으로써 뇌 도핑 탐지가 가능함을 보여주었다.[61] 추후에 임상시험 연구를 통해서 경기장에서 직접 뇌 도핑 탐지에 사용할 수 있는 수준으로 기술 개발이 진척될 것으로 예측된다. 이와같이 뇌 도핑의 효과와 탐지·진단 기술이 발전함에 따라서, WADA 규정의 도핑 금지 물질 및 기술 목록에 tDCS를 비롯한 뇌 자극 기술이 포함되어야 할 필요가 있다.

2. 국내 법제도 상 반도핑 규제

「국민체육진흥법」은 국내에서 스포츠와 관련하여 기본법 역할을 한다. 2008년 도핑 관련 조항으로 제2조 10호, 제15조, 제35조가 신설되었다. 국민체육진흥법 제2조 10호에서는 도핑의 정의를 명시하고 있고, 제15조 제1항에서는 국가의 도핑방지활동에 대한 책임을, 제2항에서는 국가의 도핑방지활동에 대한 역할이 정의되어 있다.[62] 제35조 제1항에서는 한국도핑방지위원회의 설립근거와 법률적 지위를 정의하고 있으며, 제35조의2에서는 선수의 도핑검사에 대하여 도핑방지위원회가 도핑 검사의 대상자 선정기준과 선정방법을 정하도록 하고 있다.[63]

한국도핑방지위원회(Korea Anti-Doping Agency: KADA)는 국민체육진흥법 제35조에 따라 설립된 법인으로서, 대한민국의 국가도핑방지활동을 전담하는 기구이다. 2003년 3월 5일 코펜하겐에서 열린 제2회 세계스포츠도핑회의(World Conference on Doping in Sport)에서 채택되고 2004년 10월 1일 발효된 세계도핑방지규약(World Anti-Doping Code: WADA Code)과 2007년 4월 1일 대한민국에서 발효된 "스포츠 반도핑 국제협약(International Convention Against Doping in Sport)"에 따라 국내의 도핑방지를 위하여 2007년 6월 22일 한국도핑방지규정이 제정 · 시행되었다. 한국도핑방지규정은 세계도핑방지규약과 국제표준 등 세계 도핑방지프로그램의 필수적인 요소를 포함하며, 세계반도핑기구(World Anti-Doping Agency)에서 정한 국가도핑방지기구(National Anti-Doping Organization)의 실행모델(WADA NADO Model Rules)을 근거로 한다.

한국도핑방지위원회의 정책이나 도핑방지규정에서 뇌 도핑에 대한 규제를 명확히 명시하고 있지는 않으나, 위에서 살펴본 바와 같이 뇌 도핑의 경기력 향상 효과가 존재하고, 이에 따라서 스포츠 인권과 스포츠 윤리성을 저해함으로써 도핑이라는 부패를 촉진할 가능성이 확인된 이상, tDCS와 같은 뇌 자극 기술의 사용을 뇌도핑으로서 금지목록에 포함시키는 방안을 검토하여야 한다.

Ⅳ. 부패방지를 위한 스포츠 뇌 도핑에 관한 규율 전망

1. 규율의 방향

뇌 도핑으로 스포츠 경기의 공정성을 해칠 수 있는 우려가 있는 기기의 경우에는 도핑방지규정의 반도핑 금지 목록에 포함시켜 이를 사용한 선수가 경기에 출전하지 못하도록 하여야 한다.[64] 위에서 살펴본 tDCS의 경우도 DIY 형태로 개인이 직접 만들 수 있는 것이라면, 이를 경기장에 반입하지 못하도록 하는 방법도 고려되어야 한다. 이러한 검토가 도핑방지규정에 반영되어야 하고, 장기적으로는 스포츠에 사용되는 신기술에 대한 안전성과 윤리성, 그리고 이에 관한 규율을 지속적으로 논의할 수 있는 기구가 존재하는 것이 바람직하다. 현재는 한국도핑방지위원회와 같은 기구에서 이러한 임무 수행이 가능할 것이다. 유소년·청소년 등 미성년자 선수의 경우에 코치, 감독, 부모 등 외부에 의해 뇌 도핑 기기의 사용이 강제되지 않도록 가이드라인이 필요하다. 뇌 도핑이 신체와 정신에 미치는 영향이 적지 않으므로, 경기력 향상을 위한 훈련 중에 사용하는 기기라면 선수 본인의 자유롭고 자발적 동의에 의해서 사용될 수 있어야 한다.

2. 스포츠 뇌도핑 실행에 관한 실증연구 모니터링과 허위 과장광고에 대한 규제 필요성

미국의 경우 일반대중을 상대로 한 설문조사 연구에서 향후 tDCS 사용이 급증할 것으로 예측될 만큼의 선호도가 크지는 않은 것으로 나타났고,[65] 사용자 중에 약 1/3가량이 효과 없음을 이유로 사용을 중단한 것으로 실증연구가 나와 있으나, 우리나라의 경우에는 이런 실증연구가 아직 존재하지 않아 향후에는 실증연구를 통해 첨단기술의 사회적 수용성을 모니터링할 필요도 있다. 그러나 효과성의 존재 여부를 떠나 입시에서 유난히 민감한 우리 사회의 특성을 감안하면, 엘리트 스포츠에서 승패에 경기력 향상, 인지기능 향상을 자극적으로 나타내는 허위 과장광고에 대한 규제도 고려되어야 한다.[66] 이로써 뇌 도핑으로 발생하는 스포츠에서의 부정부패를 방지할 수 있게 될 것이다.

소비자 보호는 헌법적인 근거가 있는 권리이다.[67] 뇌 도핑으로 사용될 수 있는 tDCS가 웰니스 건강관리용 제품으로 시장에 판매될 때에는 소비자 보호의 측면에서의 보호가 필요하다. 실정법상 규율로는 「표시 광고의 공정화에 관한 법률」 제3조 부당한 표시 광고 행위의 금지 규정에 의하여 소비자를 속이거나 소비자로 하여금 잘못 알게 할 우려가 있는 표시 광고 행위를 금지하고, 이를 위반할 경우에 2년 이하의 징역 또는 1억 5천만 원 이하의 벌금(제17조)에 처하도록 하고 있다.[68] 가령 경기력 향상 효과가 미미하거나, '뇌 도핑 기기 사용 후 2시간 이내'라는 특정한 조건에서만 미미한 효과를 나타내는 제품에 대해서 영구히 효과가 유지되는 것처럼 과장 광고하거나, 장기적으로 건강에 미칠 안정성에 대해서도 검증되지 않았음에도 불구하고 안전성을 강조하는 표시를 하는 데 대해서는 이 법률의 위반으로 볼 수 있을 것이다.

3. 국제적 협의와 공조

뇌기능을 향상시키는 비침습적 뇌자극 기법은 우리나라에서 2009년에 국가연구개발 우수성과 100선에 꼽히면서 미래 기술로 각광을 받은 적 있는데, 이때만 해도 비침습적 뇌자극 기법은 뇌질환 환자들의 인지기능 회복에 도움을 주고 학생들의 학습능률을 향상시키며 사람들의 성격을 조절해서 행동을 개선하는 데 활용하겠다는 전망을 하면서 긍정적인 면만 강조했을 뿐 인간의 행동을 조절할 수 있는 기술이 스포츠 분야의 공정성과 인권을 해칠 수 있다는 윤리적·규범적인 문제는 검토되지 못한 것으로 보인다.[69] 위에서 살펴본 바와 같이 스포츠 경기와 관련하여 인권에 위해를 끼칠 수 있기 때문에 국제적인 논의와 협력도 필요하다. 미국과 EU의 경우에 대서양 횡단 포럼인 'EU-US 무역과 기술위원회'(TTC: EU-U.S.Trade and Technology Council)를 설립하여 민주주의, 자유, 인권을 위해 공동으로 헌신한다는 목표로 '안보와 인권을 위협하는 기술의 오용'이라는 실무그룹(Working group "Misuse of Technology Threatening Security and Human Rights")을 운영하고 있는데, 이 기구의 논의에는 비침습적 뇌자극 기기 제품에 대한 검토도 포함하고 있다.[70] 첨단 과학기술의 발전과 발맞추어 도핑이 새로운 방식으로 나타날 수 있다는 점을 고려하면서 기술 발전이 시민의 안전을 위협하고 부패의 한 수단이 되지 않도록 시민사회가 참여하여 지속적으로 의견을 제시하고, 공적 담론의 영역에서 논의하면서 국제적인 협력과 논의도 병행되어야 한다. 과학기술의 영향은 한 나라만의 지엽적인 영역에서 멈추지 않기 때문이고, 국제적인 협의를 계속해 나가야 할 필요가 여기에 있다.

V. 결론

스포츠 선수들이 제도적 허점을 통해 WADA의 반도핑 정책을 우회할 수 있게 되면 공정성과 진실성이라는 스포츠 정신과 기본권 인권의 보호라는 헌법적 가치는 훼손될 가능성이 농후하다. 스포츠 뇌 도핑에 의한 부패를 방지하기 위해서는 법치주의, 공정성, 인권의 보호라는 헌법적 가치가 보장되어야 한다. WADA는 뇌 도핑 탐지 기법을 도입하고 첨단 기술로 인한 도핑의 가능성을 예측하여 이를 금지목록으로 규제하는 등보다 적정하게 선제적인 대응 조치를 취하는 것이 바람직하다. 현재는 뇌 도핑이라는 첨단 신경과학 기술에 의한 도핑 기법에 대하여 그에 합당한 규범적 규율이 이루어지지 않고 있다. tDCS는 반도핑에 관한 규정상 금지약물 및 기술 목록에 포함되기 위해 필요한 세 가지 기준－경기력 향상, 안전, 윤리－을 모두 위반할 소지가 높기 때문에, WADA를 비롯하여 국내외 반도핑기구가 이 새로운 도핑 기술을 규제할 필요가 있다. 뇌도핑 기술은 다른 도핑 수단보다 상대적으로 덜 위험하고 휴대가 간편하기 때문에 엘리트 스포츠 선수에게는 외부로 드러나지 않은 채 도핑을 수행할 수 있는 유효한 수단이 될 수 있다고 예측된다. 이 뇌 도핑 기술이 적절히 규제되지 않는다면

WADA와 IOC 조직이 추구하는 진실성, 공정성과 형평성 등의 전통적인 가치는 약화 될 수 있다. tDCS는 과학 실험과 임상 연구를 거쳐 상용화 초기 단계에 있기 때문에[71], 전자적인 뇌 자극 기법의 장기적·규칙적인 사용이나 남용에서 겪을 수 있는 예상치 못한 중대한 부작용에 대한 연구가 충분하지 못하다. 따라서 실증적인 연구를 통해 풍부한 증거를 수집함으로써, 뇌 도핑 관련 도핑방지 정책을 수립하고 새로운 도핑 방식의 규제를 검토하면서, 기존의 도핑 관련 규제의 범위를 더욱 확장할 필요가 있다.[72] 뇌 도핑이라는 첨단 기술의 사용이 기본적 인권에 영향을 미치는 만큼 국민의 기본권 제한에 관한 적절한 입법적 대응으로서, 법치주의에 의거한 규제와 자유의 보장이 구현될 수 있도록 해야 한다. 지속적인 국제협력으로 첨단 기술에 의한 부패 관련 정보 교류와 사전 예방 대책을 모색하고, 시민사회에 이에 대한 경각심을 불러일으키며 사회 변화에 대비해야 한다.[73] 이러한 과정을 통하여 뇌 도핑과 관련된 부패방지, 공정성, 평등권, 정신적 자유권의 헌법적 가치를 공고히 하고, 인권 보장에 기여할 뿐 아니라 법치주의의 원리를 구현할 수 있게 된다.

미 주

제1장 제1절

1) 뇌 신경학적 연구는 세 가지 다른 레벨에서 수행된다. 첫 번째 레벨은 보다 넓은 뇌 영역의 기능을 다루는 것이다. 예컨대 기저핵과 같은 대뇌피질의 특별한 수행기능 같은 것이다. 중간 레벨은 수천 개의 다른 세포들과의 상호소통의 활동을 연구하는 것이다. 그리고 가장 낮은 레벨은 단일 세포와 분자의 활동을 다루는 것이다. 첫 번째와 세 번째 레벨의 면에서 놀라운 발전이 있어 왔던 반면, 중간 레벨에서의 연구는 아직 그렇게 발전하지 않았다. T.M.Spranger, "Legal Implications of Neuroscientific Instruments with Special Regard of the German", International Neurolaw: a Comparative Analysis, Springer, 2012, p.153－154.
2) "NEUROTECHNOLOGY AND SOCIETY－STRENGTHENING RESPONSIBLE INNOVATION IN BRAIN SCIENCE", OECD SCIENCE, TECHNOLOGY AND INNOVATION POLICY PAPERS, November 2017 No. 46, p16.
3) 노벨사이언스, "인간의 머리 이식 수술 가능한가" 2018.3.25일자. http://www.scinews.kr/news/articleView.html?idxno＝1040(검색일자: 2018.7.25).
4) Neil Levy, Neuroethics－Challenges for the 21th Century, Cambridge University Press, 2007, p1. 신경윤리(Neuroethics)는 2002년에 윌리엄 사파이어(William Safire)가 처음 <뉴욕 타임즈>에 글을 기고하면서 널리 알려지기 시작했고 현재까지 뇌 신경과학과 병행하여 전 세계적으로 활발하게 연구가 진행되는 분야다. 예컨대 대규모 뇌 신경과학 연구인 Brain Initiative를 추진한 미국의 경우 2013년 오바마 대통령이 대통령 생명윤리위원회에게 뇌 신경과학의 윤리적, 법적, 사회적 영향과 함의에 대해 연구하도록 요청하였고, 2014년과 2015년에 보고서 'Gray Matters 1권과 2권'이 발간되었다.
5) Reinhard Merkel, 3 "Neuroimaging and Criminal Law", Handbook of Neuroethics(Ⅲ), Springer, 2015, p.1336－1337.
6) 김현철 등, "UNESCO 생명윤리와 인권 보편선언의 국내법적 제도화에 관한 연구" 글로벌법제전략 연구 16－20－④, 한국법제연구원, 2016.10.31.
7) "Also bearing in mind that a person's identity includes biological, psychological, social, cultural and spiritual dimensions"

8) Darryl Macer, "Neurolaw and UNESCO Bioethics Declarations", International neurolaw−A Comparative Analysis, Springer, 2012, p.338.
9) 엄주희 등, 신경윤리위원회 구성을 위한 추진 전략, 한국뇌연구원 용역과제 보고서(연구책임자: 이인영), 2017.12.29, 151면.
10) 헬싱키선언은 임상연구와 임상시험에 있어서의 가이드라인을 제시한 국제 문서로서 1964년 핀란드 헬싱키에서 열린 제18차 세계의사협회에서 채택되었다. 설명 동의(Informed Consent)의 자세한 내용은 다음의 문헌; 김성룡, "임상시험에서 피험자의 동의에 관한 국제기준과 관련 국내법의 개선 방향", 경북대 법학연구원 「법학논고」 제63집, 2018.10, 329−332면 등.
11) 허영, 「한국헌법론」, 박영사, 2018, 338−339면 등.
12) 헌재 2000.4.27. 98헌가16; 2016.5.26. 2014헌마374 본인이 선택한 인생관, 사회관을 바탕으로 사회공동체 안에서 각자의 생활을 자신의 책임 아래 스스로 결정하고 형성하는 성숙한 민주시민이 우리 헌법의 인간상이다.
13) 헌법재판소가 인격권을 인정한 판례들을 보자면 사죄광고제도(헌재 1991. 4.1. 89헌마160), 차폐시설이 불충분한 유치실 내 화장실 사용을 강제하는 것(헌재 2001.7.19. 2000헌마546), 태아성별 정보에 대한 접근을 방해받지 않을 권리(헌재 2008.7.31. 2004헌마1010), 배아생성자(정자 및 난자의 제공자)가 배아의 관리 처분에 대한 결정권을 갖는다는 판결(헌재 2010.5.2. 2005헌마346) 등이다.
14) 헌재 2015.11.26. 2012헌마940. 자신의 사후에 신체가 본인의 의사와는 무관하게 처리될 수 있다고 한다면 기본권 주체인 살아있는 자의 자기결정권이 보장되고 있다고 보기는 어렵다. 그렇기 때문에 생전 의사에 관계없이 인수자가 없는 시체를 해부용으로 제공하도록 규정하는 법조항은 시체 처분에 관한 자기결정권을 제한한다.
15) 데카르트적 두뇌 중심주의 내지 심신이원론은 마음과 몸의 결합이 별개인 두 실체의 내밀한 결합이라고 한 것이다. 마음은 하나의 단일한 속성인 사고를 가지고, 물질은 단일한 속성인 연장을 갖는 것으로 이해하여, 의지의 작용을 통해 몸을 움직일 수 있다고 하였다. 칸트는 뇌가 마음 자체의 장소가 아니라 오직 우리의 의식 속의 작용일 뿐 객관적으로 인식되지 않는 허위적인 환상이라고 한다. 마음을 실체로 보는 데카르트를 비판하면서, 마음이 단순히 사유하는 실체가 아니라 신체와 결합하여 통일을 이루는 한에서 사유하는 존재로서, 마음으로서 나는 신체에 의해 결정되며 신체와 상호작용한다. 김영례, "칸트의 심신 상호작용론과 현대 뇌과학", 「철학논총」 제84집 제2권, 2016, 87−88면.

뇌의 활동은 몸의 영향을 크게 받는다. 많은 연구를 통해 입증된 바, 뇌와 몸의 상관관계를 생각해보면 몸의 주인이 뇌이므로 몸은 중요하지 않고 뇌가 중요하다고 하면서, 뇌에 독점적인 지위를 부여해야 한다고 단정할 수가 없다. 송민령, 「송민령의 뇌과학 연구소－세상과 소통하는 뇌과학 이야기」, 도서출판 동아시아, 2017, 72－76면.

16) 허영, 「한국헌법론」, 박영사, 2018, 373면

17) 2017년 12월 국가인권위원회의 헌법 개정안에서 '신체와 정신을 온전하게 유지할 권리'를 신설할 것으로 제안하였는데, 신체를 훼손당하지 않을 권리 또는 신체불훼손권은 학설과 판례로 인정되어 온 것이다. 제10조 인간의 존엄과 가치 및 행복추구권을 보장하기 위해 기본적인 전제가 되는 권리이다. 생명 자체에 대한 보호인 생명권과는 구분되는 것이고, 신체불훼손권에서 한발 더 나아가서 '신체와 정신'을 온전하게 유지할 권리는 더 적극적으로 규정한 권리로서 우리 헌법재판소는 제12조 신체의 자유에 신체활동의 자유와 함께 신체를 온전하게 유지할 권리가 함께 보장하고 있다고 해석함으로써, 신체활동의 자유와 구별되는 신체와 정신을 온전하게 유지할 권리가 별도로 보장된다고 한다(헌재 1992.12.24. 92헌가8 결정). 최근 결정에서도 헌재는 신체를 훼손당하지 아니할 권리를 신체의 자유로부터 도출된다고 하고 있다(헌재 2015헌마476; 1999.5.27. 98헌바71 결정).

우리나라는 신체의 자유 조항에 신체적 완전성을 명시하지 않는 반면 독일의 경우 신체적 완전성을 신체적 훼손을 받지 않을 권리라고 명시하고 있다: 독일기본법 제2조 ① 누구든지 다른 사람의 권리를 침해하거나 헌법질서 또는 도덕률에 반하지 않는 한 자기의 인격을 자유로 이 실현할 권리를 가진다. ② 누구든지 생명권과 신체적 훼손을 받지 않을 권리를 가진다. 신체의 자유는 침해되면 아니 된다. 이 권리는 오직 법률에 근거하여 침해될 수 있다.

18) Stephen J. Morse, "New Neuroethics, Old Problems", Neuroscience and Law－Brain, Mind and the Scales of Justice, Dana Press, 2004, p191.

19) 아이뉴스, "현실판 '마이너리티 리포트' 가능해지나－IITP R&D 차세대 보안 과제 후보에 범죄 예측·예방 기술 포함" 2018.11.6일자. http://itnews.inews24.com/view/1137991(검색일자: 2018.11.6).

20) 마비환자를 위한 착용형 외골격 보행 로봇, 소아 뇌성마비용 하지 착용형 로봇, 보급형 어깨관절 재활운동 로봇, 비침습적 뇌자극기술 등 장애인을 위한 재활기술의 임상연구가 활발히 진행되고 있다. "재활로봇 임상연구 통해 장애인 삶의 질 높인다", 보건복지부 보도자료, 2018.12.11.

21) 호스피스·완화의료 및 임종과정에 있는 환자의 연명의료결정에 관한 법률(약칭: 연명의료결정법) 제10조

22) 생명윤리법 제46조는 제1항 "누구든지 유전정보를 이유로 교육, 고용, 승

진, 보험 등 사회활동에서 다른 사람을 차별하여서는 아니 된다," 제2항 "누구든지 타인에게 유전자검사를 받도록 강요하거나 유전자검사의 결과를 제출하도록 강요하여서는 아니 된다"라고 하여 유전정보에 의한 차별금지를 규정하고 있다.

23) Brent Garland(edited by), Neuroscience and the Law – Brain, Mind and the Scales of Justice, Dana Press, 2004, p.33

24) 헌재 2015.12.23. 2013헌바68.

25) 영국에서 1999년에 발의되었던 Britain's Mental Health Act는 신경 영상(neuroimaging)이 인간의 감정과 인격성을 읽어 내는 데 활용됨으로써 아직 범죄를 저지르지 않은 개인이라도 공공 안전의 잠재적 위협이 될 수 있을 때 구금을 허용하도록 하고 있어, 신경기술이 사생활의 비밀과 자유와 신체의 자유에도 위협이 될 수 있다는 점을 보여주고 있다. 위험성 극한 인격장애(DSPD: Dangerous Severe Personality Disorder)라는 법적으로나 의학적으로 정의되거나 허가된 적이 없는 명칭의 진단이 나올 수도 있다. Turhan Canli, Zenab Amin, "Neuroimaging of Emotion and Personality: Ethics Considerations", Neuroethics – an introduction with reading, The MIT press, 2010, p.150.

26) 학계의 자율성과 자율적 자기 규제를 통해 절차적으로 학문의 자유를 보장하는 대표적인 제도가 위원회 제도인데, 위원회는 사회적으로 문제가 되는 학문연구에 대해서 학계의 자율성을 통해 학문의 위험한 발달 가능성을 조정하고, 사회의 대표자들을 통해 사회적 동의 내지 승인을 얻어내는 절차를 거쳐 연구의 정당성을 획득한다. 정문식, '생명윤리 및 안전에 관한 법률'의 헌법적 문제, 헌법학연구 제16권 제4호, 2010년 12월, 54–55면.

27) 헌재 2009.5.28. 2006헌바109 판결에서 음란 표현도 헌법 제21조의 언론출판의 자유의 보호영역 내로 보고 합헌성 심사를 거쳐야 하는 것으로, 기본권제한 원리에 따라 제한할 수 있는 것과 마찬가지 원리로, 위험한 연구활동이 제3자의 권리를 침해할 가능성이 있다고 하더라도 헌법 제22조 학문의 보호영역 안에 있으므로 이러한 위험한 연구활동 자체를 배제하는 근거가 되지는 않고, 기본권 제한의 정당성 부분에서 심사할 수 있다. 정문식, 앞의 글, 52면.

28) 제27조(참정권) ① 국가 및 지방자치단체와 공직선거후보자 및 정당은 장애인이 선거권, 피선거권, 청원권 등을 포함한 참정권을 행사함에 있어서 차별하여서는 아니 된다.

② 국가 및 지방자치단체는 장애인의 참정권을 보장하기 위하여 필요한 시설 및 설비, 참정권 행사에 관한 홍보 및 정보 전달, 장애의 유형 및 정도에 적합한 기표방법 등 선거용 보조기구의 개발 및 보급, 보조원의 배치 등 정

당한 편의를 제공하여야 한다.

③ 공직선거후보자 및 정당은 장애인에게 후보자 및 정당에 관한 정보를 장애인 아닌 사람과 동등한 정도의 수준으로 전달하여야 한다.

29) Jason Karlawish,"Competence and Autonomy: The Cases of Driving, Voting, and Financial Independence", Neuroethics in Practice, Oxford University Press: NY, 2013, p.76–77; 의사결정능력이 없는 정신 장애인에는 오늘날 제도로서 선거권이 주어지지 않는 경우가 많다. 미국의 경우 주마다 다른데, 일리노이주에서는 투표할 능력을 고려하지 않으나, 마인주에서는 투표의 효과와 특성을 이해할 수 있는지 개별적으로 과업별 표준(task–specific standard)이라는 정신 측정을 통해 투표권을 부여한다. 그렇기 때문에 입법자가 투표할 능력에 대한 개념과 이를 측정하는 기준과 가치를 어떻게 정하는가가 매우 중요해진다.

30) 헌재 1998.7.16. 96헌바35.

31) Christoph Bublitz, "Cognitive Liberty or the International Human Right to freedom of Thought", Handbook of Neuroethics(Ⅲ), Springer, 2015, p.1321.

32) Christoph Bublitz, ibid, p.1330–1331.

33) John Detre and Tamara B. bockow, "Incidental Findings in Magnetic Resonance Imaging Research", Neuroethics in Practice, Oxford University Press: NY, 2013, p.122–123; Stacey Tovino, "Medicolegal Issues in Neuroimaging", Neuroethics in Practice, Oxford University Press: NY, 2013, p.111–112.

34) 석희태, "환자의 모를 권리와 의사의 배려의무", 대한의료법학회, 「의료법학」 제19권1호, 2018년 6월, 8–9면.

35) Christoph Bublitz and Martin Dresler, "A Duty to Remember, a Right to forget? Memory Manipulations and the Law", Handbook of Neuroethics (Ⅲ), Springer, 2015.

36) Leigh Hochberg and Thoman Cochranc, "Implanted Neural Interface–Ethics in Treatment and Research", Neuroethics in Practice, Oxford University Press: NY, 2013. p238–247.; Jens Clausen, "Ethical Implications of Brain–Computer Interfacing", Handbook of Neuroethics(Ⅱ), Springer, 2015, p.699–702.

37) 뇌 신경과학 기술 관련 법이 법제화되어 사후에 기본권 간의 충돌이 문제가 되어 위헌적인지 여부를 평가해야 한다면, 과잉금지의 원칙이 평가 기준이 될 수 있을 것이다.

38) 생명윤리법 제3조(기본 원칙)는 ① 인간의 존엄과 가치 추구 및 연구대상자의 인권과 복지 우선적 고려, ② 연구대상자의 자율성 존중과 자발적 동의,

③ 연구대상자의 사생활 보호와 개인정보 보호, ④ 연구대상자의 안전 고려와 위험의 최소화, ⑤ 취약한 환경에 있는 개인이나 집단에 대한 특별한 보호, ⑥ 생명윤리와 안전을 확보하기 위한 국제협력 모색과 보편적인 국제적 기준 수용 등을 명시하고 있다.

39) 생명윤리법 제7조(국가생명윤리심의위원회의 설치 및 기능)에 따라 국가생명윤리심의원회의 심의 사항으로 1) 생명윤리 및 안전에 관한 기본 정책의 수립에 관한 사항, 2) 공용기관생명윤리위원회 업무에 관한 사항 3) 인간대상연구의 심의 면제에 관한 사항, 4) 인간대상연구와 관련된 사항의 기록 보관 및 정보 공개에 관한 사항, 5) 잔여배아를 이용할 수 있는 연구에 관한 사항, 6) 체세포복제배아 등의 연구의 종류, 대상 및 범위에 관한 사항, 7) 배아줄기세포주를 이용할 수 있는 연구에 관한 사항, 8) 인체유래물연구의 심의 면제에 관한 사항, 유전자검사의 제한에 관한 사항으로 한정하고 있고, 그 밖의 사항도 위원장이 생명윤리 및 안전에 관하여 사회적으로 심각한 영향을 미칠 수 있다고 판단하면 심의 회의에 부칠 수 있다고 하나, 2005년 발족 이후 현재까지 연명의료결정제도 이외에는 회의에 부쳐진 적이 없다.

40) 기본법으로서 규율해야 할 1) 국가정책의 방향 제시와 추진, 2) 제도와 정책의 체계화와 종합화, 3) 정책의 계속성과 일관성 확보, 4) 행정의 통제 기능, 5) 국민에 대한 정책 메시지 발신 기능 등은 담지 못하고 있다는 비판이 있다.

41) 기관생명윤리위원회의 설치는 필수적인 강행규정(제10조, 위반시 제56조 제1항 지정·등록 또는 허가의 취소라는 벌칙 규정)이나, 이에 대한 평가와 인증이 의무사항이 아니기 때문에 (제14조 제1항 기관생명윤리위원회에 대한 평가 및 인증은 임의규정) 결과적으로는 기관생명윤리위원회의 자체적인 심의에 의존할 수밖에 없다. 이에 대한 개선으로 평가 인증을 의무화하고, 인증결과에 따라 지정, 등록을 취소 등 제재를 담은 생명윤리법 개정안이 2018.9.5. 김승희 의원 대표로 국회 발의되었다(의안번호: 15330).

42) 장기이식에 관한 법률 제4조 정의
1. '장기등'이란 신장,간장, 췌장, 심장, 폐, 골수, 안구, 대통령령이 정하는 것(췌도, 소장, 위장, 십이지장, 대장, 비장, 말초혈, 복합조직으로서 손, 팔, 2018.8.9 시행)

43) Norbert Konrad, Sabine Müller, "Compulsory Interventions in mentally Ill Persons at Risk of Becoming Violent", Handbook of neuroethics, Springer, 2015, p.903－904.

44) 제4항 제2호 단서에서 '임상시험의 특성상 불가피하게 수용자를 대상자로 할 수밖에 없는 경우로 총리령으로 정하는 기준에 해당하는 경우에는 임상시험의 대상자로 선정할 수 있다.'고 예외를 두었는데, 총리령으로 정하는

기준이 현재 존재하지 않기 때문에 불가피한 사유에 제한을 두기가 현실적으로 어려울 수 있어, 사실상 수용자를 대상자로 하는 데 대한 제한이 없는 것과 마찬가지가 될 수 있다.

45) 제10조 제1항(임상시험계획서의 승인과 변경), 제2항 전단(임상시험용 의료기기의 제조, 수입), 제4항(지정된 임상시험기관 이용의무, 수용자 대상 임상시험 금지, 임상시험 대상자에게 설명할 의무와 그 대상자에게 동의를 받아야 할 의무)을 위반하는 경우는 3년 이하의 징역 또는 3천만 원 이하의 벌금, 제5항을 위반하는 경우 1년 이하의 징역 또는 300만 원 이하의 벌금이 부과된다. 의료기기법 제52조(벌칙) 및 제53조의2(벌칙).

46) 엄주희, "미성년자 연명의료 결정에 관한 소고: 미국에서의 논의를 중심으로", 「법학논총」 제41집, 2018년 5월, 127면. 설명동의는 설명에 의한 동의권, 설명 후 동의, 설명에 근거한 동의, 고지된 동의 등 다양한 용어로 번역되어 사용된다.

47) 이 시행규칙의 별표3에서는 피험자의 동의가 헬싱키선언에 근거한 윤리적 원칙과 기준에 따라 이루어져야 하며, 일정 절차에 따라 임상심사위원회의 승인을 받아야 한다(아.피험자 동의 1)) 임상시험 참여를 강요하거나 부당한 영향을 미쳐서는 안 되고(아.피험자 동의 3)) 피험자나 피험자의 대리인의 권리를 제한하거나, 암시하는 내용을 담아서는 안 되고, 임상시험기관, 의뢰자, 또는 의뢰자의 대리인의 책임을 면제하거나 암시하는 내용이 포함되어서는 안 된다(아.피험자 동의 3), 4)).

48) 박주용·고민조, "자유의지에 대한 Libet의 연구와 후속 연구들 – 신경과학적 발견이 형법에 주는 시사점을 중심으로", 서울대학교 법학 제52권 제3호, 2011년 9월, 480–481면. Libet 연구는 의식적 의도와 뇌 활동 간의 관련성을 알아보는 일련의 연구이고, 그 결과 우리의 행동은 물론 그 행동을 하고자 하는 의식적 의도도 그에 선행하는 무의식적 뇌 활동에서 비롯되기 때문이라고 해석하였다.

49) fMRI(Functional magnetic resonance imaging)는 기능성 자기공명영상이라고 하는데, 국소적으로 활성화된 뇌의 증가된 혈류 공급량을 측정하고 뇌 활동을 측정하는 기술로 뇌지문과 같은 거짓말 탐지, 사이코패스 또는 반사회적 성격장애자의 두뇌 차이, 식물상태 환자의 의식수준 측정 등 다양하게 활용된다. PET는 뇌에 방사성물질인 조영제의 흡수를 통해 대사활동과 혈류량을 측정하여 암의 진단, 심장의 문제 발견, 뇌 장애 등 인지기능 측정 등에 활용된다; Healthline의 PET Scan 설명, https://www.healthline.com/health/pet-scan#preparation(검색일자: 2018.10.31).

50) 이인영, "fMRI 증거의 법적 수용", 「생명윤리포럼」 제3권 제1호, 2014, 3면 등.

51) Henry T. Greely, "The social effect of Advances in Neuroscience:

legal problems, legal perspectives", Neuroethics ; Defining the issues in Theory, Practice, and Policy, Oxford University Press, 2006, p.258－259.

52) 대표적으로 대규모 연구비로 진행되는 미국의 맥아더 재단의 "법과 신경과학 프로젝트"(MacArthur Foundation Research Network on Law and Neuroscience)가 있다. 정신 감정과 피고인, 증인, 배심원, 판사들 사이에서의 의사결정 과정들에 관한 연구, 청소년에서의 뇌 발달과 인지능력 사이의 관련성에 관한 연구, 집단 중심의 신경과학적 데이터로부터 개인에 대한 추론을 어떻게 하면 최상으로 끌어낼 수 있는지 평가에 관한 연구 등 신경과학과 범죄학 사이의 교차점에서 발생하는 문제들에 대해 집중적으로 연구한다. 호주에서 법정 활용 사례와 논의로는 Leanne Houston and Amy Vierboom, "Neuroscience and Law : Australia", International Neurolaw: a Comparative Analysis, Springer, 2012, p.12－39.

53) Owen D. Jones, Law and Neuroscience, Wolters Kluwer: New York, 2014, p.27－28.

54) Henry T. Greely, "Prediction, Litigation, Privacy, and Property － Some Possible Legal and Social Implication s of Advances in Neuroethics", Neuroscience and the Law－Brain, Mind and the Scales of Justice, Dana Press, 2004, p.142.

55) 예컨대 착용형 로봇이 뇌 신경기술과 결합하는 경우를 들 수 있다; 로봇신문, "착용형 로봇의 역사와 현재" 2014.10.1일자. http://www.irobotnews.com/news/articleView.html?idxno＝3475(검색일자: 2018.11.9).

56) 대법원 2014. 7. 10. 선고 2012두20991 판결에서 의족이 단순히 신체를 보조하는 기구가 아니라 신체의 일부인 다리를 기능적·물리적·실질적으로 대체하는 장치라고 인정하여 의족의 파손을 업무상 부상으로 보아 산업재해보상보험법상 요양급여를 지급하도록 하였다.

57) 이들에 대해서는 향후 후속 연구에서 상세히 검토할 기회를 남겨두기로 한다.

58) 과학기술정보통신부는 2017년「뇌연구 촉진법」개정안을 입법 예고했었으나, 보건복지부가 이에 대한 반대의견을 표시하여 2018년 2월 8일 '국무조정실 뇌 연구관련 규제개선 조정회의'에서 보건복지부가 시체해부법의 개정안을 내도록 했고, 이후 2018년 6월 과학기술정보통신부는 주호영 의원 대표발의안에 대해서 뇌연구자원정보센터의 신설, 뇌은행의 설립의 법적 근거와 절차 등을 지지하며 검토의견서를 제출하였다. 2018년 10월 31일 국무총리 주재의 국정현안점검조정회의에서는, 시체해부법을 개정하여 시신유래물 관리기관을 의과대학에서 시신유래물은행으로 확대하여 기증자 또는 유족의 사전 동의와 정기적 기관생명윤리위원회 심의와 같은 조건을 갖추

면 일반 연구자가 시신을 넘겨받아 연구를 할 수 있도록 하겠다고 밝혔다. 대한민국 정책브리핑, 2018년 10월 31일자. http://www.korea.kr/policy/economyView.do?newsId=148855191&call_from=naver_news(검색일자: 2018.10.31.).

59) 정문식, "독일 줄기세포법상 줄기세포연구중앙윤리위원회의 구성과 사무", 「헌법학연구」 제11권 제4호, 2005.12, 410-413면; 법이란 일정 기간이나 일정 시점에 합의된 가치를 기반으로 성립하고 확정된 것이기 때문에, 사회적 합의가 이루어지지 않은 새로운 과학기술에 대한 윤리적 검토를 위한 기구로서 윤리위원회는 법학적 측면에서는 문제해결의 하나의 출발점으로서 삼을 수 있다.

제1장 제2절

1) 한국경제, "유도만능줄기세포로 파킨슨병 치료길 열리나" 2018.11.9일자; 조선일보, "줄기세포로 파킨슨병 치료… 일본서 세계 첫 임상시험" 2018.7.31일자.
2) Jens Clausen, "Ethical Implications of Brain-Computer Interfacing", *Handbook of Neuroethics* (Ⅲ), Springer, 2015, p.32.
3) 미국 백안관 브레인 이니셔브 소개; https://obamawhitehouse.archives.gov/share/brain-initiative(검색일자: 2018.10.31).
4) 행정기관 소속 위원회의 설치·운영에 관한 법률(약칭: 행정기관위원회법) 제2조 위원회와 같은 합의제 행정기관은 독임제 행정기관과 대비되는 개념으로 독임제에 비하여 신중, 공정성에 확보를 기할 수 있다는 점과 기존 정부 관료조직이 갖는 폐쇄성, 계층성, 독단성을 극복할 수 있다는 점, 다수 전문가의 참여로 질적 수준을 높이고, 다양한 이해관계를 유기적으로 연결하여 토론을 통해 민주성 추구함으로써 합리적인 결정을 이끌어내어 행정의 경직성을 완화할 수 있는 의사결정제도라는 점이 행정법계에서는 전통적인 장점으로 꼽힌다. 현재 위원회는 행정조직법률주의에 따라 정부조직법 제5조와 행정기관위원회법에 설치 근거를 두고 있다.
   정책결정의 비효율성과 시간 지연과 운영 경비 예산의 낭비 문제, 책임의 공유와 분산으로 인해 책임한계가 모호해지고 책임감이 감소한다는 점, 공무원의 과다한 참여로 인한 민주성 약화 문제, 전문가들의 타협으로 비판적 기능 약화와 동조의 위험성, 문제해결보다는 문제를 지연시키기 위한 수단이 될 수 있다는 점 등 위원회의 역기능에 대해서는 김동련, "정부위원회제도의 법리적 검토", 한국토지공법학회, 「토지공법연구」 제52집, 2011.2, 429면; 김호정, "대통령 소속 위원회 운영과 행정조직법정주의", 「외법논집」 제27집, 2017.8. 517면; 이기우, "참여 민주주의의 공법적 실험과 그 공과-

법현실적 평가", 「공법연구」 제35집 제1호, 2006.10, 237면 등.

5) 정문식, "'생명윤리 및 안전에 관한 법률'의 헌법적 문제", 「헌법학연구」 제16권 제4호, 2010.12, 54-55면.

6) 정인경, "과학 거버넌스와 과학 시민권: 이론적 검토", 「한국정치연구」 제24권 제2호, 2015.6, 347 -354면.

7) 박희봉, "정부정책과정에서 민간참여 방법", 「법정리뷰」 제27집 제1호, 2010, 165-166면.

8) 김정해·조성한, "정부위원회의 운영 및 관리상의 문제점과 개선방안", 「현대사회와 행정」 제17권 제2호, 2007.8, 181-182면; 김인영, "정부 사회통합 위원회의 한계와 바람직한 사회통합의 방향", 「정치·정보연구」 제16권 제2호, 2013.12, 157면; 박수헌, "유전자치료연구에 관한 미국 국립보건원의 규제 고찰," 「생명윤리정책연구」 제9권 제2호, 2015.12, 7-8면.

9) 우리 헌법상 국가조직은 대통령을 정점으로 하는 위계적 질서를 전제로 독임제를 전제로 하고 있고, 정부조직법상으로 독임제적, 수직적 구조를 근간으로 하고 있으나, 단순한 자문 역할이 아니라 국민의 기본권에 영향을 미치는 공적사무를 합의제 위원회를 통해서 운영하려고 할 때에는 민주적 정당성과 책임의 약화를 보완할 대체기제가 필요하다는 견해는 다음의 글: 이현수, "합의제 중앙 행정관청의 조직법상 쟁점-민주적 책임성의 관점에서", 「공법연구」, 제41집 제3호, 2013.2.

10) 윤태범, "정부위원회의 의미와 역할: 자문위원회를 중심으로", 한국정책학회 동계학술대회, 2014, 316면; 이종수·전주상·김철, "정부위원회의 효율적 운영방안", 한국행정연구원 기본연구과제, 2013.12, 132면.

11) 허영, 「한국헌법론」, 박영사, 2018, 458면.

12) 김유환, "과학기술규제의 특성과 규제 거버넌스", 「행정법연구」 제47호, 2016.12, 247-251면.

13) 미국과 영국의 배아 연구관련 공공윤리에 대한 윤리위원회 논의는 예컨대 다음을 참조할 수 있다: 김은성, "배아 연구관련 공공윤리에 대한 미국, 한국 그리고 영국간의 정부윤리위원회 간의 비교 분석", 과학기술정책연구원, 「정책자료」, 2006.12, 54-55면.

14) 정문식, "독일 줄기세포법상 줄기세포연구중앙윤리위원회의 구성과 사무", 「헌법학연구」 제11권 제4호, 2005.12 418-419면.

15) Neil Levy, "Neuroscience, Free will, and Responsibility: The Current State of Play", *Handbook of Neuroethics* (Ⅲ), Springer, 2015, p.43.

16) Christoph Bublitz and Martin Dresler, "A Duty to Remember, a Right to forget? Memory Manipulations and the Law", Handbook of Neuroethics (Ⅲ), Springer, 2015, p.202; Henry T. Greely, "The social effect of Advances

in Neuroscience: legal problems, legal perspectives", *Neuroethics; Defining the issues in Theory, Practice, and Policy*, Oxford University Press, 2006, p.317.

17) 엄주희, "뇌 신경윤리에 관한 법제 연구", 법제처, 「법제」 통권 제683권, 2018.12, 69면.

18) Henry T. Greely, "Prediction, Litigation, Privacy, and Property－Some Possible Legal and Social Implication s of Advances in Neuroethics", Ne*uroscience and the Law－Brain, Mind and the Scales of Justice*, Dana Press, 2004, p.178.

19) 이세정, "보건의료분야 정책결정 입법과정에서의 시민단체의 역할과 참여 확대 방안", 「법제연구」 제45호, 2013.12, 48면.

20) 이세정, 앞의 글, 49면.

21) 김남철, "탈원전을 위한 공론화위원회의 공법적 과제－독일법제를 중심으로 참여와 숙의의 법제화의 관점에서", 「공법연구」 제46집 제3호, 2018.2, 172면.

22) 헌법 제96조 "행정각부의 설치·조직과 직무범위는 법률로 정한다"는 행정조직법정주의에 따라 정부조직은 법률로 규율되어야 한다; 대통령 권한의 남용을 견제할 수 있는 장치로서도 정부조직은 법률에 근거를 두어야 한다. 김성배, "행정조직법정주의와 대통령보좌조직구성상의 한계", 「법학논총」 제31권 제1호, 2018.6, 29면.

23) 김상겸, "정부자문위원회에 관한 헌법적 연구", 「헌법학연구」 제11권 제2호, 2005.6, 294면; 박균성, 「행정법강의 제14판」, 박영사, 2017, 894－895면. 자문기관의 성질을 갖는 합의제행정기관은 대통령령에 근거하여 설치할 수 있다(정부조직법 제4조).

24) 허종렬, "글로벌 인권교육의 전개 과정 분석－유엔과 비정부기구들의 활동을 중심으로", 「한국초등교육」 제27권 제1호, 2016.3, 299면.

25) "Ethics and Neurosciences", Rapporteur: Mr Jean－Didier Vincent, CIP/BIO/95/CONF.002/3 Paris, 15 October 1995.

26) 매력적으로 보이나 해로운 것이라는 의미로 독배라고 표현하였다.

27) 김현철 등, "UNESCO 생명윤리와 인권 보편선언의 국내법적 제도화에 관한 연구" 「글로벌법제전략 연구」 16－20－④, 한국법제연구원, 2016.10.31.

28) "Also bearing in mind that a person's identity includes biological, psychological, social, cultural and spiritual dimensions"

29) Darryl Macer, "Neurolaw and UNESCO Bioethics Declarations", *International neurolaw－A Comparative Analysis*, Springer, 2012, p.338.

30) Darryl Macer, ibid, p.330.

31) 글로벌 파트너쉽 포럼 보도, 2016년 9월 19일자. http://www.partnerships.org/news/article/state-department-launches-the-international-brain-initiative-at-the-united-nations/(검색일자: 2018.10.1.).

32) Christopher L. Martin and Miyoung Chun, “The BRAIN Initiative: Building, Strengthening, and Sustaining”, Neuron 92, November 2, 2016, p.570-573.

33) 호주 과학 아카데미(Australian Academy of Science) 공지 자료.
https://www.science.org.au/news-and-events/events/brains-dome (검색일자: 2018.10.1).
호주 브레인 얼라이이언스 (Brain Brain Alliance) 홈페이지 공지.
https://www.brainalliance.org.au/learn/media-releases/worlds-brain-initiatives-move-forward-together/(검색일자: 2018.10.1)

34) http://www.kavlifoundation.53porg/international-brain-initiative (검색일자: 2018.10.1.).

35) OECD 워크샵 “Neurotechnology and Society: Strengthening Responsible Innovation in Brain Science-A Workshop”, 2018.9.15-16일, 장소: National Academy of Sciences Building(120) 2101 Constitution Avenue, NW, Washington, DC 20418.

36) Garden, H. and D. Winickoff (2018), “Issues in neurotechnology governance”, OECD Science, Technology and Industry Working Papers, 2018/11, OECD Publishing, Paris.

37) 김종호, “연구의 자유와 과학-기술의 이중활용(Dual Use) 문제점에 관한 법적 검토”, 「법이론실무연구」 제4권 제2호, 2016.10. 이중사용의 문제는 과학기술의 사용 방법에 있어서 인류의 복지와 사회의 안전에 기여하는 경우와 훼손하는 경우로서 그 용도를 양면적으로 사용할 수 있다는 것인데, 전 세계적으로 생명윤리위원회 탄생의 계기이자 다루어야 하는 중요한 논점이 된다.

38) Flagship 프로젝트란 과학기술 분야에서 중대한 도전을 일으킬 수 있고 야심차고 가시적인 결과를 낼 수 있는 대규모 장기간 과학 주도형 연구 이니셔티브를 말하는 것으로, EU와 각국이 연합해서 대규모 재정적 지원을 제공할 수 있는 프로그램을 선정한다. http://ec.europa.eu/programmes/horizon2020/en/h2020-section/fet-flagships(검색일자: 2018.10.1).

39) 신경윤리와 철학 작업반 Human Brain Project, Neuroethics and Philosophy work pachage 홈페이지. https://www.humanbrainproject.eu/en/social-ethical-reflective/neuroethics-and-philosophy/(검색일자: 2018.10.1.).

40) Council of Europe’s Convention on Human Rights and Biomedicine (ECHRB)

41) Council of Europe Treaty Series – No. 195, "Additional Protocol to the Convention on Human Rights and Biomedicine, concerning Biomedical Research"

42) Carolina Rödiger, The Council of Europe's nest "Additional Protocol on Neuroscientific Research?"–Toward an International Regulation of Brain Imaging Research, *International Neurolaw–a Comparative Analysis*(Tade Mattias Springer Editor), Springer, 2012, p103.

43) "The Presidential Commission for the Study of Bioethical Issues" 홈페이지. https://bioethicsarchive.georgetown.edu/pcsbi/node/851.html(검색일자: 2018.11.1). 미국에서 가장 최근 2017년 1월까지 활동했던 국가 윤리위원회는 오바마 대통령의 대통령령(Executive Order 13521, 13652)과 Public Law 92–463에 근거하여 설립되었다.

44) Charter–Presidential Commission for the study of Bioethical issues p3. Membership and Designation

45) "The Presidential Commission for the Study of Bioethical Issues" 홈페이지. https://bioethicsarchive.georgetown.edu/pcsbi/members.html(검색일자: 2018.11.1).

46) Obama 대통령의 주문, The White house Washington, 2013.7.1.

47) Gray Matters Vol. 1 Gray Matters : Integrative Approaches for Neuroscience, Ethics and Society. 2014년 5월.

48) Gray matters Vol. 1, p25–29.

49) 미국, 대통령 윤리위원회 홈페이지, Presidential Commission for the Study of Bioethics Issues, "Gray Matters: Integrative Approaches for Neuroscience, Ethics, and Society", 2014.5. https://bioethicsarchive.georgetown.edu/pcsbi/node/3543.html(검색일자: 2018.10.1.).

50) Gray Matters Vol.2 Gray Matters: Topics at the Intersection of Neuroscience, Ethics, and Society, 2015년 3월.

51) 미국, 대통령 윤리위원회 홈페이지, "Hype Can Prevent Ethical Advancement of Neuroscience–Ethics Can Pave the Way for Productive Discourse" 2018.3.26일자. https://bioethicsarchive.georgetown.edu/pcsbi/node/4715.html(검색일자: 2018.10.1).

생명윤리 위원장인 Amy Gutmann박사는 "신경과학에 관해서는 정보에 입각하고 선의에서 이루어지는 토론과 함께 동시에, 신경과학에 관해서는 과장과 그릇된 정보가 대화에 침투하게 된다." "이 과장이나 과대 광고는 대중을 속여 자원의 오용을 유발하고 잘못된 두려움을 심어줄 수 있다. 흥미진진한 과학적 개척에 매료되고 흥분되어 칼라풀한 브레인 이미지가 아니라 사람과 대화하고 있다는 사실을 망각하기 쉽다"고 하였다. "신경과학과 윤리, 그리고 사회의 교차지점에는 많은 주제가 있지만, 인지적 증강, 동의 능력, 신경과학과 법 체계, 이 세 가지는 학자와 대중이 가장 열띤 토론을 벌이는 곳으로 신경 과학과 기술 발전의 윤리적인 긴장과 사회적 함의를 보여준다."라고 하면서 "철학자와 윤리학자들과 협력함으로써 과학자들이 인간성에 대한 전체적인 그림을 바라보기를 원한다."라고 논평하였다.

52) Gray Matters Vol. 2. p.3.
53) Gray Matters Vol. 2. p.4.
54) Gray Matters Vol. 2. p.5.
55) Gray Matters Vol. 2. p.6.
56) Gray Matters Vol. 2. p.7.
57) Gray Matters Vol. 2. p.8.
58) Gray Matters Vol. 2. p.9.
59) Gray Matters Vol. 2. p.10.
60) 독일 윤리위원회(Deutscher Ethikrat) 소개. https://www.ethikrat.org/der-ethikrat/(검색일자: 2018.11.1).
61) T.M. Spranger, "Legal Implications of Neuroscientific Instruments with Special Regard of the German", International Neurolaw: a Comparative Analysis, Springer, 2012, p.55.
62) "Der steuerbare Mensch?-Über Einblicke und Eingriffe in unser Gehirn", 28. Mai 2009.
63) "Neuroimaging-Bilder vom Gehirn und das Bild des Menschen" 27 November 2013.
64) 독일 윤리위원회 홈페이지. https://www.ethikrat.org/jahrestagungen/des-menschen-wuerde-in-unserer-hand-herausforderungen-durch-neue-technologien/?L=0&cookieLevel=not-set&cHash=f59da5aae6ef7dce1cd755d155fb3cf7(검색일자: 2018.10.1).
65) 생명윤리법(Law on Bioethics)
66) 프랑스 국가 윤리위원회 Comité Consultatif National d'Ethique: The National Consultative Ethics Committee for health and life sciences (CCNE). https://www.ccne-ethique.fr/(검색일자: 2018.11.1).
67) 프랑스 국가 윤리위원회, 위원 소개. https://www.ccne-ethique.fr/fr/pages/les-membres(검색일자: 2018.11.1).
68) CCNE Opinion N° 116-ETHICAL ISSUES ARISING OUT OF FUNCTIONAL NEUROIMAGING.

69) CCNE OPINION N°122 – The Use of Biomedical Techniques for "Neuroenhancement" in Healthy Individuals: Ethical Issues.

70) 영국 정부의 과학 자문위원회 관련 설명.
https://www.gov.uk/government/groups/home – office – science – advisory – council(검색일자: 2018.12.1).

71) 영국 국가 기록 아카이브 참조.
https://webarchive.nationalarchives.gov.uk/20120504100111/http://www.hgc.gov.uk/Client/Content.asp?ContentId = 5(검색일자: 2018.12.1).
인간유전체위원회(HGC)에 대한 설명은 다음에서도 참조할 수 있다. 박수헌, "각국의 국가생명윤리관련위원회 규정을 통한 우리의 국가생명윤리심의위원회 개선 방안", 「안암법학」 25권, 2008.6, 214 – 215면.

72) 너필드 생명윤리 위원회 홈페이지.
http://nuffieldbioethics.org/about(검색일자: 2018.11.15).

73) 너필드 생명윤리 위원회, 위원 소개.
http://nuffieldbioethics.org/about/council – members(검색일자: 2018.11.15).

74) "Novel neurotechnologies: intervening in the brain", Nuffield Council on Bioethics, 24 June 2013, 최종 보고서를 발간하기 전에 2012년 2월에 워킹 그룹에서는 시민 공론화 과정을 거쳤는데, 40명의 개인과 20개 기관을 선정하여, BCI, 신경줄기세포 치료, 심층 뇌신경자극술(DBS)과 같은 최신 신경기술들에 관한 배경정보를 제공하고, 20개의 질문에 대한 답변지를 제출받아 보고서에 반영하였다. 20개 질문은 최신 신경기술에 대한 경험 여부와 최신 기술에 대한 태도/반응, 윤리적 이슈(불확실성, 안전성, 위험 – 이익 형량, 자율성, 설명 동의, 보완과 프라이버시, 자아정체성, 책임성, 배분의 정의와 형평성, 연구, 규제와 거버넌스, 정책적 이슈, 커뮤니케이션과 홍보, 이중 사용, 비치료적 응용(증강), 이중 사용의 하나로서 군사적 이용 등)에 대한 내용이었다.

75) 영국의 국가 보건의료 증진기구 NICE(National institute for Health and care Excellence)가 발간하는 NICE 지침(NICE guidelines)은 보건의료에 관한 증거기반의 권고사항들(evidence – based recommendations)이다.
https://www.nice.org.uk/about/what – we – do/our – programmes/nice – guidance/nice – guidelines(검색일자: 2018.12.1).

76) 그 밖에 뇌 연구 관련 네트워크로서, 호주의 과학자들과 호주 과학 아카데미가 교류를 가질 수 있도록 하고, 과학 정책에 관한 자문을 제공하고, 호주의 과학의 전략적 계획의 개발을 지원하고 증진할 목적으로 호주의 과학자 네트워크로서, 호주 과학 아카데미 내에 14명의 위원으로 구성된 Brain and

mind 국가위원회(National Committee for Brain and Mind, Australia Academy of Science)도 조직되어 있다.

77) 호주 연구위원회의 호주 신경윤리 연구에 관한 홈페이지 내 정보. https://www.brainfunction.edu.au/research/neuroethics/(검색일자: 2018.12.1).

78) Leanne Houston and Amy Vierboom, "Neuroscience and Law: Australia", International Neurolaw: a Comparative Analysis, Springer, 2012, p.101.

79) 제1회 콘퍼런스 NEUROSCIENCE & SOCIETY: Ethical, Legal & Clinical Implications of Neuroscience Research 정보.
https://neuroethicsconference.org.au/?page_id=17(검색일자: 2018.12.1).

80) nudging은 팔꿈치로 쿡쿡 찌른다는 뜻으로 일종의 자유주의적 개입, 또는 간섭을 의미한다. 사람들을 바람직한 방향으로 부드럽게 유도하되, 선택의 자유는 여전히 개인에게 열려있는 상태를 말한다. 타인의 선택을 유도하는 부드러운 개입이다. 타인의 설계를 적극적으로 설계할 수 있다는 획기적인 아이디어로 2008년 민주당 대선후보였던 오바마와 영국 보수당 당수 데이비드 카메론이 넛지를 활용한 정책을 수용하면서 폭발적인 유명세를 탔다. 리처드 탈러 · 캐스 선스타인(안진환 역), 「넛지: 똑똑한 선택을 이끄는 힘」, 리더스북, 2009.

81) 제2회 콘퍼런스 NEUROSCIENCE AND SOCIETY: Ethics, Law, and Technology 홈페이지.
https://neuroethicsconference.org.au/(검색일자: 2018.12.1).

82) 박상돈, "사이버안보 거버넌스 개선에 관한 공법적 고찰", 「공법학연구」 제17권 제4호, 2016, 346-347면.

83) 정부 관료가 1/3의 당연직을 차지하고 있는 우리나라 국가생명윤리심의위원회는 위원 구성도 재고의 여지가 있다. 생명과학기술은 현재 예측하지 못하는 분야가 발생할 수 있는 개연성이 매우 크기 때문에 필요에 따라 새로운 분야의 전문가가 필요하므로, 위원 구성에서 정부 인사를 대폭 줄이고 최소 위원의 수만 정하면 충분하다는 견해: 박수헌, 앞의 글(주 72), 231면.

84) 독일 국가윤리위원회 법 제2조(목적)과 제7조(공적 숙의) Gesetz zur Einrichtung des Deutschen Ethikrats (Ethikratgesetz-EthRG) §2 Aufgaben, §7 Öffentlichkeit, 프랑스 국가윤리 위원회(CCNE)의 임무(Les missions) 등에 명시됨.

85) 제3기 국가생명윤리심의위원회 2013 연례보고서, 연명의료 결정에 관한 논의결과 보고: 2013년 7월 31일 정기회의에서 산하 특별위원회가 제출한 연명의료 결정에 관한 권고(안) 심의하였다.

86) 현재 과학기술정보통신부 장관 소속의 뇌 신경윤리위원회 설치에 관한 내용을 담은 「뇌연구 촉진법」 개정 법률안(주호영 의원 대표발의, 의안번호:

2012806, 제안일자: 2018.3.30)이 국회에 계류 중이다.

87) Neil Levy, Neuroethics – *Challenges for the 21th Century*, Cambridge University Press, 2007, p.99.

제2장 제1절

1) 본고에서 사용하는 뇌 신경과학과 신경과학이라는 용어는 동일하게 Neuroscience라는 학문적 명칭을 의미한다. 신경계의 일부인 뇌를 강조하는 뇌과학이라는 용어도 자주 사용되는데, 신경과학의 일부이다. 한국일보, "뇌과학과 신경과학" 2019.11.9일자. https://www.hankookilbo.com/News/Read/201911081435397766(검색일자: 2019.12.10).

2) 엄주희, "국가윤리위원회의 법적 지위와 뇌 신경윤리 활동: 뇌 신경윤리 거버넌스에 관한 시사점", 「법과 정책」, 2019, 175면; 미국의 브레인 이니셔티브의 경우 2014년부터 2025년까지 12년간 매년 5천억 원 가량을 투자하는 대규모 뇌 신경과학 연구 프로젝트이다.

3) 인공지능과 포스트휴먼 사회의 규범1–제4차 산업혁명과 새로운 사회 윤리, 아카넷, 2017, 102–103면.

4) 클라우스 슈밥(송경진 역), 「클라우스 슈밥의 제4차 산업혁명」, 메가스터디, 2016; 클라우스 슈밥은 제4차 산업혁명의 방법론으로 뇌 신경과학 기술 이외에도 체내 삽입형 기기, 웨어러블 인터넷, 유비쿼터스 컴퓨팅, 사물인터넷, 스마트시티, 자율주행자동차, 인공지능, 로봇공학, 비트코인과 블록체인, 3D 프린팅, 맞춤형 아기 등을 들고 있다.

5) 이종관, 「포스트휴먼이 온다」, 사월의 책, 2017, 28–34면; 트랜스휴머니즘은 최첨단 과학기술을 이용해 사람의 정신적, 육체적 성질과 능력을 개선하려는 지적, 문화적 운동이다. 트랜스휴머니즘은 인간 증강(또는 인간 향상, 인간 강화로도 지칭한다)과 동의어로도 쓰이면서 가치적 논쟁과 윤리적 담론을 일으켜왔다. 인공지능, 나노기술, 바이오기술, 정보통신기술, 인지과학 등이 융합되어 새롭게 재창조된 인간 존재를 트랜스휴먼이라고 지칭할 수 있으며, 1998년 옥스퍼드의 철학자 닉 보스트롬의 주도로 세계 트랜스휴머니스트 협회(WTA)가 결성되면서 본격 등장했다. 닉 보스트룸, 레이 커즈와일과 같은 트랜스휴먼니즘의 지지자들은 인류가 더 확장된 능력을 갖춘 존재로 자신들을 변형시킬 것이라고 예언하면서, 2050년쯤에는 본격적인 포스트휴먼이 도래할 것으로 예측하기도 한다. 포스트휴먼은 인간의 생물학적 몸은 도태되고 최첨단 기술에 의해 성능이 증강된 이후의 존재자이다.

6) Neuroethics(신경윤리 내지 뇌 신경윤리로 지칭한다)는 2002년 다나 파운데이션(Dana Foundation)의 회장인 윌리엄 새피어(William Safire)가 뉴

욕타임즈에 글을 기고하면서 처음 사용되었다고 알려져 있다. 2002년 5월 샌프란시스코에서 열린 신경윤리 콘퍼런스는 신경윤리가 새로운 학문의 분과로 정립되는 랜드마크가 되었는데, 이 콘퍼런스의 조직위원회는 신경윤리(Neuroethics)를 '뇌에 관한 과학적 발견이 임상 의학, 법적 해석, 보건의료와 정책에 가져오는 윤리적, 법적, 사회적 질문을 탐구하는 학문'이라고 소개하였다. Steven J. Marcus(Editor), Neuroethics; Mapping the Field, Conference proceedings, May 13-14 2002. San Francisco, California

7) 뇌 신경법학(neurolaw)은 학자에 따라서 뇌법 내지 신경법이라고 번역하기도 하는데, 뇌 과학 관련 법(law and neuroscience)이기 때문에 뇌법이라는 용어로 사용하다고 설명한다(예컨대, "이인영, 뇌법 뇌거버넌스에서의 신경윤리 논의, [뉴로 사이언스(neuro science)의 발전과 윤리·법적 이슈] 자료집, 2019.12.13., 40-41면"). 필자는 신경과학과 법학의 상관관계를 통하여 자유의지, 양심, 프라이버시 등 법학의 기초를 위한 개념들을 비롯하여 공법, 형사법, 민사법 등 법률 체계를 새롭게 정립하는 학제 간 연구이자 학문 영역이라는 점을 강조하고자 뇌 신경법학 내지 신경법학이라는 용어를 사용한다.

8) 연합뉴스, "머스크, 인간 뇌와 컴퓨터 연결하는 '뉴럴링크' 설립" 2017년 3월 28일자.

9) Merkel R, Neurolaw: Introduction, in J. Clausen, N. Levy(eds.), Handbook of Neuroethics(Ⅲ), Springer, Berlin, 2015, pp.1269-1271.

10) 장훈, "디지털 전환과 노동의 미래", 「과학기술정책」 제27권 제11호, 2017.11, 10면.

11) Stahl BC, Akintoye S, Fothergill BT, Guerrero M, Knight W and Ulnicane I, Beyond Research Ethics: Dialogues in Neuro-ICT Research. Front. Hum. Neurosci. 13: 105, 2019, p.2.

12) 김응준, "포스트휴먼 유토피아?-공진화와 탈진화 사이의 포스트휴먼 인류", 「인문과학」, 2015, 342-345면.

13) 차두원, "인간과 기계의 새로운 관계-빅블러 시대의 퍼스털 트랜스포메이션", 「한국정보화진흥원」, 2019, 24-28면.

14) 닐 레비(신경인문학 연구회 역), 「신경윤리학이란 무엇인가-뇌과학, 인간 윤리의 무게를 재다」, 바다출판사, 105면.

15) 이상헌, 「융합시대의 기술윤리」, 생각의 나무, 2012, 139-142면.

16) 임창환, 「뇌를 바꾼 공학 공학을 바꾼 뇌」, MID(엠아이디), 2015, 42-63면.

17) 임창환, 앞의 책, 195-200면; 뇌에 약한 직류 전류를 흘려주는 tDCS라는 기계를 이용하면 뇌의 특정 부위의 활성도를 높이거나 늦출 수 있어 기억력이 좋아지거나 계산을 더 잘할 수 있게 만든다.

18) 임창환, 앞의 책, 142-144면.
19) 송민령, 「송민령의 뇌과학 연구소-세상과 소통하는 뇌과학 이야기」, 동아시아, 2017, 262-263면
20) 임창환, 「바이오닉맨 인간을 공학하다」, MID(엠아이디), 2018, 205-206면.
21) 클라우스 슈밥, 앞의 책(주 4), 250면; 뇌 신경과학 기술 연구 현황에 대하여 필자의 또 다른 설명은 다음과 같다. 엄주희, "뇌 신경과학 연구에서의 연구대상자 보호: 인격주의 생명윤리적 고찰", 「인격주의 생명윤리」, 2019, 93-97면.
22) 김광석, 「경제 읽어주는 남자의 디지털 경제지도- 디지털 트랜스포메이션 현장을 가다」, 지식노마드, 2019, 54-66면; 이 책의 저자가 디지털 트랜스포메이션의 특징으로 제시한 5가지 내용들을 차용하여 본고에 4차 산업혁명 환경에서 신경과학의 발전으로 변화되는 생활상을 그려보았다.
23) Micah L. Berman, Manipulative Marketing and the First Amendment, 103 Geo. L.J. 497, 2015, p.55. 우리나라의 기업 중에도 치토스, 나이키, 기아 K7 등 상품의 제조업과 소비재 기업 등의 광고 마케팅에서 뉴로마케팅을 실행한 사례들을 심심치 않게 찾아볼 수 있다.
24) 매일경제, "영국, '치료용 맞춤아기' 세계 최초로 합법화" 2008.5.22.
25) 표경호, "머신러닝을 활용한 항암신약개발 현황과 향후 전망-인공지능과 의학의 결합", Bric View 2019-T32, 1-3면. 신약개발 분야에도 머신러닝 기반의 인공지능 분석을 이용하여 질환의 진단, 치료 과정에 있어 표적화된 환자 맞춤형 치료가 가능하도록 개발되고 있다.
26) 강남세브란스병원 정신건강의학과, 검사 치료-뉴로피드백(Neurofeedback) 인지학습치료 프로그램. http://gs.iseverance.com/dept_clinic/department/psychiatry/treatment/view.asp?con_no=47574&page=1&SearchField=&SearchWord=; 서울대학교 어린이병원, 뉴로피드백클리닉. https://child.snuh.org/m/reservation/clinic/KC159/clinicInfo.do(검색일자: 2019.12.1). 뉴로피드백은 뇌파를 분석하여 두뇌 기능 상태를 평가하고, 주의력결핍 과잉행동장애(ADHD), 학습장애, 수면장애, 우울증, 불안장애, 분노조설, 각종 중독 및 스트레스 장애의 진단과 치료에 사용되는 비약물치료방법으로 임상에서 활발히 활용되고 있다.
27) Mart Andrejevic and Mak Burdon, Defining the Sensor Society, Television & New Media, Vol. 16(1) 19-36(2015)
28) 엄주희, 디지털 트랜스포메이션 시대의 혼인과 가족제도와 관련된 기본권의 양면성과 국가의 보호의무, 헌법학자대회 <현대 입헌주의의 발전과 한국 헌법학의 과제> 자료집 발표자료, 2019.6.7.
29) 전통적인 기본권 상 쟁점에 대해서는 엄주희, "뇌 신경윤리 법제에 관한 연

구", 법제, 2018, 51－60면.

30) 필자가 종전에 저술한 논문(엄주희, 앞의 글, 53면)에서는 신체의 완전성 보호라는 면에서 다루었다.

31) Karola V. Kreitmair and Mildred K.Cho(2017) The neuroethical future of wearable and mobile health technology, Neuroethics－Anticipating the Future, Oxford university press, pp.94－101.

32) 독일 연방헌법재판소는 기존의 개인정보자기결정권과는 별개로 IT 시스템의 기밀성과 무결성을 내용으로 하는 IT 기본권을 도출하였고, 2015년 7월부터는 사이버안전법이 제정, 시행되고 있다. 김태오, "사이버안전의 공법적 기초－독일의 IT 기본권과 사이버안전법을 중심으로", 「행정법연구」 제45호, 2016, 115－120면.

33) 엄주희, 위의 글, 법제, 2018, 48－49면.

34) 김수갑, "유전자연구에 있어서 제기되는 관련 당사자의 기본권", 「법학연구」 제22권 제1호 2011, 17면; UDHGHR. IDHGD 등 국제인권법적 문헌을 통해서 유전적 동일성의 보호, 알 권리, 유전적 비밀에 대한 권리, 유전적 다양성보호 등 유전자와 관련한 새로운 인권과 기본권을 검토하였다.

35) Ienca M. and Andorno R.(2017) Towards new human rights in the age of neuroscience and neurotechnology, Life Sciences, Society and Policy 13:5, p.26; 국내에서 독자적이고 새로운 기본권으로 제기된 것은 정보기본권이다. 알 권리, 자기정보통제권(개인정보자기결정권), 액세스권 등 정보사회에서 새롭게 대두된 기본권의 내용들이 정보기본권으로 기존의 기본권과는 별개의 기본권으로 논의되었다. 김배원, "정보기본권의 독자성과 타당범위에 대한 고찰－헌법 개정과 관련한 체계구성을 중심으로", 「헌법학연구」 제12권 제4호, 2006, 203면.

36) Bublitz J.C.(2013) My Mind is Mine!? Cognitive Liberty as a Legal Concept. In: Hildt E, Franke AG, eds. Cognitive Enhancement. An Interdisciplinary Perspective. Dordrecht: Springer, p.233－264; Christoph Bublitz(2015) Cognitive liberty or the International Human Right to Freedom of Thought, Handbook(Ⅲ), Springer, pp 1318－1319.

37) Sententia W.(2004) Neuroethical considerations: cognitive liberty and converging technologies for improving human cognition. Ann NY Acad Sci. 1013(1): 221－228.

38) Ienca M, Haselager P.(2016) Hacking the brain: brain－computer interfacing technology and the ethics of neurosecurity. Ethics Inf Technol. 18(2): 117－129.

39) 엄주희, 위의 글, 법제, 2018, 53－54면.

40) 헌재 1992.12.24. 92헌가8.

41) mental integrity는 정신적 완전성으로 칭하고, 완전성과 온전성은 동일한 의미로 사용한다.

42) 엄주희, 위의 글, 2018, 53면. 이 글에서는 2017년 12월 국가인권위가헌법 개정안에서 '신체와 정신을 온전하게 유지할 권리'를 제안한 것을 예시로 들어 신체의 자유의 내용에 정신적 완전성까지 포섭되는 것으로 설명했으나, 본고와 같이 신경과학 기술이 야기하는 인지적 자유권의 내용으로 전면적으로 별도의 기본권 구성의 필요성을 고려한다면, 정신적 완전성의 권리는 신체의 자유보다는 인지적 자유권의 내용으로 설명될 수 있다.

43) Decker M, Fleischer T.(2008) Contacting the brain−aspects of a technology assessment of neural implants. Biotechnol J. 3(12): 1502−1510.

44) Klaming L, Haselager P.(2013) Did my brain implant make me do it? Questions raised by DBS regarding psychological continuity, responsibility for action and mental competence. Neuroethics. 6(3): 527−539; Sabine Müller,(2017) Ethical challenges of modern psychiatric neurosurgery, Neuroethics−Anticipating the Future, Oxford university press, pp.251−252. 베를린 자선 대학병원(Charité Universitätsklinik Berlin) 신경철학과 의료윤리학과의 Müller 교수는 DBS 시술 전후의 개인 정체성의 변화를 형이상학적으로 개념화하여 권리로 보장할 경우 DBS용 정신의학과 사전의료지시(psychiatric advance directives)를 받아두는 것이 소용이 없어지므로, 정신적 행동적 변화를 보다 실제적 개념으로 사용해야 함을 지적한다.

45) Houeto J, Mesnage V, Mallet L, Pillon B, Gargiulo M, du Moncel ST, Cornu P.(2002) Behavioural disorders, Parkinson's disease and subthalamic stimulation. J Neurol Neurosurg Psychiatry. 72(6): 701−707; Frank MJ, Samanta J, Moustafa AA, Sherman SJ.(2007) Hold your horses: impulsivity, deep brain stimulation, and medication in parkinsonism. Science. 318(5854):1309−1312; Sensi M, Eleopra R, Cavallo M, Sette E, Milani P, Quatrale R, Granieri E.(2004) Explosive−aggressive behavior related to bilateral subthalamic stimulation. Parkinsonism Relat Disord. 10(4): 247−251.

46) DBS 등 웨어러블 디바이스로 치료받은 환자를 대상으로 한 연구 결과에서 "더 이상 나 자신을 느끼지 못한다", "로봇인 것 같은 느낌이 든다" 또는 "수술 후에 내 자신을 찾지 못했다" 등 심리적 연속성에 문제가 발생한다는 사실이 보고되고 있다. Schüpbach M, Gargiulo M, Welter M, Mallet L, Behar C, Houeto J, Agid Y.(2006) Neurosurgery in Parkinson disease A distressed mind in a repaired body? Neurology.66(12): 1811−1816.

47) Lewis C, Maier F, Horstkötter N, Zywczok A, Witt K, Eggers C, Moro E.(2015) Subjectively perceived personality and mood changes associated with subthalamic stimulation in patients with Parkinson's disease. Psychol Med. 45(01): 73−85; Pham U, Solbakk A−K, Skogseid I−M, Toft M, Pripp AH, Konglund AE, Dietrichs E.(2015) Personality changes after deep brain stimulation in Parkinson's disease. Parkinson's Disease. Volume 2015(http://dx.doi.org/10.1155/2015/490507).

48) 헌법재판소가 이와 같은 논리로 개인정보자기결정권이 독자성을 인정하였다. 헌재 1990.9.10. 89헌마82; 헌재 1997.7.16. 95헌가6; 헌재 2001.10.25. 2000헌바61 등.

49) The Guardian, "Call for poor and disabled to be given NHS fitness trackers" 2019.5.5; 스마트 와치와 같은 피트니스 추적기, 스마트폰 등 각종 스마트 기기들에서 극빈층과 장애인들의 경우 활용 능력, 리터러시 능력이 떨어지는 등 사용 면에서 소외되어 건강 불평등이 심화되고 있다고 보고되고 있다. 첨단 신경과학 기술의 도입에서도 취약층이 소외되지 않도록 배려해야 할 필요가 있다; https://www.theguardian.com/inequality/2019/may/04/fitbits−nhs−reduce−inequality−health−disability−poverty(검색일자: 2019.12.1).

제2장 제2절

1) 역자주: 서술적 기억(외현 기억)은 세상에 관한 지식으로 의식적으로 접근하여 보고가 가능한 기억이고, 비서술적 기억(암묵 기억)은 절차기억, 기술학습, 지각적 점화, 조건형성, 습관화나 민감화 같은 단순 학습행동들을 포함하는 기억으로서 의식적 접근이 되지 않는 기억을 말한다. 이정모, 인지과학−학문 간 융합의 원리와 응용, 성균관대학교 출판부, 2018, 446−447면.

2) 역자주: '설단 현상'은 심리학 용어로서, 기억으로부터 단어를 떠올리지 못하는 현상을 일컫는다. 아는 것인데 갑자기 말문이 막혀서 안 나올 때와 같이 순간적으로 기억해내지 못하는 현상을 말한다.

3) 역자주: '역행성 간섭'은 새로이 학습된 또는 새로이 입력된 정보가 그 이전(즉, 과거)에 학습 또는 입력과정을 거쳐 이미 저장되어 있던 기억정보 또는 기억자료를 회상하는 활동(또는 능력)을 간섭하는 현상을 말한다. 로프터니와 잔니(Loftus, E.F., & Zanni, G.(1975) Eyewitness testimony: The influence of the wording of a question, Bulletin of the Psychonomic Society, 5, 86−88)는 심리학 실험을 통해 재판을 위해 원고나 피고나 증

인을 재판 이전에 예비 심문하는 과정에서 변호사나 검사가 질문에 도입했던 내용이 이들의 기억을 변화시킨다는 것을 경험적으로 밝혔다. 후속 질문이 원래의 기억 내용의 기억을 떨어뜨린 것이다. 이는 새 추가 정보가 이전의 옳은 정보를 완전히 대치하거나 변화시킨다기보다는, 옛 정보의 인출을 더 어렵게 해서 기억이 잘 안 된다는 것이 간섭이론이다. 즉 유사한 자극정보를 새로 학습하면 이것과 옛것과 간섭이 일어나 망각을 일으킨다는 것이다. 이정모, 인지과학-학문 간 융합의 원리와 응용, 성균관대학교 출판부, 2018, 452면.

4) 현대적 관점에서 억압 이론을 검토한 문헌으로는 Erdelyi(2006).

5) 특정 기억들을 대상으로 적용하는 데 많은 걸림돌이 존재할 것이다. 예로 Levy(2007), Ch. 5.

6) 가장 유명한 환자는 최근 사망한 H.M.이다; Corkin(2002).

7) 전반적 비평을 위해선 Dresler et al.(2012); 영양 관련해서는 Smith et al.(2011), Nehlig(2010); 운동 관련해서는 Roig et al.(2013), Hötting and Röder(2013); 수면 관련해서는 Rasch and Born(2013), Genzel et al.(2014); 기억전략 훈련 관련해서는 Karpicke and Roediger(2008), Worthen and Hunt(2010); 뇌 자극 관련해서는 Coffman et al.(2014), Suthana and Fried(2014).

8) PTSD의 생물학적 측면 관련해서는 Pitman et al.(2012).

9) 일부 연구자들은 "감정적 기억 지우기"를 언급하는데 이는 감정적 측면의 삭제만을 의미한다. 이에 반해 윤리학자들은 구별 없이 고통스러운 기억을 "무디게" 만드는 것만을 의미한다. 이러한 개념적 모호성은 오해를 낳을 수 있으며 기억 흔적 개념에 기인한다. Holmes et al.(2010). 현재의 목적 관련하여, 적어도 특정 수준에서 감정적이고 사실적 내용들에 선별적으로 적용할 수 있고, 서로 분리되어 변화시킬 수 있다는 사실만이 중요하다.

10) 역자주: 일화 기억(episodic memory)은 개인이 경험하는 각종 사건들, 일화들에 대한, 그리고 그 사이의 관계에 대한 기억이다. 샥터와 투빙(Schacter, D, & Tulving, E.(1994) What are memory system of 1994? In D. Schacter & E. Tulving(Eds), Memory systems 1994, pp.1-38. Cambridge; MIT Press)은 장기기억 중에서 기억 내용 중심으로 일화 기억과 의미 기억(semantic memory)으로 구분하였다. 의미 기억은 일화적 경험이 쌓이고 이것이 추상화되어 이루어진 일반지식의 기억이다. 각종 어휘, 언어적 개념들, 일반 세상사 등에 대한 지식이다.

11) 현재로서는 동물 실험보다 인간 대상 임상시험에서 일관성이 떨어지는데, 이는 부분적으로 재응고화 과정에서 다른 기억 체계들 간에 발생하는 상호작용의 복잡성에 기인한다. 검토를 위해선 Schiller and Phelps(2011).

12) Eternal Sunshine of the Spotless Mind 같은 영화들이 있다.
13) Parens(2010). 그는 위원회가 PTSD 치료에 반대하지 않는 것으로 판단하고 있다.
14) Lock(1979)은 전통적으로 기억 규준으로 이해되어온 "의식의 동일성"에 관하여 서술하였다. 그러나 Strawson(2011)을 참조하라.
15) 정체성과 기억 간의 관계에 대하여 더욱 심도 있는 논의를 위해선 Parfit(1984), DeGrazia(2005), Schechtman(2005), Galert and Hartmann(2007).
16) 어떤 기억 장애들은 자아상을 형성시키는 것을 방해한다. 예로 Klein et al.(2004).
17) "일화 기억의 구조적인 특성은 최소한 부분적으로는 우리의 개인적인 미래를 정신적으로 시뮬레이션할 수 있게 하는 일화적 시스템의 역할에 기인한다." Schacter and Addis(2007), p.779; Schacter et al.(2007).
18) 윤리적 측면들에 대한 더욱 심도 깊은 논의는 Levy(2007); Liao and Sandberg(2008).
19) Art. 9 ECHR, Art. 18 Universal Declaration of Human Rights.
20) Art. 8 ECHR, e.g., Bensaid v. UK, App.No: 44599/98, 6.5.2001.
21) 비록 언제나 성문화되거나 논쟁의 대상이 되는 건 아니지만, 인간의 존엄성은 대개 인권법의 가장 중요한 원칙으로 이해되어왔다.
22) 기억할 권리가 물론 기억할 의무를 수반하는 것은 아니다.
23) 한 유명한 사건에서, 일어났던 일들을 기억하게 만들기 위한 공권력의 압박으로 인하여 피고인이 25명의 어린이들을 살해했다는 사실을 자백하였다; Levy(2007).
24) 더 심도 있게 들어가서 제3자(피고인)가 치료인을 고소할 수 있는지를 질문해볼 수 있다. 획기적인 사건인 Ramona v. Isabella 사건에서, 법원은 잘못 기소된 아버지를 위한 구제책을 승인했다; Mullins(1996).
25) Glannon(2010), 240f. 사건의 출처는 TIME, Oct. 15th 2007.
26) 역자주: 본고에서 right to forget은 '망각할 권리', '잊을 수 있는 권리'로 번역해도 의미가 통할 수 있는데, 개인정보 삭제를 요구할 수 있는 권리가 '잊혀질 권리'(right to be forgotten; right to oblivion, right to delete로도 사용됨)로 번역·통용된다는 점을 감안하여, right to forget은 기억하지 않지 않아도 되는 자유로서 '잊을 권리'로 번역하여 사용한다.
27) 법은 아마 개인이 한 개체로서 가지는 정체성과 관련된 변화를 수용하지는 않을 것이며, 자전적 기억의 삭제 이전과 같은 사람으로서 개인을 간주할 것이다. 따라서 동일한 재정적 의무 등도 그 개인에게 계속 부여될 것이다. 삭제 이전의 범죄로 인하여 개인이 처벌을 받을 수 있는지는 더욱 복잡한 문제이며, 예시로 Dufner(2013)를 들 수 있다.

28) Oath of Buchenwald, April 19, 1945.
29) 홀로코스트 생존자들에게 기억에 관한 의무와 망각의 필요를 어떻게 조화시켜나갈지는 핵심적인 의제이다; Ellie Wiesel의 글들을 참조할 수 있는데 예컨대 그의 1986년 12월 11일 노벨상 수상 소감이 있다(www.nobelprize.org).
30) Ricoeur's(2004), p.120에서 집단 기억이라는 단어를 만든 Halbwachs의 사상에 관한 논의를 참고할 수 있다.
31) "괴로움을 없애는 것"에 대한 우려에 대해서도 동일하게 말할 수 있을 것이다. 고통에 대한 공감적 반응에 따라서, 희생자의 괴로움이라는 것이 지속되는 것인가. 아니면 관련 없는 사람들의 괴로움이 되는 것인가.
32) 성과 관련된 사건 같은 특별한 사건들에서, 절차 관련 규정들은 기억이 낳을 수 있는 고통을 인정한다.
33) Kolber(2006), p.1589에서 나오는 이러한 목적의 미국을 염두에 두고 펼쳐지는 논증을 참고.
34) 특정 경우, 법은 변경되지 않은 기억에 더욱 깊은 관심을 보일 수도 있다(피해를 가늠하기 위한 목적 등으로). Kolber(2006), p.1592를 참고하라.
35) 아마도 적어도 최초 변경되지 않은 증언을 기록하기 위한 즉각적이고 테이프로 녹음되는 심문 방식이 개발되어야 할 것이다. 그러나 이런 경우에도 증인에게 반대신문을 행할 수 없기에 일부 당사자들에게 상황이 불리할 수 있다. 또한 사건이 일어난 직후 누가 정신적 외상을 입을지가 불분명하기 때문에, 행동을 취해야 하는 상황에서 어떤 이해들에 균형을 맞추어야 할지가 불분명하다. 게다가, 기억들이 법적 중요성이 있을지는 종종 분명하지 않다; 사람들은 얼마나 오래 기다려야 하는가?
36) Ricoeur(2004)는 망각을 통해 용서가 촉진될 수 있다고 주장한다.
37) 더불어 피해자들은 가해자들에게 도덕적 차원에서 특정 요구들을 할 수 있다. 예를 들어 그들이 행한 행동들의 이유에 대해 설명하기를 바랄 수도 있다. 기억의 삭제는 대게 법으로 강제할 수 없는 이러한 의무들을 무효화시킬 수 있다. 피고인이 자신의 유죄를 털어놓지 않는 특권을 누릴 수 있으며 침묵할 수 있기 때문이다.
38) Shakespeare, Macbeth, Act V, Scene 3.
39) 관련하여 Hammer(2001)의 분석이 가장 탁월하다.
40) Kolber(2006), p.1621에서 육체적 상처와 정신적 상처 간의 비유가 나온다. 만약 전자를 치료하는 것이 아무런 염려가 없는 일이라면, 후자를 치료하는 것이 뭐가 문제란 말인가? 이는 군인은 정신적 고통을 받아도 무방하다는 내밀한 직관 때문일 수 있으며, 이는 일반적 원칙으로서 설득력을 잃어버린다.
41) 일부 국가는 마약 복용자와 성범죄자를 대상으로 한 의무적 재활 프로그램

을 가지고 있다.

42) §136a German Code of Criminal Procedure.

제3장

1) 연합뉴스, "머스크, 인간 뇌와 컴퓨터 연결하는 '뉴럴링크' 설립" 2017.3.28. https://www.yna.co.kr/view/AKR20170328017000091(검색일자: 2019.6.7); 조선비즈, "'머스크, 우리는 이미 사이보그'… 뇌·컴퓨터 연결하는 뉴럴링크 광폭행보" 2017.7.2. http://biz.chosun.com/site/data/html_dir/2017/07/02/2017070200574.html(검색일자: 2019.06.07).
2) 엄주희, "국가윤리위원회의 법적 지위와 뇌 신경윤리 활동 고찰: 뇌 신경윤리 거버넌스에 주는 시사점", 「법과 정책」 제25권 제1호, 2019, 182쪽.
3) 같은 글, 190－191쪽.
4) 김효은·설선혜, "신경윤리의 독자성과 주요 쟁점들", 「인지과학」 제29권 제1호, 2018, 63－64쪽.
5) 엄주희, "뇌 신경윤리에 관한 법제 연구", 「법제」, 2018, 69쪽.
6) M.S. Pardo, D.M. Patterson, *Minds, Brains and Law : the conceptual foundations of law and neuroscience*, Oxford university press, Oxford, 2013, p. 47.
7) 엄주희, 위의 글, 46쪽; T.M. Spranger, "Legal Implications of Neuroscientific Instruments with Special Regard of the German Constitutional Order", in T.M. Spranger(ed.), *International Neurolaw: a Comparative Analysis*, Springer, Berlin, 2012. p. 153.
8) R. Merkel, "Neurolaw: Introduction", in J. Clausen, N. Levy(eds.), *Handbook of Neuroethics(Ⅲ)*, Springer, Berlin, 2015, pp.1269－1271; S. Moyn, "The Secret History of Constitutional Dignity", *Yale Human Rights and Development Journal*, 17(1), 2014. pp. 40－44.
9) 이예원, "바이오 기술주도의 5차 산업혁명을 준비하는 일본의 전략", 「Future Horizon」, (3), 2018, 6－8쪽.
10) 홍석영, "인격주의에 기초한 생명윤리 모색", 「국민윤리연구」, 55, 2004, 246－249쪽; 최미선, "국내학술지에 게재된 간호연구의 생명윤리 의식 측정에 관한 비판적 고찰－인격주의 생명윤리 관점으로", 「인격주의 생명윤리」 제9권 제1호, 2019, 49－50쪽; 오석준, "인격주의 생명윤리 관점에서 본 '자기결정'에 대한 고찰", 「인격주의 생명윤리」 제8권 제1호, 2018, 85－86쪽.
11) 김기영, "임상시험피험자와 자기결정－독일의 논의를 중심으로", 「한국의료

법학회지」 제18권 제1호, 2010, 36쪽; 실험적 시험이나 진료와 결부된 연구가 많은 뇌 신경과학 연구에서도 알려지지 않은 위험이 내포될 가능성은 상당히 많을 것으로 예상된다.

12) 최경석, "신경윤리의 성찰과 전망", 「생명윤리」 제12권 제1호, 2011, 73–74쪽.

13) B.C. Stahl, S. Akintoye, B.T. Fothergill, et al., "Beyond Research Ethics: Dialogues in Neuro–ICT Research", *Frontiers in Human Neuroscience*, 13, 2019, p. 1.

14) 엄주희, "국가윤리위원회의 법적 지위와 뇌 신경윤리 활동 고찰: 뇌 신경윤리 거버넌스에 주는 시사점", 186쪽.

15) 유은주 · 최병인, "국가연구개발사업의 인간대상연구 현황, 과제 관리 기준과 생명윤리에 관한 고찰", 「인격주의 생명윤리」, 7(1), 2017, 21쪽.

16) 미국의 PatientsLikeMe 플랫폼은 연구공동체에 필요한 정보를 제공받기 위해 필요한 수단으로서 환자를 이용한다는 개념이 아니라, 환자를 돌보기 위한 서비스의 일환의 개념, 즉 환자 중심적 접근으로 환자의 임상 데이터를 관리한다. 환자 본인이 본인의 임상 정보를 자발적 익명으로 공개하고 임상에 대한 효능과 부작용 데이터를 축적하고 있으며(2016년 약 40만 명의 환자 데이터 등록), 이를 의사, 제약사, 보험사 등 의료 시스템 내의 관계자들이 이용할 수 있도록 판매하는 혁신적인 시스템이다. 희귀질병을 가진 환자들을 서로 이어줌으로써, 학계와 제약업계에서 아직 연구되지 않은 해당 질병을 파악하는 방책으로도 활용된다. 제약회사들이 이러한 플랫폼을 통해 희귀 질환 환자들과 직접 교류하면서 질병의 연구와 치료제 개발을 도모하기도 한다(플랫폼 주소: https://www.patioentslikeme.com); S.M. Posey Norris, L. Bain, C. Stroud, *Neuroscience Trials of the future(Proceeding of a Workshop)*, The National Academies Press, 2016, p. 56.

17) 생화학무기 등의 예와 같이, 뇌 신경과학 기술도 애초에 장애인의 복지향상에 기여할 수 있는 기술로 개발되었는데, 동시에 군사적 목적으로 사용되는 이중 사용(dual use)의 윤리적 문제도 같은 맥락에서 검토되어야 한다. 엄주희, 위의 글, 185쪽.

18) T. Baldwin, J. Cole, M. Fitzgerald, et al., *Novel Neurotechnologies: Intervening in the Brain*, Nuffield Council on Bioethics, 2013, p.97.

19) 한광희, "지구화된 의료시장에서 연구자와 환자의 정체성", 「생명윤리와 정책 제3권 제1호, 2019, 61–62쪽.

20) C. Bublitz, M. Dresler, "A Duty to Remember, a Right to forget? Memory Manipulations and the Law", in J. Clausen, N. Levy(eds.), *Handbook of Neuroethics(Ⅲ)*, Springer, Berlin, 2015, pp.1287–1289.

21) W. Chiong, M.K. Leonard, E.F. Chang, "Neurosurgical Patients as

Human Research Subjects: Ethical Considerations in Intracranial Electrophysiology Research", *Neurosurgery*, 83(1), 2018, pp. 29-37.

22) 플라시보 효과(placebo control)를 얻기 위한 sham surgeon의 문제, 이와 관련된 미국과 영국의 파킨슨병에 많이 적용되는 신경외과 임상 시험에서의 문제는 다음에서 지적; T. Baldwin, J. Cole, M. Fitzgerald, et al., *op.cit.*, pp.104-105.

23) 연명의료에 관한 자기결정권을 확인했던 사건에서 헌법재판소는 환자의 자기결정권 실현의 방식으로서 환자 본인의 '의사의 추정할 수 있다'는 논증을 하였다. 헌재 2009.11.26. 2008헌마385 재판관 이공현의 별개의견: "대법원 2009다17417 전원합의체 판결의 다수의견이 사전의료지시가 없었던 환자의 경우 연명치료 중단이 객관적으로 환자의 최선의 이익에 부합하는 것으로 인정되어야 연명치료 중단에 관한 환자의 의사를 추정할 수 있다는 취지로 판시한 것은 환자의 평소 가치관이나 신념 등에 비추어 연명치료를 중단하는 것이 객관적으로 환자의 최선의 이익에 부합하는지가 문제가 된다는 것과 같은 맥락에서 이해될 수 있다"

24) 정윤기, "생각만으로 기계를 조작하는 뇌-기계 인터페이스 기술", 「융합연구리뷰」 제4권 제4호, 한국과학기술연구원 융합연구정책센터, 2018, 20쪽.

25) 오석준, 앞의 글, 84쪽; 인격주의 생명윤리 관점에서 생각의 자유를 침해받지 않고 자신의 지적, 정서적 능력을 온전히 발휘하고 타인을 고려하면서도 자신을 발견하고 확인하는 의미의 자기결정은 중요한 요소인데, 뇌 신경과학 기술은 타인의 마음과 정신에 개입하게 됨으로써 생각의 자유를 침해하고 자기결정을 방해하는 문제가 발생하게 된다.

26) C. Bublitz, "Cognitive Liberty or the International Human Right to freedom of Thought", in J. Clausen, N. Levy(eds.), *Handbook of Neuroethics(Ⅲ), Springer* , Berlin, 2015, pp. 1317-1324.

27) 증강 약물로는 Modafinil, Methylphenidate, Amphetamines(Adderall 등)이 대표적인 약물들이다. A. Buyx, "Smart Drugs: Ethical issues", in J. Clausen, N. Levy(eds.), *Handbook of Neuroethics(Ⅱ)*, Springer, Berlin, 2015, pp. 1191-1194, 약물의 부작용과 중독의 문제가 발생할 수 있는 점에서 안전성, 유효성, 위험과 이득의 평가 이루어져야 한다는 점, 자율성 존중과 설명 동의가 주어져야 한다는 점, 성격과 인격의 변화 등 자아정체성에 변화를 가져올 수 있다는 위험 요소 있다는 점 등이 윤리적 이슈로 다루어진다.

28) J. Clausen, "Ethical Implications of Brain-Computer Interfacing", in J. Clausen, N. Levy.(eds.), *Handbook of Neuroethics(Ⅱ)*, Springer, Berlin, 2015. pp.699-700.

29) 페이스북이 생각만으로 글자를 타이핑 할 수 있는 기술을 개발한다고 발표한 것을 예로 들 수 있다. 이때 페이스북에서 사용하는 장비는 헤드셋처럼 간단한 장비이다. 송민령, 「송민령의 뇌과학 연구소 – 세상과 소통하는 뇌과학 이야기」, 동아시아, 2017, 262쪽.
30) M. Tatagiba, O.N. Ugarte, M.A. Acioly, "Neurosurgery: Past, Present, and Future", *Handbook of Neuroethics(Ⅱ)*, Springer, Berlin, 2015, p. 945.
31) 예컨대, 더 안전하고 효율적인 우주 비행을 위해 우주비행선에서 우주조정사와 AI 사이를 인터페이스 하는 기술(human – artificial(AI) system)을 연구 개발 중이다. J.H. Wei, "Application prospect of human – artificial intelligence system in future manned space flight", *Space Medicine & Medical Engineering*, 16, 2003, pp. 482 – 485.
32) G.W. Vidal, M.L. Rynes, Z. Kelliher, et al, "Review of Brain – Machine interfaces Used in Neural Prosthetics with New Perspectives on Somatosensory Feedback through Method of Signal Breakdown", *Scientifica*, Vol. 2016, 2016, p.3.(doi: 10.1155/2016/8956432).
33) 영화 '업그레이드'에서는 사고로 사지 마비가 된 환자의 끊어진 척추신경에 칩을 이식해서 운동신경을 회복하는 이야기가 나온다. 현재 기술 수준에서는 실현 불가능하지만 신경보철 기술이 발달한다면 그려볼 수 있는 미래상이다.
34) J. Horvath, J. perez, L. Forrow, F. Fregni, et al., "Transcranial Magnetic Stimulation – Future Prospects and Ethical Concerns in Treatment and Research", *Neuroethics in Practice.* Oxford University Press, 2013, pp. 209 – 214
35) www.ybrain.com(2018.12.1.). 비침습적인 방식으로 비용이 저렴하고 사용하기 용이하다는 접근성 때문에 실용화된 기기들이 개발되고 있다. 우울증 치료용으로 웨어러블 기기를 개발해서 상품으로 내놓기도 한다.
36) A.L. Roskies, "Mind Reading, Lie Detection and Privacy", *Handbook of Neuroethics(Ⅱ)*, Springer, Berlin, 2015, pp. 680 – 682.
37) 송민령, 앞의 책, 262 – 263쪽
38) 한국경제, "유도만능줄기세포로 파킨슨병 치료길 열리나" 2018.11.9일자 http://news.hankyung.com/article/2018110905241(검색일자: 2019.6.1).
39) 뉴로피드백은 현재 수면장애, 우울증 등 진단과 치료에 사용되는데, 세브란스병원, 서울대병원 등 주요 대학병원 정신건강의학과에서 임상으로 활용되고 있다.
40) 정윤기, 앞의 글, 19쪽; 미국 국방성의 연구기관인 방위고등연구계획국

(DARPA)이 2017년부터 4년간 6천5백만 달러의 연구비를 투자하여 양방향 뇌-기계 인터페이스 개발을 위한 뇌 이식장치(Brain Implant)를 개발한다고 하는데, 이것은 뇌 이식장치를 통해 사람의 생각을 기록하고 반대로 사람의 뇌에 외부 정보를 입력하는 것이다.

41) 영국 너필드 생명윤리위원회의 권고는 T. Baldwin, J. Cole, M. Fitzgerald, et al., *op.cit.*; 미국 대통령 생명윤리위원회의 권고는 Presidential Commission for the Study of Bioethical Issues, *Gray Matters: Integrative Approaches for Neuroscience, Ethics, and Society*, Presidential Commission for the Study of Bioethical Issues, Washington, D.C., 2014; Presidential Commission for the Study of Bioethical Issues, *Gray matters : Topics at the Intersection of Neuroscience, Ethics, and Society*, Vol.2, Presidential Commission for the Study of Bioethical Issues, Washington, D.C., 2015; EU의 권고사항은 European group on ethics in science and new technologies, *The ethical implications of new health technologies and citizen participation*, EU publications, Brussels, 2015 참조.

42) 배현아, "임상시험에서 확보해야 하는 동의의 수준에 따른 동의 획득 절차의 구분", 「한국의료법학회지」 제18권 제1호, 2011, 53-56쪽.

43) 김기영, 앞의 글, 39-40쪽.

44) G. Holub, "Human enhancement, The Person, and Posthuman Personhood", *Ethics & Medicine*, 32(3), 2016, pp.171-183.

45) 김효은·설선혜, 앞의 글, 78-79쪽.

46) Presidential Commission for the Study of Bioethical Issues, *Gray matters: Topics at the Intersection of Neuroscience, Ethics, and Society*, p.9 등.

47) C. Petrini, S. Gainotti, "A personalist approach to public-health ethics", *Bulletin of the World Health Organization*, 86(8), 2008, pp.624-629.

48) 정윤기, 앞의 글, 21쪽; 뇌 신경과학 기술 발전으로 인해 새롭게 제기되는 인권의 문제를 스위스 바젤대 생명의료윤리연구소(Institute for Biomedical ethics, University of Basel)의 Marcello Ienca(교신저자)는 인지적 자유(Cognitive Liberty), 정신적 프라이버시(Mental Privacy), 정신적 완전성(Mental Integrity), 심리적 연속성(Psychological Continuity) 네 종류의 새로운 권리 개념을 제시하였다. 이와 같이 뇌 신경과학 기술의 적용에 따른 법적 쟁점에 관해서는, 추후 필자가 다른 논문에서 서술하기로 한다; M. Lenca, R. Andorno, "Towards new human rights in the age of neuroscience and neurotechnology", *Life Sciences, Society and Policy*, 13(5), 2017,

pp.1-27.

49) 이은영, "취약한 연구대상자가 참여하는 인간 대상 연구에서 배려윤리의 함의: 충분한 정보에 근거한 동의 획득을 중심으로", 「한국의료윤리학회지」 제20권 제4호, 2017, 461쪽.

50) W. Chiong, M.K. Leonard, E.F Chang, *op.cit.*, p. 36.

51) Presidential Commission for the Study of Bioethical Issues, *Gray matters: Topics at the Intersection of Neuroscience, Ethics, and Society*, Vol.2, pp.7-9.

52) Editorial, "Ethical neuroscience", *Nature Neuroscience*, 13(2), 2010, p.141; F.G. Miller, T.J. Kaptchuk, "Deception of Subjects in Neuroscience: An Ethical Analysis", *The Journal of Neuroscience*, 28(19), 2008, pp.4841-4843.

53) 식품의약품안전처 의약품안전국 임상제도과, 「임상시험 및 대상자보호프로그램(HRPP) 운영 가이드라인」, 식품의약품안전처, 2014; 국가생명윤리정책원·보건복지부 지정 공용기관생명윤리위원회, 「연구자를 위한 윤리지침」, 보건복지부 지정 기관생명윤리위원회 정보포털, 2018; 신규과제 평가 점검표(의과학연구), 보건복지부 지정 공용기관생명윤리위원회 권고서식 제10-1호; 약사법 고시 등

54) B.R. Borah, N.K. Strand, K.L. Chillag, "In the Literature Advancing Ethical Neuroscience Research", *AMA Journal of Ethics*, 18(12), 2016, pp.1194-1195.

55) 미국의 연방정부의 행정명령으로서 연구대상자 보호를 규정한 이른바, 커먼룰(Common Rule, 45CFR 46)이 2017년 개정되면서 간단한 설명 요약문이 표지에 제공될 것을 의무화하였다.

제4장 제1절

1) 이상헌, "인간 뇌의 신경과학적 향상은 윤리적으로 잘못인가?", 「철학논집」 제18권, 2009, 224면.

2) 김신태·김혜원·김세주·강지인. "반복 경두개자기자극술의 우울증 치료효과 및 최신동향에 대한 고찰", 「대한생물정신의학회」 제24권 제3호, 2017, 95면; 이상헌, 위의 글, 224, 227면; M. J. Farah, J. Illes & R. Cook-Deegan, et al., "Neurocognitive enhancement: What can we do and what should we do?", *Nature reviews neuroscience*, 5(5), 2004, p.421; R. Hamilton, S. Messing, S., & A. Chatterjee, "Rethinking the thinking cap: ethics of neural enhancement using noninvasive

brain stimulation", *Neurology*, 76(2), 2011, p. 187.

3) M. J. Farah, J. Illes & R. Cook－Deegan, et al., "Neurocognitive enhancement: What can we do and what should we do?", *Nature reviews neuroscience*, 5(5), 2004, p. 421;

4) 이상헌, 위의 글, 229－231면; 추병완, "약리학적 인지 향상의 찬반양론", 「도덕윤리과교육연구」 제59권, 2018, 108면; M. J. Farah, J. Illes & R. Cook－Deegan, et al., "Neurocognitive enhancement: What can we do and what should we do?", *Nature reviews neuroscience*, 5(5), 2004, p.421.

5) 김신태·김혜원·김세주·강지인, 위의 글, 95면; 이상헌, 위의 글, 231면; M. J. Farah, J. Illes & R. Cook－Deegan, et al., "Neurocognitive enhancement: What can we do and what should we do?", *Nature reviews neuroscience*, 5(5), 2004, p.421.

6) 이상헌, 위의 글, 228－229면; M. J. Farah, J. Illes & R. Cook－Deegan, et al., "Neurocognitive enhancement: What can we do and what should we do?", *Nature reviews neuroscience*, 5(5), 2004, p.421.

7) 이상목·최종현, "신경 향상의 안전성에 관한 윤리적 고찰". 「한국의료윤리학회지」 제17권 제3호, 2014, 350면; M. J. Farah, J. Illes & R. Cook－Deegan, et al., "Neurocognitive enhancement: What can we do and what should we do?", *Nature reviews neuroscience*, 5(5), 2004, p. 421.

8) 이상헌, 위의 글, 231면; M. J. Farah, J. Illes & R. Cook－Deegan, et al., "Neurocognitive enhancement: What can we do and what should we do?", *Nature reviews neuroscience*, 5(5), 2004, p. 421.

9) 이상목·최종현, 위의 글, 350면; D. Repantis, P. Schlattmann & O. Laisney, et al., "Modafinil and methylphenidate for neuroenhancement in healthy individuals: A systematic review", *Pharmacological Research*, 62, 2010, p. 188; S. Schleim & B. B. Quednow, "How realistic are the scientific assumptions of the neuroenhancement debate? Assessing the pharmacological optimism and neuroenhancement prevalence hypotheses", *Frontiers in Pharmacology*, 9, 2018, p. 2.

10) D. Larriviere, M. A. Williams & M. Rizzo, M, et al., "Responding to requests from adult patients for neuroenhancements: Guidance of the Ethics, Law and Humanities Committee", *Neurology*, 73, 2009, p. 1407.

11) 김건우, 위의 글, 2－3면; M. Shipman, "The ethics and challenges surro unding neuroenhancement", 2019, https://news.ncsu.edu/2019/05/ne

uroenhancement-ethics-challenges.

12) 김건우, 위의 글, 3면.

13) 김건우, 위의 글, 3면; S. Schleim & B. B. Quednow, "How realistic are the scientific assumptions of the neuroenhancement debate? Assessing the pharmacological optimism and neuroenhancement prevalence hypotheses", *Frontiers in Pharmacology*, 9, 2018, p. 2.

14) 이상헌, 위의 글, 226-227면.

15) R. Hamilton, S. Messing, S., & A. Chatterjee, "Rethinking the thinking cap: ethics of neural enhancement using noninvasive brain stimulation", *Neurology*, 76(2), 2011, p. 187.

16) 김신태 · 김혜원 · 김세주 · 강지인, 위의 글, 95면; R. Hamilton, S. Messing, S., & A. Chatterjee, "Rethinking the thinking cap: ethics of neural enhancement using noninvasive brain stimulation", *Neurology*, 76(2), 2011, p. 187.

17) 강사윤, "신경학적질환에서 경두개직류자극의 임상적용", 「대한신경과학회지」 제35권 제2호, 2017, 63면; R. Hamilton, S. Messing, S., & A. Chatterjee, "Rethinking the thinking cap: ethics of neural enhancement using noninvasive brain stimulation", *Neurology*, 76(2), 2011, pp. 187-188.

18) 강사윤, 위의 글, 63면; 김신태 · 김혜원 · 김세주 외. "반복 경두개자기자극술의 우울증 치료효과 및 최신동향에 대한 고찰", 「대한생물정신의학회」, 제24권 제3호, 2017, 95면; R. Hamilton, S. Messing, S., & A. Chatterjee, "Rethinking the thinking cap: ethics of neural enhancement using noninvasive brain stimulation", *Neurology*, 76(2), 2011, pp. 187-189.

19) 이상헌, 위의 글, 228면; S. Schleim & B. B. Quednow, "How realistic are the scientific assumptions of the neuroenhancement debate? Assessing the pharmacological optimism and neuroenhancement prevalence hypotheses", *Frontiers in Pharmacology*, 9, 2018, p. 2.

20) 이상헌, 위의 글, 229-231면; 추병완, "약리학적 인지 향상의 찬반양론", 「도덕윤리과교육연구」 제59권, 2018, 108면; 엄주희, "뇌 신경과학 연구에서 연구대상자 보호: 인격주의 생명윤리적 고찰", 「인격주의 생명윤리」, 제9권 제2호, 2019, 93면; S. Schleim & B. B. Quednow, "How realistic are the scientific assumptions of the neuroenhancement debate? Assessing the pharmacological optimism and neuroenhancement prevalence hypotheses", *Frontiers in Pharmacology*, 9, 2018, p.2.

21) 이상헌, 위의 글, 229-230면; 추병완, "약리학적 인지 향상의 찬반양론", 「도덕윤리과교육연구」 제59권, 2018, 109면.

22) 이상헌, 위의 글, 231면; M. J. Farah, J. Illes & R. Cook−Deegan, et al., "Neurocognitive enhancement: What can we do and what should we do?", *Nature reviews neuroscience*, 5(5), 2004, p.422; W. Glannon, "Neuroethics: Cognitive enhancement", *Oxford Handbooks Online*, 2015, https://doi.org/10.1093/oxfordhb/9780199935314.013.43, p.3.

23) I. Singh, I. Bard & J. Jackson, "Robust resilience and substantial interest: a survey of pharmacological cognitive enhancement among university students in the UK and Ireland", *PLoS ONE*, 9(10), 2014, p.4.

24) 추병완, "약리학적 인지 향상의 찬반양론", 「도덕윤리과교육연구」 제59권, 2018, 108면.

25) 이상헌, 위의 글, 232면.

26) 이상목 · 최종현, 위의 글, 354면.

27) 이상목 · 최종현, "신경 향상의 안전성에 관한 윤리적 고찰", 「한국의료윤리학회지」 제17권 제3호, 2014, p. 354.; D. Nutt, L. A. King & W. Saulsbury, W, et al. "Development of a rational scale to assess the harm of drugs of potential misuse." *The Lancet*, 369(9566), 2007, p. 1051.

28) 이상목 · 최종현, 위의 글, 359면.

29) 이상목 · 최종현, 위의 글, 356, 359면.

30) 이상헌, 위의 글, 234−235면.

31) 이상헌, 위의 글, 234면.

32) 이상헌, 위의 글, 234−235면.

33) M. J. Farah, J. Illes & R. Cook−Deegan, et al., "Neurocognitive enhancement: What can we do and what should we do?", *Nature reviews neuroscience*, 5(5), 2004, p. 423.

34) 엄주희, "뇌 신경윤리에 관한 법제 연구", 「법제」 통권 제683호, 2018, 59면

35) 이상목 · 최종현, "약물 인지향상은 부정행위인가?", 「생명윤리」 제14권 제2호, 2013, 5면.

36) 이상목 · 최종현, 위의 글, 5면; 이상헌, 위의 글, 238면; J. W. Schuijer, I. M. de Jong & F. Kupper, et al, "Transcranial electrical stimulation to enhance cognitive performance of healthy minors: A complex governance challenge", *Frontiers in Human Neuroscience*, 11, 2017, p. 10.

37) A. Chatterjee, "The ethics of neuroenhancement", In *Handbook of clinical neurology*(Vol. 118, pp. 323−334). Elsevier, 2013, p. 327; J. W. Schuijer, I. M. de Jong & F. Kupper, et al, "Transcranial electrical stimulation to enhance cognitive performance of healthy minors: A complex governance challenge", *Frontiers in Human Neuroscience*,

11, 2017, p. 10.

38) 추병완, 위의 글, 122면; J. W. Schuijer, I. M. de Jong & F. Kupper, et al, "Transcranial electrical stimulation to enhance cognitive performance of healthy minors: A complex governance challenge", *Frontiers in Human Neuroscience*, 11, 2017, p. 10.

39) J. W. Schuijer, I. M. de Jong & F. Kupper, et al, "Transcranial electrical stimulation to enhance cognitive performance of healthy minors: A complex governance challenge", *Frontiers in Human Neuroscience*, 11, 2017, p. 10.

40) 이상목 · 최종현. 위의 글, 5면

41) 이상목 · 최종현, "신경 향상의 안전성에 관한 윤리적 고찰", 「한국의료윤리학회지」 제17권 제3호, 2014, 357면; 추병완, 위의 글, 122면.

42) J. Flanigan, "Adderall for all: A defense of pediatric neuroenhancement", In *HEC forum*(Vol. 25, No.4, pp.325−344), Springer Netherlands, 2013, p.330.

43) J. Flanigan, "Adderall for all: A defense of pediatric neuroenhancement", In *HEC forum*(Vol.25, No.4, pp.325−344), Springer Netherlands, 2013, pp.330−331.

44) 이상목 · 최종현, 위의 글, 357면; 추병완, 앞의 글, 122면; J. W. Schuijer, I. M. de Jong & F. Kupper, et al, "Transcranial electrical stimulation to enhance cognitive performance of healthy minors: A complex governance challenge", *Frontiers in Human Neuroscience*, 11, 2017, p.10.

45) J. W. Schuijer, I. M. de Jong & F. Kupper, et al, "Transcranial electrical stimulation to enhance cognitive performance of healthy minors: A complex governance challenge", *Frontiers in Human Neuroscience*, 11, 2017, p.10.

46) 이상목 · 최종현, 주 41)의 글, 357면.

47) I. Laakso, S. Tanaka & S. Koyama, et al, "Inter−subject variability in electric fields of motor cortical tDCS", *Brain Stimulation*, 8(5), 2015 p.912; Lavazza, A, "Transcranial electrical stimulation for human enhancement and the risk of inequality: Prohibition or compensation?", *Bioethics*, 33(1), 2018, pp.124−127.

48) A. Lavazza, "Transcranial electrical stimulation for human enhancement and the risk of inequality: Prohibition or compensation?", *Bioethics*, 33(1), 2018, p.127.

49) A. Lavazza, "A Rawlsian version of the opportunity maintenance

thesis", *The American Journal of Bioethics*, 16(6), 2016, p. 51; A. Lavazza, "The two-fold ethical challenges in the use of neural electrical modulation", *Frontiers in Neuroscience*, 13(678), 2019, p.3.

50) A. Lavazza, "A Rawlsian version of the opportunity maintenance thesis", *The American Journal of Bioethics*, 16(6), 2016, p.51; J. Rawls, *Justice as fairness: A restatement*, Harvard University Press, 2001, pp.42-43.

51) A. Lavazza, "A Rawlsian version of the opportunity maintenance thesis", *The American Journal of Bioethics*, 16(6), 2016, p.51

52) A. Lavazza, "A Rawlsian version of the opportunity maintenance thesis", *The American Journal of Bioethics*, 16(6), 2016, p.51; A. Lavazza, "The two-fold ethical challenges in the use of neural electrical modulation", *Frontiers in Neuroscience*, 13(678), 2019, p.3.

53) 엄주희, 주 34)의 글, 55면.

54) 엄주희, "국가윤리위원회의 법적 지위와 뇌 신경윤리 활동 고찰: 뇌 신경윤리 거버넌스에 주는 시사점", 「법과 정책」 제25권 제1호 2019, 178-179, 205면.

55) M. J. Farah, J. Illes & R. Cook-Deegan, et al., "Neurocognitive enhancement: What can we do and what should we do?", *Nature reviews neuroscience*, 5(5), 2004, p.423; J. W. Schuijer, I. M. de Jong & F. Kupper, et al. "Transcranial electrical stimulation to enhance cognitive performance of healthy minors: A complex governance challenge." *Frontiers in Human Neuroscience*, 11, 2017 pp.8-9.

56) 이상헌, 위의 글, 236면; 추병완, 위의 글, 120면

57) 이상헌, 위의 글, 236-237면; M. J. Farah, J. Illes & R. Cook-Deegan, et al., "Neurocognitive enhancement: What can we do and what should we do?", *Nature reviews neuroscience*, 5(5), 2004, p.423.

58) 추병완, 위의 글, 120-121면; J. W. Schuijer, I. M. de Jong & F. Kupper, et al. "Transcranial electrical stimulation to enhance cognitive performance of healthy minors: A complex governance challenge." *Frontiers in Human Neuroscience*, 11, 2017 p.9.

59) 추병완, 위의 글, 120-121, 123면.

60) 추병완, 위의 글, 121면; M. J. Farah, J. Illes & R. Cook-Deegan, et al., "Neurocognitive enhancement: What can we do and what should we do?", *Nature reviews neuroscience*, 5(5), 2004, p.423.

61) M. J. Farah, J. Illes & R. Cook-Deegan, et al., "Neurocognitive enhancement: What can we do and what should we do?", *Nature*

reviews neuroscience, 5(5), 2004, p. 423.; A. Lavazza, "Transcranial electrical stimulation for human enhancement and the risk of inequality: Prohibition or compensation?", *Bioethics*, 33(1), 2018, p.128.

62) A. Lavazza, "Transcranial electrical stimulation for human enhancement and the risk of inequality: Prohibition or compensation?", *Bioethics*, 33(1), 2018, p.128.

63) J. Christman. "Autonomy in moral and political philosophy", In E. Zalta(Ed.), *Stanford encyclopedia of philosophy*, 2018, https://plato.stanford.edu/; A. Lavazza, "Transcranial electrical stimulation for human enhancement and the risk of inequality: Prohibition or compensation?", *Bioethics*, 33(1), 2018, p.128; J. Mill, *On liberty*, Batoche Books, 1859/2001, pp.52-69.

64) A. Lavazza, "Transcranial electrical stimulation for human enhancement and the risk of inequality: Prohibition or compensation?", *Bioethics*, 33(1), 2018, p. 128.; J. Mill, *On liberty*, Batoche Books, 1859/2001, pp.52-69.

65) A. Lavazza, "Can neuromodulation also enhance social inequality? Some possible indirect interventions of the state", *Frontiers in Human Neuroscience*, 11(113), 2017, p. 4; A. Lavazza, "Transcranial electrical stimulation for human enhancement and the risk of inequality: Prohibition or compensation?", *Bioethics*, 33(1), 2018, p.128.

66) A. Lavazza, "Transcranial electrical stimulation for human enhancement and the risk of inequality: Prohibition or compensation?", *Bioethics*, 33(1), 2018, p.128.

67) J. W. Schuijer, I. M. de Jong & F. Kupper, et al. "Transcranial electrical stimulation to enhance cognitive performance of healthy minors: A complex governance challenge." *Frontiers in Human Neuroscience*, 11, 2017 pp.8-10.

68) 엄주희, 주 34)의 글, 64-65면.

69) M. Metzinger & E. Hildt, "Cognitive enhancement", In J. Illes & B. J. Sahakian(Eds.), *The Oxford handbook of neuroethics*(pp.245-264). Oxford University Press, 2011, p,253.

70) W. Glannon, "Neuroethics: Cognitive enhancement", *Oxford Handbooks Online*, 2015, https://doi.org/10.1093/oxfordhb/9780199935314.013.43, p.12.

71) K. Brukamp & D. Gross, "Neuroenhancement – A contoversial topic in contemporary medical ethics", In P. A. Clark(Ed.), *Contemporary issues in bioethics*(pp. 39–50). InTech, 2012, pp.47–48; M. Metzinger & E. Hildt, "Cognitive enhancement", In J. Illes & B. J. Sahakian(Eds.), *The Oxford handbook of neuroethics*(pp.245–264). Oxford University Press, 2011, p.253.
72) M. Metzinger & E. Hildt, "Cognitive enhancement", In J. Illes & B. J. Sahakian(Eds.), *The Oxford handbook of neuroethics*(pp.245–264). Oxford University Press, 2011, p.253.
73) W. Glannon, "Neuroethics: Cognitive enhancement", *Oxford Handbooks Online*, 2015, https://doi.org/10.1093/oxfordhb/9780199935314.013.43, p.12.
74) W. Glannon, "Neuroethics: Cognitive enhancement", *Oxford Handbooks Online*, 2015, https://doi.org/10.1093/oxfordhb/9780199935314.013.43, p.12.
75) W. Glannon, "Neuroethics: Cognitive enhancement", *Oxford Handbooks Online*, 2015, https://doi.org/10.1093/oxfordhb/9780199935314.013.43, p.12.; L. Kass, *Beyond Therapy: Biotechnology and the Pursuit of Happiness*, Harper Collins, 2003, pp.294–295.
76) D. De Grazia, "Prozac, enhancement, and self–creation", *Hastings Center Report*, 30(2), 2000, pp.37–38; W. Glannon, "Neuroethics: Cognitive enhancement", *Oxford Handbooks Online*, 2015, https://doi.org/10.1093/oxfordhb/9780199935314.013.43, p.12.
77) K. Brukamp & D. Gross, "Neuroenhancement – A contoversial topic in contemporary medical ethics", In P. A. Clark(Ed.), *Contemporary issues in bioethics*(pp.39–50). InTech, 2012, pp.47–48; D. De Grazia, "Prozac, enhancement, and self–creation", *Hastings Center Report*, 30(2), 2000, pp.37–38.
78) D. De Grazia, "Prozac, enhancement, and self–creation", *Hastings Center Report*, 30(2), 2000, pp.37–38; W. Glannon, "Neuroethics: Cognitive enhancement", *Oxford Handbooks Online*, 2015, https://doi.org/10.1093/oxfordhb/9780199935314.013.43, p.12.
79) 엄주희, "4차 산업혁명 시대의 과학기술 발전에 따른 공법적 과제– 신경과학 발전과 기본권 보호의 지형", 「연세법학」 제34호, 2019, 130면.

제4장 제2절

1) Anjan Chatterjee, Chapter 27—The Ethics of Neuroenhancement, in Handbook of Clinical Neurology(James L. Bernat & H. Richard Beresford eds., 2013).
2) Henry T. Greely et al.,Towards Responsible Use of Cognitive-enhancing Drugs by the Healthy, 456 Nature 702(2008); M. Elizabeth Smith & Martha J. Farah, Are Prescription Stimulants 'Smart Pills'? The Epidemiology and Cognitive Neuroscience of Prescription Stimulant Use by Normal Healthy Individuals, 137 Psychol. Bull. 717(2011).
3) Reddit/tDCS, Transcranial Direct Current Stimulation, https://www.reddit.com/r/tDCS(accessed April 5, 2021).
4) It is also possible that parents can disagree with each other over whether to use cognitive enhancement on their minor child. This family split is an interesting issue that deserves further scrutiny, but the focus of this article is on the dynamics among the three main parties-parent, child, and state-that have an investment in the use of cognitive enhancement.
5) 역자주: 원문에서 parental autonomy는 부모의 자율성으로 쓸 수는 있으나(선행 연구에서는 '부모의 친권으로부터 나오는 자율성'으로 칭하였다. 엄주희, "미성년자 연명의료 결정에 관한 소고", 「법학논총」 제41집, 2018, 8면), 헌법적으로는 자녀양육권 내지 자녀교육권이 되므로, 본고에서는 자녀양육권으로 지칭한다. 헌법재판소에 따르면 학부모의 자녀교육권은 부모가 자녀교육에 대한 책임을 어떠한 방법으로 이행할 것인가에 관하여 자유롭게 결정할 수 있는 권리로서 교육의 목표와 수단에 관한 결정권을 뜻한다. 즉 자녀의 교육에 관하여 전반적인 계획을 세우고 자신의 인생관, 사회관, 교육관에 따라 자녀의 교육을 자유롭게 형성할 부모의 권리가 자녀교육권이다; 헌재 2000.4.27., 98헌가16, 98헌마429(병합), 최종길 · 엄기형, "학부모의 자녀교육권 헌법판례분석", 「교육법학연구」 제26권 1호, 2014. 97면.
6) Walter Wadlington, Medical Decision Making for and by Children: Tensions between Parent, State, and Child, 1994 U. Ill. L. Rev. 312(1994).
7) Linda S. Gottfredson, Mainstream Science on Intelligence: An Editorial with 52 Signatories, History, and Bibliography, 24 Intelligence 13(1997).
8) Presidential Commission forthe Study of Bioethical Issues, Gray Matter: Topics at the Intersection of Neuroscience, Ethics, and

Society(vol. 2)(2015).

9) Nick Bostrom & Anders Sandberg, Cognitive Enhancement: Methods, Ethics, Regulatory Challenges, 15 Sci. Eng. Ethics 311(2009); H. Maslen et al., Pharmacological Cognitive Enhancement—How Neuroscientific Research Could Advance Ethical Debate, 8 Front. Syst. Neurosci. 107(2014).

10) Henry Greely, Remarks on Human Biological Enhancement, 56 U. Kan. L. Rev. 1139(2008); Eric T. Juengst, What Does Enhancement Mean?, in Enhancing Human Traits: Ethical and Social Implications(Erik Parens ed., 1998).

11) Chatterjee, supra note 2.

12) Id.

13) Barbara C. Jobst & Gregory D. Cascino,Resective Epilepsy Surgery for Drug-Resistant Focal Epilepsy: A Review, 313 J. Am. Medical Ass'n 285(2015).

14) Elliot S. Valenstein, Great and Desperate Cures: The Rise and Decline of Psychosurgery & Other Radical Treatments for Mental Illness(1986).

15) Id.

16) Morten L. Kringelbach et al., Translational Principles of Deep Brain Stimulation, 8 Nature Rev. Neurosci. 623(2007).

17) Cory S. Inman et al., Direct Electrical Stimulation of the Amygdala Enhances Declarative Memory in Humans, 115 Proc. Natl Acad. Sci. U.S.A. 98(2018); several neurotechnology startups, such as Neuralink, are also developing DBS-like system expressly intended for enhancement in addition to therapeutic applications. Elizabeth Lopatto, Elon Musk Unveils Neuralink's Plans for Brain-Reading 'Threads' and a Robot to Insert, The Verge, https://www.theverge.com/2019/7/16/20697123/elon-musk-neuralink-brain-reading-thread-robot(accessed April 5, 2021).

18) Paolo M. Rossini & Simone Rossi, Transcranial Magnetic Stimulation, 68 Neurology 484(2007).

19) 21 C.F.R. § 882.5805(2018); Bruce Luber & Sarah H. Lisanby, Enhancement of Human Cognitive Perforrmance Using Transcranial Magnetic Stimulation (TMS), 85 Neuroimage 961(2014).

20) Lysianne Beynel et al., Online Repetitive Transcranial Magnetic Stimulation During Working Memory in Younger and Older Adults: A Randomized

Within−Subject Comparison, 14 Plos One 1(2019).

21) Adam J. Woods et al., A Technical Guide to tDCS, and Related Non−invasive Brain Stimulation Tools, 127 Clinical neurophysiology 1031(2016).

22) 예컨대, Min−Fang Kuo & Michael A. Nitsche, Effects of Transcranial Electrical Stimulation on Cognition, 43 Clinical EEG and Neuroscience 192(2012); Paul G. Mulquiney et al., Improving Working Memory: Exploring the Effect of Transcranial Random Noise Stimulation and Transcranial Direct Current Stimulation on the Dorsolateral Prefrontal Cortex, 122 Clinical Neurophysiology 2384(2011); Nadia Bologniniet al., Brain Polarization of Parietal Cortex Augments Training−induced Improvement of Visual Exploratory and Attentional Skills, 1349 Brain Research 76(2010); Lars A. Ross et al., Improved Proper Name Recall by Electrical Stimulation of the Anterior Temporal Lobes, 48 Neuropsychologia 36781(2010); Meinou H. de Vries et al., Electrical Stimulation of Broca's Area Enhances Implicit Learning of an Artificial Grammar, 22 J. Cogn. Neurosci. 2427(2010).

23) Floël et al.,Noninvasive Brain Stimulation Improves Language Learning, 20 J. Cogn. Neurosci. 1415(2008).

24) Jay Jagannathan et al., High Intensity Focused Ultrasound Surgery(HIFU) of the Brain: A Historical Perspective, with Modern Applications, 64 Neurosurgery 201(2009).

25) Sarah Jarvis & Simon R. Schultz, Prospects for Optogenetic Augmentation of Brain Function, 9 Front. Syst. Neurosci. 157(2015).

26) 예컨대, Maslen et al., supra note 10; Anders Sandberg & Julian Savulescu, The Social and Economic Impacts of Cognitive Enhancement, in Enhancing Human Capacities(Julian Savulescu et al. ed., 2011); Bostrom & Sandberg, supra note 10; Greely, supra note 11.

27) Maslen et al., supra note 10; Henry T. Greely, Regulating Human Biological Enhancements: Questionable Justifications and International Complications, 4 Santa Clara J. Int'l L. 87(2006).

28) Charles F. Massie, Eric M. Yamaga, and Brendon P. Boot, Neuroenhancement: A Call for Better Evidence on Safety and Efficacy, in Rethinking Cognitive Enhancement(Ruud Ter Meulen, Ahmed Mohammed, and Wayne Hall eds., 2017).

29) Roy Hamilton, Samuel Messing, Anjan Chatterjee, Rethinking the

Thinking Cap: Ethics of Neural Enhanceᄐment Using Noninvasive Brain Stimulation, 76 Neurology 187(2011).

30) Maslen et al., supra note 10; Greely, supra note 11.

31) Greely, supra note 11, at 1151; Greely, supra note 28, at 98.

32) Maslen et al., supra note 8; Bostrom & Sandberg, supra note 10; Greely, supra note 11; Anders Sandberg & Julian Savulescu, supra note 27.

33) Anita Jwa, Regulating the Use of Cognitive Enhancement, 12 Neuroethics 293(2019).

34) Michael J. Sandel, The Case Against Perfection: Ethics in the Age of Genetic Engineering(2007).

35) Presidential Commission for the Study of Bioethical Issues, Beyond Therapy: Biotechnology and the Pursuit of Happiness 286–287(2003).

36) Bostrom & Sandberg, supra note 10, at 327.

37) Ruth Macklin, Dignity Is a Useless Concept—It Means No More Than Respect for Persons or Their Autonomy, 327 Brit. Med. J. 1419(2003).

38) Michael Ridge, Moral Non–Naturalism, in The Stanford Encyclopedia of Philosophy(Edward N. Zalta ed., 2019).

39) Veljko Dubljevic, Victoria Saigle, & Eric Racine, ´ The Rising Tide of tDCS in the Media and Academic Literature, 82 Neuron 731(2014).

40) Anita Jwa, Early Adopters of the Magical Thinking Cap: A Study on Do–It–Yourself(DIY) Transcranial Direct Current Stimulation(tDCS) User Community, 2 J. L. Biosci. 292(2015).

41) Jessica W. Berg et al., Making All the Children Above Average: Ethical and Regulatory Concerns for Pediatricians in Pediatric Enhancement, 48 Clin. Peds. 472(2009).

42) Rebecca L. Weber, A Drug Kids Take in Search of Better Grades, Christian Science Monitor; https://www.csmonitor.com/2004/1130/p11s02–legn.html(accessed April 5, 2021); Sean E. McCabe et al., Prevalence and Correlates of Illicit Methylphenidate Use Among 8th, 10th, and 12th Grade Students in the United States, 2001, 35 Adolescent Health Briefs P501(2004).

43) Id.; Tazin Karim, Meducating Our Children: The Moral Influence of Adderall on Education, Parenting, and Treatment, Somatosphere, http://somatosphere.net/2012/meducating–our–children–the–moral–influence–of–adderall–on–education–parenting–and–treatmen

t.html/(accessed April 5, 2021).

44) Anna Wexler & Peter B. Reiner,Oversight of Direct-To-Consumer Neurotechnologies, 18 Science 234(2019); Jared C. Horvath, Jason D. Forte, and Olivia Carter,Quantitative Review Finds No Evidence of Cognitive Effects in Healthy Populations from Single-session Transcranial Direct Current Stimulation(tDCS), 8 Brain Stimul. 535(2015).

45) Supra note 23.

46) Nicholas S. Fitz & Peter B. Reiner, The Challenge of Crafting Policy for Do-It-Yourself Brain Stimulation, 41 J. Med. Ethics 410(2013).

47) However, there are concerns regarding potential harm caused by the misuse of tES device and uncertainties around its long-term side effects. Id.

48) Platoscience Neurostimulation, https://www.platoscience.com/pages/platowork(accessed April 5, 2021).

49) Natalie Ball & Gregor Wolbring, Cognitive Enhancement: Perceptions Among Parents of Children with Disabilities, 7 Neuroethics 345(2014).

50) Katy Wagner, et al., Would You be Willing to Zap your Child's Brain? Public Perspectives on Parental Responsiㄸbilities and the Ethics of Enhancing Children with Transcranial Direct Current Stimulation, 9 AJOB Empirical Bioethics 29(2018).

51) Ball & Wolbring, supra note 50, at 360.

52) 'CE'는 인지적 향상(cognitive enhancement)의 줄임말이다.

53) Wanger et al., supra note, at 51.

54) Looi et al., Transcranial Random Noise Stimulation and Cognitive Training to Improve Learning and Cognition of the Atypically Developing Brain: A Pilot Study, 7 Sci. Rep. 1(2017).

55) Prince v. Massachusetts, 321 U.S. 158(1944).

56) 부모의 인지기능 향상의 사용 또는 비사용이 아동 학대이나 방임으로 간주되는지 여부는 인지 기능의 기준선 또는 정상 수준이 무엇인지에 따라 달라지며, 이는 시간이 지남에 따라 변할 수 있다.

57) Allen Buchanan, Enhancement and Human Development, in Beyond Humanity? The Ethics of Biomedical Enhancement(2011).

58) Bellotti v. Baird, 443 U.S. 622, 635(1979).

59) Lois A. Weithorn & Susan B. Campbell, The Competency of Children and Adolescents to Make Informed Treatment Decisions, 53 Child

Development 1589(1982).

60) Parham v. J.R., 442 U.S 584, 602(1979).

61) Meyer v. Nebraska, 262 U.S. 390, 399(1923).

62) J. Shoshanna Ehrlich,Grounded inthe Reality of Their Lives: Listening to Teens Who Make the Abortion Decision without Involving Their Parents, 18 Berkeley J. Gender L. Just. 61, 74(2003).

63) Sanford N. Katz, et al., Emancipating Our Children－Coming of Legal Age in America, 7 Fam. L. Q. 211(1973).

64) Prince, 321 U.S. at 166.

65) Id., at 167.

66) Schatz Family v. Gierer, 399 F. Supp.2d 973, 988(E.D. Mo. 2004).

67) 「연방 아동 학대 예방 및 치료법」(Federal Child Abuse Prevention and Treatment Act)에 따르면 아동 학대 및 방임(child abuse and neglect)은 다음과 같이 정의된다. '사망, 심각한 신체적 또는 정서적 피해, 성적 학대 또는 착취를 초래하는 부모 또는 보호자의 최근 행위 또는 행위의 실패; 또는 심각한 위해의 임박한 위험을 나타내는 행위 또는 행위의 실패'. 42 U.S.C. §5106 g(2012); (역자주) 우리나라의 경우 아동학대나 방임에 해당하는 것을 '아동학대'라는 개념으로 통틀어 규정하고 있다. 아동복지법 제3조 제7호에 의하면 '아동학대란 보호자를 포함한 성인이 아동의 건강 또는 복지를 해치거나 정상적 발달을 저해할 수 있는 신체적·정신적·성적 폭력이나 가혹행위를 하는 것과 아동의 보호자가 아동을 유기하거나 방임하는 것을 말한다'라고 명시한다.

68) Elisabeth T. Davis, Judicial Limitation on Parental Autonomy in the Medical Treatment of Minors, Note, 59 Neb. L. Rev. 1093, 1100(1980); Sarah H. Ramsey & Douglas E. Abrams, A Primer on Child Abuse and Neglect Law, 61 Juv. Fam. Ct. J. 1(2010).

69) Zucht v. King, 260 U.S. 174(1922); Jacobson v. Massachusetts, 197 U.S. 11(1905).

70) Jacobson, 197 U.S. at 26.

71) Lawrence O. Gostin, Public health law: Power, duty, restraint 91(2008).

72) Wadlington, supra note 7; Chad Olsen, Constitutionality of Home Education: How the Supreme Court and American History Endorse Parental Choice, 2009 BYU Educ. L. J. 399(2009); James G. Hodge & Lawrence O. Gostin, School Vaccination Requirements: Historical, Social, and Legal Perspectives, 90 KY. L. J. 831(2001); Sharon Elizabeth Rush, The Warren and Burger Courts on State, Parent, and

Child Conflict Resolution: A Comparative Analysis and Proposed Methodology, 36 Hastings L. J. 461(1984); Elizabeth J. Sher, Choosing for Children: Adjudicating Medical Disputes between Parents and the State, Note, 58 N. Y. U. L. Rev. 157(1983).

73) Carl Elliott, Better than Well: American Medicine Meets the American Dream(2003).

74) American Society of Plastic Surgeons, Plastic Surgery Statistics Report(2019), https://www.plasticsurgery.org/documents/News/Statistics/2018/plastic-surgery-statistics-full-report-2018.pdf(accessed April 5, 2021).

75) Bostrom & Sandberg, supra note 10, at 312.

76) Allen Buchanan, Cognitive Enhancement and Education, 9 Theory and Research in Educ. 145(2011).

77) Bostrom & Sandberg, supra note 10, at 314.

78) Vaccines Protect Community, Vaccines.gov, https://www.vaccines.gov/basics/work/protection(accessed April 5, 2021).

79) Buchanan, supra note 58.

80) Hodge & Gostin, supra note 73.

81) Parham, 442 U.S. at 602.

82) Alicia Ouellette, Shaping Parental Authority Over Children's Bodies, 85 Ind. L. J. 955, 967(2010).

83) Planned parenthood v. Danforth, 428 U.S. 52, 74(1976).

84) Cara D. Watts, Asking Adolescents: Does a Mature Minor Have a Right to Participate in Health Care Decisions, 16 Hastings Women's L.J. 221, 234(2005)

85) Bellotti v. Baird, 443 U.S. 622, 647(1979); Hodgson v. Minnesota, 497 U.S. 427(1990).

86) B. Jessie Hill, Constructing Children's Bodily Integrity, 64 Duke L. J. 1296, 1310(2015).

87) Katz et al., supra note 64

88) Ehrlich, supra note 63, at 76.

89) Doriane Lambelet Coleman & Philip M. Rosoff, The Legal Authority of Mature Minors to Consent to General Medical Treatment, 131 Pediatrics 786, 792(2013).

90) James M. Morrissey et al., Consent and Confidentiality in the Health Care of Children and Adolescents(1986); 이와 같은 질병에 특화된 예외의 인정은 미성년자가 이러한 질병의 민감한 특성으로 인해 자신의 건강

상태에 대해 부모와 상담하는 것을 꺼릴 수 있고 따라서 부모의 동의를 요구하는 것이 '필요한 서비스를 찾는 것을 지연하거나 회피'할 수 있다는 정책적 고려 사항을 반영한 것이다, Ehrlich, supra note 63, at 79.

91) Hill, supra note 87, at 1313.

92) Parham, 442 U.S. at 604.

93) American Medical Association, Confidential Care for Minors, http://jo urnalofethics.ama-assn.org/2014/11/coet1-1411.html(accessed April 5, 2021); Committee on Bioethics, Informed consent, Parental Permission, and Assent in Pediatric Practice, http://pediatrics.aappublications.org/content/pediatrics/95/2/314.full.pdf(accessed April 5, 2021).

94) Id.

95) Sher, supra note 73

96) Jehovah's Witnesses v. King County Hosp. Unit No. 1, 390 U.S. 598(1968), (per curiam), aff'd278 F. Supp. 488, 500(W.D. Wash. 1967).

97) In re Seiferth, 127 N.E.2d 820(N.Y. 1955).

98) Sher, supra note 73, at 163.

99) Theresa D. Mcclellan, Deaf Mom Gets the 'No' She Wants, Bridge4Kids.org, https://www.bridges4kids.org/articles/2002/10-02/GRPress10-5-02.html(accessed April 5, 2021).

100) Alicia Ouellette, Hearing the Deaf: Cochlear Implants, the Deaf Community, and Bioethical Analysis, 45 Valparaiso U. L. Rev. 1247, 1254(2010).

101) Ouellette, supra note 83, at 969.

102) In re Hofbauer, 393 N.E.2d 1009(N.Y. 1979).

103) Ouellette, supra note 83, at 970.

104) Id., at 960.

105) Id., at 970.

106) Id., at 971.

107) Meyer, 262 U.S. at 400; Pierce v. Society of Sisters, 268 U.S. 510(1925).

108) Meyer, 262 U.S. at 400.

109) Hill, supra note 87, at 1299.

110) Child Welfare Information Gateway, Identification of Neglect. https://www.childwelfare.gov/topics/can/identifying/neglect/(accessed April 5, 2021).

111) Suzanne Buchanan, Evolution of Parental Rights in Education, 16 J.

L. Educ. 339(1987).

112) 역자주: 원문의 Free Exercise Clause(이하에서 '자유 활동 조항' 이라고 번역하기로 함)은 미국 수정헌법 제1조의 종교의 자유를 의미한다.

113) 406 U.S. 205(1971).

114) Id., at 230.

115) Se－Woong Koo, An Assault Upon Our Children, New York Times, https://www.nytimes.com/2014/08/02/opinion/sunday/south－koreas－education－system－hurts－students.html(accessed April 5, 2021); Chunichi Shimbun, Parental Push for Children to Pass Exams Borders on Abuse: Experts, The Japan Times, https://www.japantimes.co.jp/news/2016/02/29/national/parental－push－children－pass－exams－borders－abuse－experts/#.XaStIy2ZOu4(accessed April 5, 2021).

116) Elizabeth S. Scott & Robert E. Scott, Parents as Fiduciaries, 81 Va. L. REV. 2401(1995); Barbara Bennett Woodhouse, Hatching the Egg: A Child－Centered Perspective on Parents' Rights, 14 Cardozo L. Rev. 1747(1993); Joel Feinberg, The Child's Right to an Open Future, in Whose Child? Children's Rights, Parental Authority, and State Power 124(William Aiken & Hugh LaFollette eds., 1980).

117) Feinberg, supra note 117.

118) Ouellette, supra note 83, at 998.

119) Id., at 999.

120) Id., at 997.

121) Id., at 998.

122) Id., at 999.

123) Hill, supra note 87.

124) Nita A. Farahany, Incriminating Thoughts, 64 Stan. L. Rev. 351(2012).

125) Berg et al., supra note 42; William D. Graf et al., Pediatric Neuroenhancement: Ethical, Legal, Social, and Neurodevelopmental Implications, 80 Neurology 1251(2013); Nathalie Gaucher, Antoine Payot, & Eric Racine, Cognitive Enhancement in Children and Adolescents: Is It in Their Best Interests?, 102 Acta Paediatr. 1118(2013).

126) Margaret Ryznar, A Curious Parental Right, 71 S.M.U.L. Rev. 127(2018).

127) Id.

128) Id.

129) Dorit R. Reiss,Litigating Alternative Facts: School VaccineMandates inthe Courts, 21 J.Const. L. 207(2018); Hope Lu,Giving Families

Their Best Shot: A Law-Medicine Perspective on the Right to Religious Exemptions from Mandatory Vaccination, 63 Case W. Res. L. Rev. 869(2013).

130) Zucht, 260 U.S. at 176.

131) Prince, 321 U.S. at 166-167; Phillips v. City of New York, 775 F.3d 538, 543(2d Cir. 2015); Workman v. Mingo Cnty. Bd. of Educ., 419 Fed. App'x 348(4th Cir. 2011)(unpublished).

132) Prince, at 167.

133) Jacobson, 197 U.S. at 34-35, citing Viemester v. White, 84 N.Y.S. 712(1903).

134) 연방대법원의 공중 보건에 관한 판례에도 불구하고 부모는 자녀의 의무 예방 접종을 면제할 수 있다. 콜롬비아 특별구와 함께 45개 주는 의무적인 학교 예방 접종 법령에 종교적 면제를 제공하고 15개 주는 철학적 근거에 따라 면제를 제공한다(National Conference of State Legislatures, States with Religious and Philosophical Exemptions form Scholl Immunization Requirements(June 26, 2020)). https://www.ncsl.org/research/health/school-immunization-exemption-state-laws.aspx). 대법원은 이러한 면제의 합헌성에 대해 결정하지 않았으며, 하급 법원의 의견은 다양하며, 주에서 이러한 면제를 허용해야 하는지 여부와 그 시기에 대해 종종 충돌하고 있다. Lu, supra note 130.

135) Hodge & Gostin, supra note 73, at 862, citing Adams v. Milwaukee, 228 U.S. 572(1913).

136) Viemester v. White, 84 N.Y.S 712(1904), aff'd 72 N.E. 97, 98(1903).

137) 예컨대, Whitlow v. California, 203 F. Supp. 3d 1079, 1090(S.D. Cal. July 1, 2016).

138) Hill, supra note 87, at 1302(citing Ingraham v. Wright, 430 U.S. 651, 652(1977)).

139) Hill, supra note 87, at 1303.

140) Ingraham v. Wright, 430 U.S. 651, 652(1977)(syllabus).

141) Yoder, 406 U.S. at 213.

142) National Center for Education Statistics. Compulsory School Attendance Laws, Minimumand Maximum Age Limits for Required Free Education, by State, https://nces.ed.gov/programs/statereform/tab5_1.asp(accessed April 5, 2021); Olsen, supra note 73, at 416.

143) Id. at 410-414.

144) 262 U.S. at 401.

145) 268 U.S. at 534.
146) Yoder, 406 U.S. at 220.
147) Timothy B. Waddell, Bringing It All Back Home: Establishing a Coherent Constitutional Framework for the Re-regulation of Homeschooling, 63 Vand. L. R. 541, 567(2010).
148) Jonathan L. V. Superior Court, 81 Cal Rptr. 3d 571(2008). 2008년 캘리포니아 판례에서는 자녀의 교육을 지시할 부모의 헌법적 권리를 재확인했으며 공립학교 출석을 의무화하는 캘리포니아 교육법이 부모가 자녀를 홈스쿨링하는 것을 막지 못한다고 결정했다.
149) 일부 관련된 사건에서, 연방대법원은 공립 학교에서 특정 주가 의무적으로 요구 사항을 적용하는 것에 대하여 미성년자의 권리를 침해한다고 선언하였다. 예컨대 West Virginia State Board of Education v. Barnette(319 U.S. 624(1943)), 국기에 대한 경례와 충성 서약을 강요하는 것은 수정헌법 제1조에 따른 학생들의 종교적 자유와 언론의 자유를 침해한다고 판시하였다. 또한 공립학교에서 매일 성경 읽기와 주기도문 암송을 요구하는 것은 수정헌법 제1조에 위배된다고 하였다.(School Dist. of Abington Tp. v. Schempp, 374 U.S. 203(1963)).
150) 347 U.S. 483(1954).
151) Carmen Green, Note, Educational Empowerment: A Child's Right to Attend Public School, 103 Geo. L. J. 1089, 1122(2015).
152) 411 U.S. at 2(syllabus).
153) Id. at 35.
154) Barry Friedman & Sara Solow, The Federal Right to an Adequate Education, 81 Geo. Wash. L. Rev. 92, 128(2013).
155) Id., at 129.
156) 부모의 불만을 방지하고 헌법상의 소송을 피하기 위해 주에서는 의무 예방 접종법의 면제나 의무 학교 출석법 하에서의 홈스쿨링과 같이 인지적 향상에 대한 규정에 대한 면제조항을 만들 수 있다.
157) Jan-Christoph bublitz, My Mind Is Mine!?—Cognitive Liberty as a Legal Concept, in Cognitive Enhancement: An Interdisciplinary Perspective(Elisabeth Hildt & Andreas G. Francke eds., 2013); Nita A. Farahany, supra note 125; Rafael Yuste et al., Four Ethical Priorities for Neurotechnology and AI, 551 Nature 159(2017); Nita A. Farahany, The Costs of Changing Our Minds, 69 Emory L. Rev. 74(2019).

1) The Academy of Medical Sciences, the British Academy, the Royal Academy of Engineering and the Royal Society(2012), Human enhancement and the future of work, The Academy of Medical Sciences 영국의 경우, 생명 의학 과학 기술과 관련한 4개 학술 단체가 모여서 인간 향상을 주제로 워크샵을 개최한 바 있고, 여기에서 인간 향상을 인지적 능력 향상과 신체적 능력 향상으로 크게 분류하였다.
2) Jan-Hendrik Heinrichs, Markus Rüther, Mandy Stake, Julia Ihde(2022) Ethik in den Biowissenschaften-Sachstandsberichte des DRZE, Band 21: Neuroenhancement, Verlag Karl Alber, 2022(doi.org/10.5771/9783495999615). 독일에서는 인간 향상 기술과 전략을 중심으로 다음과 같이 구분한다. 생화학적 향상 기술(물질과 영양분, 약물, 유전자 편집), 인체적 향상 기술(뇌 자극술, 바이오해킹 기기), 행동적 전략 기술(수면, 운동/신체 활동, 문화적 활동, 인지 훈련 기법)로 구분한다.
3) Parens, E.(ed.)(1998) Enhancing human traits. Ethical and social implications. Georgetown, Texas: Georgetown University Press. 이 논문에서 '인간 향상'에 관한 현대적 논의의 시작점을 상세히 기술하고 있다.
4) Little, M. O.(1998) Cosmetic surgery, suspect norms, and the ethics of complicity. In; Parens, E.(ed.) Enhancing human traits: ethical and social implications. Washington D.C.: Georgetown University Press, 162-176.
5) Haverkamp, F., Ranke, M. B.(1999): The ethical dilemma of growth hormone treatment of short stature: a scientific theoretical approach. In: Hormone Research 51(6), 301-304.
6) Silver, L. M.(1997): Remaking Eden. How genetic engineering and cloning will transform the American family. New York:Avon Books.; Harris,J.(1992): Wonderwoman and superman. The ethics of human biotechnology. Oxford/New York: Oxford University Press.
7) Farah, M. J., Illes, J., Cook-Deegan, R.,Gardner, H.,Kandel, E.,King, P., Parens, E., Sahakian, B., Wolpe, P. R.(2004): Neurocognitive enhancement: What can we do and what should we do? In: Nature Reviews Neuroscience 5(5), 421-425.
8) Parens, E.(ed.)(1998b): Enhancing human traits. Ethical and social implications. Geor-getown,Texas:Georgetown University Press; President's Council on Bioethics(U.S.) 2003.

9) 김민규, "뇌과학 기술의 형사법적 규제 필요성-향상(Enhancement) 목적 뇌과학 기술을 중심으로", 「외법논집」 제45권 제3호, 2021, 354, 357면.

10) Persson, I., Savulescu, J.(2008): The perils of cognitive enhancement and the urgent imperative to enhance the moral character of humanity. In: Journal of Applied Philosophy 25(3), 162-177. 이런 정책적 제안 보고서는 정부의 요청에 의해서 여러 학자들이 공식화해서 제안함으로써 정책 형성에 강력한 힘을 발휘한다는 점 때문에, 미국 학계에서는 정치 캠프에서 부르는 꼬리표로서 이 논쟁의 참여자들을 분류하는 경향이 있다. 이에 따라서 흔히 생물 보수주의자, 생물 자유주의자, 생물 온건주의자, 트랜스휴머니스트라고 불린다.

11) 독일의 경우에도 국가윤리위원회(Deutschen Ethikrats)에서 인간 향상이나 신경 향상이라는 용어를 쓰고 있지는 아니하나, 일찌감치 2009년에 '통제 가능한 인간?-뇌의 통찰력과 개입', 2013년에 '신경 영상-뇌의 영상과 인간의 이미지'의 주제로 대중 공개 포럼을 개최하여 공론화한 적이 있다(엄주희, "국가윤리위원회의 법적 지위와 뇌 신경윤리 활동 고찰", 「법과 정책」, 제25권 제1호, 196면). 독일 국가윤리위원회는 영국, 미국, 싱가포르, 프랑스 등 본고에서 검토한 다른 나라들과 같이 인간 향상, 신경 향상에 대한 전문가 검토와 의견서를 내진 않았기 때문에, 본고에서 독일의 경우를 포함시키지 않았다.

12) Nuffield Council on Bioethics(2013), Novel neurotechnologies: intervening in the brain(London: Nuffield Council on Bioethics) 너필드 생명윤리 위원회가 검토한 이 보고서에서는 새로운 신경과학 기술로 경두개 뇌 자극술(Transcranial brain stimulation: TMS, tDCS, TACS, TBS), 뇌심부 자극술(DBS: deep brain stimulation), 뇌-컴퓨터 인터페이스(BCI: Brain-computer interface), 신경 줄기세포 치료(neural stem cell therapy)의 4개의 범주에 초점을 맞추고 있다.

13) President's Council on Bioethics(2003) Beyond therapy: biotechnology and the pursuit of happiness(Washington DC: President's Council on Bioethics), p13.

14) Bostrom N and Sandberg A(2009) Cognitive enhancement: methods, ethics, regulatory challenges Science and Engineering Ethics 15(3): 311-41, p311.

15) Parens E(1998) Is better always good? The enhancement project Hastings Center Report 28(1): s1-s17, p s1.

16) 예컨대, Norman Daniels' position discussed in Parens E(1998) Is better always good? The enhancement project Hastings Center Report 28(1):

s1－s17, p s2.

17) Parens E(1998) Is better always good? The enhancement project Hastings Center Report 28(1): s1－s17, p s1.

18) 심지원, "인간증강과 장애에 대한 고찰", 「윤리학」 제4권 제2호, 74면.

19) Bostrom N and Sandberg A(2009) Cognitive enhancement: methods, ethics, regulatory challenges Science and Engineering Ethics 15(3): 311－41, p324.

20) Harris J(2007) Enhancing evolution: the ethical case for making people better(Princeton: Princeton University Press); Chan S and Harris J(2008) In support of human enhancement Studies in Ethics, Law, and Technology 1(1): 1－3.

21) Greely H, Sahakian B, Harris J et al.(2008) Towards responsible use of cognitive－enhancing drugs by the healthy Nature 456(7223): 702－5, p703; Bostrom N and Sandberg A(2009) Cognitive enhancement: methods, ethics, regulatory challenges Science and Engineering Ethics 15(3): 311－41.

22) Parens E(1998) Is better always good? The enhancement project Hastings Center Report 28(1): s1－s17; Sandel MJ(2011) The case against perfection: what's wrong with designer children, in Atlantic Monthly, Jecker N(Editor)(Mississauga, ON: Jones & Bartlett Learning).

23) Smith ME and Farah MJ(2011) Are prescription stimulants "smart pills"? The epidemiology and cognitive neuroscience of prescription stimulant use by normal healthy individuals Psychological Bulletin 137(5): 717－41.

24) 신경 향상 기술이 제기하는 윤리적 쟁점에 대해서는 다음의 논문에서 안전성, 불평등, 강제성과 자율성, 진정성으로 나누어 찬반양론을 검토했던 바 있다; 신희건 · 엄주희, "신경 향상 기술이 제기하는 난제－신경법학의 기반 연구를 위한 윤리적 쟁점 검토", 「미래의료인문사회과학」 제3권 제1호, 2020 참조.

25) Nuffield Council on Bioethics(2013), Novel neurotechnologies: intervening in the brain(London: Nuffield Council on Bioethics) Chapter 4. 4.29.

26) The Academy of Medical Sciences, British Academy, Royal Academy of Engineering, The Royal Society(2012) Human enhancement and the future of work, pp.44－5.

27) 신경 향상 기술을 미성년자에게 강제하는 것과 관련하여 부모－자녀－국가 간의 긴장관계에 대한 헌법적 검토로는 다음의 논문이 있다. 엄주희, "뇌－

기계 인터페이스에 관한 헌법적 기초와 과제－ 발달 중인 뇌의 향상을 둘러싼 국가, 부모, 자녀의 긴장관계를 중심으로", 「비교법연구」 제22권 제1호, 2022.

28) 군사적 목적에서 활용되는 신경 향상 기술에 대한 헌법적 고찰로는 다음의 논문이 있다. 엄주희·심지원, "인간 증강에 관한 헌법적 고찰: 군사적 목적의 인간증강과 기본권", 「동아법학」 제91권, 2021.

29) Presidential Commission for the Study of Bioethical Issues(March 2015). GRAY MATTERS Vol.2－Topics at the Intersection of Neuroscience, Ethics, and Society(Washington, D.C, Presidential Commission for the Study of Bioethical Issues).

30) Allhoff, F., Lin, P., and J. Steinberg.(2009). Ethics of human enhancement: An executive summary.

31) Harris, J.(2007). Enhancing Evolution: The Ethical Case for Making Better People. Princeton, NJ: Princeton University Press ; Buchanan, A.(2011). Better than Human: The Promise and Perils of Enhancing Ourselves(Philosophy in Action). New York, NY: Oxford University Press. 앨런 뷰캐넌(심지원·박창용 역), 「인간보다 나은 인간」, 로도스, 2015 참조.

32) Sandel, M.J.(2002). What's wrong with enhancement. https://bioethicsarchive.geor getown.edu/pcbe/background/sandelpaper.html(검색일자: 2022.12.1).; President's Council on Bioethics.(2003). Beyond Therapy: Biotechnology and the Pursuit of Happiness. New York, NY: Regan Books.

33) I. Glenn Cohen(2015). This is your brain on human rights: moral enhancement and human rights, Law & Ethics of Human rights, 9(1): 14－20.

34) Franke,A.G. et al.(2012). Attitudes toward cognitive enhancement in users and nonusers of stimulants for cognitive enhancement: A pilot study. AJOB Primary Research, 3(1), 48－57; 2016년 3월 2일부터 28일에 실시한 미국의 일반 성인을 대상으로 인간 향상 기술에 대한 인식을 조사한 설문조사에서 유전자 편집 기술, 뇌 임플란트 기술, 합성 혈액 기술의 3가지 모두에서 설문대상자의 60% 넘는 사람들이 우려를 나타냈다. Pew Research Center,(July, 2016) "U.S. Public Way of Biomedical Technologies to 'Enhance' Human Abilities".

35) Evers, K.(2007). Perspectives on memory manipulation: Using beta－blockers to cure post－traumatic stress disorder. Cambridge Quarterly

of Healthcare Ethics, 16(2), 138－146.

36) Pisapia, J.M., et al.(2013). Ethical considerations in deep brain stimulation for the treatment of addiction and overeating associated with obesity. AJOB Neuroscience, 4(2), 35－46.

37) Andrade, C., et al.(2015). Antipsychotic augmentation with modafinil or armodafinil for negative symptoms of schizophrenia: Systematic review and meta－analysis of randomized controlled trials. Journal of Psychiatric Research, 60, 14－21; Cakic, V.(2009). Smart drugs for cognitive enhancement: Ethical and pragmatic considerations in the era of cosmetic neurology. Journal of Medical Ethics, 35(10), 611－615.

38) Report on Neuroscience research, the Bioethics advisory committee Singapore, 2021; 싱가포르 생명윤리 자문 위원회(Bioethics advisory committee Singapore)는 싱가포르 정부가 2000년 12월 설립한 독립적인 정부의 자문 위원회로서, 인간의 생의학 연구와 그 응용 기술과 관련하여 발생할 수 있는 윤리적, 법적, 사회적 이슈들을 검토한다. 생의학과 과학이 인류에게 혜택을 줄 수 있는 잠재적 가능성을 가지고 연구 개발에 임할 수 있도록 하며 인간의 권리와 복리를 보호하는 것을 목표로 정부에 정책을 자문하는 기구이다.

39) President's Council on Bioethics, United States.(2003). Beyond Therapy: Biotechnology and The Pursuit of Happiness.

40) Larriviere, D., Williams, M. A., Rizzo, M., & Bonnie, R. J.(2009). Responding to Requests from Adult Patients for Neuroenhancements: Guidance of the Ethics, Law and Humanities Committee. Neurology, 73(17), 1406－1412.; Graf,W.D., Nagel,S.K., Epstein,L.G., Miller,G.,& Nass,R. et al.(2013). Pediatric Neuroenhancement: Ethical, Legal, Social, and Neurodevelopmental Implications. Neurology, 80(13), 1251－1260.

41) Hellenic National Bioethics Commission, Greece.(2013). Opinion: Human Enhancement Effect on Cognitive and Mental State.; Swiss National Advisory Commission on Biomedical Ethics, Switzerland.(2011). Human Enhancement by Means of Pharmacological Agents.(Über die "Verbesserung" des Menschen mit pharmakologischen Wirkstoffen, Stellungnahme Nr. 18/2011, Verabschiedet von der Kommission am 15. September 2011)

42) IRB(기관생명윤리위원회, Institutional Review Board)는 인간(인체유래물 포함)을 대상으로 연구를 수행하는 연구기관, 교육기관, 병원 등에 설치되어 연구계획과 연구 진행에 있어서 연구대상자의 권리, 안전, 복지와 생명

윤리와 안전이 확보될 수 있도록 사회적으로 영향을 미칠 수 있는 사안에 대해서 심의하는 자율적, 독립적 윤리 기구이며, 우리나라도 「생명윤리 및 안전에 관한 법률」(약칭: 생명윤리법)로서 IRB 설치와 운영의 법적 근거를 마련하고 있다.

43) 동등성의 원칙(Principle of Equipoise 또는 Clinical equipoise 임상적 동등성)은 새로운 중재/치료에 대한 모든 이용 가능한 증거가 다른 대안보다 더 유익하다는 것을 나타내지 않고, 이와 동등하게 다른 대안보다 덜 유익하다는 것을 나타내지 않는다는 것을 말한다. 예컨대, 다른 사람에게 치료적으로 바람직한 이점이 있는 방식으로 피험자에게 치료적 이점을 부여할 수 있는 실험적인 치료제를 투여하는 것을 포함하는 임상 시험을 수행할 수 있고, 다른 사람에게 치료적 이점을 부여할 수 없는 대조군 치료를 수행할 수 있으며, 그것이 실험적인 중재가 대조군 치료보다 더 큰 효능을 보여주거나 대조군 치료보다 더 큰 부작용을 초래한다는 증거가 없다는 것이다. Turner, J.R.(2013). Principle of Equipoise. In: Gellman, M.D., Turner, J.R.(eds) Encyclopedia of Behavioral Medicine. Springer, New York, NY.

44) National Consultative Ethics Committee for Health and Life Sciences (December, 2013), OPINION N°122 The Use of Biomedical Techniques for "Neuroenhancement" in Healthy Individuals: Ethical Issues.(Paris, National Consultative Ethics Committee for Health and Life Sciences).

45) 이탈리아 파도바 대학(University of Padova)의 Ruggiu 교수는 이 두 가지 권리를 개인의 건강의 유익을 보호(건강권)하는 일반적인 주제로 첨가되어야 하는 것으로 본다. 건강권이 인간 향상 기술의 논의와 관련이 있지만, 향상이라는 개념이 건강의 영역을 넘어서는 것이기 때문에, 직접적으로 향상의 권리를 지지하거나 제한하는 것은 아니라고 하였다. Ruggiu, Daniele, "A Rights-Based Model of Governance: The Case of Human Enhancement and the Role of Ethics in Europe", in Kornelia Konrad, Christopher Coenen, Anne Dijkstra, Colin Milburn and Harro van Lente(eds.), Shaping Emerging Technologies: Governance, Innovation, Discourse, IOS Press / AKA, Berlin, 2013, pp.103-115. Ruggiu 교수는 인간의 존엄성을 권리로 언급하는 반면, 다른 학자들은 인간의 존엄성은 다른 인권을 인정하기 위한 기초로서 인간의 고유한 특성으로 보고 있다. 이 주제에 대한 더 심도 있는 논의는 다음의 논문을 참조; Bostrom, Nick, "Dignity and Enhancement", Contemporary Readings in Law & Social Justice, Vol. 1, No. 2, 2009, pp 84-115.

46) Ruggiu, Daniele, op. cit., 2013, pp.103－115.

47) 네델란드 틸버그 대학(Tilburg University)의 법, 기술, 과학 연구소 Koops는 다음의 논문에서 장기적인 관점에서 인간 향상은 자기결정권, 평등권, 선거권, 그리고 새로운 인권으로서 잊을 권리, 정신적 완전성의 권리, 정체성의 권리 등 인권과 기본권의 관점에서 해석되어야 한다고 기술한다. 인간 향상 기술이 발전하면 할수록 인권과 기본권도 함께 개발되어야 한다는 것이다. Koops, Bert－Jaap, "Concerning 'Humans' and 'Human' Rights. Human Enhancement from the Perspective of Fundamental Rights", in Bert－Jaap Koops, Christoph H. Lüthy, Annemiek Nelis, Carla Sieburgh, J.P.M. Jansen and Monika S. Schmid(eds.), Engineering the Human: Human Enhancement Between Fiction and Fascination, Springer－Verlag, Berlin, 2013, pp.165－182.

48) 인간 향상 기술과 관련된 권리를 실정법으로 보장된 기본권으로부터 찾으려는 노력과 보편적 인권의 영역으로서 새로운 인권으로 정립하고자 하는 학문적 연구의 흐름이 존재하기 때문에 본 장에서 인권과 기본권이라는 용어를 구분하여 기술하였다.

49) European Parliament, Science and Technology Options Assessment, Directorate General for Internal Policies, Human Enhancement Study, Brussels, May 2009.

50) Blitz, Marc Jonathan, "A Constitutional Right to Use Thought－Enhancing Technology", in Fabrice Jotterand and Velko Dubljević(eds.), Cognitive Enhancement: Ethical and Policy Implications in International Perspectives, Oxford University Press, New York, NY, 2016, pp.293－308.

51) Bublitz, Jan－Christoph, "My Mind Is Mine!? Cognitive Liberty as a Legal Concept", in Elisabeth Hildt and Andreas G. Franke(eds.), Cognitive Enhancement: An Interdisciplinary Perspective, Vol. 1 of Trends in Augmentation of Human Enhancement, Springer, Dordrecht, 2013, pp.233－264.

52) ibid p233.

53) ibid p236.

54) Bublitz, Jan－Christoph, op. cit., 2016, pp.309－328.

55) Ruggiu, Daniele, op. cit., 2013, pp.103－115.

56) Palmerini, Erica, "A legal perspective on body implants for therapy and enhancement", International Review of Law,Computers & Technology, Vol.29, Issue 2－3, 2015,pp.226－244.

57) Koops, Bert－Jaap, op. cit., 2013, pp.165－182.

58) Bostrom, Nick, op. cit., 2009, pp.84－115.
59) 신희건·엄주희, 위의 글, 53－55면.
60) Goold, Imogen, "The legal aspects of cognitive enhancement", in Ruud ter Meulen, Ahmed Mohammed and Wayne Hall(eds.), Rethinking Cognitive Enhancement, Oxford University Press, Oxford, 2017. pp.250－273.
61) Koops, Bert－Jaap, A. Di Carlo, L. Nocco, V. Casamassima and E. Stradella(2013), "Robotic Technologies and Fundamental Rights: Robotics challenging the European Constitutional Framework", International Journal of Technoethics, Vol. 4, No. 2, 2013, pp.15－35.
62) ibid.
63) Bateman, Simone, Jean Gayon, Sylvie Allouche, Jérôme Goffette and Michela Marzano(eds.), Inquiring into Human Enhancement: Interdisciplinary and International Perspectives, Vol. 14 of Health Technology and Society, Palgrave Macmillan, Basingstoke, 2015.
64) Bockman, Collin R., "Cybernetic－Enhancement Technology and the Future of Disability Law", Iowa Law Review, Vol. 95, Issue 4, May 2010. pp.1315－1340.
65) Dupras, Charles, Linda J. Ger, Nakita Frater and Despoina Goniotaki, "Crossing mind barriers: A precautionary approach to neuroenhancement strategies", in Vincent Menuz, Johann Roduit, Daniel Roiz, Alexandre Erler and Natalia Stepanova(eds.), Future－Human.Life, Neohumanitas, Geneva, 2017.
66) Palmerini, Erica, op. cit., 2015, pp.226－244.
67) Koops, Bert－Jaap, op. cit., 2013, pp.165－182.
68) ibid. p.179－180
69) ibid.
70) Al－Rodhan, Nayef R.F., Politics of Emerging Strategic Technologies, New York, Palgrave Macmillan, 2011, p.245.
71) UN Charter, Article 2(7). http://www.un.org/en/charter－united－nations/(검색일자: 2022.12.1).
72) 1966년 12월 16일 UN총회에서 채택된 다자간 조약으로 1997년 7월 10일 발효되었다. UN 시민적 및 정치적 권리에 관한 국제규약(B규약)으로 칭해진다.
73) 위의 B규약과 마찬가지로, 1966년 12월 16일 UN총회에서 채택된 다자간 조약으로 1997년 7월 10일 발효되었다. 사회권 규약 또는 A규약이라고도

칭해진다.

74) 인간의 존엄성은 세계인권선언(UDHR), 시민적 및 정치적 권리에 관한 국제규약(ICCPR), 경제적, 사회적 및 문화적 권리에 관한 국제규약(ICESCR) 등 인권협약의 전문에 명시되어 있거나, 시민적 및 정치적 권리에 관한 국제규약(ICCPR) 제10조 등의 인권협약의 특정조항에 명시되어 있다.

75) Ruggiu, Daniele, op. cit., 2013, p.107.

76) 경제적, 사회적 및 문화적 권리에 관한 국제규약(ICESCR)에 관한 일반논평 14: 도달 가능한 최고 수준의 건강에 대한 권리(제12조)

77) 이 과학적 진보와 그 응용으로부터의 이익을 향유할 권리(The right to share in scientific advancement and its benefits)는 세계인권선언(UDHR) 제27조 1항에도 명시되어 있다.

78) Report of the Special Rapporteur in the field of cultural rights, Farida Shaheed: The right to enjoy the benefits of scientific progress and its applications, 2012, section III.A.24.

79) 박진아, "과학의 진보 및 응용으로부터 이익을 향유할 권리'에 관한 소고 –「경제적 · 사회적 및 문화적 권리에 관한 국제규약」 과15조를 중심으로", 「과학기술과 법」 제11권 제2호, 2020, 96; 일반논평은 법적 구속력이 없고 인권조약에 대한 유권해석으로 볼 수 없다. 그럼에도 불구하고 당사국의 인권조약 준수 여부와 이행을 평가하고 촉진하는 데 중요한 지침이 된다.; United Nations, Economicand Social Council, General comment No. 25(2020) on science and economic, social and cultural rights(article 15(1)(b),(2),(3) and(4) of the International Covenant on Economic, Social and Cultural Rights), 30 April 2020.

80) Boggio, Andrea and Cesare PR Romano, "Freedom of Research and the Right to Science: From Theory to Advocacy" in Simona Giordano, John Harris and Lucio Piccirillo(eds), The Freedom of Scientific Research: Bridging the Gap between Science and Society, Manchester University Press ,2018 ,p.1.

81) United Nations, Human Rights Instruments, United Nations Principles for Older Persons https://www.ohchr.org/en/professionalinterest/pages/olderpersons.aspx(검색일자: 2022.12.1).

제5장 제1절

1) 칸트의 인권 이론과 법의 정의는 자율성에 기반을 두고 있다. 칸트는 국가의 권위와 개인의 자율성, 국가들의 자율성과 세계공동체의 평화를 동시에

모색하였다(김석수, “자율성과 인권”, 「사회와 철학」 제15호, 2008, 46-47면). 인권은 개인의 도덕적 자율성에 근거를 두고 있고, 시민의 정치적 자율성의 매개를 통하여 실정법 형태의 규범(실정화)으로 형성된다. 이승택, “기본권과 국제인권법의 관계에 관한 헌법적 접근”, 「법학논총」 제25권 제3호, 2013, 211면.

2) UNESCO 「생명윤리와 인권 보편선언」(Universal Declaration on Bioethics and Human Rights, 2005.10.19) 제5조(자율 및 개인의 책임) 자신의 결정에 책임을 지고 타인의 자율성을 존중하는 한, 결정을 하는 사람의 자율성은 존중되어야 한다. 자율성을 행사할 수 없는 사람들을 위해서 그들의 권익을 보호하기 위한 특별한 조치가 취해져야 한다. 김현철 등, UNESCO 생명윤리와 인권 보편선언의 국내법적 제도화에 관한 연구, 한국법제연구원, 2016.10.31. 58면.

3) https://www.law.cornell.edu/wex/actus_reus(검색일자: 2022.12.2). 코넬대 로스쿨(Cornell Law School)의 법률용어 해설에 의하면 영미법에서 “행위”(actus reus)의 개념은 법령에서 요구되는 범죄의 신체적 요소로서 작위 또는 부작위를 말하고, 이는 자발적인 작위나 부작위가 형사법상 금지된 결과를 유발하는 것이어야 한다. 반사적 행동과 같이 비자발적인 행위는 이에 해당하지 않고, 자발적인 신체의 움직임만을 의미한다. 독일을 비롯한 대륙법계의 형사법상 행위론에 의하면 범죄란 구성요건에 해당하는 위법하고 유책한 행위를 의미하는데, 여기서 ‘행위’는 형법이 적용되기 위하여 유의미한 성질을 가져야 되는 것으로서 범죄의 발생형태(작위범과 부작위범, 고의범과 과실범)에 보편타당하게 적용될 수 있는 개념이어야 한다. 인간의 내적 판단과정이면서도 동시에 사회적 결과로서 외부 세계와 관련을 맺는 것으로서 행위는 심리적, 사회적 요소가 동시에 고려되어야 한다. 교사범, 간접정범(형법 제34조) 등 타인을 도구로 이용하여 범죄의 결과를 발생시킨 경우라고 하더라도, 본인이 교사나 방조라는 행위를 외부에 표출해야-성대를 통해 말을 한다든지, 손발을 움직인다든지 하는 신체적 움직임-하는 것이다(이재상, 「형법총론」, 박영사, 1999, 72-72면, 424-425면). 그러므로 형사법상 의미를 가지는 행위가 되려면 정신적 요소 뿐 아니라 신체적 요소가 전제되어 있음을 알 수 있다.

4) 형법 제13조(범의) 죄의 성립요소인 사실을 인식하지 못한 행위는 벌하지 아니한다.

우리 형법 체계에서 고의는 범의와 동일한 의미이고 자신의 행위가 구성요건을 실현한다는 것을 인식하고 인용하는 행위자의 심적 태도이다, 범의를 이루는 2가지 요소가 있다. 그것은 결과 발생의 인식(구성요건에 해당하는 사실을 인식하는 것)과 결과 발생의 의사(구성요건의 실현을 목표로 하는 의사)이다.

5) Steffen Steinert et al., Doing Things with Thoughts: Brain−Computer Interfaces and Disembodied Agency, 32 PHIL & TECH. 457−82(2019).

6) Thompson, K.(2021) Committing Crimes with BCIs: How Brain−Computer Interface Users can Satisfy Actus Reus and be Criminally Responsible. Neuroethics 14(Suppl 3), 311−322.; 뇌 신경 활동이 행위로 평가될 수 있게 있다면, 수행한다는 것을 자각하기 전이나, 심지어 수행할 의도를 깨닫기 전이라도 행위의 요건을 충족할 수 있게 되지 않을까 하는 비판과 우려도 존재한다. 이러한 의견도 타당한 면이 있지만, 이는 무의식적으로 뇌에서 결정이 이루어졌음을 보여주는 뇌신경 반응이 나타나고, 그 후에 결정 신호가 충분히 강해지면 본인이 결정을 내렸음을 의식을 한다는 것을 보여줌으로써 자유 의지를 부정하는 가설을 주장했던 리벳 실험에 대한 비판과 유사하다. 자유의지의 존재에 대한 자세한 논의는 다음의 문헌을 참조. ROBERT M. SAPOLSKY, BEHAVE(2017); .Rainey, S., Maslen,H.,&Savulescu, J.(2020). When Thinking is Doing: Responsibility for BCI−Mediated Action. AJOB neuroscience, 11(1), 46−58.

7) 신봉근, "미국 불법행위법의 사실적 인과관계", 「비교사법」 통권 86호, 2019, 79−99면; 미국의 불법행위법에서는 사실적 테스트와 법적이라는 테스트라는 두 가지 면이 있다. 사실적 인과관계란 범죄자의 행위가 최종 결과를 낳은 일련의 사건에서 필수적인 연결 고리를 구성해야 하고, 손해를 발생시킨 실질적 요인과 복수의 원인이 존재하는 경우에 "but for" 테스트에 의해 결정된다..

8) Thorsten O. Zander et al., Enhancing Human−Computer Interaction with Input from Active and Passive Brain−Computer Interfaces, in BRAIN−COMPUTER INTERFACES 181−99(Desney S. Tan & Anton Nijholt eds., 2010). 반응적 BCI는 의식적으로 무언가에 집중하는 상태이긴 하지만 적극적 BCI와는 다르게 외부 자극에 의해 발생하는 사용자의 뇌 활성 신호를 어떤 기기나 애플리케이션의 제어에 사용하는 것으로서, 예컨대 사용자가 깜박이는 불빛을 보고 있으면 이 자극(깜박이는 불빛)에 의한 뇌 신호를 분석하여 어떤 것을 컨트롤하는 제어 신호로 쓰는 것이다. 수동적 BCI는 행동과 반응을 통해 외부기기를 직접 조정하려는 방식이었던 적극적 BCI나 반응적 BCI와는 달리 인간−컴퓨터 상호작용(human−computer interaction, HCI) 중에서 사용자의 상태 변화에 접근하여 이를 해석하는 것이다.

9) Gideon Yaffe, The Voluntary Act Requirement, in THE ROUTLEDGE COMPANION TO PHILOSOPHY OF LAW 174(Andrei Marmor ed.,1st

ed., 2012).

10) Pim Haselager, Did I Do That? Brain-Computer Interfacing and the Sense of Agency, 23 MINDS & MACHINES 405-18(2013); DANIEL M. WEGNER, THE ILLUSION OF CONSCIOUS WILL 8-9(2002). 하버드대학의 Daniel Wegner 교수는 행위와 의지의 경험을 분리해야 함을 강조하기 위해서, '느낌이 없는 행위'와 '행위 없는 느낌'을 구분한다. Joshua Greene & Jonathan Cohen, For the Law, Neuroscience Changes Nothing and Everything, 359 PHIL. TRANSACTIONS ROYAL SOC'Y LONDON. SERIES B: BIOLOGICAL SCIENCES 1775-85(2004). 그러나 자유 의지는 다른 방식으로 행동할 수 있는 능력을 수반한다.

11) Rainey, Maslen & Savulescu, supra note 86.

12) Thomas Metzinger, Two Principles for Robot Ethics, in ROBOTIK UND GESETZGEBUNG 40, 40(2013). 독일의 학자 Metzinger는 거부권 자율성(veto-autonomy)을 자발적으로 행동을 중단하거나 억제할 수 있는 능력으로서, 행동할 당시에 그 행위를 중단하거나 억제할 능력이 있었다면 그 행위의 주체에게 책임이 부과된다는 것이다.

13) 정보 보안에서 integrity는 무결성으로 칭했고(엄주희, "뉴노멀 시대의 헌법상 기본권 규정의 개정 방향", 「국가법연구」 제18권 제1호, 2022), 정신적 자유권의 영역에서 integrity는 완전성으로 칭하였다. 온전성과 완전성을 번갈아 사용하기도 하였으나 동일한 의미이다.

14) 엄주희, "코로나 팬더믹 사태에서 빅데이터 거버넌스에 관한 공법적 고찰", 「국가법연구」 제16권 제2호, 2020. 87면.

15) Tamara Denning, Yoky Matsuoka & Tadayoshi Kohno, Neurosecurity: security and privacy for neural devices, 27 NEUROSURGICAL FOCUS E7(2009).

16) QianQian Li, Ding Ding & Mauro Conti, Brain-Computer Interface Applications: Security and Privacy Challenges, in 2015 IEEE CONFERENCE ON COMMUNICATIONS AND NETWORK SECURITY 663-66(2015).

17) Marcello Ienca & Pim Haselager, Hacking the Brain: Brain-Computer Interfacing Technology and the Ethics of Neurosecurity, 18 ETHICS & INFO. TECH. 117-29(2016).

18) 허순철, "미국 헌법상 생체정보와 자기부죄거부특권", 「서강법률논총」 제10권 제3호(통권 제22호), 2021, 115-154면; 허순철, "스마트폰 비밀번호 해제와 진술거부권", 「공법연구」 제48권 제1호, 2019, 195-220면.

19) 17세기 영국에서 형사 절차에 사용되어 법정에서 하나님 앞에 맹세를 하도록 한 후에 심문을 받는 것으로서, 거짓말(위증)을 해서 영혼을 희생시키든

지, 법정에 복종을 거부함으로써 법정 모독으로 처벌을 받던가, 자백을 해서 유죄의 판결로 처벌을 받던가, 이 세 가지의 잔인한 선택이 주어진다고 하여 '잔인한 트릴레마'로 불린다. Library of Congress, John Lilburne, Oaths and the Cruel Trilemma, April 25, 2013 https://blogs.loc.gov/law/2013/04/john－lilburne－oaths－and－the－cruel－ trilemma/(검색일자: 2022.12.2.).

20) 헌법 제12조 ⑦ 피고인의 자백이 고문·폭행·협박·구속의 부당한 장기화 또는 기망 기타의 방법에 의하여 자의로 진술된 것이 아니라고 인정될 때 또는 정식재판에 있어서 피고인의 자백이 그에게 불리한 유일한 증거일 때에는 이를 유죄의 증거로 삼거나 이를 이유로 처벌할 수 없다.

미란다의 원칙은 피의자를 신문하기 전에 피의자가 진술거부권을 가지고 있다는 사실, 피의자의 진술이 그에게 불리한 증거로 사용될 수 있다는 사실, 피의자가 변호인의 도움을 받을 수 있다는 사실을 고지해야 한다는 것이다. Miranda v. Arizona, 384U.S.436(1966) 성낙인, 헌법학, 2013, 497면.

21) U.S. CONST. amend. V.

22) Schmerber v. California, 384 U.S. 757(1966).

23) Matthew Baptiste Holloway, One Image, One Thousand Incriminating Words: Images of Brain Activity and the Privilege against Self－Incrimination Comment, 27 TEMP.J.SCI.TECH. & ENVTL.L. 141－76(2008).

24) Sarah E. Stoller & Paul Root Wolpe, Emerging Neurotechnologies for Lie Detection and the Fifth Amendment, 33 AM. J. L. & MED. 359－75(2007).

25) Nita A. Farahany, Incriminating Thoughts, 64 STAN. L. REV. 351－408(2012).

26) U.S. CONST. amend. IV.

27) Amanda C. Pustilnik, Neurotechnologies at the Intersection of Criminal Procedure and Constitutional Law, in THE CONSTITUTION AND THE FUTURE OF CRIMINAL JUSTICE IN AMERICA 109－34(John T. Parry & L. Song Richardson eds., 2013).

28) Francis X. Shen, Neuroscience, Mental Privacy, and the Law Privacy, Security, and Human Dignity in the Digital Age, 36 HARV. J. L. & PUB. POL'Y 653－ 714(2013).

29) Pustilnik, supra note 107.

30) Elizabeth F. Loftus, Planting misinformation in the human mind: A 30－year investigation of the malleability of memory, 12 LEARNING & MEMORY 361－66(2005); Haushalerer의 연구에서는 수사 중인 범죄로 인해 또는 다른 방법으로 인해 외상성 뇌 손상을 입은 목격자일 경우에, 범죄

수사에 참여하려고 하고, BCI를 사용하는 심문 절차에서 범죄를 목격했다는 방향으로 '증언'을 하려는 경향이 있다는 점을 실증적으로 보여주었다. Jessica L. Haushalter, Neuronal Testimonial: Brain－Computer Interfaces and the Law, 71 VAND. L. REV. 1365(2018).

31) A. Agarwal et al., Protecting Privacy of Users in Brain－Computer Interface Applications, 27 IEEE TRANSACTIONS ON NEURAL SYS. AND REHAB. ENG'G 1546－55(2019).

32) G.A. Res. 217 A, Universal Declaration of Human Rights,(Dec. 10, 1948).

33) Convention for the Protection of Human Rights and Fundamental Freedoms art.8, Sept. 3, 1953, E.T.S. 5.

34) Stephen Chen, Forget the Facebook leak: China is mining data directly from workers' brains on an industrial scale, S. CHINA MORNING POST(March 30, 2020); Xiaoliang Zhang et al., Design of a Fatigue Detection System for High－Speed Trains Based on Driver Vigilance Using a Wireless Wearable EEG, 17 SENSORS 486(2017).

35) Jesper Ryberg, Neuroscience, Mind Reading and Mental Privacy, 23 RES PUBLICA 197－211(2017).

36) Nita A. Farahany, Incriminating Thoughts, 64 STAN. L. REV. 351－408(2012).

37) John－Dylan Haynes & Geraint Rees, Decoding Mental States from Brain Activity in Humans, 7 NATURE REVIEWS NEUROSCIENCE 523－34(2006).

38) Saul M. Kassin, Itiel E. Dror & Jeff Kukucka, The Forensic Confirmation Bias: Problems, Perspectives, and Proposed Solutions, 2 J. APPLIED RSCH IN MEMORY & COGNITION 42－52(2013).

39) Katz v. United States, 389 U.S. 47(1967); 프라이버시권이 헌법적 권리로 처음 인정된 것은 Griswold v. Connecticut, 381 U.S. 479(1965) 사건이었다.

40) Katherine Pratt, Brain Computer Interfaces: Privacy, Ethics, and Policy(Aug.2019)(Ph.D. dissertation, University of Washington).

41) 엄주희, "4차 산업혁명 시대의 과학기술 발전에 따른 공법적 과제－신경과학 발전과 기본권 보호의 지형", 「연세법학」 제34호, 2019, 119－139면.

42) Marcello Ienca & Roberto Andorno, Towards New Human Rights In The Age of Neuroscience and Neurotechnology, 13 LIFE SCI. SOC'Y. & POLICY(2017).

43) 최민영·계인국, "새로운 권리로서 정신적 자기결정권이 필요한가?: 신경과

학의 발달에 따른 시론적 연구", 「한국생명윤리학회지」 제22권 제2호(통권 제44호), 2021, 48면.

44) Steffen Steinert et al., Doing Things with Thoughts: Brain－Computer Interfaces and Disembodied Agency, 32 PHIL. & TECH. 457－82(2019).

45) Alžběta Krausová, Legal Aspects of Brain－Computer Interfaces, 8 MASARYK UNIVERSITY J. L. & TECH. 199－208(2014).

46) Wrye Sententia, Neuroethical Considerations: Cognitive Liberty and Converging Technologies for Improving Human Cognition, 1013 ANNALS N.Y. ACAD. SCI. 221－28(2006).

47) Jan Christoph Bublitz & Reinhard Merkel, Crimes Against Minds: On Mental Manipulations, Harms and a Human Right to Mental Self－Determination, 8 CRIM. L. & PHIL. 51－77(2014).

48) Jan Christoph Bublitz, My Mind Is Mine!? Cognitive Liberty as a Legal Concept, in COGNITIVE ENHANCEMENT: AN INTERDISCIPLINARY PERSPECTIVE 233－64(Elisabeth Hildt & Andreas G. Franke eds., 2013).

49) Frank Tong & Michael S. Pratte, Decoding Patterns of Human Brain Activity, 63 ANN. REV. PSYCHOL. 483(2012).

50) Charter of Fundamental Rights of the European Union art. 3, July 6, 2016,(O.J. C 202)

51) ibid.

52) Bublitz & Merkel, supra note 127.

53) Ienca & Andorno, supra note 122.

54) Bublitz & Merkel, supra note 127.

55) Elena Blanco－Suarez, "Neurorights" and Why We Need Them, PSYCHOLOGY TODAY(June 25, 2020) https://www.psychologytoday.com/us/blog/brain－chemistry/202006/neurorights－and－why－we－need－them(검색일자: 2022.12.1).

56) The UNESCO Courier, Chile: Pioneering the protection of neurorights, July－September 2018 https://en.unesco.org/courier/2022－1/chile－pioneering－protection－neu rorights(검색일자: 2022.12.1).

57) NeuroRights Initiative, The Five NeuroRights, https://neurorights－initiative.site.drupaldisttest.cc.columbia.edu/sites/default/files/content/The%20Five%20Ethical%20NeuroRights%20updated%20pdf_0.pdf.(검색일자: 2022.12.1).

58) 엄주희, 위의 글, 141면.

제5장 제2절

1) 한겨레, "스포츠에서 도핑을 금지해야 하는 진정한 이유는?", 2018.6.14일자 http://www.hani.co.kr/arti/science/science_general/849055.html(검색일자: 2022.12.1). 약물은 신체적 역량과 주체의 의도성 내지 의지를 분리함으로써 인간이 기계처럼 도구화될 수 있다. 스포츠는 인간의 한계에 대한 시험대이고, 그 한계로 나아가려고 하는 주체적인 의지가 있는지도 스포츠 경기에 있어서 평가의 대상이 된다. 그러한 점에서 인간의 의지와 결과가 분리되는 것은 스포츠 정신에 반한다고 간주할 수 있다.
2) 호주 반부패법법(Crime and Corruption Act 2001)에서 정의하는 부패행위도 정부관리나 정부의 권한을 "위임받은" 사람의 행동 중에서 다음과 같은 사항을 부패라고 정하고 있다.
(a) 직간접적으로 정부기관이나 정부 관리의 활동과 성과에 부정적인 영향을 주거나 줄 수 있고
(b) 공무원의 활동이 정직하지 못하거나(not honest) 불편부당하지 않거나(not impartial), 의도적이거나 부주의하게(either knowingly or recklessly) 공무원에게 기대되는 신뢰(trust)를 저버리거나, 공무원의 지위나 역할과 관련하여 획득한 정보나 물자를 오용(misuse)하는 것
(c) 특정인에게 이익을 주거나 피해를 주고
(d) 증거가 드러나면 형법을 위반하거나, 직무강령위반(disciplinary breach)에 해당할 것
3) 「부패방지 및 국민권익위원회의 설치와 운영에 관한 법률」
제2조 4. "부패행위"란 다음 각 목의 어느 하나에 해당하는 행위를 말한다.
가. 공직자가 직무와 관련하여 그 지위 또는 권한을 남용하거나 법령을 위반하여 자기 또는 제3자의 이익을 도모하는 행위
나. 공공기관의 예산사용, 공공기관 재산의 취득·관리·처분 또는 공공기관을 당사자로 하는 계약의 체결 및 그 이행에 있어서 법령에 위반하여 공공기관에 대하여 재산상 손해를 가하는 행위
다. 가목과 나목에 따른 행위나 그 은폐를 강요, 권고, 제의, 유인하는 행위
4) 양천수, "민사법의 구조변동과 부패개념의 변화", 「한국부패학회보」 제20권 제4호, 2015, 45-46면.
5) 김진영, "부패 개념에 대한 고찰", 「한국부패학회보」 제22권 제4호, 2017, 89면.
6) 김영호, "문헌고찰을 통한 스포츠 부정부패의 개념체계와 해석적 분석", 「한국스포츠사회학회지」 제29권 제4호. 2016, 72면.

7) 엄주희, “부패방지를 위한 국제적 노력에 대한 국내 부패방지 법제의 대응과 과제”, 「부패방지법연구」 제6권 제1호, 2023. 6면.

8) ‘와이브레인’이라는 회사는 경두개 직류자극술을 상용화한 의료기기로 ‘마인드스팀(MINDD STIM)’을 개발하여, 정신건강의학과 병원에서 우울증 치료용으로 비급여 처방을 시작하였다. 치료목적으로 사용되기 때문에 전자약(electroceutical)으로도 불리기도 한다. 처방에 따라 재택치료가 가능해서 치료 접근성이 높고 일상생활에서 치료가 가능하다는 장점이 있다. 미국 식품의약국(FDA)이 승인한 기기도 있고, 2022년에는 국내에서도 우울증 치료 목적의 tDCS 기술을 보건복지부가 신의료기술 유예 대상으로 선정하여 병원에서 비급여 처방을 시작했으며, 건강관리 목적의 tDCS 웰니스 제품도 일반 공산품으로 시장에 유통되고 있다.

   “FDA가 가능성 확인한 전류자극기, 국내도 상용화 시작”, HIT 뉴스, 2022.7.21일자. http://www.hitnews.co.kr/news/articleView.html?idxno=40414(검색일자: 2023.8.1).

9) 뇌 도핑과 관련한 뇌자극기기의 일반적인 사용에 대한 규제 이슈를 다룬 연구로는 다음의 논문이 있다.; 최민영, “비침습적 뇌자극기술과 법적 규제 －TMS와 tDCS 기술을 이용한 기기를 중심으로”, 「의료법학」 제21권 제2호, 2020.

10) 헌재 2014.12.19. 2013헌다1. 근대의 입헌적 민주주의 체제는 사회의 공적 자율성에 기한 정치적 의사결정을 추구하는 민주주의 원리와, 국가권력이나 다수의 정치적 의사로부터 개인의 권리, 즉 개인의 사적 자율성을 보호해 줄 수 있는 법치주의 원리라는 두 가지 주요한 원리에 따라 구성되고 운영된다.

11) 엄주희, “디지털과 바이오 융합 기술에서 새로운 인권의 형성”, 「헌법학연구」 제28권 제4호, 2022, 325면.

12) 류석, 스포츠 환경에서의 과학기술 융합의 역사, 그리고 다가올 인공지능 기술 활용의 방향성, KISDI AI Outlook(2022년 Vol. 8), 2022.

13) 엄주희, 앞의 글, 328－329면.

14) 「행정규제기본법」

   제4조 (규제 법저주의) ③ 행정기관은 법률에 근거하지 아니한 규제로 국민의 권리를 제한하거나 의무를 부과할 수 없다.

15) 남기업, 공정국가, 개마고원, 2010, 58면

16) 이재희, “장애인의 참정권의 평등하고 실질적인 보장: 중증장애인의 장애를 고려하지 않은 선거운동방법 제한의 위헌 여부에 대한 헌법재판소 결정 (헌재 2009.2.26. 2006헌마626)을 중심으로”, 「헌법재판연구」 창간호, 2014.11, 182면.

17) 헌법 전문: "… 자율과 조화를 바탕으로 자유민주적 기본질서를 더욱 확고히 하여 정치·경제·사회·문화의 모든 영역에 있어서 각인의 기회를 균등히 하고, 능력을 최고도로 발휘하게 하며, 자유와 권리에 따르는 책임과 의무를 완수하게 하여… (중략)"

18) 엄주희, "공정성의 관점에서 본 연명의료결정제도 – 연명의료결정제도의 공정성에 관한 헌법적 고찰", 「부패방지법연구」 제3권 제1호, 2020, 56면.

19) 전광석, 한국헌법론, 집현재, 2019, 246면, 296–297면; 성낙인, 헌법학 제13판, 법문사, 2013, 457–458면; 적극적 평등실현조치로 출발선의 조건의 형평성뿐 아니라 결과의 평등에까지 기여하는 제도를 설계할 수 있다.

20) 의료기기 품목 및 품목별 등급에 관한 규정 [시행 2023. 6. 12.] [식품의약품안전처고시 제2023–41호]

21) Riggall, K., Forlini, C., Carter, A., Hall, W., Weier, M., Partridge, B., & Meinzer, M. (2015). Researchers' perspectives on scientific and ethical issues with transcranial direct current stimulation: An international survey. Scientific Reports, 5, 68.

22) Chi, R. P., & Snyder, A. W. (2011). Facilitate insight by noninvasive brain stimulation. PLoS One, 6, e16655.; Davis, N. J. (2013). Neurodoping: Brain stimulation as a performance–enhancing measure. Sports Medicine, 43, 649–653.

23) e–스포츠는 사이버스포츠 내지 전자스포츠라고도 칭하는데 비디오 게임을 통해 이루어지는 스포츠를 말한다. 2012년에 제정된 「이스포츠(전자스포츠) 진흥에 관한 법률」에 의하면 "이스포츠는 게임물을 매개로 하여 사람과 사람 간에 기록 또는 승부를 겨루는 경기 및 부대활동을 말한다"고 정의하고 있다.

24) Boot, W. R., Kramer, A. F., Simons, D. J., Fabiani, M., & Gratton, G. (2008). The effects of video game playing on attention, memory, and executive control. Acta psychologica, 123, 387398

25) Tang, W. T., Zhang, W. Y., Huang, C. C., Young, M. S., & Hwang, I. S. (2008). Postural tremor and control of the upper limb in air pistol shooters. Journal of Sports Sciences, 26, 1579–1587.

26) Axford, P., Lakany, H., & Conway, B. (2011). The effects of transcranial stimulation on enhanced physiological tremor: A pilot study. In: Proceedings of the 6th UKRI PG Conference in Biomedical Engineering and Medical Physics. UKRI, GBR, p. 31.

27) Brunoni, A. R.,et al (2012). Clinical research with transcranial direct current stimulation (tDCS): Challenges and future directions. Brain

Stimulation, 5, 175－195.

28) Rodenberg, R. M., & Hampton, H. L. (2013). Surgical doping: A policy loophole? International Journal of Sport Policy and Politics, 5, 145－149.

29) Hildt, E. (2014). The next stage of neuroenhancement? Transcranial direct current stimulation. The Neuroethics Blog. http://www.theneuroethicsblog.com/2014/03/the－next－stage－of－neuroenhancement.html. Halo neuroscinece는 Halo sport라는 운동선수용 제품을 500불 정도에 판매했었으나, 현재는 판매를 중단하고 있다(https://www.haloneuro.com/).
이외에도 아마존에서는 학생, 비디오게이머, 운동선수, 음악가, 전문가용으로 집중력, 주의력, 기억력, 생산성을 향상시킨다고 광고하는 LIFTiD의 헤드셋 제품이 159불에 판매되고 있다.
https://www.amazon.com/gp/product/B07WRMVK9K/ref=as_li_tl?camp=1789&creative=9325&creativeASIN=B07WRMVK9K&ie=UTF8&linkCode=as2&linkId=0e2cbff64f48a04eb46437ad099691cd&tag=tdcs1201－20(검색일자: 2022.12.1).

30) 엄주희, 주11)의 글, 350－353면.

31) 엄주희, "뇌－기계 인터페이스에 관한 헌법적 기초와 과제", 「비교법연구」 제22권 제1호, 2022, 197면.

32) 엄주희, "보건의료법학과 헌법의 교차점－ 보건의료 규범에 관한 헌법적 고찰", 「인권법평론」 제24호, 2020, 178면.

33) 헌재 2010.7.29. 선고, 2008헌가19 의료인이 아닌 자의 의료행위를 전면적으로 금지한 것은 매우 중대한 헌법적 법익인 국민의 생명권과 건강권을 보호하고 국민의 보건에 관한 국가의 보호의무를 이행하기 위하여 적합한 조치로서, 위와 같은 중대한 공익이 국민의 기본권을 보다 적게 침해하는 다른 방법으로는 효율적으로 실현될 수 없으므로, 이 사건 조항들은 비의료인의 직업선택의 자유 등 기본권을 침해하지 아니한다.

34) 의료법 제15조(진료거부 금지 등) 의료인 또는 의료기관 개설자는 진료나 조산 요청을 받으면 정당한 사유 없이 거부하지 못한다.

35) 응급의료법 제6조(응급의료의 거부금지 등) ① 응급의료기관등에서 근무하는 응급의료종사자는 응급환자를 항상 진료할 수 있도록 응급의료업무에 성실히 종사하여야 한다.
② 응급의료종사자는 업무 중에 응급의료를 요청받거나 응급환자를 발견하면 즉시 응급의료를 하여야 하며 정당한 사유 없이 이를 거부하거나 기피하지 못한다.

36) 헌재 2002.10.31. 99헌바76, 2000헌마505 국민건강보험법 요양급여 강제지

정제 사건

37) Banissy, M. J., & Muggleton, N. G. (2013). Transcranial direct current stimulation in sports training: Potential approaches. Frontiers in Human Neuroscience, 7, 129.

38) 엄주희, “국가윤리위원회의 법적 지위와 뇌 신경윤리 활동 고찰: 뇌 신경윤리 거버넌스에 주는 시사점”, 「법과 정책」 제25권 제1호, 2019, 199-201면.

39) Sellers, K. K., Mellin, J. M., Lustenberger, C. M., Boyle, M. R., Lee, W. H., Peterchev, A. V., & Fröhlich, F. (2015). Transcranial direct current stimulation of frontal cortex decreases performance on the WAIS-IV intelligence test. Behavioural Brain Research, 290, 32-44.

40) Nitsche, M. A., Cohen, L. G., Wassermann, E. M., Priori, A., Lang, N., Antal, A., … Pascual-Leone, A. (2008). Transcranial direct current stimulation: State of the art 2008. Brain Stimulation, 1, 206-223.

41) Ibid p.220.

42) Banissy, M. J., & Muggleton, N. G. (2013). Transcranial direct current stimulation in sports training: Potential approaches. Frontiers in Human Neuroscience, 7, 129.

43) Edwards, D. J., Cortes, M., Wortman-Jutt, S., Putrino, D., Bikson, M., Thickbroom, G., & Pascual-Leone, A. (2017). Transcranial direct current stimulation and sports performance. Frontiers in Human Neuroscience, 11, 94.

44) 상명대 스포츠ICT융합학과 유상건 교수는 도핑 검사를 무용지물로 만드는 첨단 기술들이 도핑 기술이 뛰어난 선진국 선수들과 그렇지 못한 나라의 선수들의 차이를 만들기 때문에, 뇌 도핑과 같은 새로운 형태를 규정하지 못하는 현재 반도핑 시스템은 역설적으로 스포츠의 공정성을 해칠 수 있다고 지적했다. 서울경제, “뛰는 WASA에 나는 선수… 약물은 기본, 뇌 자극 유전자 변형까지”, 2019.8.7일자. https://www.sedaily.com/NewsView/1VMVMULPKI(검색일자: 2022.12.1).

45) 세계도핑방지규약(World Anti-Doping Code: WADA Code)

46) Rodenberg, R. M., & Hampton, H. L. (2013). Surgical doping: A policy loophole? International Journal of Sport Policy and Politics, 5, 145-149.

47) McLaren, R. H. (2008). Corruption: Its impact on fair play. Marquette Sports Law Review, 19, 15.

48) Fore, J. (2010). Moving beyond gene doping: Preparing for genetic modification in sport. Virginia Journal of Law & Technology, 15, 76

49) IOC. (2001). IOC gene therapy working group – Conclusion. https://olympics.com/ioc/news/ioc-gene-therapy-working-group-conclusions(검색일자: 2022.12.1).
50) Fore, J. (2010). Moving beyond gene doping: Preparing for genetic modification in sport. Virginia Journal of Law & Technology, 15, 76.
51) 이문성, "유전자도핑과 생명윤리-스포츠를 중심으로", 「움직임의 철학: 한국체육학회지」 제2권 제2호, 2014, 159면; 2006년 토리노 동계올림픽을 앞둔 시점에서 독일에서 한 감독이 레폭시겐 이라는 실험적인 유전자도핑을 선수들에게 투여하면서 이슈가 되었는데, 레폭시겐은 빈혈치료법의 하나인 인공합성 바이러스로서 적혈구를 만드는 호르몬인 에리스로포에틴을 강화한 유전자를 가지고 있다. 이를 선수에게 투여하면 근육에 더 많은 산소를 운반하게 만들어 근력이 향상되는 효과가 나타난다고 알려져있다. 에리스로포에틴은 단시간에 폭발적인 힘을 내야 하는 사이클 선수, 육상선수들이 많이 복용한다.
52) Clarey, C. (2016, June 10). Maria Sharapova bungled her doping case, but her appeal has a chance. New York Times. June 10, 2016. https://www.nytimes.com/2016/06/12/sports/tennis/maria-sharapova-suspension-meldonium.html(검색일자: 2022.12.1). 멜도늄은 1970년 라트비안 유기 합성 연구소에서 개발된 제한된 시장의 제약으로 주로 협심증 및 심근 경색증을 치료하기 위해 사용되는 항 허혈성 약물이다.
53) ""파스 붙였을 뿐인데, 자격 정지?" 약사가 알면 좋은 도핑 사례"- 2022도핑방지위반 사례집, 운동선수 약국 방문 시 상담 활용...금지약물 복용 위험 차단, 약사공론, 2022.11.17일자. https://www.kpanews.co.kr/article/show.asp?category=E&idx=237900(검색일자: 2023.8.1).
54) Edgar, M. (2011). Physical methods and techniques: NMR spectroscopy. Annual Reports Section B (Organic Chemistry), 107, 308-327. 자기공명분광법 (MRS)은 뇌종양, 뇌졸중, 발작 장애, 알츠하이머, 우울증 등의 질병으로 인한 대사상태의 변화를 연구하는 데 사용되는 비침습적이며 이온화 방사선이 없는 분석 기술이다. 자기공명영상(MRI)를 보완하는 데 사용될 수 있으며, 측정하고자 하는 일정 부위를 반복적 연속적으로 수행할 수 있다는 장점이 있고, 비침습적 생화학적 분석법이라고 일컬어지기도 한다.
55) Maennig, W. (2014). Inefficiency of the anti-doping system: Cost reduction proposals. Substance Use & Misuse, 49, 1201-1205.
56) Davis, N. J. (2013). Neurodoping: Brain stimulation as a performance-enhancing measure. Sports Medicine, 43, 649-653.
57) Gilbert, S. (2010). The biological passport. Hastings Center Report, 40,

18. 팬더믹이나 감염병 예방을 위해 백신 예방 접종을 증명하는 면역여권을 활용하는 것과 마찬가지로 금지약물의 사용여부에 대한 시험결과를 증명하는 생체여권도 활용되고 있다. 엄주희·김잔디, "백신 정책에 관한 헌법적·윤리적 고찰: 면역여권부터 방역패스까지", 「인간·환경·미래」 제28호, 2022.

58) 뇌유래신경영양인자(BDNF: Brain−derived neurotrophic factor), 또는 '뇌유도성 신경영양인자', 뇌신경 생장인자라고 불리며, 유전자에 의해 생성되는 뇌 안에 있는 단백질로서, 성장요소의 일부인 신경영양인자(neurotrophic factor) 집단 중의 하나이다. 이 인자는 기본적인 신경 성장 요인에 연관되어 있으며, 뇌와 그 주변부에서 찾아볼 수 있다. BDNF와 우울증, 조현병, 강박장애, 치매, 알츠하이머병, 레트 증후군, 헌팅턴병, 신경성 식욕부진증, 폭식증, 뇌전증과의 연계성이 존재한다는 SCI 및 SSCI 연구결과들이 다수 발표되었고, 자폐성 장애를 가진 사람에게서 뇌유래신경영양인자가 결여되어 있다는 연구 결과가 있다. 또한 어릴 때 정신적 트라우마를 받은 사람들의 경우에도 이 인자가 결여되어 있다는 연구결과가 있다(출처: 위키백과).

59) Donati F, Sian V, Biasini GM, de la Torre X, Folchitto F, Botrè F.(2021) Serum Levels of Brain−Derived Neurotrophic Factor and Other Neurotrophins in Elite Athletes: Potential Markers of the Use of Transcranial Direct Current Stimulation in Sport. Front Sports Act Living. 12;3:619573.

60) Davis, N. J. (2013). Neurodoping: Brain stimulation as a performance−enhancing measure. Sports Medicine, 43, 650.; "올림픽에 간 과학자… 'AI·디지털 도핑'으로 검은 유혹 잡는다", 한국과학기술연구원(KIST), 2021.9.30일자. https://www.kist.re.kr/ko/news/research−interview.do?mode=view&articleNo=1147&article.offset=0&articleLimit=12(검색일자: 2023.8.1).

61) Cho, Y.; Jeon, S.; Lee, Y.;Park, H.; Xu, Y.; Jeon, M.; Jung, S.; Kim, M.; Chin, A.; Yoon, S.S.; et al.(2023) Diagnostic Strategies for Brain Doping in an Animal Model via Quantitative Analysis of Neurochemicals. Separations, 10, 413.

62) 국민체육진흥법

제2조(정의) 10. "도핑"이란 선수의 운동능력을 강화시키기 위하여 문화체육관광부장관이 고시하는 금지 목록에 포함된 약물 또는 방법을 복용하거나 사용하는 것을 말한다.

제15조(도핑 방지 활동) ① 국가는 스포츠 활동에서 약물 등으로부터 선수를 보호하고 공정한 경쟁을 통한 스포츠 정신을 높이기 위하여 도핑 방지를 위한 시책을 수립하여야 한다.

② 국가는 도핑을 예방하기 위하여 선수와 체육지도자를 대상으로 교육과 홍보를 실시하여야 하고, 체육단체 및 경기단체의 도핑 방지 활동을 지도·감독하여야 한다.

63) 제35조(한국도핑방지위원회의 설립)

① 도핑과 관련된 다음 각 호의 사업과 활동을 하게 하기 위하여 문화체육관광부장관의 인가를 받아 한국도핑방지위원회(이하 "도핑방지위원회"라 한다)를 설립한다.

1. 도핑 방지를 위한 교육, 홍보, 정보 수집 및 연구
2. 도핑 검사 계획의 수립과 집행
3. 도핑 검사 결과의 관리와 그 결과에 따른 제재
4. 도핑 방지를 위한 국내외 교류와 협력
5. 치료 목적으로 제2조제10호의 약물이나 방법을 예외적으로 사용하는 것에 대한 허용 기준의 수립과 그 시행
6. 그 밖에 도핑 방지를 위하여 필요한 사업과 활동

② 도핑방지위원회는 법인으로 한다.

③ 도핑방지위원회는 위원장 1명과 부위원장 1명을 포함한 11명 이내의 위원으로 구성하고, 위원의 임기와 선출 방법 등은 정관으로 정한다.

④ 도핑방지위원회는 제1항에 따른 사업과 활동에 필요한 경비를 마련하기 위하여 대통령령으로 정하는 바에 따라 수익사업을 할 수 있다.

⑤ 도핑방지위원회에 관하여 이 법에 정한 것 외에는 「민법」 중 재단법인에 관한 규정을 준용한다.

⑥ 도핑방지위원회는 그 업무를 수행하기 위하여 필요하면 관계 행정기관의 소속 공무원이나 관계 기관·단체 등의 임직원의 파견을 요청할 수 있다.

제35조의2(선수의 도핑 검사) 경기단체에 등록된 선수는 문화체육관광부령으로 정하는 바에 따라 도핑방지위원회의 도핑 검사를 받아야 한다. 이 경우 도핑 검사의 대상자 선정기준 및 선정방법은 도핑방지위원회가 정한다.

64) 스포츠 뇌 도핑 이외에 웰니스 제품에 대한 규율은 미국 FDA의 "the General Wellness: Policy for Low Risk Devices: Guidance for Industry and Food and Drug Administration Staff."(2019) 등이 존재하고 이에 대한 자세한 내용은 다음의 논문: 최민영, "비침습적 뇌자극기술과 법적 규제 -TMS와 tDCS 기술을 이용한 기기를 중심으로", 「의료법학」 제21권 제2호, 2020.

65) John D. Medaglia, David Bryce Yaden, Chelsea Helion, Madeline Haslam,(2019) Moral attitudes and willingness to enhance and repair cognition with brain stimulation, Brain Stimulation, 12: 1, 44-53

66) 우리나라 서울 대치동 학원가에서 “기억력 상승, 집중력 강화 메가 ADHD” 라고 적힌 음료를 나눠주었는데, 이 음료에 마약 성분이 첨가되어 있어 협박전화를 걸어 돈을 뜯어내려고 한 사건이 있었다. ; 미국의 경우도 한 스타트업 회사에서 2014년에 헤드밴드 형태의 경두개전기자극기를 출시하고 ‘게임을 잘 할 수 있게 해준다’는 광고를 내걸었으나 FDA가 강력하게 규제하는 바람에 시장에서 철수하는 일이 있었다. 비록 낮은 전류의 사용과 기술의 단순성으로 비교적 위험성이 낮음에도 불구하고, 시중에서 판매될 때 불특성다수가 불명확한 목적으로 사용할 수 있는 모호성과 소아 청소년기 아동들에게 미칠 오남용에 대한 우려와 고민 때문인 것으로 보인다.
“경찰, 대치동 학원가 ‘마약 음료 시음’ 사건 관련된 피의자 총 60명 검거”, 조선일보 2023.7.13일자. https://www.chosun.com/national/2023/07/13/2SEJFGYIGZFU5LBTHUUK3V6VZA/(검색일자: 2023.8.1).
67) 헌법 제124조 국가는 건전한 소비행위를 계도하고 생산품의 품질향상을 촉구하기 위한 소비자보호운동을 법률이 정하는 바에 의하여 보장한다.
헌법상 소비자 기본권 도입의 역사와 학계의 논의에 대해서는 다음 문헌을 참조할 수 있다: 황의관, “헌법상 소비자기본권의 도입 논의와 시사점”, 소비자정책동향, 2018.2.28.(제87호) 13－14면.
68) 「표시 · 광고의 공정화에 관한 법률」 제3조(부당한 표시 · 광고 행위의 금지)
① 사업자등은 소비자를 속이거나 소비자로 하여금 잘못 알게 할 우려가 있는 표시 · 광고 행위로서 공정한 거래질서를 해칠 우려가 있는 다음 각 호의 행위를 하거나 다른 사업자등으로 하여금 하게 하여서는 아니 된다.
1. 거짓 · 과장의 표시 · 광고
2. 기만적인 표시 · 광고
3. 부당하게 비교하는 표시 · 광고
4. 비방적인 표시 · 광고
② 제1항 각 호의 행위의 구체적인 내용은 대통령령으로 정한다.
위 법률과 동 시행령의 위임에 따라 제정된 ‘부당한 표시 광고행위의 유형 및 기준 지정고시’(공정거래위원회고시 제2019－11호, 2019.12.12.개정)에서 부당 표시 광고 행위 판단기준을 두고 있다. 건강과 관련된 부당 광고행위의 예시로서 ‘건강유용성을 주장하는 건강관련용품 광고에서 안전성에 관하여 객관적으로 검증되지 않았음에도 불구하고 이를 강조하여 표시 · 광고하는 경우’를 들고 있다.
69) 국가연구개발 우수성과 100선 [PART－01 건강한 삶을 누리는 희망의 기술], 교육과학기술부/ 한국과학기술기획평가원, 2009.12.3. 27면. https://www.kistep.re.kr/board.es?mid=a10305080000&bid=0002&&list_no=24741&act=view(검색일자: 2023.8.1).

70) European Commission, EU−US Trade and Technology Council, Working Group 6−Misuse of Technology Threatening Security and Human Rights, https://futurium.ec.europa.eu/en/EU−US−TTC/wg6?page=0(검색일자: 2023.8.1).

71) Kuersten, A., & Hamilton, R. H. (2016). Minding the 'gaps' in the federal regulation of transcranial direct current stimulation devices. Journal of Law and the Biosciences, 3, 309−317.; Wexler, A. (2016). A pragmatic analysis of the regulation of consumer transcranial direct current stimulation (TDCS) devices in the United States. Journal of Law and the Biosciences, 2, 669−696.

72) Miah, A. (2006). Rethinking enhancement in sport. Annals of the New York Academy of Sciences, 1093, 301−320.

73) Schermer, M. (2008). On the argument that enhancement is cheating. Journal of Medical Ethics, 34, 85−88.

찾아보기

(ㄷ)

(ㄹ)

(ㅁ)

(ㅂ)

(ㅅ)

(ㅇ)

(ㅈ)

(기타)

엄주희 juheelight@gmail.com

연세대학교 법학과를 졸업하여 같은 대학교에서 법학 석사와 헌법 전공으로 박사 학위를 취득하고, 건국대학교 교수로서 학부대학에서 헌법, 인권정책과 법, 인공지능과 인권 등의 공법 및 첨단 법융합 과목을 가르치며 연구하고 있다. 2019년 한국공법학회 신진 학술상(헌법 분야), 2023년 부총리 겸 교육부장관 표창(학술 우수성과)을 수상하였으며, 한국헌법학회 이사, 한국공법학회 기획이사, 한국의료법학회 학술이사, 보건복지부 국가 호스피스연명의료위원회 위원, 국가시험·공무원시험 출제위원, 충청북도 행정심판위원회 위원, 한국부패방지법학회 이사, 미래의료인문사회과학회 이사 등으로 활동하고 있다.

뇌 신경법학

– 뇌 신경과학의 공법학 · 공법학의 뇌 신경과학 –

초판발행 2024년 1월 10일

지은이 엄주희
펴낸이 안종만 · 안상준

편 집 양수정
기획/마케팅 장규식
표지디자인 BEN STORY
제 작 고철민 · 조영환

펴낸곳 (주) 박영사
서울특별시 금천구 가산디지털2로 53, 210호(가산동, 한라시그마밸리)
등록 1959. 3. 11. 제300-1959-1호(倫)
전 화 02)733-6771
f a x 02)736-4818
e-mail pys@pybook.co.kr
homepage www.pybook.co.kr
ISBN 979-11-303-4229-0 93360

정 가 27,000원